KB234706

전예원 학술총서 35

예술을 위한 辯明

金 文 煥 著

전예원

책 머리에

이 책은 각각의 글 말미에서 밝힌 것처럼 대학초년생 정도의 교양을 갖춘 사람들이 예술 내지 미학에 대해 갖는 지적 관심에 촛점을 맞춘 이러저러한 주문에 부응하기 위해 1985년과 1986년에 발표했던 글들 중 일부를 모은 것이다. 필자의 글들을 읽어보고 〈주장은 없고 정보만 있다〉는 비판을 가한 독자도 있으나, 섣부른 주장보다는 올바른 정보의 제공이 아직 미개척이라 할 미학에의 초대를 위해 오히려 바람직하지 않을까 하는 생각이 이 책에서도 지배적이다. 그러나 한 권의 책으로 묶기 위해 약간의 손질을 가해보면서, 얼핏 보기에 정보제공에 끝난 것 같은 글들 속에서 독자나름대로 어떤 맥락을 찾아낼 수도 있으리라는 기대도 가져본다.

얼마전에 서울YMCA가 주최한 예비고등학생 문화교실에 나가 학생들에게 예술에 대해 알고싶은 내용들을 질문하라고 주문했더니, 대강 다음과 같은 사항들이 공통적으로 추출되었다; 첫째는 예술의 기원과 관계된 것으로서, 예술은 언제부터 생겨났으며, 예술이라는 이름이 구체적으로 불리운 때는 언제인가 하는 질문들이다; 둘째는 예술의 의미 내지 정의와 연관된 것으로서, 여러 예술의 범위 내지 공통성에 대한 질문도 이에 포함된다. 특히 예술과 미의 관계, 표현·형식 등의 의미에 대한 질문까지 제기되기도 한다; 세째는 예술과 생활의 관계에 대한 질문들이다. 그밖에도 예술의 여러 분야와 연관된 질문들도 꽤 있었는데, 질문의 수준이 제법 높고 어찌보면 미학의 본령에 속하는 것들이기도 하다. 고등학교 교육과정에서 이에 대한 흡족할 만한 답이 찾아지지 않은 탓인지 대학 1, 2학년을 대상으로 한 미학개론 시간에 수많은 학생들이 몰려들어 이와 비슷한 질문들을 던진다. 이 책, 그중에서도 제1부는 이러한 질문들에 대한 예비적 답변인 셈이다.

제2부는 그러한 예비적 검토를 거쳐 예술과 정치 내지 역사와의 상관관계에 대한 논의를 수록해 본 것이며, 제3부는 보다 본격적인 미학적 논의로서 〈가치〉문제를 중심과제로 삼는다.

〈교양인을 위한 미학〉이라는 부제가 붙어 있다고 생각하면 알맞을 정도로서, 이 책은 보다 본격적인 미학연구를 위한 입문에 불과하다. 이는 보다 엄격한 정진을 위한 스스로의 다짐의 구실도 될 것이다.

때로는 현실과 너무 괴리되어 있다고, 때로는 현실과 너무 밀착되어 있다고 비난받는 예술이 이 부족한 책자를 통해 얼마나 변명될 수 있겠는지 스스로도 안심할 수 없으나, 필자의 의도만은 따뜻하게 이해될 수 있겠거니 믿어본다.

본문에서 충분히 설명되지 못한 내용들을 보완하고자 하는 뜻에서 두 편의 부록을 첨가해 보았다. 하나는 「예술분류의 역사」로서, 위대한 개척적인 미학자들 중 마지막 인물이라는 평을 듣는 Wladyslaw Tatarkiewicz(1886-1980)의 『A History of Six Ideas: An Essay in Aesthetics』(The Hague, 1980)의 제2장이다. 그는 폴란드 학자이나 오히려 보수적이다. 그의 미학사 책들은 폭넓은 지식과 정확한 인용으로 인해 여러나라 말로 번역되어 대학교재로서 활용되고 있다. 본문 제1부를 보충해 줄 것으로 기대된다. 다른 하나는 「예술비평의 유형과 근거」로서, 미국의 대표적 미학자중 하나인 John Hospers 의 『Understanding the Arts』(New Jersey, 1982)중 제7장을 축약한 것이다. 본문의 제3부를 위해 의도된 것이다.

1987년 가을

저자 김 문 환

예술의 기초

1. 미학에의 초대[*]

1-1 미학의 기본 성격

1

삶의 질에 대한 관심이 차츰 고조되면서 예술에 대한 관심도 높아가고, 이에 따라 예술에 관한 학문이라는 기본적 이해를 바탕으로 미학에 대한 요구도 늘어가고 있다. 필자 역시 미학에 대해 소개해달라는 부탁을 비교적 자주 받는 편이다. 그런데 대개의 경우 그러한 부탁에는 "될수록 간단하게"라는 단서가 붙어 있어서 여간 당혹하지 않다. 그럴 경우 필자는 〈미학이란 예술이라는 인간활동과 그것이 지향하는 가치에 대한 철학적 내지 과학적 탐구이다.〉라고 답변해주곤 하지만, 실상 그 내용이 보다 자세하게 부연되지 않고는 이와 같은 답변은 공허한 것이 되고 만다. 왜냐하면 가장 늦게 성립된 학문에 속하는 미학은 그러면서도 이를 위한 준비단계가 다른 학문분야에 비해 결코 짧지 않고, 이와 함께 미학이 다루는 분야가 결코 단순하지가 않기 때문이다. 예컨대 가장 최근에 개최된 세계미학대회(1984년 여름, 카나다)에서 다뤄진 주제들만 일별해 보아도 그것이 얼마나 다양한 문제들을 다루고 있는지를 알게 될 것이다.[1]

---

1) 참조. 제10차 세계 미학 대회 발표논문 요약자료.

제10회가 되는 이 세계미학대회는 1913년 베를린에서 처음 개최되고, 1937년에 빠리에서 제2차로 열렸다가, 특히 독일이 민족사회주의 세력에 의해 장악된 이후 세계 제2차 대전을 겪는 상황에 직면하여 한동안 중단되었으나, 1956년부터 다시 매4년마다 장소를 바꾸어 속개되면서 당시 당시의 미학적 연구성과를 집대성하고 있다. 제10차대회도 예외는 아니어서 거기에서 다루어진 중간 주제들만 나열해도 상당한 숫자에 이른다.

비평과 여러 예술들; 예술이론들; 미학의 현대적 경향들; 허구적 대상들의 본성; 포스트—모던시대에서의 예술과 기술; 미학사에서의 전환점들; 인식과 평가; 예술과 에로스; 예술과 상호소통; 예술과 자연의 여러 관계들; 예술과 문화; 예술, 생활 그리고 철학; 고대예술에서의 재현 문제; 예술과 언어; 예술과 상황; 실험미학; 예술과 가치; 예술과 거리(distance); 예술과 사회; 예술과 해석; 영화미학; 비유(metaphor)와 의미; 예술작품의 철학; 현대미학의 갈등; 변화(transformation)로서의 예술; 예술 대 철학 등 실로 다양하다.

이 모든 주제들에 대해 한두 줄씩만 언급한다 해도 그 분량은 상당하게 되고, 실제로 미학대회에 따른 발표논문들은 많은 요약에도 불구하고 실로 방대하다. 필자는 어느 학문의 이해에서나 우선 역사적인 맥락의 이해가 필수적이라는 견해를 가지고 있는데, 이번 대회에서 다뤄진 문제들 중 〈미학사에서의 전환점들〉이라는 주제를 둘러싸고 발표된 논문들이 특히 이와 연관된다. 그런 의미에서 필자는 현대적 관점에서 본 미학사의 전체적 흐름이 다루어졌으리라는 기대와 함께 특히 시대 구분의 기준에 대한 기대를 가지면서 이제부터 그 논문들을 간단히 살펴보고자 한다. 두 가지 기대 중 앞의 것은 특히 미학에 대한 기초적 소양이 갖춰지지 않은 사람들에게는 미학이라는 학문이 대강 어떤 경로를 밟아 오늘에 이르렀는가에 대한 기본적 정보를 얻을 수 있으리라는 희망과도 연결되어 있다.

2

미국의 홀(R. W. Hall)은 「플라톤과 국가론에서의 미메시스」를 다룬 발표에서 미메시스가 플라톤의 예술이론에서 중심적인 역할을 담당한다는 사실을 재삼 확인하였다. 그는 모방이 플라톤의 예술, 특히 시 비판에서 기초를 이루는 것으로 간주되어 왔음을 상기시켰다. 그는 플라톤의 사상에서 미메시스가 갖는 중요성과 서양의 문학비평에 남긴 영향을 감안할 때, 플라톤의 미메시스 비판이 많은 사람들의 습관적인 사고에서처럼 그토록 적대적인 것이었던가를 살필 수 있는 참신한 시도가 필요하다고 역설하였다. 홀은 플라톤이 이 용어를 경멸적으로 사용한 외에 규범적으로 사용하기도 했다는 의견을 제시한다. 즉, 미메시스의 이러한 말뜻에서 핵심적인 것은 예술가로 하여금 좋은 예술작품을 창조해낼 수 있도록 하는 일종의 올바른 견해에 대한 한 해석이었다는 것이다. 홀의 견해는 예술이 모방적인 것일 수 밖에 없다고 하는 단정적 주장보다는 오히려 모방적인 것 이상의 무엇이어아 한다는 예술적 가치추구의 문제제기가 플라톤의 진의에 가깝다는 주장과 상통한다.

소련의 빅코프(V. Byckov)는 「아우렐리우스 아우구스티누스의 미학적 체계 : 역사적―철학적 재구성을 위한 한 시도」라는 발표를 통해 아우구스티누스에게서 그 자신의 의도와는 상관없이 미학사상사에서 최초로 하나의 통일적인 미학적 체계와 이 체계에 속하는 모든 근본적인 요소들, 즉 미적 대상(자연과 예술), 미적 내용(아름다움), 미적 주관, 미적 지각(내지 판단)과 창작 과정 등이 그 모습을 드러냈다는 이색적인 견해를 피력하였다. 이러한 요소들은 그의 체계 안에서 어떤 기계적인 관계들이 아니라 참으로 교호적인 관계들과 복잡다단한 연관들을 나타낸다고 하면서, 그는 아우구스티누스의 미학이 중세기 세계 전체의 규범이고 표본이었고, 그의 생각 중 많은 것이 중세 전반에 걸친 예술사상에서도 여전히 나타난다고 주장한다. 나아가, 그에 따른다면, 아우구스티누스의 견해들 중 일부, 즉 기호이론적 측면, 미적 지각과 미적 판단의 메카니즘, 미와 예술의 구조적인 합법칙성들에 대한 사고, 특히 대조(Kontrast)법칙 등은 오늘날에 이르러서도 아직 생동적인 의의를 지닌다. 이러한 분위기 속에서 세계에 대한 정서적—미적 태도가 특별한 의미를 획득했다고 그는 주장한다. 그밖에도 그는 아우구스티누스가 서양과 동양의 고대 미학개념들을, 비록 언제나 일차적인 자료를 통한 것은 아닐지라도, 익히 알고 있었다고 주장한다. 그렇기 때문에 아우구스티누스는 종종 미학적 문제들을 다루곤 했다는 것이다. 이러한 문제들이 자주 그의 철학 내지 종교이론에서 매우 중요한 부분을 차지한다는 것이 발표자의 주장인데, 이로써 비록 그 자신은 그러한 형식으로 다루지 않았다 할지라도, 독자적인 미학체계가 출현되기에 이르렀다는 것이다.

중세의 미학적 사고에 대해서 흥미를 가진 사람들이 흔히 토마스 아퀴나스에 주목하는 것에 반해, 이러한 주장은 하나의 시론으로서 그 의의가 있다 하겠는데, 전반적으로 보아 고대·중세는 아직 체계적인 미학이론을 내놓지 못하고 있다는 것이 오히려 정설에 가깝다. 고대·중세의 사상가들이 남겨놓은 예술이론 또는 미학과 연관된 자료들에서 체계를 세우는 일은 오히려 근대 내지 현대의 작업에 속한다.

서독의 페촐트(H. Paetzold)가 발표한「근대미학의 정초자로서의 바움가르텐」은 그런 의미에서 일단 정당화된다. 그는 알렉산더 고트프리트 바움가르텐이 미학이라는 명칭으로 근대에서 비로소 출현한 철학적 과목의 정초자로서 간주되어야 한다는 사실을 새삼스럽게 확인하였다. 그에 따른다면, 바움가르텐은 인간의 사고가 항상 되풀이해서 다루어야 하는 세 가지 주제들을 유기적으로 연결시켰다. 즉, 무엇보다도 미에 대한 철학적 관조의(플라톤적인) 전통, 인간의 감각에 조준했던 전통, 그리고 인간을 위한 예술의 의미를 묻는 전통과 연결시켰다는 것이다. 바움가르텐의 해결방안은 다음과 같다. 즉 예술은 인간의 감각들을 완성시킬 사명이 있다.(그는 미를 감성적 인식의 완전성이라고 정의하기도 하였다.) 그러기에 미의 경험은 완전해진 감각들에서 비로소 가능해진다. 이같은 세 가지 전통의 흐름을 연결시킨 바움가르텐의 종합은 아주 새로운 것이었다. 그럼에도 불구하고 그의 철학적 도구는 너무나도 전통에 얽매어 있었다. 이러한 약점 이외에도 미학을 통합하는 것을 통하여 철학의 전체적인 모습을 일신했던 독일 관념철학이 바움가르텐을 통해 감성의 인식능력에 놓여졌던 강조를 소홀 내지 망각함으로 인해, 바움가르텐의 미학이 갖는 의의는 오랫동안 가려졌다. 페츌트는 현대에서 메를로－퐁티가 제안한 현상학과 플레쓰너의 철학적 인간학에 이르러서야 비로소 바움가르텐에 접근한 이론이 부각되기 시작한다고 보았었다.

근대미학의 성립에 있어서 바움가르텐이 차지하는 위치에 대한 이러한 재평가 못지 않게 영국의 경험주의 전통에서 허치슨이 차지하는 위치에 대한 재평가도 이루어졌다. 카나다의 버프(Baugh)는 「18세기 미학에서의 허치슨의 역할」이라는 발표에서 18세기 미학을 위한 허치슨의 기여가 그동안 제대로 평가받지 못했다고 주장한다. 즉, 도덕감각(moral sense)으로부터 미감(sense of beauty)을 구분해낸 것은 그의 스승격인 샤프츠베리의 이론들로부터 진일보한 것이며,『판단력비판』(1790)에 기술된 칸트의 미학이론에 놀라울 정도로 영향을 미쳤다는 것이다. 형식 자체에서 쾌를 얻어낼 수 있는 내재적 능력으로서의 미감에 대한 이론은, 적어도 버프에 따른다면, 1725년에 출간된 허치슨의 『미와 덕성에 대한 우리들의 관념의 기원에 관한 연구』에서 처음 나타나는데, 버프는 칸트의 후기 미학사상에서 이와 평행되는 사고가 눈에 뜨인다고 강조한다. 즉, 칸트의 미학이론에서 심대한 의의를 갖는 무관심성, 보편성, 필연성, 즉각성 그리고 사물을 아름답다고 판정하는 취미판단에서의 인식적 개념들의 결여가 허치슨의 미감이론과 상당한 유사성을 갖는다는 것이다. 허치슨의 미감이론을 샤프츠베리의 내감(inner sense)이론과 비교하면서, 버프는 샤프츠베리가 도덕적 감각과 미적 감각을 실제로 구별하지 않고 있음을 상기시킨다. 그리고 오로지 허치슨에 의한 미감에 대한 요청이 도덕적인 선에로 환원될 수 없는 미개념을 가능케 했다고 주장한다. 칸트의 선험철학이 경험주의와 결정적으로 분리된다는 것을 부정하지 않으면서도, 버프는 칸트이론의 상당부분이 허치슨에 의존하고 있다는 자신의 주장을 굽히지 않는다.

내용적인 측면에서 볼 때, 칸트는 영국의 사상가들로부터 많은 것을 배워온 것이 사실이나, 허치슨은 그 일부에 지나지 않는다고 보는 것이 실정에 가깝다. 그러나 샤프츠베리와의 비교에서 강조된 허치슨에 대한 재평가는, 비록 아주 새롭다 할 수는 없으나 그릇된 것은 아니다.

일본에서 온 사카베(M. Sakabe)는 칸트미학을 다루면서, 칸트가 생산적 구상력에다 서양역사상 그 유례를 찾기 힘들 정도의 높은 인식론적 지위를 부여했다는 사실을 새삼스럽게 지적한다. 이러한 칸트의 새로운 가치부여가 '오성'과 '이성'의 순서를 뒤바꾸어놓는 것과 밀접한 연관을 가지면서 이루어진다는 것이 사카베의 요점이나, 요령부득이다. 그보다는 근대자연과학의 인식론에 의해 영향을 받으면서 앞에서 말한 바움가르텐의 선배가 되는 볼프의 '합리주의'에 의해 이미 준비되었던 '오성'의 퇴각이 빚어놓은 비어있는 공간을 구상력이 채운 것이라는 그의 설명이 오히려 설득력이 있다.

사카베는 오늘날 우리가 '생산적인 구상력'문제를 철저하게 재고하자면 보다 넓은 역사적 지평을 참고해야 한다고 쓰고 있는데, 짧은 요약만으로는 그의 주장의 요점이 잘 설명되지 않고 있다. 칸트가 구상력을 중시한 것은 사실이나, 필자는, 칸트미학에 관한 한, 사물에 대한 개념을 산출하는 경우와 사물이 우리를 촉발하여 만들어진 표상을 주관, 특히 쾌·불쾌의 감정과 연관시키는 경우를 비교할 때 이에 대한 적절한 설명이 제대로 이루어진다고 본다. 왜냐하면 칸트 자신이 취미판단을 인식판단과의 대비를 통해 설명하고 있기 때문이다. 즉, 칸트미학에서 가장 중요한 위치를 차지하는 〈취미판단의 연역〉에서 미를 구상력과 오성의 자유로운 놀이와 연관하여 설명한 것은 바로 그것이 인식능력들의 상호작용에 의존하면서도 개념을 산출하는 인식판단과 뚜렷하게 구별된다는 강력한 암시를 내포하고 있다.

미국의 캐스카르디(A. J. Cascardi)는 낭만주의 문학이 자연적인 것에로의 전환을 통해 물자체의 세계에 대한 복귀를 꾀한 것으로 재평가받아야 한다는 발표를 내놓고 있으나, 미학사를 위한 본격적인 문제제기로는 미흡하다. 그보다는 미국의 더노포(M. Donoupho)의 시각이 보다 의미있다.

그는 헤겔을 다루면서 그가 미학사에서 하나의 전환점을 마련했다고 주장한다. 그는 무엇보다도 헤겔이 미학의 적절한 주제를 미와 미의 감상보다는 예술에서 찾았다는 점에 착안한다. 이로써 헤겔이 예술연구를 체계화하였다는 것이다. 이에 근거한 그의 논점은 다음과 같다. 즉 첫째, 헤겔은 주제와 방법을 역사화했을 뿐 아니라, 예술을 사회학적 맥락 속에 밀어넣었다. 둘째, 이념상(Ideal)에 대한 그의 이론은 칸트가 분리해놓은 미와 숭고의 두 계기들을 통합하는 동시에 그것들이 갖는 변증법적인 관계도 지적하고 있다. 세째, 헤겔은 더 나아가 예술이 본질적으로 하나의 기호라는 것을 이야기하기 위해 기호학적 틀을 사용하고 있다. 네째, 헤겔은 그가 의미하는 바가 매우 독특한 것이기는 해도, 예술의 '죽음'을 진단하기도 한다. 마지막으로, 헤겔은 창조성 또는 표현으로서의 낭만적 예술유형과 타협하고, 그것을 예술사 및 미학사의 전망속에 밀어넣는다는 것이다. 더노포는 낭만주의자들에 대한 헤겔의 태도가 역사적으로나 체계적으로나 그의 예술접근에 있어서 궁극적이라고 보는데, 위에 열거된 여러 관점들은 결국 이에 의존한다.

동독의 크렌츨린(N. Krenzlin)은 마르크스에게서 새로운 철학적 관점을 발견한다. 그에 의하면, 마르크시스트적 미학의 새로운 특질은 그것에 의해 예술이 역사상 최초로 사회학적 내지 인식론적(gnoseologisch) 관점으로부터 분석가능해졌다는 데 있다. 이는 곧 반영이론과 역사적 유물론은 相補的인 관계에 있다는 주장과 상통하는데, 이러한 주장은 결국, 마르크시스트적 철학에 기초할 경우, 예술은 독특한 생산양식으로서 그 결과인 예술작품은 사회적인 노동의 산물로서 파악될 수 있다는 것으로 귀결된다. 다시 말해서, 예술은 이제 사회적인 현실의 관념적인 전유(ideale Aneignung)로서, 사회적 인식의 이데올로기적 형식으로서, 그리고 마지막으로는 생산, 상호소통, 그리고 수용의 통일로서 이해될 수 있게 되었다는 것이다.

이밖에도 스페인의 알바렉스(L. X. Alvarex)는 니체가 예술적 가상(illusion)을 진리의 가상으로 파악한 종전의 부당한 견해를 반박하고 가상의 진리해명이라는 새로운 방향의 가능성을 열어 놓았다고 평가하고 있으나, 이는 이미 하이데거가 오래전에 그의 니체 강의에서 피력했던 견해에 다름 아니다.

3

현대미학에 대한 검토도 이루어졌다. 예컨대 카나다의 추이데르바르트(L. Zuidervart)는 아도르노를 다룬다. 그에 따르자면, 아도르노는 칸트의 범례를 변용시켜 유물화했다고 파악된다. 즉, 칸트의 『판단력비판』은 관조자의 예술철학에 공통된 예술적 잠재성의 감성화로서 범례화 되어 왔으며, 자율적인 예술창작의 고유한 목적은 미적 관조에 이바지하는 데 있고, 예술적 소산이 미적인 심적 상태나 정신적 소산으로 용인되는 것에 반해, 아도르노에게 있어서는 자율적인 예술작품의 생산이 물질적 생산에 정초한 사회적 의식화로 변용되는 가운데, 예술재료와 재료의 예술적 잠재성 사이에서 이루어지는 사회역사적 변증법으로 용인된다는 것이다. 그러나 추이데르바르트에 따른다면, 칸트가 보였던 예술적 잠재성과 미적 대상 간의 긴장관계가 아도르노에서는 생산적 기반과 자율적 예술의 비생산적 목적 간의 변증법으로 재등장한다.

미국의 크루코프스키(L. Krukowski)는 현대미학에 있어서 분석철학과 전위예술 사이에 역사적 구조적 병행관계가 있다는 의견을 내놓고 있다. 즉, 전자는 비엔나학파, 카르납, 럿셀, 초기 비트겐쉬타인의 사상에 그 근원을 두고 있고, 후자는 몽드리앙, 칸딘스키, 구성주의, 바우하우스운동 등에서 볼 수가 있는데, 양자는 근본적으로 본질주의이며 더 이상 환원할 수 없는 단자를 공통 전제로 삼고 있다는 것이다.

이제까지의 발표들과 여기에서 언급하지 못한 스피노자, 마리땡에 관한 발표들이 제각기 자신들이 중시하는 미학이론을 미학사의 전환점이라고 내세운 반면, 미국의 벌랑(A. Berleant)은 「미학에서의 새로운 범례를 찾아서」라는 발표에서 색다른 시도를 하고 있다. 우리는 여기에서 비로소 시대구분에 대한 논의를 발견하게 된다. 그는 우선 미학사가 고전적 시대에서 보이는 생산활동의 객체에 대한 일차적 관심으로부터 18세기에 발전된 정신에 의해 제공된 의미와 질서의 원리에로의 변전을 드러내고 있음에 주목한다. 무관심성에 의해 특징지워지는 이러한 미적 태도라는 관념은 여러가지 방식으로 옹호되는데, 철학적—역사적 주장과 심리학적 주장이 그러한 사례들을 마련한다. 그러나 벌랑은 이러한 주장들이 각각 난점을 가지고 있음을 지적하면서 제3의 주장에 주목한다. 그것은 곧 "예술현상을 기초로 한 記述的인 主張"(descriptive argument)으로서, 이는 무관심성과는 아주 다른 미적 경험을 위한 주장을 전개한다. 이러한 견해를 위한 증거가 과거의 예술들로부터 도출될 수도 있겠지만, 그러한 주장은 무엇보다도 20세기의 예술들에 의해 가장 웅변적으로, 그리고 불가피하게 지지된다는 것이 벌랑의 요점에 속한다. 즉, 예술들로부터 유래하는 범례(paradigm)는 객체와 감상자 간의 상호작용(reciprocity)의 그것으로서, 결국 참여의 미학에로 귀착된다는 것이다.

때마침 벌랑의 견해를 지지하기 위해서인 것처럼 서독의 링그너(M. Lingner)는 「현대조형예술에의 철학적 접근에서 생기는 문제」를 다루었다. 그는 우선 철학적 미학의 역사에서 볼 때 처음부터 철학이 예술 위에 군림했다는 사실을 지적한다. 여기에는 바움가르텐에 의한 철학적 미학의 출현과 칸트, 쉘링, 그리고 헤겔 등의 위대한, 고전적인 미학자들에 이르는 미학의 계속적 발전이 철학 내적인 고려들에 입각해서 이루어진 것이지 예술로부터 철학에 제시되는 그러한 문제들에 의해 촉진된 것이 아니라는 그 자신의 평가가 잠복해 있다. 나아가 그는 독어권 내에서 현재 가장 의미있고 생산적인 미학 이론 구축의 두 방향들조차 이러한 전통에 충실하다고 보고 있다. 즉, 위대한 사변적 미학들이 끝장이 난 이후 분명히 그러한 전통에의 접목을 시도하는 가다머 등의 현상학적—해석학적 미학과 네오—마르크시스트적인 미학(예컨대 아도르노와 같은)은 그것들이 예술을 그 자체로서가 아니라 철학적 전망 하에서 고려하는 한, 전통적인 미학에서 결코 벗어나지 못한다는 것이다. 그에게 있어서 철학적 미학은 결국 그 어느 것을 막론하고 구체적인 예술작품들을 '직관적 진리(anschauliche Wahrheit)'의 장소로서 탐색한다는 한계를 지닌다. 그러나 특히 현대예술은 직관보다는 반성의 영역 속으로 돌입함으로써 직관의 영역을 찾는 철학(적 미학)의 기대를 무색케 한다는 것이다.

링그너의 이러한 관점은 현대예술의 특징을 설명하는 데는 어느 정도 타당성을 갖지만, 적어도 필자의 견해로는 가다머나 아도르노의 미학이 현대예술의 반성성에 착목하고 있다는 사실을 간과한 것으로 보인다. 사실상 예컨대 아도르노의 미학은 예술작품에 준해서 그 수수께기성을 읽어내는 것을 그 과제로서 설정하고 있다. 만일 여기에서 말하는 반성(Reflexion)이 이른바 사회적 현실을 조망할 수 있는 넓은 의미에서의 성숙한 윤리의식과 연결되어 있다는 것을 중시한다면, 바로 미학사의 전환점들이 미학이론과 연결되어 있는 윤리의식을 기초로 해서 구획될 수 있다는 주장으로 귀결될 수 있었을 것이다. 필자 자신의 관심이 바로 그러한 데 있었고, 이에 따라 미학사를 재구성하는 시도를 해보았기 때문에[2] 이번 세계미학대회에서 이와 연관된 어떤 발전된 이론적 작업을 기대했던 것인데, 적어도 현재까지의 자료로서는 그러한 기대가 충족되지 못한 아쉬움이 크다. 그러나 이 세계미학대회에서 발표된 논문들의 보다 확대된 요약들이 별도로 인쇄되어 한권의 큰 책으로 출판되는 것이 상례이기 때문에, 그러한 자료가 출판되어야 보다 자세한 성과를 알 수 있게 마련이므로, '새로운 미학의 전망'을 가능케 할 이론적 기초가 과연 이 대회에서 이루어졌는가에 대한 최종적인 답은 추후로 미룰 수밖에 없다.

---

2) 필자의 『근대미학연구(1)』(서울대출판부, 1986 ; 증보판, 1987)도 이러한 관점에서 집필되었거니와, 필자의 편저인 『현대미학의 향방』(서울, 열화당, 1985 ; 재판, 1987) 역시 그러한 관점에서 엮어졌다. 특히 후자에 수록된 필자의 논문들 중 『예술과 윤리의식』을 참조할 것.

1-2　미학의 대상으로서의 예술

　이상에서 우리는 제10차 세계미학대회에서 다뤄진 여러 주제들 중의 하나인 「미학사에서의 전환점들」이라는 주제를 둘러싸고 발표된 논문 둘을 검토하는 방식을 통해 은연중에 물론 자연도 그것을 이용의 대상으로만 보지 않을 경우 미학의 대상이 될 수 있지만, 예술에서 인간정신의 가치지향이 보다 절실하게 살펴질 수 있기 때문에 단순한 사실의 규명보다는 가치의 이해에 더 많이 관심하는 미학의 주된 대상은 예술 내지 예술작품이 되게 마련이라고 미학의 성격을 설명한 셈이다. 그러나 관점에 따라서는 예술 내지 예술작품도 다른 인간활동이나 그 소산과 마찬가지로 사실적인 규명이 불가능하지도 않고 또 불필요한 것도 아니기 때문에, 예술에 대한 학문적 접근에는 앞에서 살펴본 철학적인 방법들 이외에도 이른바 과학적인 방법도 존재하면서, 예술과학 내지 예술학이라는 통칭도 성립된다. 가령 근래에 올수록 예술정책과도 연결되면서 많은 사람들의 관심을 모으는 예술과 사회의 상관관계에 대한 연구들 중에서 보이듯이, 예술과학은 때에 따라 예술철학으로부터 거리를 취하려 하지만, 그 결과는 반드시 행복한 것은 아니다.

　앞에서 일별한 방법론적인 다양성 내지 혼미만큼이나 그 주된 대상이 되는 예술 자체의 특성이 또한 미학에의 접근을 어렵게 만들고 있다. 이는 곧 예술과 비예술의 구분문제와도 연관되어 있을 뿐더러, 예술 중에서도 어떤 활동을 더 주목하느냐에 따라 그 정의조차 달라질 수 있다는 사정을 반영한다. 흔히 미학을 조형예술과 연관시키는 경향이 지배적이다. 그러나 예술의 범위에는, 전통적인 분류방식을 따른다 할지라도, 조형예술의 범위 속에 들어오는 건축, 조각, 회화 뿐 아니라, 음악, 무용, 연극, 문학이 존재하며, 사진과 영화 역시 예술로서의 자기 주장을 강하게 내세운다. 그래서 미학의 연구분야에는 문화권의 비교와 아울러 예술의 상호조명이라는 의미에서의 비교미학이 성립되어 있거니와, 사람에 따라서는 이러한 구체적인 예술과 관련된 학문분야를 응용미학이라고 이름짓기도 한다. 그러나 일반미학과 응용미학의 구분은 예술철학과 예술(과)학의 구분만큼이나 반드시 생산적이지만은 않다. 굳이 필자 자신의 관심을 밝힌다면, 필자는 조형예술보다는 여타의 예술활동, 그중에서도 이른바 연극을 중심으로 한 공연예술의 성과를 바탕으로 일반적인 원리규명에까지 손을 뻗쳐 보려는 의도를 가지고 있다고 말할 수밖에 없지만, 그러한 예술활동을 설명할 일반원리는 여전히 예술철학과 예술(과)학의 결실에 의존하지 않을 수 없다고 보겠다.

하필이면 공연예술이냐고 했을 때, 연극평론에도 관여하는 필자 자신의 개인적인 경험도 경험이려니와, 최근에 올수록 조형예술보다는 공연예술, 특히 연극적 활동이 보다 새로운 활력을 가지고 우리 생활 속에 침투해 오면서 현대사회와 그 속에서 영위되는 인간생활의 특징을 보다 극명하게 대표한다고 보기 때문이라는, 자못 〈내 논에 물대기〉식의 대답을 내놓을 수 밖에 없게 된다. 그렇다고 조형예술이 현대에 와서 쇠퇴했다고 말하려는 것이 아니다. 그러나 강변하자면, 현대의 조형예술들에서는 그것에게 부과되었던 전통적인 틀을 벗어나서 오히려 공연예술, 특히 연극에 접근하려는 경향이 적지 않다. 다시 말해서, 예술창작과 예술향수의 관계설정에서 조형예술은 오히려 공연예술이 보이는 현장성을 적지 않게 중시하면서, 결과적으로는 〈축제〉를 지향한다고도 말할 수 있다.

축제적 지향이라는 말은 그러나 실상 퍽 조심스럽게 사용되지 않으면 안된다. 왜냐하면 〈축제〉란 과연 무엇이냐가 결코 쉽게 정의될 성질이 못되기 때문이다. 더군다나 현대사회가 주는 중압에서 쉽게 헤어나가려는 일종의 도피의식으로 인한 향락풍조가 만연한 현실에서 이는 자칫하면 그러한 경향을 조장하는 혐의를 받을 수 밖에 없기 때문이다. 그러나 향락적인 활동들이 결국은 현실긍정 내지 현실에의 굴종으로 귀착되는 반면, 축제는 현실극복을 지향한다는 근본적인 차이가 분명하게 의식되지 않으면 안된다. 예컨대 축제에 관한 연구 중에서 비교적 앞선 축제신학이 스스로를 정치신학의 연장선상에 놓여있는 것으로 설명하는 근원적인 의미가 그런 맥락에서 수긍될 수 밖에 없다. [3]

예술에 대한 개별적인 접근이거나 총괄적인 접근이거나 상관없이, 그 모든 시도에서 빼놓을 수 없는 사실은, 우리가 오늘날 예술이라고 통칭하는 인간활동이 상대적으로나마 자율성을 갖게된 것이 미학이라는 학명이 생겨난 18세기라는 사실을 알아야 한다. 물론 예술의 기원은 인간역사의 기원만큼이나 오래된 것이라는 주장에도 일리가 없지 않으나, 이른바 순수예술의 약칭으로서의 예술이 다른 인간활동으로부터 비교적 독립된 성격을 부여받고, 또 그에 속하는 기본 구성요소들이 오늘날과 같이 분류된 것은 근대적 소산이다.

아울러 우리가 명심해야 할 것은 그렇게 분류가 이루어진 당시에 적용되던 기본원리가 시간의 흐름에 따라, 예술 자체가 변화하듯이, 변화를 겪지 않을 수 없었다는 사실이다. 당시에만 해도 건축, 조각, 회화, 무용, 음악, 문학 그리고 연극 등이 〈아름다운 자연의 모방〉을 통해 인간의 심성에 다른 어떤 것도 줄 수 없는 독특한 쾌감을 준다는 원리에 의해 통일될 수 있었지만, 오늘날 이러한 기본원리 또는 정의는 여러 주장들 중의 하나일 수 밖에 없다. 금세기초를 전후해서 예술에 내려진 대표적인 해석만을 꼽는다해도 그 숫자는 열손가락으로도 모자란다. 다음의 사례들은 그 일부에 지나지 않는다. [4] 유희(랑게 및 그로쓰) ; 힘에의 의지 또는 소원의 충족(니이체, 프로이트, 파아커) ; 감정의 표현 또는 전달(베론, 톨스토이, 히른) ; 쾌락(마샬, 산타야나) ; 직관 및 기교(크로체, 베르그송, 보상케) ; 지성(마리땡, 페르난데스) ; 형식(파아커, 벨, 프라이, 카펜더) ; 감정이입(보링거, 리) ; 추상충동(보링거) ; 심리적 거리(벌러프, 오르테

---

3) 참조. 마르셀 마르틴/김문환, 『祝祭와 日常』(서울, 신학사상연구소, 1985). 보다 구체적인 사례를 찾을 경우 다음의 대본집이 참고가 될만하다. 김문환/이강백 공편, 『교회와 축제』(서울, 종로서적, 1985). 다음 논문도 같은 맥락에서 참고가 된다. 吳晅南, 「예술의 두 흐름과 '유희'의 개념—예술의 정의를 위한 시도」, 『예술교육과 창조』(서울예술전문대학, 1986), pp. 3-24.

4) 참조. Melvin Rader(ed), *A Modern Book of Esthetics* (NY. 1973. 4th edition).

가) ; 고립과 평형(뮌스터버그, 페퍼, 오든, 리챠즈, 우드) ; 문화적 영향(쉬펭글러, 멈포드) ; 도구(W. 모리스, 듀이, 화이트헤드) ; 그리고 가치의 표현(C. 모리스).

이처럼 다양한 해석은 곧 다양한 정의와 연결되게 마련인데, 대표적인 것들만 추려본다 해도 다음과 같은 정의들을 빼놓을 수가 없다 :

1) 모방 또는 재현으로서의 예술

2) 표현으로서의 예술

3) ·형식으로서의 예술

이처럼 여러가지로 규정되기에 현대미학을 주도하는 경향들 중 하나인 분석미학적 접근에서는 이제는 전처럼 '예술이란 무엇이냐'하는 식의 질문은 제쳐놓고, '예술개념의 논리가 무엇이냐?'하는 질문을 중심과제로 삼는 듯한 인상마저 우리에게 준다. [5] 나아가 예컨대 케닉이라는 미학자는 1958년에 발표된 그의 논문 「전통적 미학은 오류에 기초하고 있는가?」에서, 칼과 같은 사물은 일정한 기능을 지니고 있기 때문에 그 정의가 가능하지만, 예술은 일정한 기능으로 환원시킬 수 없기 때문에 본질상 그 정의가 불가능하다고 주장한다. [6] 말하자면 모든 예술현상들에 적용시킬 수 있는 어떤 설득력있는 규칙이나 규범도 전제할 수 없기 때문에, 모든 예술에 공통되는 단일한 성질의 존재에 기초한 전통적 미학이론들은 본질적으로 실수를 저지르고 있다고 함으로써, 예술의 개념을 정의한다는 것이 불가능하다는 주장을 뚜렷이 한다.

이런 곤란에도 불구하고 예술의 본질을 특히 예술작품을 바탕으로 해서 정의내려 보려는 시도가 최근의 성과로서 손꼽히는데, 예컨대 역사주의적 입장, 곧 역사를 통해서 다양한 예술현상들을 반복해서 예술로서 용인케 해온 기반을 추출하는 것에 의해서 예술을 정의해보려는 입장은 다음과 같은 네가지 특성에 주목한다. [7] 즉 ① 감각적으로 주어지

---

5) 참조. Morris Weitz, The Role of Theory in Aesthetics , Journal of Aesthetics and Art Criticism XV(1956), pp. 27-35.

6) W. E. Kennick, Does traditional aesthetics rest on a mistake? Mind. 67, 1958.

7) Stefan Morawski, *Inquires into the Fundamental of Aesthetics,* (The MIT Press, 1974), pp. 251-254.

거나 의미론적으로 지시된 성질들의 구조. ② 구조의 상대적 자율성 ③ 솜씨있는 인공품 그리고 ④ 개성적 표현이 그것이다.

물론 우리는 예술의 어떤 영역과 종류, 그리고 분야에만 관련된 가치들이 존재할 수 있다는 것을 부인해서는 안된다. 그러나 이상의 네가지 특징은 비교적 모든 예술들이 공유하고 있다는 것은 부정하기는 쉽지 않다. 이와같은 특성은 우리로 하여금 예술을 예술 아닌 것과 구별케 하는 동시에 보다 나은 예술작품을 선별해내는 기준을 위한 길잡이 구실도 하려고 한다.

이러한 역사주의적 입장이 갖는 의미를 다른 이론들과 비교·검토하는 기회가 따로 마련될 것이지만, 예술의 정의와 밀접하게 연관되어 있는 예술의 구조, 그리고 넓은 의미의 비평작업, 즉 記述·해석·평가에 관한 사항도 결코 소홀히 하기 힘들다. 이러한 광범위한 접근을 위해서는 이른바 전문적인 탐색 못지 않게 보다 보편적인 관심이 이에 기울여져야 한다. 그러기에 필자는 일반적인 교양의 향상을 위한, 또는 향상된 삶의 질을 위한 권유를 〈독서를 통한 예술이해〉라는 주제로 정리해 본다.

1-3 독서를 통한 예술이해

〈독서를 통한 예술이해〉라는 표현은 자칫 오해를 불러 일으키기 쉽다. 독서를 통한 예술이해라니? 글자 그대로 한다면 글을 읽는 것을 통해 예술을 이해한다는 뜻이 되겠는데, 왠지 어색한 느낌이 들 수도 있다. 물론 문학작품들이나 서예작품같은 것은 활자 내지 문자로 쓰여진 것이니 이러한 작품들을 이해하자면 글을 읽어야 할 것이다. 그러나 여기에 설정된 주제의 본뜻은 그보다는 다른 의미를 가지고 있다. 그것은 다름아니라, 흔히 예술감상이라고 하면 그저 보고 들으면 되는 줄

아는데, 그보다는 좀더 심층적인 예술 이해를 위한 학문적인 접근 역시 요청되지 않느냐는 질문이 여기에는 내포되어 있다.

필자는 종종 예술과의 만남을 인격적인 만남이라고 비유하곤 한다. 예술작품이란 실상 그것을 창조해낸 예술가와 그를 둘러싼 환경전체의 집약적 표현이기도 하지만, 인간자신 만큼이나 그 자체로 생명력을 지닌 독립된 존재라는 의미에서이다. 우리가 어떤 사람을 새로이 만났다고 하자. 그와의 만남이 보다 뜻있게 되기 위해서는 우리 사이는 단순히 스쳐지나가는 정도로 끝나서는 안된다. 그래서 우리는 서로 대화를 나눈다. 그러면서 서로를 조금씩 알아가기 시작한다. 서로의 이름이나, 서로의 지나온 생활이나, 서로의 미래 등이 이야기를 나누는 중에 자연스럽게 알려지고 그것을 통해 우리는 좀너 서로에게 가까이 다가간다. 물론 때에 따라서는 그렇게 서로를 알게 됨으로써 서로를 증오하게 되고 결별하게 되는 수도 있지만, 그것이 두려워 말문을 닫고 외면해서는 새로운 인연이란 맺어질 수 없다. 가장 불행한 여인이란 미움을 받는 여인이 아니라 잊혀진 여인이라는 표현이 여기에서도 통용될 수 있을지 모르겠다. 물론 쌩덱쥐베리의 『어린 왕자』에서 처럼 많은 어른들은 사람 자신이 아니라 너는 어느 집에서 사느냐, 너희 집은 얼마짜리냐 등 그를 둘러싼 외형적인 것에 더욱 관심을 가지고 질문을 던지는 수도 있다. 그래서 "마음으로 보지 않으면 잘 볼 수 없다. 알맹이는 눈에 보이지 않는다"라는 어린 왕자의 친구 여우의 말에 우리도 공감하게 된다. 예술작품에 대해서도 비슷한 말을 할 수 있을런지 모른다. 예술작품의 본령은 그것을 알아보는 사람의 영혼에 의해서만 알려진다고 말이다. 물론 옳은 말이다. 그러나 잊지 말아야 할 것은 이러한 이해는 벌써 어느 정도 예술이란 무엇인가 하는 질문에 대한 그 나름대로의 정의를 내포하고 있다는 사실이다. 예술을 정의한다는 것, 즉 예술의 본질에 대해 근본적인 질문을 던지고 이에 대한 답을 찾는 그것 자체가 이미 하나의 학문적 접근이다. 앞에서 보았듯이 이른바 미학, 특히 철학적 미학의 중심과제는 바로 이 문제를 둘러싸고 논의되고 있다. 그러기에 우리는 단순히 예술을 보고 듣는 차원에서 떠나 예술의 본질에 대해 알고자 할 때 이 방면의 전문서적들을 참고하지 않을 수 없다.

여기에서 한 가지 짚고 넘어가야 할 것이 있다. 그것은 인간 자신과 마찬가지로 인간의 소산, 우리의 경우 그것을 예술작품이라고 했을 때, 그것 역시 변화하지 않는 부분과 변화하는 부분이 혼연일치가 되어 구성되어 있다는 사실이다. 이 말은 결코 변화하지 않는 부분만 중요하고 변화하는 부분은 중요하지 않다는 것을 뜻하지는 않는다. 변화해간다는 것 그 자체가 하나의 변하지 않는 진실이기 때문이다.

따라서 인간에 대한 이해와 마찬가지로 예술작품에 대한 이해에서도 이 두 부분이 빚는 역동적 관계가 중시되어야 한다. 그러기에 필자는 예술이해에서도 철학적 이해 못지 않게 역사적 이해를 중시한다. 예술이 현실적 소여에 대한 반성적 창조에 근거한다고 했을 때에도 사정은 조금도 달라지지 않는다. 많은 경우, 예술에 대한 철학적 해명은 실상 변화하고 있는 예술 자체에 대한 정리작업으로 존재해왔던 것이다. 다시 한번 강조하거니와, 오늘날 우리가 당연한 것처럼 쓰고 있는 예술이라는 술어, 즉 소설과 시를 총괄하는 문학, 건축·조각·회화·사진 등을 총괄하는 미술, 음악, 무용, 연극 그리고 심지어는 영화까지도 총칭하는 예술이라는 개념이 성립된 것은 18세기 이후이다. 이는 결코 그전에는 이런 활동이 전혀 없었다는 것을 뜻하지 않는다. 그러나 이런 활동들이 단순한 실용적인 기술과 구별되면서 무엇인가 공통적인 특징을 갖는다고 파악된 것이 이 시기에 비로소 확정되었다는 것이 유념되어야한다. 이러한 언급은 결국 예술을 이해하기 위해서는 바로 이러한 사실을 알려주는 학문적 작업, 즉 예술사 내지 미학사라고 총칭되는 분야에 대한 식견이 어느 의미에서나 필요하다는 견해를 반영한다. 즉, 개별적인 예술분야가 갖는 역사적인 흐름 뿐 아니라 그것이 다른 예술분야, 나아가 인간활동의 다른 분야들과 맺는 연관관계에 대한 이해를 촉구해주는 서적들에 대한 섭렵없이는 우리는 우리가 대면하고 있는 예술작품을 바로 이해하기 어렵게 된다. 닫혀진 존재처럼 보이는 예술작품이 걸어오는 들리지 않는 말소리의 의미를 제대로 이해하기 위해서 우리는 조심스럽게 우리 자신을 준비하지 않으면 안된다. 귀찮다고 외면할 수도 있다. 그러나 그 경우 모든 시대의 가장 투철한 인간영혼들이 자신의 시대와 미래를 향해 바치는 진실에 귀먹고 또 눈멀고 말게 된다.

예술과 연관된 철학 내지 역사적 작업에 대한 식견을 이야기했지만, 이미 지적한대로 현대에 올수록 발전된 자연과학적 이해 역시 그 못지 않게 중요하다. 특히 예술심리학이니, 예술사회학이니 하는 학문적 성과가 이루어놓은 업적을 우리가 참고하지 않는 한, 특히 현대예술에 대한 이해는 무척 어렵게 된다.

필자가 대학생이었던 시절, 그러니까 60년대 초반쯤만 해도 많은 사람들의 관심이 먹고 사는 문제에만 몰려 있어서 실상 예술에 관한 서적이란 빈약하기 짝이 없었다. 그러나 삶이란 무엇인가? 특히 사람다운 삶이란 무엇인가? 그것은 결국 양의 문제가 아니라, 질의 문제가 아니겠는가? 그런데 인간의 활동 중에서 예술만큼 질의 문제와 밀착된 활동이 또 어디 있겠는가? 요즈음 우리 주변에 예술에 관한 서적들이, 관심만 갖는다면, 상당히 많이 출판되어 있는 것을 보게 되는 것은 그만큼 사람다운 삶에 대한 우리자신들의 관심이 높아진 징조라는 점에서 얼마나 다행스러운 일인지 모른다. 그러나 여기에서도 물론 문제가 없지는 않다. 그 많은 책들 중에서 어떤 책이 과연 이른바 양서일 수 있는가 하는 기준이 명확하지 않기 때문이다. 필자 역시 어떤 정답을 갖고 있지 않다. 그러나 일반적으로 말한다면, 예술을 인간생활 전체와 연관해서 설명하는 저술들을 권장할 수 밖에 없다. 예술을 흔히 그것이 지닌 자율성이라는 원리 때문에 마치 인간의 사회적 역사적 생활과 무관한 듯이 설명하는 사람들도 없지 않지만, 그러한 생각조차 그러한 사상을 배태케 한 사회적, 역사적 생활의 역설적인 반영일 뿐이다. 예술적 자율성이란 인간자신과 마찬가지로 어디까지나 상대적인 자율성일 뿐, 절대적인 자율성이란 사실상 허구에 지나지 않는다. 문학분야에서는 어느 정도 축적이 이루어져 있지만, 그밖의 예술분야나 전반적인 해명에서는 아직까지 국내 필자에 의한 저작이 그리 많지 못해 번역서적들이 좀더 많은 실정을 감안한다면, 저자 못지 않게 역자에 관심을 보여야 할 것이다. 좋은 번역이란 결국 그 방면에 조예가 깊은 전문적 인사가 우리 말이 되도록 옮긴 것일 수 밖에 없다.

이상의 언급은 그러나 아직 〈예술작품에 관한 독서〉일 뿐이다. 우리는 이와 같은 독서의 중요성을 인정함과 동시에 그것들은 어디까지나 예술과의 직접적인 만남을 위한 주변적 내지 예비적 성격을 가질 뿐임을 지적하지 않을 수 없다. 결국 우리는 예술작품과 직접 만나보아야 한다. 예술과의 직접적인 만남 중에서 문학을 통한 예술이해가 가장 안전하다고 생각된다. 세계문학 뿐만 아니라 우리 문학에 대해서도 믿을 만한 학문적 저술들과 그것들과 연관되는 문학작품들이 비교적 손쉽게 구해질 수 있기 때문이다. 그러나 모든 예술이 그렇듯이 문학작품도, 비록 그것이 얼핏 보기에는 고독한 저자의 고독한 작업의 소산과 고독하게 나누는 대화인 것처럼 보일지 모르나, 실상 우리들 인간의 생활 전체와 폭넓게 관계하고 있다. 따라서 믿음직한 지침에 따른 문학작품 감상이라할지라도 그것과의 만남에서 얻은 새로운 깨달음을 다른 이들과 함께 나누는 일이 무엇보다도 중요하다. 만일 자라나는 세대를 염두에 둔다면, 부모만큼 그러한 대화의 상대가 되어줄 수 있는 사람이 또 어디 있겠는가? 그런 의미에서 부모 자신이 능동적이든 수동적이든 자녀들과 책을 통한 대화를 나누기를 필자는 진심으로 권유한다.

때로 문학작품은 앞에서 말한대로 상당히 고독한 대화이기 때문에 이를 매개로 대화를 나누기가 어려움게 느껴질 수도 있다. 그러기에 필자는 자신이 그에 보다 관계되어서가 아니라 부모들이 때때로 자녀들과 함께 연극관람의 기회를 가질 것을 권유한다. 오고가는 길목에서 우리는 무대 위에서 호흡이 생동하는 세계를 통해 만난 새로운 인연이 우리 자신의 생활에 주는 의미를 그야말로 생생하게 나눌 수 있을 것이다. 어찌 연극뿐이겠는가! 기계생산에 의한 복제시대에 사는 우리는 때로 음악도 미술도 복사판으로 만족하는 수가 있지만, 필자는 가급적이면 현장에서의 만남을 권유한다. 전람회와 음악회가 갖는 공동체 형성적 의의는 연극관람 못지 않게 자못 심대하다. 영화의 경우도 텔리비젼의 시청보다는 영화관에 함께 가는 것이 더 절실한 감회를 줄 것이다.

물론 이 모든 감상을 위해 정평있는 비평을 참고하는 일이 필요할 것이다. 이런 의미에서 독서를 통한 예술이해라 할 때 그 독서의 대상에는 꼭 두터운 전문서적 뿐만 아니라 특히 신문 잡지의 좋은 비평도 빼놓을 수 없는 요소로서 포함되어야 할 것이다. 그러나 어느 비평이 좋은 비평인가 역시 간단히 대답할 수 있는 질문이 못된다. 비평에 대한 기본이해만큼이나 자신이 직접 비평의 대상이 된 작품과 만나보고, 자신의 소감과 그 비평을 견주어보는 방법을 통해 비평기준의 향상을 도모하는 길이 있을 뿐이다.

1-4 예술이론과 예술실천

앞서의 여러 이야기들을 마무리지으려 함에 있어서 필자는 예술에 관한 이론과 실천이 갖는 상관관계에 주목하고자 한다. 모라브스키가 밝힌대로 예술과 이론 사이에는 세가지 관계가 설정될 수 있다. 즉, 사태들의 과정이 이론을 앞지르거나, 양자가 결합되어 발전하거나, 아니면 이론이 새로운 예술적 흐름의 출현을 예견한다. 이러한 시간적 요소는 두 가지 현상 간의 관계에 있어서 근본적이다.

첫째의 경우, 예술이론은 예술에게 새로운 것이라곤 아무것도 소개하지 않는다. 그리고 이미 개화된 예술적 과정을 설명하는 데에만 기여할 뿐이다. 기껏해야, 비판적인 연구들을 통해서, 그것은 일반이 예술분야에서 기대치 않게 일어나고 있는 새로운 작품들을 이해하도록 도와주며, 나아가 그 단어가 가진 최선의 의미에서 이 새로운 작품들을 유행시키는 역할을 담당한다.

둘째의 경우, 예술이론은 새로운 예술 현상들을 끌어내고 結晶化하며, 그것들이 지닌 의의와 깊이를 정의하고, 우리에게 그것들이 갖는 철학적, 사회적, 그리고 역사적 요점을 일러주며, 그것들을 이전의 현상들과 다르게 만드는 새로운 방식들을 현시한다. 많은 경우 같은 인

물이 양쪽을 다 실행하는데, 때로는 자신의 창조적 혁명 속에서 이론
가적 측면을 드러내 보이고, 때로는 그의 개념들을 확인하기 위해서 예
술가적 측면을 드러내 보인다.

　세째의 경우, 이론이 지배적인 양태가 된다. 그것은 무엇이 되어야
한다는 것을 말하고, 예술이 택해야 할 길을 지시하며, 예술을 그 길로
인도한다. 이 때 그것은 모든 반대들과 저항들을 못들은 체 한다. 이론
이 이런 접근방식을 채택할 때, 그것은 항상 일단의 순종적인 열혈당원
들을 발견하게 마련이다.

　이상의 분류는 물론 단순화되어 있다. 그러나 예술사와 사상사는 이
러한 기본적 양상들의 사례를 많이 준비하고 있다. 아리스토텔레스는
그의 『시학』에서 고전적 비극과 그리스 희극의 역사적 발전과정을 이야
기한다. 다 빈치와 뒤러는 새로운 예술과 동시에 새로운 미학이론을 진
척시켰다. 디드로와 레씽은 2세기 후에 같은 방식으로 발전하였다.
그들은 브왈로, 꼬르네이유, 고트쉐트 등을 공격했는데, 아리스토텔
레스의 『시학』으로 무장한 채 극예술을 교조로 화석화했던 것이다.

　이밖에도 많은 예를 들면서, 모라브스키는 예술사와 미학사의 다소
간 평행적인 과정들에 대한 연구를 통해 우리가 예술이 예술이론의 언
덕들 위로 진격해 올라간 시점, 또는 같은 리듬으로, 예술이론이 예술
가들과 사회를 자극함에 있어서 적극적인 영향을 미쳤던 시점을 보게
된다고 말한다. 그러나 그와 동시에 제3의 경우, 즉 이론이, 보통 한물
간 예술조류의 결과로서, 엄격한 예술규칙들을 처방하고, 그 옹호자들
이 새로이 만들어진 작품들을 저주했던 시기도 빈번히 발견된다. 본질
상 교조적인 그러한 이론은 일반에게 그릇된, 제한된, 그리고 낡아빠진
감상기준들을 제공하면서, 예술발전에 단절을 가져온다.

　이 제3의 경우는 종종 이른바 아카데미시즘과 연결해서 일어난다. 주
지하는대로 아카데미들은 16세기 이태리에서 시작되었는데, 이는 예술
집단들의 핵심 서클들에서의 토론을 증진시킬 것으로 예상되었다. 그
러나 이러한 기구들이 이내 다른 측면을 드러냈으니, 16세기 말부터 그
것들은 규칙들을 세우는데 이바지하기 시작하였다. 주제들의 체계, 특

정한 형식적 표현수단의 우선순위 등에 관한 규칙들을 만들면서 아카데 미들은 살아있는 성과있는 예술이론을 교조로 바꾸어 놓았다. 예술가 의 사회적 지위에 관계된 장점이, 예술창조를 위한 규범들을 내세움으 로써 저지른 과오들과 비교해볼 때, 어떤 의의도 지니지 못하게 된다. 왜냐하면 원칙이 예술적인 의미에서만이 아니라 사회적인 정치적인 의 미에서도 공식적이 되었을 때, 그것은 부패되게 마련이기 때문이다. 더 구나, 아카데미의 원리들은 메디치가의 권력을 거쳐 프랑스에 이르면 서 절대권력의 공식적, 문화적 그리고 정치적 지원을 받았다. 이 원리 들은 법정의 정신과 공개적으로 타협적이고, 사회생활의 기존체제를 비호하며, 쇠약해진 이상주의 덕분에 사회적인 관점에서 볼 때 최소한 그렇게 위험하지는 않았디고 모라브스키는 평가한다. 그러나 바로 그 렇기 때문에 실상 그것은 예술을 위해 해악적이었다. 모라브스키는 반 동종교개혁 시기에 행해졌던 예수회의 예술지배를 미학적 원리의 부패 사례로서 거론하거니와, 정치적으로 의존적인 미학원리의 결과를 우리 는 예컨대 소시알리스트 리얼리즘에서도 찾아볼 수 있다.

요컨대 모든 예술이론들은 혜택받은 사회집단의 다소간 독재적인 지 배가 나타날 때마다 타락을 보여왔다. 그렇다고 우리는 모든 예술이론 을 기피하거나 극심한 상대주의적 입장을 취해서는 안된다. 모라브스 키의 말대로 우리는 예술을 합리적으로 점검하면서 예술이론들의 결과 를 수정하고 보다 풍부하게 만듦으로써 예술이론을 발전시켜야 한다. 구체적인 상황들을 계속해서 반성하면서, 예술이론은 예술에서의 새로 운 발견들, 과학적 미학적 사회적 성질의 발견들을 서로 연결시키면서 부각시켜야 한다. 그렇게 함으로써 예술이론이 하나의 독단에 빠져들 지 않도록 조정해야 한다. 우리가 널리 알려져 있는 예술이론들을 보다 면밀히 살펴보고 비교해보아야 할 이유가 바로 여기에 있는 것이다.

＊ 이 글은 주로 필자가 1986년 4월과 6월 KBS—제1TV의 주부대학 프로그램 을 통해 방송했던 내용을 손질한 것이다.

2. 예술들의 분류*

1

'예술들'이라는 술어가 문학, 음악과 무용, 연극과 영화, 시각 및 장식 예술들, 그리고 그밖의 똑같이 다양한 활동들을 포괄하기 위하여 그토록 광범하고 무한정한 영역에 적용되는 한, 그것들의 분류, 다시 말해서 각각이 독특하다든지 아니면 다른 것들과 바슷하다든지로 간주되는 방법들은 논쟁적이면서도 필요한 작업으로 남기 마련이다. 분류란 어떤 분야에서나 지식의 조직을 위해 유용한 접근방안이다.

18세기에 이루어진 식물 및 동물분류가 19세기에 이르러 진화의 발견에 이르렀던 것을 상기해보라. 예술들에서도 분류란 예술의 상호관계를 이해하고 각각의 특징들에 주목함에 있어 상당한 도움이 될 수 있다. 의식적으로 고안되든 무의식적이든, 예술들에 대한 어떠한 진지한 설명에도 여하한 종류의 분류가 잠재되어 있다. 특정한 예술을 상찬하는 사람들은 그것을 독특하다고 느끼고 따라서 다른 것과 비슷하다는 것을 부인한다. 그러나 논리적으로 볼 때 시든, 그림이든, 쏘나타든 예술이라고 바르게 기술된 것은 모두 그러한 부류에 속한 것이고, 어떤 정도이든 그 부류의 다른 성원들과 닮게 마련이다. 이처럼 예술현상은 그 개성적 다양성에도 불구하고 작품의 객관적 구조에 의해 여러가지 관점에서 약간의 종류로 구별될 수 있다. 이 예술의 분류는 이것을 어떤 체계적 연관에 있어 통일적으로 설명할 때 여러 예술들의 체계(System der Künste) 또는 예술 계통론(Genealogie der Künste)이라고도 불리운다. 철학적 관점으로부터 이루어진, 상대적이고 복잡한 자세한 구분과 분류가 예술의 체계라고 불리우기도 하는데, 이는 예술철학뿐 아니라 철학적 체계들 일반의 중핵부분을 이루어 왔다.

이는 특히 18세기 후반의 독일철학자 임마누엘 칸트의 저작이래로 그러하다. 유럽의 철학자들은 피상적인, 언어적인 배열에 자신을 제한시키지 않고 인간의 심성, 세계 역사, 그리고 문명 속에서 각각의 예술이 갖는 역할을 보여주려고 힘써 왔다. 예술들의 체계는 또한 예술들을 평가하고 그것들이 지닌 형이상학적 및 도덕적·역할들에 따라 그것들을 서열적으로 열거하려는 시도 속에서 활용되기도 한다.

2

앞에서 18세기 후반의 칸트에 대해 언급했으나, 예술들의 분류에 관한 관심은 실상 그 이전에로 소급된다. 예컨대 이미 그리스철학에서도 이와 연관된 작업이 눈에 띄거니와, 성 아우구스티누스(AD 354-430)나 프란시스 베이컨(1561-1626)에게도 이에 관한 구체적인 언급이 있다. 그러나 이 글은 예술들의 분류에 관한 역사적 발전보다는 오히려 체계적 접근에 관심하고 있기 때문에 이에 대해 길게 언급하지 않으려고 한다. 이때 우리는 미학이론이 갖는 근본적인 입장의 차이에 따라 예술분류방법 역시 여러 갈래로 나뉘어진다는 사실을 유념해야 하며, 이를 이해하기 위해서는 종래의 다양한 설명 방식에 대한 기본적인 논의는 불가피하겠다.

대별하여 철학적 형이상학적 경향과 과학적 경험적 경향으로 이야기될 수 있겠는데, 19세기 이후만을 들어 이를 설명해 본다.

가) 철학적 입장에 의한 분류

고전적이라고도 할 수 있는 이 입장을 대표하는 인물로서는 칸트, 셀링, 헤겔 등을 들 수 있겠지만, 그들을 계승하는 헤겔 이후의 독일 관념론적 미학에 속하는 사람들이 올린 성과가 오히려 괄목할 만하다. 우선 크리스챤 헤르만 바이세(Christian Hermann Weisse 180-166)를 들 수 있다. 그는 헤겔의 변증법을 바탕으로 삼아 예술형식의 전개과정을 1) 즉 자태로서의 음악, 2) 대자태로서의 조형예술, 3) 양자의 종합으로서의 시예술로 순서짓는다. 나아가 1)을 기악, 성악, 극음악으로, 2) 를 건축, 조각, 회화로, 3)을 서정시, 서사시, 희곡으로 구분한다.

프리드리히 테오도르 피셔(Friedrich Theodor Vischer, 1807-87)도 헤겔을 따르지만 그는 예술분류의 근거를 상상작용에 놓는다. 그리하여 1) 상상력이 직관으로 작용하는 시각에 대해 객관적인 예술로서의 조형예술, 2) 상상력이 감정으로서 작용하는 청각에 대해 객관적인 예술로서의 음악, 3) 양자의 종합으로서의 상상력의 관념적 감각성에 바탕하는 주·객관적 예술로서의 시예술로 나눈다. 이 삼분법은 다시 조형예술을 건축, 조각, 회화로 분화시킴으로써 결국 5개의 주된 예술형식을 성립시킨다.

막스 샤슬러(Max Schasler 1819-1903)는 동시적인 것과 계기적인 것의 두 가지 대립원리를 설정한다. 이에 의하여 모든 예술현상은 두 개의 계열로 나뉜다. 첫째는 동시적인 직관에 바탕하는 정적인 조형예술의 무리이고, 둘째는 계기적 직관에 바탕하는 동적인 시간예술의 무리이다. 전자에는 건축, 조각, 회화의 세 형식, 후자에는 음악, 미술, 시의 세 형식이 속한다. 그리고 정적 예술의 최하단에는 물질적 요소가 가장 우세하고 관념적 내포가 빈약한 예술형식으로서 건축이 놓이고, 그 위에 조각, 그리고 회화가 덧쌓인다.

이 회화의 단계에 이르면 물질적 요소에 대한 관념적 내포의 우세가 가장 두드러져 돌연히 정적 예술로부터 동적 예술에로의 전환, 즉 회화로부터 음악에로의 전환이 이루어진다.

이어 음악에서 미술, 그리고 시에 이르는 순서가 정립되어 예술체계가 완성된다. 샤슬러는 또한 시예술의 세 종류와 회화의 세종류를 비교하기도 한다. 그리하여 주관적이라는 점에서 서정시와 풍경화를, 객관적이라는 점에서 서사시와 풍속화를, 그리고 주·객관적이라는 점에서 극시와 역사화를 대응시킨다.

이처럼 예술형식의 한쪽 끝에는 정신성이 가장 적고 물질성이 가장 큰 건축을, 다른쪽 끝에는 그와 반대되는 성격을 갖는다고 보여진 문예 또는 음악을 놓아 예술현상의 전개과정을 물질적인 것에서부터 정신적인 것에로 상승하는 가치단계로 보는 예술체계가 마련되었는데, 아르투르 쇼펜하우어(Arthur Schopenhauer 1788-1860)역시 이러한 견해에 이르고 있다.

예술을 이처럼 체계적으로 분류하려는 시도는 그 후의 미학에 다대한 영향을 주어 20세기에 들어서서도 예컨대 버질 찰스 올드리치로 하여금 여러가지 예술을 설명할 때 건축과 조각으로부터 시작하게 만든다. 그는 이어 회화와 사진, 무용, 연기-판토마임을 설명한 후, 음악과 문학을 논한다.

이처럼 형이상학적 분류 방법은 그 나름대로의 이유를 건지하면서 오늘날에도 영향을 미치고 있지만, 그것이 보다 큰 성과를 올리기 위해서는 경험적 미학이 대두된 이후에 활발해진 실증적, 과학적 분류 방법과의 결합을 기다리지 않으면 안되었다. 이제 우리는 그런 의미에서 과학적 입장에 의한 예술분류를 알아보기로 한다.

나) 과학적 입장에 의한 분류

여기에는 개괄적으로 말해서 발생론적(genetisch) 입장과 유형학적(typologisch)의 입장의 두 방향이 존재한다.

1) 발생론적 입장에 의한 분류

이는 자연과학에서의 발생론적 관찰 방법과 유비를 이루면서 원시민족에서 보이는 예술의 기원이나 원형을 고찰한다. 여기에서는 하나 또는 몇몇의 원초예술(Urkunst)을 인정하고, 거기에서 분화하는 여러가지 예술현상을 계통분류학적으로 질서지으려 한다. 예컨대 아담 스미스(Adam Smith 172390)는 무용을 여러 예술현상의 분화를 가능케하는 원초예술로서 주장하는 일원론을 내세운다.

에른스트 그로쎄(Ernst Grosse, 1862-1927)는 정적예술(Künste der Ruhe)과 운동예술(Künste der Bewegung)을 나눈 후, 전자는 장식미술을 기원으로 삼으면서 회화와 조각을 가능케 하며, 후자는 무용을 기원으로 삼으면서 시가와 음악을 발달시킨다고 하여 또 하나의 발생론적 입장에 의한 이원론과 분류를 내세운다.

파울 뫼비우스(Paul Julius Möbius. 1853~1907)는 건축과 같은 기계적 예술(Mechanik)과 음악, 그리고 미술을 세개의 원초예술로 상정하는 삼원설을 주장한다. 그러나 원시예술의 분화·발전의 경과를 기본으로 하는 이 분류방법이 발달한 문화현상의 하나인 현재의 예술분류를 위해 본질적인 표준이 되기에는 여러가지 한계가 있다.

위에서 본 바와 같이 자연과학적인 역사적·시간적 발생관계를 문제삼지 않고, 일종의 가치론적 배경에서 예술현상의 발생적 관계를 중시하는 입장도 존재한다.

우선 아우구스트 쉬마르조프(August Schmarsow, 1853-1936)의 경우가 이에 해당한다. 그는 시간예술 중 음성(Laut)을 예술형식으로 삼는 음악, 몸짓(Gebäre)을 예술형식으로 삼는 미믹, 그리고 음성과 몸짓의 종합(L+G)인 언어(Wort)를 근본요소로 하는 시를 구별한다. 마찬가지로 공간예술 중 입체(Körper)의 형성자로서의 조각, 공간(Raum)의 형성자로서의 건축, 그리고 입체와 공간의 종합(K+R)인 형상(Bild)을 표현수단으로 하는 회화로 나눈다. 이리하여 시간 및 공간 예술의 두 계열에 있어서 특별한 관계를 맺고 있는 세 쌍의 예술들, 즉 미술과 조각, 음악과 건축, 시와 회화가 대조를 이룬다.

이상에서 보듯이 쉬마르조프의 예술체계는 단순한 발생론적 과학적 입장을 넘어서서 앞서 설명한 관념론적 방법이 개척한 가치론적 고찰과도 결부된다. 그러나 이러한 입장, 즉 일종의 유형학적 입장에 의한 분류가 현대의 예술분류에서 기초를 이룬다고 보아도 무방하다.

2) 유형학적 입장에 의한 분류

이는 경험적 미학 이래의 과학적 실증적 기초에 입각하면서도 종래의 독일 관념론적 미학의 흐름을 견지하는 규범적 가치론적 연구의 장점도 충분히 고려하는 분류방법을 통칭한다. 이는 사실에 입각한 기술적 구분을 지향하는데, 이에 따라 분류의 기준이나 명칭도 다양하다.

여기에서는 예컨대 가치론적 분류, 형식주의적 분류, 내용주의적 분류, 종합적 분류, 감각주의적 분류, 구조적 분류 그리고 원환적 분류가

거론되고 있다. 이러한 분류들은 대체로 자유예술과 응용예술, 공간예
술과 시간예술 및 시공간예술(조형예술과 뮤즈적 예술 내지 시각예술
과 청각예술 및 시청각예술), 사물적 예술과 비사물적예술(모방예술
과 재현예술)등의 구분을 시도한다. 막스 데스와르(Max Dessoir,
1867-1947)나 프리드리히 카인즈(Friedrich Kainz, 1897)는 이러한 유형학적
분류들을 기초로 하여 종합적 분류를 시도하고 있는데, 그 중 카인즈의
것을 예시하면 다음과 같다.

공 간 예 술		시 간 예 술	시공간적예술	
3 차원적	2 차원적			
조 각 기념비적예술 건 축 공 예	회 화 그 라 픽 장 식	서사시 문 예 서정시 희 곡	무 언 극 (연극)	사물적 예술
		표제악 가창 음 악 오페라 발레 절대음악	무 용	비사물적 예술
조 형 예 술		협의의 뮤즈적 예술	운동예술	
		광의의 뮤즈적 예술		

3

이상에서 보는 바와 같이 여러 가지 예술들은 다양하게 분류될 수 있
고 그 중 어느 것도 가장 정확한 방법이라고 내세워질 수 없다. 분류를
하는 사람의 목적과 관심, 그리고 그외 철학적인 정향들에 따라 다양한
분류가 가능하다. 이상에서 살펴본 바를 근거로 해서 논의를 일반화하
자면 우리는 우선 분류의 기초가 무엇인가를 주목해 보아야 할 것이다.

사물들을 분류한다는 것은 그것들을 계획에 따라서, 특히 그것들이 공통적으로 가지고 있다고 생각되는 어떤 특징을 바탕으로 그것들을 집단들 또는 계기들로 배열하는 것을 말한다. 따라서 분류의 기초는 특정한 부류의 성원들이 공통적으로 소유하고 있다고 생각되는 것, 그들을 집단화하거나 다른 부류들로부터 분리하는 데 이용될 수 있는 요소의 개념이다. 예컨대 재현된 주제(Subject represented)는 그러한 기초 중 하나이다. 이는 초상화, 풍경화 그리고 해설적인 장면들 등으로 그림들을 구분할 때 기초가 된다. 문학을 운문 또는 시와 산문으로 나누고, 다시 전자를 서사시, 극시, 그리고 서정시로 나누는 것도 이와 같은 원리에 입각한다. 일반적인 술어로 예술 분류학(Taxonomy in the Arts)이라고 표현할 수도 있겠지만, 예술의 경우 가령 생물학에서 쓰이는 엄격한 체계가 그대로 적용되고 있지는 않다.

우선 예술이란 무엇인가 하는 정의조차 어렵다는 사실이 그 이유 중의 하나로 손꼽힐 수 있다. 어느 하나의 정의도 보편적인 활동을 명령할 수 없다. 여러 가지 의미들이 아직도 번번히 사용되는데, 예컨대 우리가 '예술'이라고 번역해 쓰고 있는 영어 (art)만 해도 이른바 '순수예술(fine arts/aesthetic arts)'만이 아니라 농업, 의학, 그리고 전쟁 등과 같이 유용한 기술들도 포함하고 있었다. 자세한 논의를 개진할 여유가 없으나 18세기에 이르러서야 이른바 '순수예술들(beaux arts, the beautiful or fine arts/elegant or polite arts)'이 감상자에게 미적 쾌를 제공해 줄 것을 목표로 한다는 근거로 단순히 유용한 기술들(useful arts)로부터 구별된 것이다. 예컨대 바뙤(Abbé Charles Batteux, 1713-1780)가 저 유명한 『하나의 원리로 통일된 여러 예술들』을 썼을 때, 아름다운 자연의 모방을 통해 그 어떤 것도 줄 수 없는 독특한 쾌를 제공한다는 것이 바로 여러 가지 예술에 공통되는 원리로 여겨졌던 것이다.

당시에 이미 음악, 시예술, 회화, 조각, 그리고 무용이 쾌를 목표로 삼는 활동으로 열거되고, 나아가 쾌와 유용성을 결합시킨 수사학과 건축, 그리고 이 모든 것을 결합한 연극이 예술을 구성하는 기본단위로 운위되었다. 물론 여기에서 말하는 쾌는 단순한 감각적 쾌나 도덕적 쾌와는 구별되는 독특한 성질을 갖는 것으로 설명되어 왔다. 그 후 사진과 영화가 발명되자 이들 역시 주요한 성원으로 인정되었다. 그러나 오늘날 예술 자체가 더 이상 이러한 미 또는 쾌를 목표로 삼지 않게 됨에 이르러 예술과 예술 아닌 것의 구분은 심한 혼란에 빠져들게 되었다. 토마스 먼로는 400개의 예술을 가려내기도 한 바 있다. 그럼에도 불구하고 전통적인 분류체계는 아직도 상당히 유효하다.

④

　이상에서 우리는 주로 미학을 체계적으로 발전시킨 서양의 경우를 염두에 두면서 예술의 분류와 연관된 몇가지 기본 사항들을 살펴 보았다. 그러나 비록 오늘날 그로부터 상당한 영향을 받고 있다 하더라도, 동양 내지 우리나라에서의 예술 분류가 서양의 그것을 일방적으로 수용함으로써 완전히 대체될 수는 없다. 아직 이렇다 할 체계적인 연구가 이루어지지 않은 상태이기는 하나, 오늘날 우리 주변에서 찾아볼 수 있는 예술분류에는 이미 그러한 시각이 작용되고 있다.

　즉, 서양에서 예술로서 인정되고 있는 것 이외에도 많은 종류들이 이에 포함되어 있다. 이러한 사정을 감안하는 동시에 모든 예술작품은 결국 매체(medium)속에서 완성된다는 사실에 주목하면서 우리는 예술의 종류를 다음과 같이 파악코자 한다.

　1. 문학 : 단어 내지 언어들의 조합를 통해 얻어지는 의미와 이미지들을 기본매체로 삼는 예술들을 의미한다.

시 및 시조

소설

평론

수필

희곡, 시나리오

아동문학

기타(넌픽션 등)

번역

　이중 희곡과 시나리오는 엄밀히 말해서 연극 또는 영화를 위한 극본의 성격을 가지나, 무대 또는 화면에 구체화되지 않은 상태로도 많은 희곡과 시나리오가 쓰여지고 있음을 감안하여 일단 문학의 한 종류로 간주해둔다.

　2. 조형예술 : 전시예술, 시각예술, 또는 공간예술이라고도 불리울 수 있겠는데, 여기에 속하는 예술들은 아주 배타적으로는 아니라 할지라도, 어느 정도 우선적으로 시각에 호소하고 있다.

회화 및 판화(양화와 한국화 포함)

서예

조각

공예

사진

　3. 디자인 : 건축 역시 중요한 시각예술의 한 종류이나 근자에 이르러 디자인이 갖는 중요성이 점증되는 경향을 감안하여 우리로서는 디자인 부분을 독립시키고 건축을 이에 포함시키기로 한다.

디자인 분야는 다음을 포괄한다.

건축디자인

시각디자인

공업디자인

의상디자인

　사람에 따라서는 이상의 두 주요 예술분야, 즉 문학과 미술 이외의 예술들을 다양하게 결합했다는 의미로 혼합예술을 설정하기도 하나, 혼합이라는 수식어는 자칫 가치 용어로 전용되어 잡종의 뜻을 갖기 쉬울 뿐더러, 실상 예컨대 연극은 다른 예술 못지않게 순수한 단일예술로서 간주되어야 하기 때문에 이러한 분류는 적합하지 않다. 우리로서는 음악, 무용, 연극, 그리고 영화가 갖는 공연적 성격을 기초로 이들을 공연예술로 분류하는 것이 오히려 바람직할 것이라고 생각한다. 이미 앞에서 보았듯이 이들은 뮤즈적 예술로 분류되었던 사실도 있다. 그러나 그럴 경우 그 범위가 지나치게 넓어질 것이 우려되므로, 우리로서는 음악을 따로 분류하듯이, 무용, 연극, 영화를 각각 따로 분류하기로 한다.

4. 음악 : 학자에 따라서는 노래, 오페라, 그리고 음악과 문학을 결합한 예술들(예컨대 뮤지칼)은 이에서 배제하나, 우리로서는 노래와 오페라에서도 음악적 요소가 주도적이라고 보아 이에 포함시킨다. 다른 분야에서도 그렇지만 여기에서도 우리 고유의 음악유산은 서양전래음악 내지 양자에 기초한 창작음악과 함께 주요한 분야로 간주된다.

국악(성악, 기악)

양악 내지 외국음악 (성악, 기악)

작곡

국악은 전통음악 전반을 지칭하며 아악, 민속악, 판소리 등을 포괄한다. 양악은 주로 유럽 내지 미국에서 창작된 독창, 독주, 실내악, 관현악, 합창, 오페라를 포괄하나, 유럽 이외의 지역 음악도 포함할 경우 이를 외국음악이라고 통칭하기로 한다. 창작음악은 양악 도입 이후에 우리나라 작곡가에 의해 쓰여진 각종 음악을 포괄한다.

5. 무용 : 움직이는 신체들의 시각적 장면들을 주도적 요소로 삼고 음악반주, 때로는 동반적인 언어들과 종종 무대미술을 곁들이는 예술들을 포괄한다. 극무용과 추상무용 등으로 세분할 수도 있겠으나, 우리로서는 현재 널리 통용되는 다음의 세 가지를 포함시키고자 한다.

한국무용

발레

현대무용

한국무용은 전통무용과 창작무용을 포괄하며, 발레 역시 클래식 발레와 창작 발레를 포함한다.

6. 연극 : 흔히 모든 예술들의 결합으로 파악되지만, 실상 연극은 여러 예술적 요소들이 단지 재료로서 활용되는 단일한 순수예술이라고 간주되어야 한다. 그런 의미에서 극작, 연기, 연출, 무대기술, 기획 등

의 기능들은 그 자체로서 온전한 예술이 아니다. 그렇다고 이러한 기능들이 무시되어서도 안된다. 우리로서는 단지 그러한 기능들의 통일된 예술적 결과에 보다 주목하면서 다음을 이에 포함시킨다.

언어극

뮤지칼

창극

마당극

인형극

기타

뮤지칼과 창극은 음악 속에 분류될 수도 있겠으나, 음악이 주도적이기보다는 보조적 내지 협동적이기 때문에 연극에 포함시키기로 한다. 또한 번역극이 아직도 전체공연의 50% 정도를 차지하고 있는 실정이므로 위의 각 항목은 번역극과 창작극을 포괄한 것으로 이해되어야 할 것이다.

7. 영화 : 영화는 주로 마치 움직이는 것처럼 보이도록 빠른 연속 속에서 제시된 일련의 그림들이라는 시각적 요소를 언어적 요소(시나리오)와 결합하고 음악을 배경으로 구사한다는 의미에서 혼합예술로 분류되기도 한다. 연극과 마찬가지로 감독, 배우, 촬영기사, 녹음기사, 편집기사, 조명기사, 현상기사, 기획, 시나리오, 음악 등등의 전문 기능이 이에 참여하지만, 그 결과로 창작된 다음을 기본단위로 삼고자 한다.

장편영화(극영화)

단편영화(비극영화)

단편영화는 문화영화라고도 불리우며, 그 내용에 따라 오락, 다큐멘타리, 교육영화로 세분되기도 한다. 연극과 마찬가지로 영화에서도 외국영화의 상영률이 높기 때문에 위 항목에는 각각 방화, 합작영화, 외화가 함께 포함된 것으로 이해되어야 한다.

8. 연예 : 이상의 7개 분야 이외에 이른바 대중예술 또는 연예라고 지칭되는 분야를 공연예술의 일환으로 추가할 수 있을 것이다. 문화산

업일반 내지 대중매체 또는 여가활동과 연관하여 고려될 수 있겠으나, 현재로서는 주로 한국연예인협회와 성우 및 (TV)탈렌트협회를 참고하여 그 분야를 다음과 같이 잠정적으로 규정한다.

연주(성악, 기악)

연기

창작

＊ 이 글은 유네스코 한국위원회가 추진한 『문화통계 및 지표 체계연구』 중 일부인 문화 영역의 한정을 위해 집필된 것이다.(1986년 11월 최종보고서 간행)

〈참고문헌〉

백기수, 미학개론(서울대학교 출판부, 1972). 특히 제8장 〈예술체계〉.

『미학사전』(일본동경, 홍문당), 특히 〈예술의 종류〉항목. *Encylopædia Britanica*, 특히 Philosophy of Art 항목(John Hospers 집필) 및 Classification of the Arts(Thomas Munro 집필) 항목.

Wladyslaw Tatarkiewz, *A History of Six Ideas:An Essay in Aesthetics* (The Hague, 1980), 특히 제2장 Art:History of Classification.

Thomas Munro, *The Arts and Their Interrelation*, rev.ed(1967). 특히 제8장 Four Hundred Arts and Types of Arts: A Systematic Classification.

John Hospers, *Understanding the Arts* (New Jersey, Prentice-Hall. Inc, 1982). 특히 제1장 Works of Arts 중 Classifying the Arts pp. 43-61.

버질 C. 올드리치(김문환 역), 『예술철학』(서울, 현암사, 1975).

문화예술진흥법

문화예술진흥법 시행령

저작권법

음반에 관한 법률

공연법

영화법

출판사 및 인쇄소의 등록에 관한 법률

예총 30년사

한국예술문화단체총연합회 산하단체 및 분과조직 부문.

3. 일상과 예술*

3-1 예술적 경험에 대한 기초적 논의

어윈 에드만은 그의 책 『藝術과 人間』[1]에서 "예술이란 단순히 彫塑나 회화나 교향악에서만이 아니라, 인생 자체의 여러 조건을 이해하고 그 조건을 더욱 더 흥미있는 멋진 설명(exquistid account)으로 전환시키는 지적인 과정의 전부를 가리키는 명칭이다."라고 규정하였다. 이러한 기본전제 하에서 그는 예술이 경험의 강화, 명증화, 그리고 해석이라는 세 가지의 기능을 여러 가지 단계로 충족시켜 준다고 말한다.

많은 사람들에게 있어서 예술이란 다만 감각적인 흥분과 쾌락일 뿐이다. 그런가 하면 다른 많은 사람들에게 있어서 그것은 인간정신이 스스로에게 그 세계의 의미를 분명하게 밝히도록 한 언어이기도 하였다. 또 다른 많은 사람들에게 있어 예술은 경험의 전모를 밝히도록 해주는 감성적으로 매력있고 정서적으로 감동적인 수단이기도 하다. 그러나 예술은 단편 속에서나마 모든 경험이 그곳에로 향해 가는 목표를 제시한다. 사물들의 외적인 세계, 충동의 내적인 세계가 완전히 지성(intelligence)에 의해 다스려지고, 그러므로 행해진 모든 것은 행위 속에서나 결과 속에서나 즐거움을 준다.

---

1) Irwin Edman, *Arts and the Man: a short introduction to aesthetics* (NY, 1967) 참조. 朴容淑역, 『예술과 인간』(서울: 문예출판사, 1984). 필자는 인용을 위해 이를 참조하면서 필자 자신의 임의로운 번역을 시도하였다.

분명히 예술은 그의 말대로 경험에 생기를 주어 사람들이 이에 흥미를 느끼도록 만든다. 여기에서 생기를 준다는 것은 자칫하면 그럴듯하게 꾸며준다는 뜻으로 이해될 수도 있겠으나, 그보다는 오히려 사물과 인생의 본질을 드러내 보여 준다는 것이 그의 본의에 가깝다.

에드만의 이러한 발언은, 비록 그것이 우리의 공감을 살만한 것이라 할지라도, 지나치게 단순화되면 설득력이 약하다. 말을 바꾸면, 그의 글을 읽으면서 우리는 예술이 어떻게 해서 그러한 기능을 가질 수 있는가에 대해 의구심을 갖게 되는데, 이에 대한 탐구가 보다 본격화될 필요가 있다는 말이다.

아마도 그러기에 에드만 자신도 예술과 철학의 관계를 논하는 자리를 마련하고 “예술가는, 그가 단순히 재능은 있지만, 사소한 職人에 머물지 않을 때, 주제의 선정에서나, 소재의 선택에서나, 그의 총체적이고 지속적인 효과에서나 인생과 존재에 대한 해설자가 된다.”고 하면서 “그의 즉각적이고 상상적인 방법 속에서 그는 철학자이다”라고 말한 것이리라. 나아가서 그는 “철학자가 우주 속에서 찾아 내고자 하거나 가능케 하고자 하는 바로 그 합리성을 예술가는 그의 작은 영역 속에서, 그의 소재의 범위 속에서 성취하려고 한다”고 말할 뿐 아니라, “예술은 철학자라고 불리울 만한 사람이 무시할 수 없는 도덕과 지식과 진리의 문제를 제기하고 있다”고 규정한다. 보다 분명하게 밝힌다면, “예술은 이론적인 공식에서가 아니라 자립적인 형식 속에서, 모든 도덕적인 이론에 포함되어 있는 가치의 세계, 잠재적인 목표들을 제시한다”는 말이 된다. 즉, 예술의 진리, 그 도덕적이고 시적인 진리는, 논리학적인 진리나 실험실의 진리와 비교하면 너무나 막연하고 너무나 도취적이고, 너무나 비판적이고, 너무나 피상적인 것 같아 보일지 모르나, 철학자들이나 민감한 감수성을 가진 사람들은 모두 예술이 말하는 진리가 논리학이나 실험실의 공식들보다 훨씬 더 구체적이고 훨씬 더 절대적이라고 느껴왔다는 것이다.

실상, 우리는 그의 말대로 예술의 다양한 언어 속에서〈사물들에 ‘관한’ 진리(truth ‘about’ things)〉라기보다는 〈사물‘의’ 진리(truth ‘of’ things)〉가 자신의 명료성을 발견함을 본다. 그러기에 에드만은 예술이 과학이나 실천의 언어로 풀어지지 않는다 할지라도 "만일 도덕이론의 역할이 삶에 질서를 부여하여 인생을 가장 생명력있고 가장 충실히 실현된 것으로 만드는 것이라면 예술 특유의 최절정을 제외하고 어디에서 그와 같은 경험의 고조와 앙양이 관찰 내지 발견될 수 있겠는가"라고 묻기도 한다.

이러한 사고는 자연적으로 〈아름다운 사물(things of beauty)〉과 〈유용한 사물(things of use)〉간의 차이를 철폐해야 한다는 주장으로 귀결된다. 에드만은 앞서의 구별을 '계급적 유산과 이윤만을 위한 산업적 전통의 기능'이라고 보았다.

오해의 여지가 많은 이러한 주장의 진의는 물론 모든 사람이 수단으로서가 아니라 목적으로서 취급되는 사회 속에서, 모든 사람이 예술적인 창조의 자기 보상적 활력을 가진 일에 참여할 수 있는 기회를 갖도록 만든다는 데 있다. 우리 역시 "활력이 오직 예술에만 국한되는 것은 인간의 활동들이 지닌 위대성이 규격화되고 사멸된 사회에서 뿐이다." 라는 그의 주장이 갖는 의의를 인정한다.

그렇다. 그의 말대로 회화의 조직화된 공간이나 볼륨 속에, 그리고 시적 운율의 기쁨 속에서 맛볼 수 있는 질서와 조화와 평화는 단순히 위로나 도피가 아니라, 무엇인가의 징후이며, 예고이어야 한다. 그러나 이러한 조화로운 세계가 자칫하면 부조화의 현실을 덮어버리는 허위의식으로 작용할 가능성을 지니고 있음을 우리는 한시라도 잊어서는 안 된다. 그러므로 우리는 조화로운 삶을 직접적으로 묘사해내려는 것을 일종의 유혹으로 간주해야 할지 모른다.

아니면, 조화란 기껏해야 우리로 하여금 일상적인 상식이나 보통의 논리를 넘는 현실, 실증적인 관계에서의 인습적인 한계나 일상적인 관계에 놓여있는 대상들을 초월한 현실을 그려볼 수 있게끔 오로지 간접적으로 작용하는 원리로서만 허용되어야 할 것이다. 결국 현실의 비판적 표출을 통해 바로 그 현실을 초극하고자 하는 데에서 예술은 우리의 일상적 경험과 대결한다고 할 수 있다.

　대강 위에서 말한 것과 같은 내용을 술회하고자 한 듯 싶은 에드만은 그러나 그의 지나치게 신비화된 결론적 귀결들로 인해 우리로 하여금 그의 핵심을 놓치기 쉽게 만든다. "신비주의자들은 표현될 수 없는 존재의 핵심을 一者라고 부른다. 그러나 그 一者는 서로 다른 수많은 형식들을 택해왔다. 예술가는 그 신비의 진정한 폭로자이다. 미적인 관조자는, 그가 진실로 그가 접한 광경과 이해에서 생기를 얻을 때 진정한 신비주의자가 된다. 왜냐하면, 그는 예술작품 속에서 一者의 한 국면을 분명하고 열정적이고 집중적으로 인식했기 때문이다. 경험은 그에게 있어서 일순간 선명한 불꽃이 된다. 그가 자신과 동일시하는 우주는, 비록 그 자체로서는 그렇지 않을지 몰라도, 살아 있는 질서, 단일한 질서있는 삶이 된다. 그는 미의 체험 속에서, 플로티누스의 진부한 언어를 사용한다면, 순간적으로 一者와 합일되고, 절대자 안에 안주한다. 그리고 철학의 언어로든 예술의 언어로든 죽을 운명을 안고 현재하는 인간이 영원의 일별을 파악하고 소통했던 것이다."

　우리는 이제 이러한 신비적인 표현보다는 현대문명 속에서 이루어진 한 작품을 일별해 봄으로써 예술적 경험의 특징을 보다 구체적으로 살펴보고자 한다. 이는 몇몇 문명비평가들의 예술에 대한 견해와 연관되면서, 현대생활이 요구하는 예술경험이 어떤 것이겠는가를 암시해 줄 것이다.

3-2 현대문명과 예술

　체코 보헤미아 태생의 철학자이자 연극인인 카레르 차페크는 1920년 『로보트』라는 충격적인 희곡을 발표하였다. 1970년대 초에 우리나라에서도 공연된 이 작품은 자동화의 시대를 살아가는 인간을 나타내는 데 적합한 상징으로서 널리 인용되고 있다. 이 작품의 제목은 인간성을 상실한 현대인들을 비유적으로 나타낸 것이다. 미래의 어떤 섬에 있는 인조인간 생산총본부로부터 로보트들이 하루에도 수십만씩 대량 생산되어 세계 각처의 큰 공장으로 순전히 노동력 보충용으로 팔려 나간다. 이들 로보트들은 실컷 부림을 당하다가 유효기간이 지나면 분해되어 쓰레기 창고에 쳐박혀지는 것으로 그 일생을 마친다.

영국의 미학자 허버트 리이드 경은 그의 『로보트의 치유』[2] 라는 책에서 이 작품에 언급한 후 이렇게 묻는다. "이제 인간을 위해 남겨진 것은 무엇인가? 이제 어떤 동기가 인간 존재에게 의미를 부여해 줄 수 있으며, 인간의 인간적인 능력들의 쇠퇴를 막을 수 있을 것인가?" 말하자면 이는, 곧 차페크가 본대로 기계로 화한 인간 뿐 아니라, 기계가 사람을 완전히 대신하려고 하는 정도에 이른 오늘의 상황에서, 과연 인간은 어떻게 해야 인간성을 상실하지 않을 수 있겠는가 하는 물음이다.

리이드경은 이에 대한 답으로 인간은 마땅히 예술가가 되어야 하며, 그의 새롭게 발견된 여가를 창조적인 활동들로 채워야 한다고 말하고 있으나, 이에 수긍하기 전에 현대문명과 오늘의 예술이 과연 어떤 양상을 나타내고 있는가를 좀 더 자세히 살펴 보아야 한다.

현대의 저명한 문명비평가 중의 하나인 루이스 멈포드는 그의 『예술과 기술』[3] 이라는 강연집에서 이렇게 말한다. "우리는 흥미진진한 시대를 살고 있다!" 이 흥미진진하다는 말의 진의는, 흔히 예상하는 바와는 달리, 불행하게도, 사뭇 저주의 뜻을 함축한 일종의 욕설을 뜻한다.

그는 스스로 이렇게 해명한다. "우리들 시대를 그토록 흥미진진하게 만든 것은 물론 우리가 도처에서 만나는 수많은 충격적인 요소들과 비극적인 역설들로서, 우리들이 인간적인 온갖 능력을 다 짜내야 겨우 이

---

2) Sir Herbert Read, *The Redemption of Robot*(London, Faber & Fabers LTD, 1970).

3) Lewis Mumford, *Art and Techniques* (NY, Columbia Univ. Press, 1952), 金文煥역, 『예술과 기술』(서울, 을유문화사, 1975).

해할 만한 문제들을 빚어내고, 우리가 제어할 수 있는 자신감을 상실해 버린 폭력들을 횡행케 한다. 우리는 풍요 속에서도 굶주려 죽음을 보았고… 제1차 세계대전에 뒤따랐던, 마음 속으로부터의 전쟁포기가 결국은 군사독재정치들의 즉위식으로 이어졌음을 이미 보았다. 우리는 아직까지도 우리들 자신의 입헌공화국 안에서조차 전체주의에의 증오가 군부지도자에 대한 신경질적인 존경을 포함해서, 전체주의의 가장 혐오스러운 양상들을 빚어 내고 있는 것을 보고 있다.”

그는 이러한 살풍경을 빚어낸 장본인이 다름 아니라 기계와, 기계가 인간에게 심어준 기술만능이라는 그릇된 환상이라고 질타한다. “인간은 이 기계적인 세계에서 망명자가 되었고, 한걸음 더 나아가 피난민(displaced person)이 되고 말았다.”

그리하여 자동기계는 그 기계적 요구와 쉽사리 일치할 수 없는 인간성의 모든 부분들을 마비시키고, 이와 함께 예술조차도 우리들 시대의 폭력과 공포, 또는 공허와 절망을 심미적 형식으로 바꾸어 놓은 일련의 〈비인간적 유형〉들로 바뀌어져 버림으로써 우리가 잃어버린 개성, 창의성, 자율성 등의 기본적인 속성에의 존경심과 균형, 그리고 전체성의 회복이라는 우리들 시대의 가장 중요한 문제를 해결하지 못한 채, 자기만의 언어, 심지어는 자기만의 신화를 만들어 간다는 것이 멈포드의 현대예술에 대한 비판의 핵심을 이룬다.

난해성이라고 통칭되는 이러한 현대예술의 특성은, 그에 따른다면, 실상 거의 전적으로 실용성에 사로 잡혀서 예술을 외면하는 사회에 대한 보복이며, 관객이 없는 것을 감추기 위한 위장술에 불과하며, 그렇게 함으로써 점점 유아기적 상징주의로 퇴행하면서 신경질적이고 자기파멸적으로 되어간다는 것이다. 이처럼 멈포드는 예술이 팽창해 나가는 기계의 힘에 대한 평형추의 노릇을 하지 못한다고 사뭇 비난조로 통박한다.

그러나 이러한 비난과는 달리 종교의 몰락과 과학의 불가피한 상대주의에 비추어 예술이 인간구원을 그의 사명으로 기대받았던 19세기의 사정을 잘 알고 있으면서도, 오르테가는 그와 같이 장대한 사명을 20세기의 예술가들에게 부과한다면, 그들은 아마 벼락이나 맞은 것처럼 놀라지 않을까 의심스럽다고 동정적인 발언을 하였다.

　그는 『예술의 비인간화』[4]라는 그의 저서에서 예술은 금세기에 접어들면서 그러한 심각성으로부터, 그리고 인간적 열정이나 감정의 전염작용으로부터 스스로를 해방시켜 일종의 초월주의(Ultraism)의 길을 취했던 것이라고 말하였다. 좀더 세분한다면, 현대예술은 ① 비인간화 ② 유기적 형태의 회피 ③ 예술작품으로만 존재하고자 하는 희망 ④ 전적으로 놀이일 것을 지향하는 성향 ⑤ 아이러니성 ⑥ 창작에의 세심한 전념 ⑦ 어떤 중요한 가치이기를 포기하는 태도를 그 두드러진 속성으로 지니고 있다는 것이다.

3-3　현대예술의 목표

　예술이 비인간화된 인간과 사회를 구원해야 한다는 멈포드의 견해와 오르테가의 예술의 비인간화에 대한 시인 사이에는 상당한 차이가 있다는 인상에도 불구하고, 우리는 실상 양자의 차이란 뉴앙스나 강조점의 차이가 아닐까하는 생각도 갖게 된다. 왜냐하면 예술이 마치 인간구원의 막중한 짐을 저 혼자 져야 한다고 본 듯한 리드나 멈포드가 겨냥하는 인간성의 회복에 대한 요청이나, 오르테가의 놀이에 대한 요청은 실상 현대예술의 주류가 보여주는 특징인 〈축제성〉에 수렴될 수도 있겠기 때문이다. 여기에서 말하는 〈축제성〉이란 개념을 우리는 일단

---

4) Hose Ortega Y. Gasset, *The Dehumanization of Art*, J.B. Mall(ed.), "Modern Culture and the Arts"(NY, Mac Graw-Hill, 1972), pp. 32-66 ; 박상규역, 『예술의 비인간화』(서울, 덕문출판사, 1979) ; 참조. 金潤洙, 『예술과 소외』 창작과 비평, 제6권 1호, 1971.

현대문명의 병리를 날카롭게 분석한 신학자 하아비 콕스를 참조하면서 이해하고자 한다.[5]

그는 축제가 祭祝(festivity)과 幻想(fantasy)으로 구성되어 있다고 했는데, 전자는〈춤추는 것〉이라는 말로써 요약되는 실존적인 측면을 대표하고, 후자는 〈꿈꾸는 것〉이라는 말로써 요약되는 정치·사회적 전망을 대표한다. 중세의 바보제 뿐만 아니라 각종의 현대예술작품들을 분석재료로 삼고 있는 그의 이론은 이 둘을 단순히 對局的으로 설정한 것에 문제가 있기도 하다. 우리는 그것이 지닌 타당성 여부를 점검해볼 겸 그와는 별도로 현대연극의 흐름을 기본적인 동기부여의 문제와 연관해서 추적해보고자 한다.

여기에서 현대연극이라고 한 것은 시대구분상 19세기 말에서 20세기 초에 걸친 시기로부터 오늘에 이르기까지를 의미하며, 주류의 파악이란 그 동안의 다양한 공연과 이론 중에서 이미 고전적 위치를 차지한 것들의 개념적 재구성을 뜻한다.

영국의 연출가 에릭 카폰은 연극미학의 어려움을 토로하면서, 「연극과 리얼리티」[6]라는 문제를 중심으로 현대 연극의 주된 흐름을 파악하면서 이에 대처했던 바, 이는 우리에게 시사하는 바 적지 않다. 그는 우선 연극이란 현실의 반영이라고 전제하면서, 연극이 추구하는 현실의 종류와 시대적 흐름을 감안하여 현대연극을 다음과 같이 네가지 형태로 대별하였다.

첫째, 그는 〈사진과 같은 리얼리티〉에 급급하는 종류의 연극, 즉 자연주의 연극을 들고 있다. 졸라는 그의 『실험 소설』에서 "작가란 수식이나 첨삭없이 자연을 있는 그대로 옮겨야 하는 사람으로 마치 판단이라

---

5) 하아비 콕스, 金天培역,『바보祭』(서울,현대사상사, 1973). 필자는「基督教思想」1985년 3월호에서「神學과 美學의 만남」이라는 제목 하에 축제이론을 보다 중점적으로 다루었다. M. 마르틴/김문환,『祝祭와 日常』(서울,신학사상연구소, 1985)에 재록.

6) Eric Capon, Theatre and Reality, Lee A. Jacobus(ed.), *Aesthetics and the Arts* (NY, MacGraw-Hill, 1968), pp. ·140-148.

든지 결론같은 것이 금지된 실험실의 기록자같은 존재이다. …우리는
오직 과학자요, 분석자요, 해부학자일 뿐이고, 우리들의 작품은 오로
지 확실성, 견고성 그리고 자연과학적인 업적을 실제로 적용해야 한다"
고 하였다. 표면적 현실(surface reality)이라고도 할 그런 리얼리티를 추구
하는 예술경향에 대해 우리는 에밀 졸라가 중심이 된 이른바 순수사실
주의(pure realism)에 대한 존 호스퍼스의 비판[7]에 근거한 우회적인 방법
을 통해 그 미흡점을 지적할 수 있을 것 같다. 과연 이런 것이 가능한가
라고 물으면서, 호스퍼스는 그 불가능성의 이유를 다음과 같이 지적하
였다 : ① 언어 자체가 그 말을 있게 한 감정이나 생각을 여실히 표현
할 수 없다;② 작가의 스타일이 결과를 윤색한다;③ 같은 소재를 택했
다 할지라도, 부분에 대한 취사선택과 소재를 택할 때의 개인적인 기준
의 개입이 불가피하다. 나아가 개인적인 오차를 완전히 제거할 수 없다
고 한 그의 비판은, 생생함을 표현한다고 해서 있는 사실을 그대로 옮
겨 놓는 것은 오히려 그 생생함을 해치는 결과가 된다는 주장으로 수렴
된다. 즉, 사실주의는 리얼한 것으로 남아 있기 위해서 리얼리티를 변
형시켜야 한다는 것이다. (Realism must "change" the reality in order to remain
"real".)

물론 우리는 자연주의적 연극이 19세기 전반기의 비실제적인 극장성
(theatricality)에 대한 저항으로서, 사회적인 내용이나 진지한 주제를 기
피한 당시의 연극풍토를 정화한 일대 참신한 새 바람이 아닐 수 없었던
것을 너무 가볍게 보아 넘겨서는 안될 것이다. 그러나 그럼에도 불구하
고 이러한 표면적 현실의 추구만으로는 그러한 저항이 뜻하던 바가 충
족될 수 없게 된 데에서 다음의 단계, 즉 심리적 현실의 추구가 등장하
게 된다.

1898년에 창설된 모스크바예술좌, 특히 그 중심인물인 스타니슬랍스
키에 의해 대표되는 이러한 새로운 경향은 한 마디로 말해서 〈감정과

---

7) John Hospers, *Meaning and Truth in the Arts* (Univ. of North-California Press,
1946).

경험의 내면적 현실)을 추구했다고 보여진다. 카폰은 스타니슬랍스키의 배우수업을 수학적인 표현을 빌어 무엇(what) 더하기 왜(why)는 어떻게(how)이다 라고 요약하였다. 즉, 이 당시에 비로소 이루어진 무대조명, 회전무대 등의 도입과 함께 무대 상에서 현실의 표면을 재현하는 것이 가능하다는 것이 발견되자, 관심은 이내 그러한 표면 내지 외면을 가능케 하는 심리적인 리얼리티에로 그 중심을 옮겼다고도 말할 수 있을 것이다.

그러나 이러한 종류의 리얼리티를 추구하는 연극 역시 언제까지나 만족스러운 것으로 남아 있을 수 없었다. 제1차 세계대전 이후 사회조직들이 흔들리기 시작하였고, 영속적인 것 같았던 가치들이 회의의 대상이 되기 시작하였다.

따라서 전쟁의 참화를 겪은 유럽에서는, 특히 독일의 경우, 카이제르나 톨러 같은 극작가들에 의해 광범위한 사회적 주제들이 연극에서 다루어졌다. 여기에서 소위 표현주의가 등장한다. 극의 주인공들이 「미스터 제로」식으로 불리우거나 전혀 이름을 붙이지 않은 존재로 등장하기 시작하였다. 말하자면, 강조점이 심리적 현실에서 사회적 현실에로 옮겨졌다고 할 수도 있을 것이다. 표현주의 연극과 동일시될 수 없음에도 불구하고, 이런 유형의 연극적 리얼리티의 뛰어난 이론가로는 브레히트가 손꼽힌다.

브레히트는 제1차대전과 제2차대전 사이 독일에서 온갖 종류의 연극을 체험하면서, 차츰 사회적 현실을 제시하는 것을 주요 기능으로 삼는 연극을 발전시켰다. 무대는 환상적인 제4의 벽이 아니라 차라리 권투링과 같은 것이 되어야 한다고 그는 생각했다. 이는 곧 사람들의 정서가 주인공들과의 조용한 동일시에로 이끌리는 연극, 사람들의 비판적인 능력이 조용히 잠들어 아무도 그 사건의 사회적 기초에 대해 의문을 제기하고자 하지 않도록 만드는 연극에 대한 극도의 반발과 상통한다. 물론 그에게 있어서 개인은 소멸되는 것이 아니라 사회적으로 집단적으로 새로이 규정될 뿐이다.

따라서 그의 연기자들은 스타니슬랍스키의 심리학적 연극에서와 같이 다른 인물들과의 관계를 분석하도록 요청받을 뿐 아니라, 그 각각의 사회적 지위에 따라 그들의 생각과 말 그리고 행동이 얼마나 다르게 결정되는가를 분석하도록 요청받았다. 브레히트는 그의 연극의 주요한 기능이 관객들로 하여금 묘사된 사건들을 초래케 한 사태에 대해 토론하고, 심사숙고하며, 드디어는 그것의 변화를 희망하도록 만들고자 하였다. 그의 이른바 「소격효과」(Verfremdung-Effekt)의 의미를 우리는 여기에서 찾을 수 있을 것이다.

그러나 이러한 〈정치적인 리얼리티〉와 함께 현대연극이 추구하고 있는 또 하나의 리얼리티가 있으니, 그것은 곧 〈형이상학적 리얼리티〉이다. 이 방면의 대표로 우리는 이른바 잔혹연극을 주장한 안토닌 아르토를 들 수 있다. 그에게 있어서 연극이란 심리적이고 이지적인 체험을 제공해주는 것이 아니라, 보다 깊은 정서적인 무의식적 형이상학적 체험을 주는 것이다. 즉, 그는 성격과 도덕의 문제, 사랑과 의무의 갈등에 관심을 갖는 것이 아니라 실존의 본질, 즉 존재의 의미에 관심을 갖는다고 하겠다.

브레히트가 관객이 무대와 동화되지 않도록 항상 知的으로 각성시켜 정확한 판단과 비판으로 그 시대의 악을 고치게 하려고 의도함에 반해, 아르토는 관객에게 충격을 주어 情的으로 몰입케 함으로써 이 시대의 고뇌를 깨닫게 하려고 하였다. 카폰은 이렇게 말한다. "아르토는 사회 속의 인간이 아니라, 우주속의 인간을 연극의 精髓로서 대체하였다." 바로 이 점에서 우리는 아르토의 연극이 비언어적 연극을 지향하며, 이런 이유로 그의 비언어적 연극이 발리섬의 연극(1932년 식민지 박람회에서 소개)에 의해 영감을 받았다는 사실을 하나의 실감으로써 수긍하게 된다.

이렇게 본다면 현대 연극에서 가장 큰 영향력을 발휘하는 경향으로서 두개의 서로 다른 리얼리티의 추구를 들 수 있겠다. 하나는 사람들로 하여금 사회적 장치 안에서의 개인의 문제들을 인식하게끔 유도하는 브레히트적인 사회적 합리적 이지적 리얼리티이다. 이는 환상을 제거한 演壇式 公開舞臺를 사용하여 문제들을 해결한다기보다 제기한다. 이는 관객들이 마취적인 맹종 속에 잠들지 않고, 오히려 떠들고 토론하고 때로는 성을 내면서 극장을 떠나갈 것을 기대한다.

다른 하나는 사상이나 대사들의 문학적 가치에 대한 자연주의적인 관심이 아니라, 노래와 춤, 이미지 그리고 그밖의 가능한 모든 연극적 기술적 자원들을, 그것이 가지고 있는 감동적인 힘에 착안하여 총동원하면서, 심리적 반응보다는 심령적(psychic) 반응을 기대하는 호소력과 강한 연극적 이미지를 추구하는 아르토적 리얼리티이다. 여기에서는 언어가 소멸될 수 있고, 또 어떤 의미에서는 소멸되어야 한다. 비명과 고함은 아르토적 연극의 연기자들이 갖춘 주무기이기도 하다.

이상에서 우리는 현대 연극이 지향하고 있는 리얼리티가 어떤 경로를 거치면서 어떤 상태에까지 이르렀는가를 대충 살펴보았다. 그러나 이것은 결코 어떤 직선적인 진화과정을 뜻하지 않는다. 왜냐하면 이러한 각각의 리얼리티에 대한 추구는 지금도 혼재되어 나타나 있기 때문이다. 다만 그 주된 흐름을 논리적으로 추적·구성해 본다면 이상과 같은 설명이 가능하다는 것은 부정할 수 없다. 다시 말해서, 현대 연극은 직선적인 전통연극의 틀을 점차 벗어나는 방향으로 움직여왔다.[8] 전통연극은 시작에서 끝에 이르기까지의 시간적 경과를 따른 연속적인 계기들이 하나의 고리처럼 연결되어 있을 것을 요청한다.

간혹 직선적인 흐름이 흥미로운 反轉에 의해 방해되는 것 같이 보일 때도 있지만, 전통연극에서는 그러한 계기들이 긴장감을 더해줌으로써 오로지 관객으로 하여금 예정된 종말에 대해 더욱 관심을 갖게 할 뿐이다. 이런 까닭에 전통 연극에서는 선을 흐리게 하는 모든 낭비적인 요소들이 깨끗이 제거되어야 한다. 이러한 직선적 형식은 실제 생활에서는 좀처럼 얻을 수 없는 소위 값비싼 카타르시스를 약속해준다. 왜냐하면 실제 생활에서는 하나의 위기가 해소되면 또 다른 위기가 뒤따르며, 따라서 극치감을 맛보기 힘들기 때문이다. 그러나 전통연극에서는 실

---

8) Marvin Rosenberg, A Metaphor for Dramatic Form, Beardsley & Schiller(ed.), Aesthetic Inquiry (Belmont, Dickenson Publishing Co, 1967), pp. 76-81.

제생활이 줄 수 없는 희로애락의 극치를 체험할 수 있게 해준다.

이러한 특색을 갖는 전통적 형식이 현대에 깊숙히 들어서면서 시간의 흐름을 정지시키고, 현재를 고정화하며, 비서술적인 체험세계를 독립적으로 만들고자 하는 실험적인 연극인들에 의해 파괴되고 변형되었다. 현대예술가들에게는 전통적 연극의 앞서 말한 깔끔한 직선적 형식이, 바로 그렇기 때문에, 그처럼 정돈되어 있지 못한 현실의 모습을 그리기에 적합하지 못한 것으로 보여졌던 것이다. 이들은 종전과는 달리, 미완성 상태의, 간헐적으로 이어지는 현실의 실상과 정리되지 않은 상태의 감정을 그대로 묘사하고자 애쓴다. 말을 바꾸면, 시간에 따른 진행이라는 폭군으로부터 해방되어 현실의 무한한 크기를 전체적으로 파악하고자 애써왔던 것이다.

따라서 현대연극은 인간행위의 모든 동기를 포괄적으로 인식할 것을 그 목표로 삼고 있다. 여기에서 연극의 촛점은 사건의 진전보다는 차원의 확충에 놓여진다. 베케트의 『고도를 기다리며』가 그 대표적인 예로서, 무시간적인 삶의 조건에 대한 이야기가 반복적으로 처음의 출발점으로 되돌아가면서 그 차원을 확충한다. 우리는 이러한 특징을 로젠버그의 표현을 빌어, 다음과 같이 표현할 수도 있을 것이다. 전통연극이 〈삶이란 무엇이다〉(life is ~)라는 설명에 치중했다면, 현대연극은 〈삶자체〉(life itself)에 치중한다.

현대연극이 축제를 지향한다는 것에 대해서 아르토의 경우는 그렇다고 치더라도 브레히트의 경우마저 그렇게 한 마디로 이야기할 수 있겠는가 하는 이의가 있을 줄 알지만, 브레히트가 아무리 지적인 깨우침을 목적하고 정서를 배격했노라고 애써 선언한다 할지라도, 통렬한 비판의식을 통해 삶의 모순을 제시하고 관객을 각성시키고자 하는 그의 꿈 속에는 이미 축제적 요소가 내포되어 있다는 것을 우리는 콕스가 말한 축제의 두 가지 기능 중 하나와 연관시켜 볼 수 있을 것이다.

어떤 의미에서 베케트에 의해 상징되는 가장 현대적인 연극이 추구하는 것은 아르토와 브레히트가 대표적으로 탐색한 리얼리티의 변증법적인 상호작용으로서, 우리는 거기에서 우리 자신에게 주어진 환경과 실존을 온 영육으로 전율하면서도 미래에 대한 희망을 배제하지 않는 새로운 인간의 새로운 연극, 내지는 예술, 새로운 문명의 삶을 발견하게 된다.

3—4 현대생활과 예술

요컨대 참다운 사랑이나 인격적 만남이 인간에게 성숙을 가져 오듯이, 진정한 예술과이 만남도 인간에게 여러 가지 유익한 결과를 가져올 수 있다.

물론 인격의 변화나 사회의 개혁을 일차적인 원인으로 해서 예술에 접근할 경우 우리는 자칫 예술이 지닌, 비록 상대적인 것이라 할지라도, 자율성을 침해하여 예술을 예술이 아닌 것으로 만들기 쉽다. 그러나 원인적인 근거가 아니라고 해서 결과적인 은혜마저도 부정할 수는 없다. 실상 진정한 예술은 비록 간접적이나마 인격의 변화나 사회의 개혁과 원인적으로도 연관되어 있다. 그런 의미에서 현대생활에서 갖는 예술의 의의를 결론적으로 집약해보기로 한다.

영국의 물리학자 데니스 가보 박사는 현대를 규정해서 '기술과 여가의 시대'[9]라고 한 바 있다. 이 기술과 여가는 그 자체로서는 가치평가와 무관한 하나의 사실이라고 보아도 무방할 것이다. 즉, 이로 인해 인간이 더 나은 상태로 나아가느냐, 몰락하느냐는 것은 어디까지나 인간에게 달려 있다는 것이다. 인간이란 그의 말대로 고난을 만날 때에는 아주 훌륭하게 적응할 수 있는 동물이지만, 안락과 여가에는 너무나 적응할 줄 모르는 동물이다. 고도로 산업화된 현대사회를 자랑하는 서구

---

9) Dennis Gabor, *The Social Context of Art* (London, Taristock Publications LTD., 1970) 참조.

에서 매년 10~20%의 비율로 상승하고 있는 각종 범죄는 기계문명의 건전성을 아직도 확신하는 사람들에게 충분한 경고가 되지 않을 수 없다.

이런 현상을 염두에 두면서 우리는 현대생활의 무의미성이나 무목적성, 또는 허무감으로부터 인간을 구원하는 중요한 과제를 예술이 수행해줄 것을 기대한다.

현대예술에 대한 몰이해들의 대부분은 그것이 전체 인간의 한 작은 부분으로 규정된 미의식에만 관계된 것으로 한정하는 데에서 비롯된다. 예컨대 18세기 영국의 미학자들은 조화·균형 등의 미적 특징을 알아낼 수 있는 독특한 인간적 능력을 규명하고자 하고, 이를 〈취미〉라고 부르기도 하였다. 어떤 의미에서 이는 잘못된 것이라고는 할 수 없겠지만, 예술의 기능변화라는 맥락에서 본다면 지나치게 협소하다.[10] 이러한 몰이해가 아직도 팽배해 있는 중에, 예술을 특수한 인간활동으로 보면서도 이를 생활 자체의 질이라고 파악했던, 예컨대 허버트 리이드의 견해는 우리에게 시사하는 바가 크다. 만일 우리가 예술을 이렇게 이해한다면, 기계적인 생활, 따라서 미래에 대한 전망이 흐린 생활을 능동적이고, 자율적이며, 책임적인 생활, 즉 질적인 생활로 전환시키는 데 있어서 예술이 적극적으로 기능할 수 있었으리라고 기대해도 좋을 것이다.

가보 박사가 〈예술의식〉을 〈미래의 문명에 대한 강한 책임감〉과 동일시한 것도 이런 기대 때문이 아닌가 싶다. 피상적인 관찰이나 접촉만이 만연한 현대에서 예술은 현대생활의 참된 모습을 드러내 보여주며, 나아가 탁월한 신학사상가 틸리히의 말대로, '표현된다면 그것은 이미 초월된 것'이기에 우리에게 새로운 전망을 열어 보여준다고 하겠다.

현대생활과 예술의 문제를 살핌에 있어서 고려되어야 할 사항으로 소위 대중문화 내지 대중예술의 문제가 있다. 이는 기계문명이 현대사회

---

10) 참조. 김문환, 「전위와 참여;페터뷔르거의 견해를 중심으로」(예술과 비평 창간호, 1984년 봄호).

에 가져다준 이른바 〈취미기준의 민주화〉와도 밀접한 연관이 있다.

이는 앞서 언급한 루이스 멈포드의 말대로 소수에 의해 독점되었던 문화적 산물들이 기계가 가져다준 복제기술에 의해 다량 복사가 가능해짐에 따라 많은 사람에게 광범한 호소력을 가질 수 있게 되었다는 사실과 밀접한 연관이 있다.[11] 이러한 영향으로 소위 〈예술을 위한 예술〉의 신화가 타파된 대신 예술의 질적 저하가 초래된 것도 간과할 수 없는 사실이다. 이러한 질적 저하와 취미의 획일화는 특히 그러한 기계조작이 소수의 대상업자본에 의해 독점된다는 사실에 의해 더욱 촉진되며, 그 상업자본이 다분히 비민주적인 정치권력과 결탁하거나 그에 의해 장악되기 쉬운 대부분의 후진사회의 경우, 더욱 악화일로를 걸을 염려가 있다.

다시 말해서, 산업의 기계화와 대량생산체제, 대중화, 관료기구화 등이 상승작용을 일으킴으로써, 개인으로서가 아니라 조직 속의 일원으로서 살아가기를 강요당하는 현대인은 그의 취미마저도 자칫하면 유행이나 지시에 휩쓸리게 할 운명에 놓이게 되었다는 것이다. 현대문명의 총아라는 대중매체를 예로 들어 보면 이해가 빠를 것이다. 마르셀 힉터라는 이 방면의 한 전문가는 매스컴을, 특히 청소년과 연관시켜, 이렇게 말한다. 매스컴은 끊임없이 변화하는 현대의 모든 정보들을 신속히 전달해 줌으로써 사람들로 하여금 현대과학생활에 합당한 자질을 보유할 수 있도록 기여할 수 있다. 그러나 불행하게도 지금의 매스컴은 상업적 이윤에 얽매여서 극도로 저속화되어버린 실정이다. 이윤에만 급급한 기업가들의 눈에 비친 청소년이란, 단지 이윤증대라는 고기를 낚기위한 좋은 미끼에 지나지 않는다.

과학적인 근거가 있기야 할까만은 그럴듯한 의미심장한 우스개소리

---

11) 프랑크푸르트학파의 일원이라 할 수 있는 발터 벤야민의 「기술복제시대의 예술작품」은 이 방면을 다룬 글로서는 현대적 고전으로 간주된다. 참조. 발터 벤야민, 반성완 편역, 『발터 벤야민의 문예이론』(서울, 민음사, 1983)pp. 197－231 ; 발터 벤야민, 차봉희 편역, 『현대사회와 예술』(서울, 문학과 지성사, 1980), pp. 45-94.

를 들은 적이 있다. 라디오 드라마가 한참 극성을 부리던 때의 일이다. 방송극의 대부분이 몹시도 불행한 여인들의 너무나도 슬픈 이야기를 엮어내고 있었는데, 그 프로그램의 대부분이 제약회사, 특히 소화제를 제조 내지 판매하는 회사더라는 것이다. 슬픈 이야기에 매달리다 보면 늘상 소화기능이 위축되고, 그래서 소화제를 사먹고, 제약회사는 그렇게 해서 거두어들인 돈의 일부를 또다시 슬픈 이야기를 만들어 내도록 부채질하고… 그리하여 결국 병주고 약주고 한다는 이야기이다. 우리로 하여금 거의 기계적으로 반응 또는 반사작용하도록 만드는 상투화된 대중예술이 우리의 내면까지도 규격화하고 도식화해 버린다는 것을 아마도 이 우스개 소리는 꼬집고 싶었을 것이다. 이쯤되면 말이 인간이지 인간은 기계나 조금도 다를 것이 없게 된다.

이러한 기계적인 반사작용을 계속시키기 위해서 대중예술은 예술이 갖는 현실원리와 쾌락원리의 성숙한 조화 대신, 쾌락원리에만 급급하게 되어 현실에 굳건히 발을 디딘 건전한 상상력의 세계가 아니라, 하늘로 붕붕 떠다니는 환각(fancy)의 세계로 우리를 유혹한다. 이러한 환각성은 소위 대리만족이라는 현상과 직결된다. 우리는 우리 주변에서도 현실적으로는 하나도 충족되지 않은 성취욕구가 마치나 충족된 것처럼 착각하다가 차디찬 현실에 부딪쳐 난파하고 마는 가련한 群像들을 너무나도 많이 본다.

그러나 앞에서도 말했듯이 문제는 기계가 아니라 바로 그 기계 앞에 선 인간이다. 왜냐하면 미래는 텔리비젼에서 조차 참다운 예술의 꽃이 피리라고 예언하고 싶다는 심정은 단순한 희망으로 그칠 수 없겠기 때문이다. 이 문제를 비교적 중심적으로 다룰「문화산업」에 대한 고찰을 기약하면서, 이 자리에서는 단지 우리 모두가 스스로의 개성을 회복하고 취미기준의 향상과 능동성을 향상시키며, 그리하여 생활의 질을 높이도록 하는 일에 예술이 크게 기여할 수 있으리라는 가능성만을 다시 한번 강조할 뿐이다.

결론적으로 말해서 예술은 우리의 일상적 경험을 양적으로 축약해줄 뿐 아니라, 그와는 질적으로 다른 또 하나의 현실을 암시해 줌으로써

또는 동경케 함으로써 일상적 경험의 세계를 보다 바람직한 방향으로
바꾸어 나가도록 우리를 부추긴다. 특히 산업화와 정치화가 지배적인
경향이 된 현대사회에서 예술적 경험이 정치현실과 어떤 관련을 맺을
수 있는가는 문화산업과 문제와 별도로 심각하게 검토되어야 할 문제이
다.

-----

* 이 글은 서울예술전문대학의 『예전학보』(제63호 ; 1985.3.28)에 게재되었던
  것이다.

4. 예술의 생활화*

　　근자에 이르러 〈예술의 생활화〉라는 표현이 심심찮게 사용되고 있다.
그러나 정작 왜 예술이 생활화되어야 한다는 것인지에 대한 명확한 답
은 주어져 있지 않은 듯 하다. 이 짧은 글로 이러한 질문에 응답해 보고
자 한다. 그러나 미리 말해두거니와 이는 결코 간단하지가 않다. 우선
이러한 질문에 대답하려면 예술이란 무엇이며, 특히 현대에 와서 그것
이 인간의 생활 전반과 어떤 관계에 놓여 있는가 하는 미학 내지 예술
학의 원론적인 탐색을 시도해야 하기 때문이다. 이러한 문제가 어찌 간
단하게 대답될 수 있겠는가? 따라서 필자는 예술의 정의와 관계된 논
의로부터 출발하지 않고 오히려 예술의 기능에 대한 논의를 살펴보는
방법을 택해 보려고 한다. 사람에 따라서는 이를 〈실용적 예술이론〉
(pragmatic theory of art)이라고 부르기도 한다. 말하자면 이는 예술을 그
자체로서 완결된 목적으로 간주하기 보다는 다른 목적에 대한 수단으로
간주하는 이론인 바, 이제까지의 논의들을 배경으로 한다면, 여기에는
크게 보아 다음과 같은 이론들이 존재한다.[1] 즉, 감각들의 기분좋은 자
극, 세계 여러 민족의 공동체화, 인류를 신에 귀의 시키는 개종, 향상
된 도덕적 신념 등을 위해 예술이 존재한다는 이론이다. 어떤 경우에나
예술작품은 자신을 넘어서는 다른 목적을 위한 수단으로서 간주되며,
따라서 마지막 분석에서 문제가 되는 것은, 예술작품 자체의 본성이 아
니라 그것이 향수자에게 미치는 효과들이다. 다만 이 효과가 일차적으

---

[1] 대개의 미학관계 선집이나 입문서적들이 이러한 분류를 시도하거니와, 필
　　자는 그중 다음을 참고한다. John Hospers, *Understanding the Arts* (Engle-
　　wood Cliffs, 1982).

로 감각적이냐, 인식적이냐, 도덕적이냐, 종교적이냐, 아니면 넓은 의
미의 사회적이냐가 다를 뿐이다. 이를 좀더 자세히 살펴보도록 하자.

4—1 쾌락주의적 예술이론

이 종류의 예술이론에 따르자면, 예술의 기능은 향수자에게 꼭 한 종
류의 효과를 산출하는 것인데, 그것은 곧 쾌락이다. 물론 예술은 정보
를 제공할 수도 있고, 교훈을 줄 수도 있고, 또는 재현이나 표현을 시도
할 수 있으나, 무엇보다도 쾌락을 주어야 한다는 것이다. 더 많은 쾌락
을 줄 때, 그 예술은 더 좋은 예술이 된다.

예술이 주는 쾌락을 감각적 쾌락과 동일시하는 이론이 없었던 것은
아니지만[2] 적어도 칸트가 근대미학을 정립한 후 예술이 주는 독특한 쾌

---

2) 가장 이른 예로서는 서양의 경우 헬레니즘시대의 에피큐로스(341 B.C–270
B.C)가 지적될 수 있다. 그는 고대의 미학적 성찰에서 많은 관심을 모았던
'정신적인 미'를 인정하지 않는 동시에, 미와 예술의 가치를 다만 쾌락, 그
것도 감각적 쾌와 연결시킨다. 그의 감각주의는 미를 우리의 감각기관에 유
쾌하게 나타나는 어떤 것으로 파악하게 했으며, 이점에서 소피스트들과 유
사성을 보인다. 그러나 주의할 것은 에피큐로스는 "예술은 쾌락을 만들어
주는 만큼 가치가 있다"고 말하지만, 이에서 머물지않고 그가 "예술은 결코
참된 쾌락을 만들어주지 않는다. 그러므로 예술은 아무 가치가 없다. 우리
는 예술에 전념할 만한 필요성을 느끼지 않는다"라고 덧붙인다는 사실이
다. 그래서 예술은 우리의 생활에서 불가피한 것이 아니게 된다. 그러나 그
가 예컨대 음악과 음악적 쾌를 인정하지 않았다는 통설에 대해 그가 기피한
것은 음악에 대한 토의로서, 플루타르크는 그가 "현명한 사람은 연회석상
에서 비평가들이 학구적인 토론을 전개하는 것을 허락하지 않을 것이다"라
고 하는 기록을 남겼다고 증언한다. 참고. Monroe C. Beardsley, *Aesthetics
from Classical Greece to the Present:A Short History* (Alabama, 1966), P.72.

락은 감각적 쾌락이나 도덕적 선 내지 도구적 선과 구별되는 것으로 인정되어 왔다. 그것이 이른바 〈미적인 쾌〉의 설명방식이었다. 빠리에 있는 아름다운 건물을 앞에 두고 이 건물을 어떻게 생각하느냐는 질문에 대해 나는 그저 입을 벌리고 바라보게 만든 건물에 대해서는 아무런 흥미를 느끼지 않는다느니, 빠리에서는 음식점이 제일 마음에 들더라느니, 인민의 고혈을 빨아 이따위 건물을 지었냐느니 하는 반응은 각각 도구적 선, 감각적 쾌, 본래적 선(도덕적 선)과 〈미적인 쾌〉를 구별하기 위한 칸트의 고안이다. 〈미적인 쾌〉는 이처럼 독특한 성격을 지니며 그 자체만을 위하여 추구되는 것으로 설명되기도 한다. 칸트의 이론이 후에 이른바 〈예술을 위한 예술〉이론의 근거가 된다는 지적은 전혀 사실무근한 것도 아니다. 그의 이론은 특히 쇼펜하우어에 이르러 예술을 끓어 오르는 〈살려는 의지〉를 비록 일시적으로나마 단절시킬 수 있는 수단으로서 이해하는 해석을 낳기도 한다. 이러한 예술이론은 마침내 예술을 고통이 많은 현실에서 맛볼 수 있는 독특한 위안으로 간주하게 된다.

동양에서 말하는 이른바 〈三昧〉와도 상통하는 이와 같은 이론은 현대에 이르러서도 여전히 위세를 지니고 있다. 미적 경험을 어떤 특별한 종류의 쾌, 만족, 또는 기호(liking)와 동일시하는 이러한 이론의 장점은 그것이 독자앞에 심리학적인 자료의 전 영역을 펼쳐 보인다는 데 있다. 어떠한 종류의 미학 이론도 실상 이러한 자료에 관심을 갖게 될 것이다. 왜냐하면 모든 미학적 주제가 심리학적인 것은 아니지만, 그러한 주제의 상당부분이 심리학적이기 때문이다. 다시 말해서, 그것은 미의식과 연관을 맺고 있다. 심리학적 접근을 통한 것 이상으로 이러한 조사를 주관하는 직접적인 방법은 없게 마련인데, 그러한 접근은 원칙적으로 미적 사실은 사물들에서 쾌와 만족을 찾는 방법일 뿐이라고 단언한다.

만일 쾌락이 어떤 종류의 만족이든지 모두 포함하도록 허용된다면, 이 이론은 쾌락이론, 또는 헤도니즘이라고 적절하게 명명될 수있다. 앞에서 언급했듯이, 그것은 긴 역사를 지니고 있다. 여기에서 쾌락은 궁정적인 가치로 동일시되고, 고통 또는 불쾌는 부정적 가치로 동일시된다. 미적 가치는 다른 가치들과 구별되는데, 특히 윤리적 가치와 무관한 것으로 주장되기도 한다. 가장 광범한 의미에서 미적 가치는 내재적 쾌(intrinsic pleasure)또는 사물을 그것 자체 때문에 좋아하는 것으로 여겨진다. 이는 목적을 위한 수단으로서 그것을 좋아하는 것의 반대로 간주된다. 즉 미적 가치들은 즉각적(직접적)이라는 점에서 매개적 또는 실제적 가치들과 대조된다.

미국의 철학자 죠지 산타야나의 이론은 20세기에서 가장 큰 영향력을 발휘한 쾌락이론으로 공인되고 있다.[3] 스페인 태생의 이 하바드학자는 쾌락주의적 술어들로써 표현된 최초이 안전히 체계화된 미학을 발표했다. 그의 저서 『美感(The Sense of Beauty, 1896)』은 그 자체로 고전적인 문학작품이라 할 만한데, 거기에서 이루어진 분석은 미의 재료, 형식, 그리고 표현의 세 부분으로 나뉘어져 있다.

산타야나가 언급한 재료들 중 최초의 종류는 인간의 생명유지에 필요한 기능들과 연결되어 있다. 육체 속에 숨겨져 있는 이 내적 재료들은 "특히 우리의 경험이 갖는 가치를 위해 중요하다. 그것들은 건강의 구성요소가 되는데, 건강이 없다면 쾌락은 순수해질 수 없다." 이어서 그는 섹스가 갖는 미학적 중요성을 다루고 있는데, 그 직접적 간접적 표현이 모두 고려되고 있다. 이 귀절들은 광범한 의의를 갖는 요약된 심리학적 분석을 제공하는 동시에 한편의 시처럼 읽혀진다. 예를 들어 본다. "섹스는 성적 열정의 대상만은 아니다. 사랑이 그 특수한 대상을 상실할 때, 그것이 자신을 아직 이해하지 못한 때, 또 다른 어떤 관심 때문에 희생되어 버렸을 때, 우리는 다양한 방향으로 터져 나오는 그 억눌린 불꽃을 본다. 하나는 종교적 헌신이요, 다른 하나는 열광적인 자선행위요, 나머지는 애완동물들에 대한 열정이다. 그러나 그 어느것 못지 않게 다행스러운 것은 자연과 예술에 대한 사랑이다; 왜냐하면 자연은 종종 또한 첫사랑의 상실을 위해 우리를 위로해주는 두번째 연인

---

3) George Santayana, *The Sense of Beauty* (N.Y.,Scribners,1896).

이 되기 때문이다.”

재료들과 긴밀하게 연결된 감각들의 쾌락들에로 넘어가면서 산타야나는 저급감각들—촉각, 미각, 그리고 후각들이 음향이나 시각 재료들과는 달리 많은 예술 작품들을 결합해 낼 수 있는 능력을 결여하고 있음을 인정한다. 그런 이유로 인해 최고의(그리고 아마도 가장 적절한) 의미에서 미적 가치를 표시하는 것으로서의 아름다움이라는 술어는 시각과 청각들에 제한될 수 밖에 없었을 것이다. 그러나 순수한 단순한 감각적 쾌락들이 가지는 미적 가치들에 대한 강조가 산타야나에게는 여전히 존재한다. “감각적 미가 가장 위대한 또는 가장 중요한 효과 요소는 아니다. 그러나 그것은 가장 원초적이고, 근원적이고, 보편적이다. … 취미는, 자발적일 경우, 언제나 감각들로부터 시작한다.”

재료에 관한 이러한 언급은 형식에 대해서도 비슷하게 전개된다. 산타야나에게 있어서 개별적으로는 전혀 또는 거의 가치가 없는 요소들의 결합으로부터 미적 쾌락이 일어날 때 미적 형식은 성립된다. 아울러 특정한 종류의 미적 만족이 시들해지기 시작할 때, 그것에 대한 관심은 대조적인 쾌적한 자극에 의해 되살려 질 수 있다는 설명도 곁들여진다. 단조와 혼란을 방지하기 위한 여러 가지 형식원리들이 나열될 수 있겠으나, 다소간 장황하기 때문에 이에 대한 언급은 생략한다. 단지 산타야나의 쾌락주의적 미학이론을 이해함에 있어서 그의 전형(type)이론은 퍽 중요한 위치를 차지하므로 이를 간단히 설명해보기로 한다.

산타야나가 전형이라고 부르는 것은 미적 조직원리의 한 양태로서, 학습의 결과로 산출된다. 즉, 전형은 인간들이 자신의 사회적 물리적 환경에 적응하면서 발전시켜온 개념들이라고 말해진다. 그것들은 여러 종류가 된다. 자연적 전형들이라고 불리울 수 있는 것들은 개인의 자연적 환경에 포함된 대상들과 특색들의 전형들을 인식하는 수단이 된다. 동물과 식물, 구름과 바다 그리고 산, 그를 둘러싼 인간들의 성격, 적대적이거나 호의적인 그들의 독특한 행동방식들이 이에 의해 인식된다. 미학적으로 볼 때 이것들은 사람들로 하여금 회화, 소설, 연극 등에서 현실의 재현들을 인지하도록 만들어준다. 이러한 자연적 전형 이외에 유용성의 전형들이 존재한다. 이것들은 대상들이 가지고 있는 효용을 인지하고, 그것을 최대로 이용하기 위해서는 그것이 어떻게 기능해야 하는가를 인지하는 것으로 성립된다. 예컨대 건축에서의 기능평가는 이러한 전형들로부터 나온다. 그밖에 특별히 공연예술들의 감상에서 관찰되는, 제작 또는 공연을 위해 필요한 솜씨들에 대한 지식으로부터 유래한 기술의 전형들이 존재한다. 전형은 이처럼 주목(attention)을 위해 제시될 때 전체적으로 인지가능한 특징들의 집단이 갖는 심리학적 개념으로 요약될 수 있다. 전형들의 미학은 결국 예술들에 적용된 인지심리학인 셈이다.

우리가 이러한 전형에 대해 언급한 것은 그것이 자연주의적 미학을 위헤 중요성을 시니고 있기 때문인데, 그러한 중요성은 부분적으로나마 그것이 지닌 조직력에 놓여 있다. 즉, 전형들은 예술작품에다 통일성을 부여할 수 있는 연결된 요소들의 획득된 패턴들로 되어 있다.

동시에, 우리에게 더욱 의미있는 것은, 전형의 충족이 쾌락을 산출한다는 것, 즉 그것이 쾌락의 특수한 원천으로서 가치를 평가받고 있다는 사실이다. 일단 자극을 받은 전형은 충족이 요구하는 목적처럼 작동한다. 특히 그 충족이 어렵고 드물 경우, 거기에 포괄된 만족은 매우 커질 수 있다. 이러한 경험은 음악과 연기에서 성취된 공연의 완성에서 쉽게 맛볼 수 있다. 그러나 이는 어떤 예술작품에서나 우수한 성취 속에 똑같이 존재한다. 미학적 작품의 우월성에 대한 경탄이 커가는 곳에서는 언제나, 이를 바라보는 사람들의 충족이 평가의 기준이 되고 있는 셈이다. 또한 이러한 종류의 미적 평가를 위한 어떤 개념적 근거가 존재하기 때문에, 그것은 때로 이지적 미라고 불리우기도 한다.

마지막으로 우리는 산타야나가 의미하는 표현의 기쁨에 대해 잠시 언급해보기로 한다. 여기에서 산타야나는 의미를 함축하는 상징들의 미학적 공헌들에 언급한다. 표현성이란 마음 속에 다른 것들을 환기하기 위해서 경험이 어떤 가치에 부여한 힘이며, 이러한 표현성은, 이렇게 해서 일깨워진 연상들 속에 포함된 가치가 현재의 대상 속에 구체화될 때, 미적 가치, 즉 표현이 된다는 산타야나의 문장은 이와 관련된 그의 사고를 압축한다.

　요약컨대 그것은 의미의 미학이라고도 할 수 있겠는데, 이 점에서 문학은 뛰어난 표현예술이다. 그러나 의미는 실상 모든 예술들에 스며든다. 종교적인 예술에서 이는 특히 명백하다. 왜냐하면 그것은 정서의 미학 안으로 깊숙히 들어서기 때문이다. 여기에서 쾌락이론가는 그가 비극을 다루지 않으면 안된다는 것을 이내 발견한다. 그러나 쾌락이론에게 있어서 비극은 거대한 역설이다 ; 왜냐하면 비극에서 예술가는 임의적으로 불유쾌하고, 심지어 무서운 제재 (subject matter)를 찾아내기 때문이다. 미가 쾌에 기초한 이론에서 공포스러운 것이 아름다운 것으로 여겨지는 역설은 가장 위대한 것으로 정평있는 예술작품 중 많은 부분이 실상 비극적이라는 사실에서 가장 첨예하게 드러난다. 산타야나나 그 밖의 쾌락주의자들은 이 역설을 설명하기 위해 많은 제안을 내놓았다. 그중 이른바 카타르시스이론이 대표적으로 손꼽힐 수 있다. 프로이트적인 비극해석도 이와 유사한 성격을 갖는다.

　프로이트적 해석은 쾌락주의적 접근과도 조화를 이루면서 심리학에서의 최근 발전을 구사하고 있는데, 그 핵심은 다음과 같이 요약된다. 극단적인 정신적 갈등들과 정서적 고통들을 다룸에 있어서, 인간은 그것을 억제할 수 있는 방어적 능력을 타고 났다. 따라서 그것들은 완전한 의식 속에 나타나지 않게 된다. 그러나 그것들은 실제로 망각된 것이 아니라, 심성 속에 컴플렉스로서 물러서 있다가 꾸준히 놓여 날 길을 찾는다. 때때로 꿈 속에서 불가사의한 가장을 통해 떠오르기도 하는데 바로 그러한 방기 속에 만족이 존재한다 ; 금기들에 의해 억제된 트라우마(고통)의 완전한 의식과 대면하지 않고도 이러한 만족을 얻는 방법들 중 하나가 비극적 예술작품들을 통해 이루어진다. 여기에서 우회적인 방법을 통해 사람들은 묘사된 공포를 즐긴다. 왜냐하면, 그 이유를 충분히 의식하지 않은 채, 그들은 이로써 그들 자신이 겪었으면서도 금기되었던, 그러면서 꾸준히 그 자신을 표현하고자 한 비슷한 경험들로부터 놓여나게 마련이기 때문이다. 비극적 예술은 이렇게 해서, 카타르시스이론을 제시했던 아리스토텔레스가 말한대로, 갇혀진 정서들의 정화와 비슷하게 된다.

쾌락주의적 미학이 심리학적으로 정향되어 있어서, 이제 본대로 산타야나처럼 요소분석의 구조적 방법을 구사하거나 프로이트적인 자료를 흡수하기도 하는데, 최근에 이르러서는 이른바 형태심리학이라는 발전된 심리학적 운동이 쾌락주의적 미학 속에 흡수되기도 하였다. 그러나 산타야나와 그 밖의 자연주의적 미학자들이 의존하는 구조적 심리학의 분석적 방법들과 날카롭게 대조되면서 이를 보완하는 형태심리학의 성과에 대해서는 다른 기회에 살피기로 하고, 산타야나로 되돌아 가서 쾌락주의적 미학이론을 마무리짓도록 하자.

"아름다움은 사물의 속성으로 여겨지는 즐거움이다," 또는 "객관화된 즐거움이디 "라고 정의한 바도 있는 산타야나는 비록 "미적 가치가 으뜸이거나, 으뜸이어야 하는 작품들이 순수예술이라는 호칭을 가진다"고는 했으나, "대상을 가공하고 합리화하는 어떠한 작업도 모두 예술에 속한다"고 보아, 처음부터 순수예술에 대해 '실용적'이거나 '유용한'이라는 용어를 금하고자 하지 않았으며, '사물의 미적 기능'과 '실용적·도덕적 기능'을 분리시키는 것을 언짢게 여겼다. "장미의 우아함을 그 꽃잎들에서 낚아채는 것이, 예술의 아름다움을 그 주제, 상황, 사용으로부터 가려내는 것보다 훨씬 용이할 것이다"라는 그의 언명은 결국 '미적 선'을 '동일한 둥우리에서 깨어난' 다른 선들로부터 소원하게 하는 것은 종당 순수예술로부터 활력을 빼앗고, 그것을 하찮은 것으로 전락시켜 버리는 결과를 낳으리라는 확신으로 귀결된다.

구별가능한 미적 선이 있되 그것은 다른 선과 밀접한 관련성을 맺으며 존재한다는 이중적 견해는, 예술은 즐거움이라는 그 본성으로 인해 삶자체의 본보기가 되며 완전한 조화를 이루며 이성적으로 통제된 즐거움의 실례로서, 대체로 합리적 삶의 시험무대가 된다는 관점과 연결되면서 다행히도 극단적인 쾌락주의로 빠져 들어가지는 않고 있다. 그러나 산타야나는 분명히 말한다 : "도덕적 가치들은 일반적으로 부정적이고, 항상 멀다. 도덕은 악의 기피와 선의 추구와 관계를 맺고 있는 반면, 미학은 오로지 향수(enjoyment)와만 관계를 맺고 있다. " 그러기에 쾌락주의 이론은 극단화될 경우 그 안에 숨겨있는 현실도피적 경향으로 인해 비판을 받게 된다. 실상 많은 위대한 작품들이 우리로 하여금 독특한 의미에서의 쾌를 느끼게 해주지만, 그렇게 해석된 쾌라 할지라도 그것은 예술이 산출하는 많은 종류의 효과들 중 하나에 불과하다고 보는 견해 역시 그릇된 것은 아니다. 여기에 예술을 진리 또는 인식을 위한 수단으로 보는 이론이 발언권을 가질 소지가 생겨난다.

4-2 진리 또는 인식을 위한 수단으로서의 예술

예술을 진리획득의 수단으로 보는 이론에 따르자면 예술은 인간이 손에 넣을 수 있는 최고의 진리, 다른 어떤 수단에 의해서도 도달할 수 없는 인식에 이르는 길로 간주된다.

인식 또는 지식이란 흔히 명제의 형식을 취하게 마련이다. 그러나 예술작품들을 알게 됨으로써 얻게 되는 인식이 이런 의미의 지식인가? 예술작품들을 접하고 난 후에 이전에는 불가능했던 어떤 명제적 지식을 얻게 될 수 있다는 것은 의문의 여지가 없다. 특히 문학은 그것이 지닌 인식적 기능으로 인해 높이 평가된다. 문학은 단어들로 구성되고, 단어들은 문장을 형성하며, 문장은 명제들을 담지하기 때문에, 흔히 진위라는 검증에 직면하게 된다. 그러나 명제적 진리를 보다 많이 함축하고 있다고 해서 그것이 더욱 좋은 문학예술 작품이 될 수 있는가? 아리스토텔레스가 "역사가와 시인의 차이란, 단지 한 쪽은 산문으로 쓰는데, 다른 쪽은 운문으로 쓴다는 데 있는 것이 아니라… 양자의 차이점은, 역사가는 일어났던 것을 기록하는데 반해, 시인은 일어날지도 모르는 것을 기록하는데 있다"(『시학』, 제9장)라고 한 것은 무슨 의미일까? 현대작품 중 예컨대 스위프트가 쓴 『걸리버 여행기』에 묘사된 나라들이 실제로는 존재하지 않는다고 해서 그 작품의 가치가 손상된다고 말할 수 있겠는가?

　이런 질문은, 예술감상이란, 예술작품을 감상하는 사람은 오로지 제시되어 있는 세계관 속에 포함된 감정들과 태도들을 가능한 한 풍부하게 그리고 완전하게 경험하기만 하면 된다는 주장과 상통한다. 그러나 이때 이미 예술작품은 명제적 진리와는 다른 진리를 다루고 있다는 것이 전제된다.

　독일의 대철학자 헤겔(1770-1831)은 일찌기 진리를 두 가지 방식으로 구분하여 설명하였다.[4] 즉, 그의 이론은 진리를 일관성과 상응성으로 간주하는 두 가지 전통적인 사고 주류를 결합하고 있다. 이념이란 개념과 현실의 통일인 바, 체계적으로 일관성있는 이론은 실제로 사물들이 존재하는 방식과 상응한다는 것이나. 이에 우리는 그의 진리 주장을 다음과 같은 두가지 주장들을 결합하는 것으로 이해할 수 있을 것이다 : "이것은 사물들을 위해 가능한 존재방식이다. 왜냐하면 이것이 우리들이 그것들에 관해 생각할 수 있는 방법이기 때문이다."(개념/일관성)하는 주장과 "이것은 사물들이 존재하는 방식이다"(현실/상응성)하는 주장. 여기에서 우리는 예술작품들 안에 들어있는 경험적 실례들의 적합성을 그것들이 이제까지 발전되어온 개념들에 상응하는 정도에 따라 판정할 수 있게 될 것이다. 우리는 이를 헤겔의 〈체계적〉 진리관념이라고 말할 수 있다. 그러나 이러한 진리 이외에도 근본적으로 볼 때 〈역사적〉이라 할 또 하나의 진리관념이 존재한다는 것이 간과되어서는 안된다. 헤겔은 자유스럽게 "그리스인들의 진리"니 "동양적 의식의 진리"니 "우리의 진리"등등에 관해 이야기한다. 그는 각각의 사회들이 공유하는 진지하게 주장된 신념들, 즉 사람들이 그들 자신과 그들의 유일신 또는 여러 신들을 이해하는 방식을 뜻한다. 이는 이론적 이념과는 아주 다른 무엇으로 보이며, 실상 그래야 한다.

　우리의 논의를 위해 의미있는 것은 이처럼 철학과 마찬가지로 예술도

---

4) Stephen Bungay, *Beauty and Truth; A Study of Hegels Aesthetics* (Oxford University Press, 1984)

체계적이라는 헤겔의 주장인데, 헤겔은 양자 모두 그가 "이념"이라고
부른 범주의 형식들이라고 주장함으로써 이러한 견해를 표현한다. 그
범주의 철학적 형식이 진리의 이념이고, 예술적 형식은 미의 이념상이
다. 만일 그의 주장이 정당화된다면, 그는 철학이 예술에 관해 무엇인
가 말할 수 있다는 것을 보인 셈인데, 철학은 실제로 그러했다. 미와 진
리는 모두 '이념'이라고 불리운 체계성의 원리를 일러주는 두 가지 실례
인데, 양자는 나아가 역사적 예증화에 개방되어 있다. 이렇게 해서 미
와 진리 간의 관계는 예술과 사회적 도덕성 간의 관계를 포괄한다.

좀더 자세히 말한다면, 미와 진리는 양자가 모두 이념이고 체계적으
로 연관된 계기들의 총체인 한, 동일하다. 진리는 사고에 의한, 사고
속에서 이루어지는 현실의 완전한 명료화이고, 미는 사고에 의한, 현실
속에서 이루어지는 현실의 완전한 명료화이다. 양자 간의 차이란 진리
는 오로지 생각될 수 있음에 반해, 미는 감각들에게 나타난다는 것이
다. 개념들은 옳을 수 있으나, 대상들만이 아름다울 수 있다 ; 하나의 옳
은 개념은 그 대상을 철저하게 확정하며, 하나의 아름다운 대상은 사고
에 의해 철저하게 확정된 대상이다. 그러나 우리에게 중요한 것은 헤겔
의 이론에서 예술은 똑같은 범주들을 통해 설명될 수 있다는 것에 의해
서만 진리에 관계되지 않는다는 사실이다. 그것은 또한 절대적 이념으
로서의 진리의 표현이기도 하다. 미는 일관성을 포함한다. 진리는 앞에
서 말한대로 일관성과 상응성을 포함하는데, 우리가 주의해야 할 것은,
논리학과는 다른 절대정신의 경우, 진리는 사물들이 존재하는 방식에
의 상응성이 아니라 사물들이 그렇게 존재하리라고 믿어지는 방식들에
의 상응성을 뜻한다는 사실이다. 따라서 하나의 예술작품이 여러 사회
들의 신념들을 더욱 많이 반영할수록, 그리고 그러한 신념들이 더욱
진지하게 주장되고 더욱 실질적일수록, 작품에 부착된 가치는 더욱 커
질 것이다. 한 공동체의 중심적이고 본질적인 신념들을 분명하게 밝히
는 작품은 그 공동체의 진리를 구체화하는 것이고, 그렇게 해서 공동체
의 구성원은 예술작품에 의해 매개된 반영을 통해 그의 자기 정체성을
인식한다.

이념상(ideal)은 예술이 할 수 있는 것의 가장 완전하게 가능한 현실화이지만, 절대정신의 의미에서는, 진리와의 관계가 모든 예술에 나타난다. 반영된 신념들은 전체로서의 윤리적 생활의 원리들로서, 그것들은 (아무리 진지하게 주장된 것이라 할지라도)실존적 원리들만은 아니다. 이렇게 해서 헤겔은 미의 이념을 진리의 이념과 연결하고, 이로써 선의 이념, 즉 가장 광의의 철학적 의미에서 실천이성의 영역으로서 도덕성과 연결한다. 이런 뜻에서 헤겔에게 있어서 미적인 것은 윤리적인 것에 기생한다고 할 수도 있다. 왜냐하면 예술은 사회들의 윤리적 생활에 뿌리를 내리고 있기 때문이다. 그리고 그 자체로 미적이 아니라 윤리적인 규범들에 따라 판단되고 평가될 것이기 때문이다. 가치판단들이 예술에 내려질 경우 그것들은 도덕적 언어들로 내려진다.

예컨대 신화가 어떤 예술―형식에 상응한다면, 그것은 일반적인 관심의 어떤 것을 표현하는 것이 아니라, 한 공동체의 "세계관"의 표현이다. 이는 호메로스의 작품에 나타나는 신들은 단순히 문학적인 인습이 아니라, 그리스의 윤리적 생활에서 중심적인 역할을 했고, 진지하게 받아들어졌음을 뜻할 것이다. 만일 이러한 예술―형식이 예술자체와 상응한다면, 공동체의 실질적인 신념들은 오로지 예술 안에서만 표현될 수 있고, 미의 이상은 예술의 이상일 뿐 아니라, 주체의 자아이해의 범례이기도 할 것이다. 미는 개별적인 주체의 진리이자 전체공동체의 진리이기도 하다. 그 경우, 예술은 주체와 공동체의 자기정체성을 적절하게 밝힐 수 있는 자아반성의 유일한 양태이고, 따라서 이상은 진리의 표현이자, 진리가 완성될 수 있다고 한다면 표현되어야 할 형식이 된다. 만일 그리스사람들이 『일리아드』를 읽거나 들으면서 그들 자신에게 그들이 무엇이고 누구인가를 예술만이 가능한 방식으로 왜곡없이 완전하게 보여주는 작품과 만나고 있다면, 이는 실현될 것이다. 기독교인들이 성경을 대하는 것도 이와 비슷하다 할 수 있다. 그러나 역사적으로 볼 때 예컨대 낭만적 예술은 이와 같은 상응성의 고리를 깨뜨렸다. 궁정 연애와 같이 예술 안에 구체화된, 일반적으로 받아들여진 다양한 원리들과 인습들이 있다 할지라도, 그러한 인습들은 그 예술―형식의

"세계관"을 완전히 드러내지 못하고, 예술―형식은 미 또는 예술의 이상에 상응하지 못한다. 기독교시대의 낭만적 예술에서는 예술미의 이상이 "정신미"에 의해 대체된다. 이로써 낭만적 예술은 고전적 예술보다 못하다는 것을 의미하지는 않는다. 왜냐하면 그것은 자아반성이 그 안에서 매개되는 궁극적인 형식이 아니기 때문이다. 궁극적인 형식은 오히려 종교이고, 따라서 종교가 예술보다 높은 가치를 소유한다. 헤겔에 따르자면, 그리스인들에게 있어서 신성 자체, 인간의 자기정체성의 반영이 예술에, 예술에만 정향되었다. 말하자면 신성 자체가 순수히 정신적이기 보다는 아름다웠다. 고대 그리스에서는 인간생활을 지배하는 원리들이 인간의 형태를 가진 신들 속에 구체화되었다. 헤겔은 고대 그리스에서는 종교와 예술이 일치되었던 것처럼 쓰고자 했던 것이다. 피디아스에 의한 제우스상은 오림푸스 신전의 중앙에 안치되고 예배의 대상이 되었다. 그러나 기독교에서는 이는 불가능하게 되었다. 기독교 역시 소통의 목적들을 위해 예술을 필요로 한다. 그러나 교회에 의한 예술의 사용은 그리스 사람들에게는 일어날 수 없었던 신학적 문제들을 야기시켰다. 왜냐하면 기독교적 신은 순수한 정신이고, 오로지 성자로서의 신의 본성 부분에나 나타날 수 있다. 즉, 기독교 예술은 새로운 진리들을 전달하지 않는다. 그것은 성서와 교회의 가르침으로부터 예술과는 무관하게 알려진 진리들을 고유한 방식으로 위임받아 실어낼 뿐이다. 기독교의 도래와 함께 예술은 최상의 기능을 충족시키는 일을 이미 중지하였다.

　다소 곁길로 들어섰으나, 우리로서 밝히고자 했던 것은, 헤겔이론 자체의 옳고 그름은 차치하고, 예술에서 이야기되는 진리가 결코 좁은 의미의 과학적 내지 명제적 진리와 다르다는 주장이 헤겔 이후 기정사실화되고 있다는 점이다. 미와 선의 상관관계는 후에 다시 언급하게 되겠기에 여기에서 길게 언급하지 않으려 하거니와, 미와 진리라고 대표된 예술과 진리의 관계는 최근에 올수록 헤겔시대에 비해 훨씬 복잡미묘해졌다. 하이데거는 그중에서도 헤겔의 영향을 감추지 않은 채 그러나 독창적으로 〈알레테이아〉, 즉 〈탈은폐〉로서의 진리이론을 그의 예술이론을 위한 핵심으로 활용하였다.

　이러한 논의들의 연장선상에서 예술의 진리는 〈사물에 관한 진리〉가 아니라 〈사물의 진리〉라는 주장도 있게 되고, 경우에 따라서는 소설 또는 연극에서 이루어지는 특징화는 사람들이 실제로 말하거나 행동하거나 느끼는 방식에 충실하다는 뜻으로 〈인간본성에의 진실〉(truth to human nature)이 주목되기도 한다. 즉 비록 가공적인 인물일지라도 소설 또는 연극의 주인공은, 그가 이러저러하게 행동할 어떤 유형의 인물로서 묘사되고 있는 한, 진실하게 묘사되고 있다고 말해질 수 있다는 것이다. 그러나 이 〈인간본성에의 진실〉이라는 표현이 진실로 무엇을 의미할 수 있겠느냐는 사람에 따라 다양할 수 있다. 전통적인 입장에서 본다면, 그것은 개연적이거나 필연적인 가능성에 충실한 것으로 해석될 수 있겠으나, 그것이 이른바 〈리얼리즘〉에 대한 여러가지 서로 다른 해석과 결부되어 결코 간단하게 정의될 수 없다는 것을 우리는 잘 알고 있다. 현재의 우리로서는 예술에서 이루어지는 현실의 재현이란, 정도의 차이는 있을지언정, 현실의 복사가 아니라 일종의 선택적 묘사 내지 이상화라는 의미에서 추상의 과정을 거친다는 것을 확인해두는 것으로 만족할 수 밖에 없다. 그런 맥락에서 현실사회가 모순에 차있을 경우 그 모순을 지양할 수 있는 다음 단계의 전형적 인물의 창조가 예술의 기능에서 중요한 비중을 차지한다는 이론도 수렴될 수 있게 된다. 또는 예술을 통해서 지리멸렬한 현실이 양적인 축약을 겪게 되고, 그로 인해 현실경험에서 얻을 수 없는 어떤 집약적 경험, 또는 절정을 맛볼 수 있다는 이론도 수긍될 수 있다. 그러나 그것이 단순히 양적인 축약만으로 이해된다면, 그리고 그것으로 인한 절정감만을 유일한 목표로 생각한다면, 문제가 없지 않다. 어떤 의미에서 예술에서 이루어지는 양적 축약은 질적 변화에 종속되어야 한다. 예술작품 속에서 발견되는 모든 요소들이 사회 속에서 얻어온 것이라 할지라도 예술은 그나름의 독립된 세계, 현실에서 찾아볼 수 없는 총체성을 확보한 세계라는 이해는 그러기에 예술작품을 통해 현실이 비판될 수 있다는 결론에로 유도되기 마련이다.

　예술적 진리를 이처럼 예컨대 〈인간본성에의 진실〉로 이해하고 단순한 명제적 진리와 구별할 경우, 여기에 예술에 대한 윤리적 내지 규범적 요청이 개입되는 것을 피할 수 없게 된다.

4-3 도덕적 개선을 위한 수단으로서의 예술

예술과 윤리가 맺고 있는 관계에 대한 설명은 대개 세 가지로 나뉜다. 첫째는, 이른바 도덕주의이다. 이 견해에 따른다면 예술의 일차적 또는 배타적 기능은 도덕성을 위한 하녀적 역할에서 발견된다. 어떤 도덕체계를 말하느냐는 것은 이론가들에 따라 다른데, 예술이 그들 나름대로 설정한 바람직한 종류의 도덕적 영향을 진작하지 않는다고 보는 견해는 예술의 존재를 의구심을 가지고, 또 때로는 마지 못한 관용성을 가지고 대하는 도덕주의자들이 견지하는 입장이다. 도덕주의자들 중에는 예술이 사람들 속에다 전통을 벗어난 관념들을 심어준다고 보는 사람들이 많다. 본래적 예술은 실상 사람들이 이제껏 그 안에서 양육되어온 지역주의의 틀을 분쇄한다거나, 순응성보다는 개성을 강조하는 경향이 있다. 그런데 사회안정을 저해한다거나 반항이나 기존질서를 깨뜨리는 각성을 창출해낸다는 이유로 예술을 비난하게 되는 입장, 즉 예술이 사회의 안녕질서가 그에 근거한다고 생각되는 신념들과 태도들을 함몰시킨다는 이유로 예술에 대해 의혹의 눈초리를 던지는 입장은 대개 기존 관습 내지 이익의 옹호자들에게서 나타난다. 그들 중에는 예술이 이러저러한 방식으로(예컨대 대부분의 비재현적 회화가 그렇듯이) 사람들에게 도덕적으로 영향을 미치지 않을 때, 그리고 만일 그것이 보는 사람들의 시간을 너무 많이 빼앗지만 않는다면, 예술은 용인될 수도 있는 무해한 쾌락으로 간주하는 견해가 사실상 보편적이다. 그러나 만일 그것이 질문을 촉구하고 기존적 태도들을 무시할 경우, 예술은 도덕주의자들에 의해 방치할 수 없는 파괴적인 것으로 보여진다. 이렇게 해서

도덕주의에 따르자면 예술은 그것이 오로지 특정한 도덕주의자들에 의
해 지지되는 도덕적 신념들이나 태도들을 묵인 내지 강화할 경우에만
용인된다.

　플라톤은 서양에서 이러한 도덕주의적 예술이해를 대표하는 인물로
서 손꼽힌다. 그는, 잘 알려진대로, 그가 생각하는 권위주의적인 이상
국가에서 시인은 추방되어 마땅하다고 보았던 바, 이는 그가 대부분의
예술이 청년들에게 나쁜 영향을 준다고 보았기 때문이다. 그의 관심은
특히 국가안보의 책임을 구체적으로 맡게 될 사람들의 영혼을 정화하는
것에 집중되어 있었다고는 하나, 누가 그러한 책임을 구체적으로 맡게
될 것인지는 불명함에 반해 예술의 영향은 전면적이므로, 검열은 보편
적으로 시행되지 않으면 안되다고 생각하게 된 것이다. 어떻게 이해되
든 플라톤이 도덕적 관심에서 예술은 희생되어야 한다는 견해를 표명한
것만은 틀림없다. 플라톤의 견해, 특히 그가 갖고 있는 윤리의식이 민
주주의적 원리보다는 귀족주의적 원리에 가깝다는 이유 때문에 비판을
받아온 것은 어느 점에서 타당하다고 인정될 수 있겠지만, 근대에 와서
도덕주의적인 예술관을 대표하는 인물로 손꼽히는 톨스토이에 이르면
그에 대한 평가가 자못 복잡해진다. 톨스토이는 흔히 소설가로만 알려
져 있으나, 그는 20세기초에 가장 정리된 미학이론을 제시했던 인물 중
하나이다. 그의 예술이론은 오늘날에도 적지 않은 영향력을 가지고 있
으므로 비교적 자세히 살펴보고자 한다.[5]

　톨스토이의 미학이론은 전통적인 미학에 대한 비판으로부터 시작한
다. 그는 전통적인 미학이 내린 예술정의는 모두미와 연결되어 있는데,
그것은 결국 두 개의 근본적인 개념에 귀착한다고 본다. 하나는 미란
독립적으로 존재하는 (그 자체속에 존재하는)어떤 것, 즉 절대 완전이
니, 관념이니, 정신이니, 의지니, 신이니 하는 따위의 표현의 하나라고

---

5). 톨스토이著,『金秉喆譯, 藝術論/懺悔錄/人生論/信仰論/敎育論』(서울, 을유
　　문화사, 1971. 8판). 본문의 인용 및 쪽수 표시는 모두 이 번역본에 의거한
　　다.

보는 견해이며, 또하나는 미란 우리가 그 대상에 대해서 개인적 이익을 목적으로 하지 않고 感受하는 쾌락의 일종이라고 보는 견해이다. "수백만에 달하는 사람들의 노력과 인명과 도덕까지도 희생시키는 이 예술이란 무엇이냐 하는 물음에 대해서, 현존의 미학이론에서 그 해답을 뽑아서 총괄해 보면 대략 다음과 같은 것에 귀착하고 만다―즉 예술의 목적은 미다. 미는 그것이 주는 쾌락에 의해서 인식된다. 또 예술적 쾌락은 그것이 쾌락이기 때문에 좋다는 말이 된다"(제4장, P. 59) 이러한 예술의 정의를 톨스토이는 전혀 올바른 것이 못된다고 보면서, 그 까닭은 아직까지 예술의 개념이 미의 개념 위에 그 기초를 두었기 때문이라고 단정한다. 즉, 이러한 모든 정의의 부정확성은 그것이, 마치 형이상학적인 정의의 경우와 마찬가지로, 예술의 목적으로서 예술에서 받는 쾌감만이 관심의 대상이 되고, 인생이나 인간성에 대한 예술의 임무가 열거되어 있지 않은 데서 유래한다는 것이 톨스토이의 견해이다. 그렇기 때문에 그는 예술을 정확하게 정의내리기 위해서는 무엇보다 먼저 예술을 쾌락의 수단이라고 생각하지 말고, 인생의 한 조건이라고 생각하지 않으면 안된다고 주장한다. 이로써 그는 예술을 인간 상호간의 교류 수단 중 하나로 보아야 한다는 자신의 견해를 암시한다. 그에 따른다면 언어가 인간의 사상과 경험을 전달함으로써 인간을 융합시키는 수단이 되는 것처럼, 예술은 자기의 감정을 딴 사람에게 전달한다. 다른 사람의 감정을 받아들여서 그 감정을 자기 스스로도 체험할 수 있는 능력이 바로 예술활동의 토대가 된다고 톨스토이는 단언한다. 그러나 이러한 감정표현이 단순한 감정유출과 다르다는 데에 그의 독특성이 존재한다. "예술이란 한 사람이 다른 사람 혹은 다른 사람들과 자기를 꼭 같은 감정 속으로 끌어 넣을 목적을 가지고 어떤 외적 양식으로 그 감정을 표현하는 경우에 발생한다."(제5장, P. 61) 그렇기 때문에 그의 예술정의는 다음과 같은 형태를 갖는다. "일찌기 체험한 일이 있는 감정을 스스로 환기시키고, 또 그것을 스스로 환기시킨 다음에 동작·선·색·음·언어 등에 표현된 형식으로 다른 사람에게도 그와 꼭 같은 감정을 체험하게 전달하는 것―이것이 예술활동이다. 예술이란 어떤 한사람이 의식적으로 외적인 표시를 사용하여 자기가 느낀 감정을 다른 사람에게 전달하여 다른 사람이 그 감정에 감염되어 그 감정을 본인과 똑같이 체험하는 인간활동을 말한다.(제5장, P. 62)

그에 따르면 예술이 표현 또는 감염코자 하는 감정은 지극히 다양하다. "아주 강한 것, 혹은 아주 약한 것, 아주 중요한 것, 혹은 아주 무의미한 것, 아주 나쁜 것, 혹은 아주 좋은 것, 향토애의 감정, 연극에 표현된 운명과 신에의 헌신과 복종, 소설에 묘사된 연인들의 황홀감, 회화에 표현되어 있는 육욕감, 개선 행진곡에 나타난 용사, 무용으로 해서 환기되는 환희감, 笑話로 해서 환기되는 유모어감, 혹은 아름다운 당초문양으로 해서 환기되는 찬미감—이것은 모두가 예술이다."(제5장) 그런데 이처럼 넓은 의미의 예술은 우리 생활 전체에 걸쳐 있음에도 불구하고, 그 중 몇개의 표현을 좁은 의미의 예술로 부르고 있는 데 문제의 발단이 있다고 톨스토이는 비판한다. 그는 심지어, "자장가니 농담이니 흉내니 가옥장식이니 의복이니 가사도구니 하는 것에서부터 교회의 의식이니 건물이니 조각이니 개선행렬이니 하는 따위"(제5장, P. 63)를 모두 예술의 범위 안에 포함시킨다.

온갖 종류의 예술활동 중에서 "예술이 주는 쾌감은 어떠한 것이라도 빼앗기지 않으려는…오류"(제5장, P. 64)를 시정하고자 하는 그의 노력은 그러나 그 자신의 독특한 종교 이해로 인해 독특한 방식으로 정리된다. 그는 쾌락주의적 예술이론을 지지하는 사람들이 "종교적 세계관을 가지고 있지 않았기 때문에 좋은 예술과 나쁜 예술을 결정하는…표준"(제6장, P. 69)을 가지고 있지 못하다고 비난한다. 이는 "기독교 민족의 상류사회가 교회의 교의에 대한 신앙을 잃게 되면서부터 상류사회의 예술은 민중 전체의 예술에서 분리되어 민중예술과 귀족예술이라는 두가지의 예술이 존재하게 되었다"(제8장, P. 76)는 그의 독특한 시각과 상통한다. 즉, 이미 허위를 드러낸 〈제도로서의 교회〉의 교훈을 더 이상 믿을 수 없게 되고, 또 그렇다고 해서 자기들의 생활을 좋다고 시인해주지 않는 본래의 기독교 정신을 받아들일 수 없어 결국 모든 종교적인 인생관을 잃어버린 이들 부유한 권력층은 부지중에 개인적인 향락에 인생의 의의를 둔 異敎的 世界觀으로 기울어질 수밖에 없었다는 것이다. 제도적인 교회는 이제 異敎의 神話와 비슷한 천국의 계급제도를 만들거나, 또는 예수·성모·천사·사도·성인·순교자에 대한 숭배 및 이러한 神들 그 자체에 대해서 뿐만 아니라 그 우상의 숭배에까지 이르게 되어, 교회와 그 율법에 대한 맹목적인 신앙을 근본으로 삼으면서, "참된 기독교의 기초가 되어 있는 본질적인 敎旨—아버지인 神에 대한 각 사람의 직접적인 관계도, 거기에서 나오는 모든 인간이 형제이며 평등하다고 하는 신분도, 모든 종류와 폭행에 대신하는 겸양과 사랑도 인정하지 않는다."(제6장, P. 66)

보편적인 인류애라는 이념을 바탕으로 전개되는 그의 예술이해는 결국 "이른바 기독교사회에서조차 예술〈전체〉라고 일컫는 그 예술에서 이익을 얻고 있는 사람은 전체인구의 겨우 1퍼센트 정도이며, 유럽민족의 나머지 99%는 대체로 심한 노동에 억눌리어 이 예술을 맛보지도 못한 채 나고 죽고 하며, 그 예술에서는 아무런 이익도 받지 못할 뿐더러 인류의 3분의 2를 점유하고 있는 아시아 및 아프리카 민족 전체는 이 하나 밖에 없는 최상의 예술을 전혀 알지 못한 채 나고 죽고 할 뿐이다"(제8장, P. 77)라는 인식과 연결된다. 이는 곧 "만일 일반대중이 오늘날 우리의 예술을 이해하지 못한다면 그것은 다만 그 사람들이 미개한 탓이다"(제8장, P. 78)라는 퇴폐적인 예술의 자기정당화를 불신하는 것으로 이어진다. 왜냐하면 톨스토이에게 있어서 예술이 종교와 마찬가지로 참으로 인간전체에게 없어서는 안될 정신적인 행복이라면, 그것은 모든 사람이 맛볼 수 있는 것이 아니면 안되기 때문이다. 따라서 앞서의 자기합리화는 오직 현대예술의 악화를 변명하는 교묘한 수단에 지나지 않는 것으로, 톨스토이는 우리가 이에 현혹되지 않고 쾌락을 주는 부분만을 잘라낸 결과가 예술에게 어떤 악영향을 미쳤는가를 직시해야 한다고 경고한다.

그가 말하는 결과란 다음과 같이 요약된다.

첫째로, 예술은 그 본질이 한없이 변화무쌍한 형체를 취하는 심오한 종교적 내용을 잃게 되었고, 둘째로, 극히 적은 범위의 사람들만을 대상

으로 삼기 때문에 허식적인 애매한 것이 되었고, 세째로, 예술은 자연
스럽고도 진지한 것을 잃고 모두 머리만을 쓴 기교적인 것이 되고 말았
다. 그래서 예술은 오만과 성욕과 인생에 대한 권태라는 극히 보잘것없
는 세 가지 감정을 맴돌게 된다.

　현대예술에 대한 그의 비판은 바로 그것이 위에서 열거한 결과에 밀
착되어 있다고 보기 때문에 가해진 것이다. 그가 데카당예술이라고도
일컬은 현대예술은 이처럼 예술이 점점 배타적이 되면서 수많은 사람들
에게 점점 알 수 없는 것이 되고, 드디어는 일정한 극소수의 사람들에
의해서만 이해되고, 또 이들마저도 점차 감소될 수밖에 없는 스스로의
운명을 헤어나오고자 차용·모방·현혹(효과본위)·흥미의 방법에 의
존하게 된다. 그러한 방법에 의존해서나마 현대예술, 아니, 그의 표현
을 빌자면, 모조예술이 스스로를 지탱해낼 수 있는 것은 그나름대로의
사회경제적 조건이 있기 때문이다. 톨스토이는 그것을 첫째, 예술가가
그 작품에서 받는 상당한 보수 및 그 때문에 생긴 예술가의 직업화, 둘
째, 예술비평, 세째, 예술학교로 요약하고 있다. 그러나 이 모든 것은
결국 부유한 지배계층의 자금과 그들의 주체못할 여가에 의존하고 있기
때문에 이러한 사회체제의 변혁에 대한 요구가 그의 예술이해에는 잠복
하고 있다고 보아 틀림없다.

　요약하기로 하자. 톨스토이는 결국 "감염력이 강하면 강할 수록 예술
은 예술로서, 그 내용이 어쨌든지 간에, 바꿔 말한다면, 그 전달하는
감정의 가치와는 관계없이 좋은 예술이다"(제15장, P. 138)라는 데 이른
다. 그러나 이는 그 자신으로도 지나치게 멀리 나간 것으로서, 그는 예
술이 인류애의 확산에 기여할 것을 강력히 요청한다. 그로서는 다만 그
러한 감정을 보다 많은 사람에게 감염시킬 수 있는 예술을 희망했던 것
이다. 이에 따라 예술의 감염력을 높일 수 있는 세 가지 조건, 전달되는
개성적 감정의 多寡, 그 감정을 전달하는 방법의 명료성 여하, 그리고
예술가의 진지성, 즉 예술가 자신이 전달하려고 하는 정서를 손수 느끼
는 힘의 강약 여하가 예술평가의 기준이 된다. 여기에서 개성이라고 한

것은 단순한 참신성과는 전혀 다른 것으로서, 앞에서 설명된 그 나름의 보편성을 바탕으로 해야 한다는 것은 두말할 나위가 없다. 그리고 이 모든 조건 중에서 가장 중요한 것은, 그의 예술정의에 입각해 볼 때, 진지성이 되어야 한다. 왜냐하면 그것없이는 개성도 명료성도 존재하지 않게 될 것이기 때문이다.

앞에서「그 내용이 어쨌든지 간에」라고 했지만 이는 어디까지나 형식적 여건을 강조하기 위한 修辭일 뿐, 훌륭한 예술이란 오늘날 가장 광범하게 또 가장 실제적으로 적용되고 있고 따라서 가장 좋은 종교적 지각, 말하자면 "우리들의 행복을, 물질적인 것이건 정신적인 것이건, 개별적인 것이건, 보편적인 것이건, 일시적인 것이건, 영원한 것이건 가릴 것 없이 인류전체가 마치 형제처럼 생활하고 있다고, 즉 우리들이 서로 사랑으로 연결되어 있다고 보는 생각"(제16장, P. 142)에 기초해야 한다는 그의 당위적 요청은 그의 미학에서 기저를 이룬다. 그의 이론이 자주 내용미학으로 분류되는 것은 바로 이때문이다. 즉 "한사람도 빠짐없이 만인을 결합해야 한다"(제16장, P. 146)는 지상목표에 기여하지 않는 예술은 결함을 가진 예술일 수 밖에 없다. 그가 오로지 두 종류의 예술만이 좋은 예술이라고 했을 때 그것이 무엇이 되어야 할 것인가는 자명해진다. 그것은 첫째로 신과 이웃에 대한 사랑이라는 적극적인 감정을 전달하거나 사랑의 모독에 대한 분노와 공포라는 소극적인 감정을 전달하는 종류의 예술이며, 둘째로 세계 전체의 모든 사람에게 친하기 쉬운 극히 단순한 감정을 전달하는 예술이다. 전자는 주로 언어의 형식(문화)에 의해 표현되지만 어느 정도까지는 회화와 조각에 의해 표현되고, 후자는 언어·회화·조각·무용·건축, 특히 음악에 의해서 표현되는 수가 많다는 것이 톨스토이의 예술분류이다.

이러한 그의 예술이해에 입각할 때, 진정한 예술이 결핍된 가장 통탄할 만한 결과란 예술이 인류에게 직접적으로 악영향을 미쳐서 가장 나쁜 감정과 가장 유해한 감정을 일반 사람에게 전달하고 있다는 사실이라고 지적하는 그의 비난은 필연적이라 할 것이다. 그가 가장 유해한 감정으로 예시한 것이 미신과 육욕이라는 것은 어느 정도 이해가 되지만, 애국심 역시 여기에 포함되어 있는 것은 일견 요령부득이나, 그의 예술이해가 인류애와 연결되어 있음을 감안한다면 쉽게 납득이 간다. 그는 만일 모든 부문에 걸쳐서 전래되어온 끊임없는 예술활동이 사람들을 교회적 내지 애국적 도취에 끌어 넣거나 또는 艱難 속에 끌어 넣지만 않았다면 대중은 벌써 예전에 진정한 문화적 수준에 도달했을 것이라고 확신한다. 그러기에 그는 애국적인 미신이 학교에서 가르치는 시와 소설, 음악과 노래, 개선행렬, 환영회, 전쟁화, 기념상 등에 의해 지지를 받고 제작되는 것을 참아내기 어려웠다. 크게 보아 플라톤과 마찬가지로 톨스토이 역시 도덕주의자로 분류되지만, 그의 예술이해가 플라톤과는 달리 인류의 보편적인 형제애라는 윤리 의식에 기초하고 있음이 주목될 만하다. 그러나 앞서 우리가 살펴보았던 〈인간본성에의 진실〉을 수용할 만한 그의 예술 이해가 스스로에 의해 지나치게 단순화된 예술평가로 귀착된 것은 물론, 당시의 러시아 상황이 그러한 예술이해를 계급주의로 정착시키고, 그러한 계급주의가 히틀러로 대변되는 민족사회주의와의 대결을 기화로 예술의 상대적인 자율성마저 부인하는 전체주의 내지 집단윤리를 옹호하는 이론에게 길을 터준 것은 하나의 역사적 아이러니가 아닐 수 없다.

이러한 논의는 예술이 단순히 쾌락추구의 수단이 될 수 없다는 도덕주의적 입장이 정당화되기 위해서는 그것이 의존하고 있는 윤리의식의 내용이 치밀하게 검토되어야 하는 동시에, 예술이 가지고 있는 상대적인 자율성이 그로 인해 손상되어서는 안된다는 결론을 유도해낸다.

여기에는 말하는 상대적 자율성이 무엇을 뜻할 수 있느냐는 우선 스스로를 도덕주의와 대결시키는 유미주의(Aestheticism)가 요청하는 절대적인 자율성을 통해 역으로 밝혀질 듯 싶다. 여기에서는 예술이 도덕성의 하녀가 되는 대신, 도덕성이 예술의 하녀가 되어야 한다는 주장이 강력하게 제기된다. 이 견해를 지지하는 사람들은 예술경험이 인간생활에서 얻을 수 있는 가장 집중적이고 침투력이 강한 경험이며, 아무 것도 그것을 방해하도록 허용되어서는 안된다고 주장함으로써 우리가 서두에서 살핀 쾌락주의적 예술이해와 어떤 의미에서 맥을 같이 한다.

예술가와 사회 간의 갈등이 심화되던 19C말에 미적 은둔생활을 위해 사회적 의무들을 부정하고 예술이라는 상아탑에로 퇴각한 예술가들과 긴밀히 연결되어 있는 이러한 주장에 대해, 시인이 그의 은신처로 퇴각한다는 것을 실험적인 과학자가 그의 실험실로 퇴각하는 것과 마찬가지로 보고, 여기에는 당분간 직접적인 의무들로부터의 무조건적인 해방이 요청되지만, 오로지 그렇게 함으로써, 그는 장기적으로 볼 때 일상적인 일들의 와중에서는 성취될 수 없는 최상의 가치를 지닌 무엇을 가지고 되돌아 올 수 있다고 변명해 줄 수도 있다. 그러나 극단적으로 이야기해서 그것이 이탈리아의 독재자 무쏠리니의 사위가 무장을 하지 않은 에티오피아인들의 군중 한 가운데서 폭발한 폭탄의 미를 찬양하는 서정시를 희롱했을 때 이를 두둔했다면, 그 한계가 스스로 드러나게 마련이다.

이제 상대적인 자율성이라는 말로써 우리는 예술이 목표하는 가치가 인간이 지향하는 여러 가치들 중 하나이며, 더구나 그것이 톨스토이가 비판하는 좁은 의미의 미라고 할 때, 조화, 균형, 통일, 절도 등의 형식적 특징이 그대로 그런 것이 결핍되어 있는 현실이 추구해야 될 가치로서 인정받아야 한다는 주장도 있으나, 현대에 이를수록 더욱 그 상대적인 위치가 약화될 수 밖에 없는 성격을 지니고 있음을 암시한다. 아울러 우리는 특히 집단윤리에 고착되어 있는 도덕주의와 극단적인 유미주의의 중간에서 그 타당성을 인정받을 수 있는 제3의 견해가 존재할 수 있다는 입장을 은연중에 내세운다. 〈예술의 생활화〉라는 명제 역시 이런 맥락에서 본다면 미적 가치들과 도덕적 가치들이 이 세계에서 제각기 구별되는 역할을 지니고 있으되 어느 것도 다른 것을 완전히 무시한 채 전개되지 않는다는 기본전제 하에 고찰되어야 한다.

우리는 비록 산만하게나마 예술의 기능을 중심으로 제기된 여러 이론들을 검토해보았지만, 그 기능이 결국 예술이란 무엇이냐 하는 물음과 분리될 수 없음을 고백하지 않을 수 없다. 예술은 물론 쾌락을 산출하는 기능도 가지고 있다. 그러나 〈예술의 생활화〉라는 명제는 은연중에 우리로 하여금 비록 그러한 쾌락적 기능 내지 목표에만 충실한 예술이 있다 할지라도, 그리고 그것이 특히 현대생활이 던져주는 갖가지 고통에서 위안을 주는 구실을 수행한다 할지라도, 바로 그렇기 때문에 〈생활〉과는 스스로 유리될 수 밖에 없음에 유의하도록 만든다. 그안에 포함된 〈생활〉이라는 단어는 우리로 하여금 오히려 예컨대 〈인간본성에의 진실〉에 관심을 갖게 만든다. 이를 추구하는 예술은 자연 윤리적인 색채를 지니게 된다. 많은 경우, 예술은 실상 도덕적인 결정을 쉽게 내릴 수 없는 상황들 속의 인물들을 재현하게 된다. 즉, 이를 통해 예술에 접하는 사람들은 다른 사람들의 문제들과 갈등들에 대한 반성을 통해서 자신의 윤리적 전망을 보다 깊고 넓게 만들 것을 요청받고 있는 것이다. 생활화되어야 할 예술이란 바로 그러한 예술작품들이 아닐까?

다소간 윤리와의 연관 속에서 전개된 이러한 논의가 비단 윤리의식에 차원에서 뿐 아니라 인간이 지니고 있는 여러가지 잠재능력이 예술을 통해 질적으로 보다 향상될 수 있다는 일반론에로까지 확대·이해되기를 바랄 뿐이다. 윤리의식은 그러나 사람을 사람답게 만드는 근본이 되며, 이러한 윤리의식이 가장 비교조적으로 전개되고 있는 곳이 바로 본래적인 예술작품의 세계이기 때문에, 우리는 종전의 있음직한 편협한 사고를 뛰어넘어 이러한 논의를 미학적 접근이라 이름한 것이다. 광범한 의미에서의 예술교육적 접근도 시도해 봄직하나 그것 역시 어떤 근본적인 가치의식을 출발점으로 삼아야 하는 한, 이러한 논의를 불가피한 전제로 삼을 수 밖에 없다고 본다.

＊ 이 글은 한국문화예술진흥원이 주최한 문화촉매운동을 위한 포름 '삶의 문화화를 위한 구체적 방안모색'에서 발표된 내용을 보완한 것이다(1986.3.29. 서울프레스센터).

1. 플라톤적 예술이론의 비판 시론*

1

플라톤의 예술이론은 사회를 새롭게 조직하려는 그의 프로그램과 연
결되어 있는 반면에, 그의 美理論과는 상당히 느슨한 정도로 밖에는 연
결되어 있지 않다. 그러나 이것이 그 양자 사이에 전혀 아무런 연관도
존재하지 않는다는 것을 의미하지는 않는다. 왜냐하면 미의 개념은 플
라톤의 국가이론에서도 하나의 중심적인 의미를 갖는다고 할 수 있는
데, 그 이유는 그의 국가이론이 물질세계는 이데아의 인식에서 얻어진
진리들에 상응하게 변경 내지 개선되어야 한다는 그의 고유한 관념론적
근본 요구를 반영하기 때문이다. 여기에서 우리는 플라톤으로부터 저
유명한 '진·선·미'의 삼위일체 이론이 유래한다는 것을 반복할 필요
는 없을 것이다. 그에게 있어서 경탄을 불러 일으키는 것은 모두 아름
다운 것으로 간주되며, 이런 뜻에서 지혜와 덕성, 위대한 행위와 위대
한 법률들은 모두 아름답다. 이러한 맥락에서 그는 여러 곳에서 미의
문제에 언급한다. 예컨대 그는 『향연』에서 에로스를 통해 관념론적인
미이론 내지 예술이론의 근거를 마련하였고, 『이온』에서는 '열광'과
'영감'과 연관시켜 하나의 유심론적 詩理論을 발전시켰다. 『필레보스』
에서 그는 미적 경험을 분석하였고, 『대 히피아스』에서는 미를 정의하
는 어려움을 술회하였다.[1] 우리로서는 주로 『국가론』, 그중에서도 제3
권과 제10권에 나타난 플라톤의 예술이론과 그와 연관된 사항들을 참조

---

1) W.Tatarkiewicz, *History of Aeastetics* (I) *Ancient Aesathetics*(The Hague,
   Mouton, 1970), P.116.

할 것이나, 우선 일반적인 상황에 대해 간단히 언급하고자 한다.

2

플라톤의 미이해는 우선 다음과 같은 조건들 하에서 '객관적'인 것으로 표시될 수 있다. 즉 1) 미는 감각적으로 지각가능한 사물들에 제한되지 않는다 ; 2) 미는 하나의 객관적 성질이다 ; 그것은 곧 아름다운 사물들의 특질이며, 인간의 주관적인 반응이 아니다 ; 3) 미의 시금석, 곧 기준은 일시적인 쾌감이 아니라, 상대적인 미감각이다 ; 4) 우리에게 쾌적함을 주는 것이 모두 사실상 아름다운 것은 아니다—많은 경우 그것은 아름다운 것처럼 보일 뿐이라는 것 등이 그것이다.

이런 의미에서 그는 많은 사람들에게 아름답게 보이는 것이 무엇이냐를 찾지 않았고, 오로지 〈진정한 미〉를 〈미처럼 보이는 것〉과 대립시켰다. 즉, 그는 진정한 미의 애호자를 눈과 귀를 간질어주는 쾌감에서 향락을 누리는 자와 대립시켰던 것이다. 이러한 향락가들은 아름다운 소리, 색채, 그리고 사람들이 그로부터 산출해내는 모든 것에 탐닉하지만, 이에 반하여 그의 정신은 미의 본질 자체를 관조하지 못하고 그에서 기쁨을 얻지 못한다고 플라톤은 그의 정치학 강론에서 질타하였다. 플라톤은 당시 아테네를 풍미하던 자연주의적 예술을 거부했는데, 그 이유는 그가 그러한 예술이 그에 합당한 절도를 상실하였고, 방자한 쾌락을 위한 희생물이 되었다고 보았기 때문이다. 더 이상 진리를 지키지 못하고 그들의 작품들에서 아름다운 비례들을 드러내지 못하고 오히려 이를 보지 못하도록 만드는 예술가들을 그가 질책한 것도 바로 이러한 이유에서였다. 그러기에 그는 비례들을 간직하지 못하고 이를 바꾸어버린 예술을 단지 가상을 모방하는 기술이라고 지칭하였다(『소피스타』)

이런 의미에서 그는 자신의 스승 쏘크라테스보다는 오히려 피타고라스적 관념을 물려 받았다고 할 수도 있다.[2] 플라톤에 있어서는 미의 본

---

2) 참조. 김문환, 『근대미학연구』(1) (서울대출판부, 1986). 여기에서 필자는 『美學의 前史』라는 맥락에서 쏘크라테스에 대한 기초적 이해를 서술하였다.

질이란 어디까지나 객관적 성질, 즉 질서(taxis), 절도(metrotes), 그리고 비례(symmetria)에 놓여 있다. 미란 첫째로 그 부분들의 결합(조립, 조화)이라는 특질이며, 둘째로 수학적으로, 말하자면, 숫자(절도, 비례)를 통해 자신을 표현하는 양적인 특질이다. 이에 반하여 추란 다름아니라 바로 올바른 절도의 결여에 지나지 않는다.(『소피스타』)

앞에서 잠시 언급했듯이 플라톤은 그가 모방기술의 일종이라고 본 오늘날의 예술활동이 미, 또는 보다 정확하게 말해서 原美 또는 絶對美에 의존하지 않는 바 아니지만, 실질적으로는 모든 모방기술이 잠재적으로 환상 내지 가상을 그려내는 것이라고 간주하는 경향이 더욱 두드러진다. 특히 조형예술들은 그것들이 왜곡할 수 있다는 인식론적 근거에서 이를 타매하였다. 말하자면, 플라톤은 예술에는 그 나름대로 규정한 정당성과 절도 이외의 그 어떤 기준들도 존재하지 않기 때문에, 그리고 미의 이념이 합규칙성과 조화에 근거하고 있기 때문에, 미가 예술의 최종목적이 될 수 있는 것을 암시하였으나, 실제로는 이러한 방면보다는 예술의 또다른 기능에 더욱 주목하였다. 타타르키비치는 플라톤의 이론을 혁명적이라고 했는데, 그 의미도 실상 우리가 살펴본 바와 과히 틀리지 않다.

"이 혁명은 삼중적이다. 첫째로 이미 넓이를 가지고 있던 그리스의 미개념들은 더욱 넓혀져서, 이제는 경험을 초월하는 추상적 대상들도 포함된다. 둘째로, 새로운 가치평가가 도입되었다; 실제미는 이상미에 대한 선호로 인해 이제 평가절하된다. 세째로, 미의 새로운 척도가 도입되었다;실제 사물들이 지니고 있는 미의 척도는 미의 이상에의 접근 또는 거리에 의존한다."[3]

3

미 또는 예술에 대한 틀라톤철학의 이러한 '혁명'이 '순수히' 미학적

---

3) 같은 책, P.118.

으로 관찰되어, 플로티누스와 쇼펜하우어에서와 같이, 체계적인 미이론을 위해 이런 방향으로 더욱 발전될 수도 있을 것이다. 동시에 플라톤을 미학적 사변과 비평의 창시자로 볼 수도 있을 것이다. 어쨌든 그는 아마도 최초로 합당한 미적 대상과 부당한 미적 대상을 분명하게 구별했던 것을 우리는 이미 살펴 보았다. 그러나 여기에서 우리는 당시 진・선・미의 향수가 엘리뜨 계층에만 유보되어 있던 반면, "국가를 구성하는 대다수의 사람들이 그의 생존의 처음부터 끝까지 아무런 즐거움도 없는 생활의 필요성의 충족에 매달리고 있었다"[4]는 사실을 기억해야 한다. 나아가 플라톤의 정치적 프로그램들은 계급사회의 대립들을 인간본질의 깊이 속에 근거지움으로써 이를 영속화시키고자 한다. 포퍼가 명시했듯이 플라톤은 폐쇄사회의 몰락과 민주주의의 발흥의 여파로 관찰되어야 할 사회적 혁명의 결과인 당시의 위기를 권위주의적이라고 표시할 수 있을 방법들을 통해 해결하고자 하였다.[5] 이상적인 국가에 대한 그의 관념 속에서 그가 선 내지 정의의 이념을 구체화할 때, 계급분화, 노예제도, 그리고 지배계층의 양육이라는 원리들이 분명하게 정당화된다. 그리스인과 야만인의 불평등과 교육적 독재가 국가의 지배구조를 보장하기 위해 도덕적으로 타당한 것으로 표시된다. 이는 오로지 좋은 지배자만이 하나의 정의로운 국가질서 속에서 선의 이념을 실현할 수 있다는 전제 하에서 이뤄진다. 말을 바꾸면, 플라톤적 이상국가의 도덕은 부족사회와 이를 뒤따르는 시대의 我方/他方 관계의 엄격한 집단윤리를 복고한 것이다. 플라톤의 국가론은 그의 조국뿐 아니라 당시에 존재했던 국가들이 모두 치료불가능할 정도로 타락했다고 보는 통찰을 표현한다. 그의 자기증언에 따른다면, 그는 자신의 조국을 위해

---

4) 참조. H. Marcuse,"Über den affirmativen Charakter der Kultur," *in: Schriften 3: Aufsätze aus der* ⟨ *Zeitschrift für Sozialforschung* ⟩ (Ffm, SuhrKamp, 1979), PP. 186-226.

5) 참조. Karl Popper, *The Open Society and Its Enemies,* Vol. Ⅱ, The Spell of Plato (Routledge & Kegan Paul. London, 9th ed.,1977).

너무 늦게 태어났다. 말하자면 그의 백성들은 이미 몰락에 직면해 있었다. 보다 자세하게 말한다면, 이로써 그는 그의 국가가 더 이상 선조들의 윤리와 생활관습 속에서 살아가지 않는다고 주장한 것이다. 즉, 플라톤은 아테네의 외적인 무기력에는 바로 이러한 내적인 몰락이 크게 작용하고 있다고 본 것이다. 가다머가 지적했듯이,[6] 기존의 교육질서를 뒤집어 엎는 『국가론』의 教育像은 오로지 인간의 본질에 대한 질문, '정의'의 올바른 본질에 대한 질문을, 오로지 국가란 무엇이며 또한 무엇이 될 수 있는가에 대한 질문에 근거하여 탐색하며 이를 생활 질서의 모든 형식 위에 파급시키는 데 이바지한다. 그러므로 그것이 어떤 종류의 국가이냐 하는 것이 문제가 되지만, 우리는 여기에서 우선 그가 의미하는 예술교육이 무엇을 의미하는지 알아보도록 한다.

예술교육(die musische Erziehung)의 기원은 율동, 음악, 그리고 예술들의 여신들로부터 유래한다. 이는 그리스인들에게 있어서, 정신적인 것, 의지적인 것, 그리고 욕구적인 것을 모두 포괄하는 '혼(psyche)'에까지 연장된다. 이러한 심성 능력들은 플라톤에게서도 같은 정도로 반복해서 나타난다. 국가의 질서, 다시 말해서 인간적 본질의 깊이 속에 근거를 지닌 채 영속화된 교육 및 국방계층의 올바른 관계와 협동작용은, 국가를 형성하는 인간의 정신적 구조가 자연적으로 조건지워진 질서 속에 제대로 정립되어 있는가의 여부에 의존한다. 이는 정신·의지·욕구와 관계되는 세 가지 심성능력들이 서로 경쟁해서는 안된다는 주장과 상통한다. 그것들은 오로지 서로를 보완하며, 이로써 올바른 관계 속에서 협동적으로 작용해야 한다. 이러한 종류의 미는 이를 가늠하는 '합법칙성'과 '조화'의 기준들과 함께 그의 권위주의적 관념에 따라 전체주의적 국가의 완성 속에 함몰된다.

상인, 농민, 그리고 수공업자라는 제3의 계층은 대부분 외국인, 반자유인, 그리고 인간이 아니라 물건으로서 간주된 노예로써 구성되어 있

---

6) Hans-Georg Gadamer, *Plato und die Dichter* (Ffm, Vitorio Klostermann, 1933), P.13.

다. 구두쟁이는 단지 구두쟁일 뿐 세리가 되어서는 안되고, 농민은 단지 농민일 뿐 재판관이어서는 안되듯이, 국가의 지배자와, 플라톤이 수호자라는 상위개념 하에 통칭했던 그의 보조자들은 오로지 하나의 작업에서만 최상의 大家가 되어야 한다. 그 하나의 작업이란 곧 국가를 형성하고 보존하는 것을 말한다. 플라톤의 교육사상이 오로지 교육 내지 국방을 담당하는 계층, 즉 수호자 계층에만 관계하는 반면, 제3의 계층은 수호자의 경제적 생활을 안전하게 보장해주는 과제를 가지고 있을 뿐이다. 이렇게 해서 플라톤은 시를 하나의 고립된 문제로서 다루고 있지 않다. 시에 대한 그의 관심은 오로지 그것이 지닌 교육적 내지 정치적 기능을 근거로 해서만 이루어진다. 다시 말해서 국가론에서 보이는 그의 시인비판은 국가수호계급교육이라는 맥락 안에서, 즉 기존의 국가에 대한 극단적인 배척이라는 동기와 철학의 언어로 설명된 그나름의 올바른 국가건설의 목표 속에서만 이해될 수 있다. 이런 의미에서 플라톤의 예술에 대한 언급들은 실상 무엇보다도 교육적 측면, 즉 사회적 및 정치적 측면을 강하게 전면으로 등장시키고 있다는 것을 감안하면서 고찰되어야 한다.

그리스 상층계급의 자녀들에게 가르쳐야 할 두 개의 과목은 체육과 음악이다. 음악은 여기에서 모든 문학적 연구를 포괄하고 있다. 체육과 음악은 플라톤에 의해서 두 가지 성격 요소, 즉 난폭성 및 온순성과 관계된다. "체육기술만 배운 사람은 올바르기보다는 더욱 난폭해진다; 그리고 음악기술만 배운 사람은 아름답기보다는 더욱 유약해진다"(『국가론』, 410D). 그는 수호자들이 이 두 가지 성질을 具有해야 한다고 주장한다. 체육과 음악의 목적은 영혼 또는 육체를 위해 봉사하기보다는 국가 수호를 위한 두 가지 심적 요소, 즉 온순성과 난폭성의 올바른 결정에 봉사한다. 그는 스파르타가 그에 속한 인간이라는 가축떼를 너무 조악하게 다루고 있고, 이로 인한 약점 때문에 지배계급의 퇴락이 시작되는 조짐을 보인다고 했다. 반면에 아테네는 노예들을 다룸에 있어서 너무나 자유롭고 소홀하다. 플라톤에 따른다면 스파르타는 체육에 너무나 큰 비중을 두는 반면, 아테네는 음악에 너무나 큰 비중을 둔다. 최상의 국가에서는 이 두 가지 교육요소가 올바른 척도에 의해 재구성되어야 한다. 그러나 포퍼가 지적한 대로 플라톤은 국가의 안보강화를 강조하는 바람에 청년을 온순하게 만드는 것이 음악의 기능이었다는 것을 망각한다. 그래서 그는 청년들의 용감성, 즉 난폭을 증대시키는 음악형식을 요청했던 것이다. 말을 바꾸면, 시가와 노래들이 인간의 심리에 결정적인 영향을 미쳐 용기와 용감성을 부채질하거나 유약성과 비겁성을 길러낼 수 있다고 말하면서, 플라톤은 예술교육의 中核인 음악 역시 정치교육에 봉사토록 만들었다. 이처럼 플라톤의 견해에 따르자면 뮤즈 여신들에 의해 음악 속에서 이루어지는 정신적인 건강은 국가의 보존에 적합한 개인 심성의 발전을 위해 적지 않게 기여한다. 음악은 소년들을 충성스러운 성인으로 양육하는 데 도움이 되어야 하는데, 이는 특히 전투에서 적을 물리치고 승리를 거두어야 하는 용감한 병사의 확보와 연관된다. 이렇게 해서 음악 역시 그가 의미하는 온순성보다는 난폭성의 함양에 따라 평가된다. 즉, 음악은 상처를 입거나 죽음에 처하게 될 때, 그리고 그밖의 불운에 빠져들었을 때에도 그 운명에 대항하여 자신을 지켜나가는 용사의 음성과 억양과 흡사한 가사, 가락, 그리고 장단을 표현하게 된다. 플라톤은 이와 연관해서 아테네의 예술교육은 스파르타의 선례를 오히려 강하게 지켜 나가고, 거기에서 이루어지듯 일체의 문학활동은 엄격한 국가검열에 의해 통제되어야 한다고 요청한다. 그리고 이러한 시인검열만으로는 충분하지 않다는 듯이, 그는 그의 『국가론』 제10권의 서두에서 시인은 국가에서 추방되어야 한다고 분명하게 강조한다.

앞에서 살펴 본대로, 영혼을 위한 음악, 육체를 위한 체육이라는 인간교육은 사실상 하나의 무자비한 엄격한 검열이다. '교육(paideia)'은 플라톤에게 있어서 예술적인 완전성이나 육체적인 세련성에 이르도록 하는 데 초점을 둔 이제까지의 어린이교육을 뜻하지 않는다. 그의 교육은 아방과 타방을 구별할 수 있어야 하는 국가보호세력의 생산을 목표로 삼고 있다. 그래서 그는 서슴치 않고 병사를 개에 비유한다. 개는 주인에게는 온순해야 하나, 주인의 적들에게는 난폭해야 한다. 마찬가지로, 병사의 본질은 아군이 선을 행하기 때문에 그를 사랑하는 것이 아니라, 그가 악을 행할 때에도 그가 아군이라는 바로 그 이유때문에 그를 사랑해야 한다는 데 있다 ; 마찬가지로 적군은 그가 설혹 선을 행하고 있을 때에라도 그가 적군이라는 바로 그 이유때문에 그를 증오해야 한다.

플라톤은 자신이 국가를 형성하고 수호해야 하는 가장 고귀한 최선의 지배계층에 속해 있음을 자부한다.[7] 오직 이런 맥락에서 포퍼는 플라톤을 '예술가'라고 표시한다.

"플라톤은 예술가였다 ; 그리고 많은 최선의 예술가들과 마찬가지로, 그는 모형, 그의 작품의 '신성한 원형'을 시각화하고 그것을 충실하게 복사해내려고 노력하였다……정치학은 플라톤에게 있어서, 제왕예술(the Royal Art)이다.……그것은 음악, 회화, 그리고 건축과 마찬가지로 구성예술이다. 플라톤적 정치가는 아름다움을 찾아 도시들을 구성한다"[8]

마우어는 포퍼의 이러한 해석에 대해 그것이 '플라톤에 대한 모든 일방적인 판정을 모아놓은 물통'이라고 하면서, 플라톤의 철학의 대한 포퍼의 분석은 분명히 상당부분은 희랍어 techne와 관계되는 번역 문제의 오해에 근거한다고 주장한다.[9] 그러나 잘 알려진 'techne'와 'ars'간의 차이를 반복한 그의 주장은 포퍼의 해석에 대한 심각한 비판이 되기 어렵다. 왜냐하면 마우어 역시 당시의 폴리스에서 플라톤은 하나의 체제에 대한 그림을 눈 앞에 그리고 있었는데, 그 안에서는 합리적인 개별

---

7) 플라톤은 신이 귀족을 만들 때는 금을 섞었음에 반해, 수호계급은 은을, 농업을 비롯한 모든 생산계층은 철과 구리를 섞어 만들었다는 신화를 인용하여 항구적인 계급 차별을 정당화한다(『폴리테이아』, 415A).

8) Popper, 앞의 책, S. 165.

9) Reinhart Mauer, Platons 'Staat' und die Demokratie ; *Historisch-systematische Uberlegungen zur politischen Ethik* (Berlin, Walter de Gruyter & Co.,1970),PP 280 – 83.

적 기술들이 그 위에 설정되어 있는 정치술(techne politike)의 결함에 의해 비합리적인, 온통 멸망을 향해 흘러가는 흐름에 휩싸이게 된다고 보았기 때문이다. 요는 그 정치술이 올바른 가치관에 근거한 것이냐, 아니냐가 문제인데, 우리로서는 그의 기초가 권위주의라는 해석을 정당하다고 본다. 마우어는 어떤 의미에서 포퍼의 플라톤 비판을 그 나름의 방식에 따라 다음과 같이 옹호한다.

"부속되는 목적과 수단을 규정하는, 개인과 정치생활의 최고목적이 존재하지 않는다면, 포퍼가 주장하는 대로, 플라톤은 국가를 그 아름다움 때문에 구성하는 위험한 유미주의자(Ästhet)가 된다. 이 때 개인들은, 적어도 이론적으로는, 단순한 재료로 밖에는 기능하지 못하게 된다."10)

플라톤에게는 분명히 최상목적이 존재한다. 그 최상목적은 곧 국가로서, 그는 이를 권위주의적 전체주의적 계급사회질서에 의해 지탱시키고자 했던 것이다.

4

플라톤이 동시대인들이 겪는 무거운 부담을 깊은 사회학적 안목에서 기술했다는 것은 부인될 수 없다. 그러나 권위주의적 내지 전체주의적 국가를 통해 이러한 부담을 없애버리고 인간의 행복을 되살려내려고 한 그의 근본적인 성향은 비판되어 마땅하다. 플라톤이 설명하는 예술이해에 대해서 우리가 거리를 취하는 것은 바로 전체주의적인 국가를 그려낸 플라톤적 설계 전체에 대한 우리의 정당한 불신에 그 근거를 두고 있다. 예술이 '그에 의해 유토피아와 혼동된 민족공동체의 전투적 덕성들에 상응하는지 않는지를' 따지는 예술의 검열을 주문하는 플라톤에게 우리는 결코 무조건적인 찬사를 보낼 수 없는 것이다.11)실제로 히틀

---

10) 같은 책, P.284.

11) 참조. T.W.Adorno, *Ästhetische Theorie*, (Ffm, 19) P.354.

러시대에 나온 프랑크푸르트대학교의 한 철학박사학위논문은『민족사
회주의적 교육사상에 비춰본 플라톤의 정치 교육이론』이라는 제목을
달고 있는데, 책머리에는 히틀러의『나의 투쟁』중의 한 귀절이 실려
있다.

 "또한 헬레니즘적인 문화이상 역시 그 모범적인 아름다움을 간직한 채 우리에
게 보존되어야 한다. 인간은 개별민족들의 차이를 통해 보다 큰 종족공동체
(Rassengemeinschaft)의 일원이 되지 않으면 안된다. 오늘날 벌어지고 있는 투쟁은
아주 거대한 목표를 내세우고 있다 : 수천년을 자신과 연결시키고, 희랍성과 독
일성을 포괄하는 현존을 위해 투쟁하는 문화가 곧 그것이다. "[12]

 이처럼 플라톤의 예술이론은 예술과 국가 간의 관계에 대한 최초의
의미있는 고찰이 되는 동시에, 현대에서 자행된 프로파간다적 예술이
론에 결정적인 영향을 남기고 있다. 한 가지 실례를 이미 들어 보았지
만, 거기에는 플라톤의 교육사상과 민족사회주의의 교육기초와의 상응
관계를 살필 수 있는 분명한 표현이 들어 있다. 즉 "현대독일의 교육학
적 관점에서 볼 때 플라톤의 교육이론을 민족적 정치교육에 비추어 고
찰해야 하는 것이 새로운 과제로서 부각된다 할 수 있다. 이로써 우리
는 우리의 혈족에 속하는 가장 위대한 희랍의 사상가가 정치교육에 관
해 지녔던 근본사상과 근본개념이 우리의 교육적인 욕구의 방향 설정에
서 얼마나 강한 영향력을 지닐 수 있는가를 알게 된다. "[13] 이렇게 해서
플라톤은 "자신의 민족을 종족적인 기초 위에서 폭력적인 국가헌법, 개
인 하나하나에까지 손을 미치는 독재적인 국가헌법을 통해 구원하고자
했던" 사람으로서 묘사된다. 앞의 표현은 우리가 보기에는 끔직하지만
민족사회주의를 지지찬동하는 사람에게는 비판이기는 커녕 하나의 찬

---

12) Adolf Hitler, *Mein Kampf* (München, 1933), P.470.
13) Otto Zwengel, *Platons politische Erziehunngtheorie im Lichte des nationalpoli-
   tisehen Erziehungsgedankens*(Düren-Rhld,1938).

사이다 : 플라톤이 "정신적으로 도취한 희랍문명의 마지막 위대한 滿開"[14]였다는 찬양은 그러기에 인용된 것이다. 플라톤을 빌어 츠벵엘은 국가의 번영은 설혹 모든 지혜(Weisheit)를 간직하고 있고 모든것을 모방할 수 있다손 치더라도, 그들의 작품을 통해 국가에 손상을 입히는 시인들과 철학자들이 국가로부터 추방된 연후에야, 비로소 가능해진다는 주장마저 서슴치 않는다. "마찬가지로 우리는 오늘날 청소년교육과 우리 민족의 전체적 복지를 위해, 민족과 인연이 먼 시 또는 파괴적인 철학체계와 세계관들을 표현하는, 이민족적 시인과 철학자를 우리국가에서 제거해야 한다. 그들은 총화적 전진(Förderung der Gesamtheit)을 위한 민족적 단합에 이바지하지 않기 때문이다".[15] 이러한 사고방식은 다음과 같은 언명으로 직결된다 : 즉, 예술적인 창조적인 천재가 교육을 위해 고도의 인간적 가치를 갖는다는 것은 부정하지 않으나, 그것은 "오로지 그의 창조가 총화에 봉사할 경우에만 해당한다. 우리는 음악에 대해 넓은 놀이터를 허용하고자 한다. 그러나 민족과 인연이 먼 음악이 우리의 민족공동체에 파괴적으로 작용하는 것을 감내할 수는 없다."[16]

5

민족사회주의가 이전의 모든 문화요소 중 자신에게 유리한 것을 작위적으로 혼합했던 것 또한 사실이므로, 플라톤이 그에 의해 〈악용〉된 것을 가지고 플라톤 자신을 비난할 수 없다는 견해가 없지 않으며, 이에 일리가 없는 바도 아니다. 그러나 우리로서는 플라톤이 관념론적 철학자로서 고대적인 귀족계급을 정신적으로 대변한다는 견해에는 그보다 더욱 많은 진리가 포함되어 있다는 주장을 견지한다. 그는 물론 아직도

---

14) Alfred Rosenberg, *Mythus des 20. Jahrhunderts* (München, 1934), 288.

15) Otto Zwengel, 앞의 책, P.23.

16) Otto Zwengel, 앞의 책, P.34. 음악에 대한 이러한 박해가 실제로 자행되었다는 것을 우리는 다른 자료에서 밝혀볼 예정이다.

노예제도를 인정하고 있었지만 그나름대로 발전된 민주주의와 그 예술, 그리고 그와 결합된 미학적 견해에 반대한다. 영원하고, 불변하고, 바르고, 완전하고, 피안에 존재하는 관념의 세계와 대립하고 있는 변화하고, 불완전하고, 일시적이고, 관념적 세계의 그림자에 불과한 사물의 세계의 설정은 그의 권위주의적 국가철학을 위한 배경으로서 작용한다. 그의 관념론적 미학사상과 특히 음악미학적 견해는, 우리가 이미 보았듯이, 플라톤이 당시의 민주주의와 맺고 있는 화해불가능한 태도와 밀접하게 관련된다. 그의 『국가론』은 당시에 벌써 백년 이상의 역사를 가진 것으로 평가되는 예술에서의 전통적인 모방원리에 대한 적대적인 비판에서 그 모습을 분명히 드러내고 있음을 우리는 이미 살펴본 바 있다. 그가 인간의 개인적 내지 사회적인 갈등들을 가장 직접적으로 반영하는 예술형식, 즉 비극과 희극에 대해서 반감을 표시한 것도 이런 맥락에서 이해된다.

희랍고전을 전공하지 않은 필자의 약점을 보완할 보다 전문적인 저작에의 천착을 기약해 보지만, 비록 하나의 試論에 불과할지라도 이 글의 근본취지가 권위주의 내지 전체주의적 예술에 대한 비판의 일환에 포괄되고자 하는 시도임을 이해하기 바란다.

---

* 미발표 원고

2. 리하르트 슈트라우스의 경우*

　‘음악과 정치’에 관한 글을 써달라는 청탁은 이어서 다음과 같이 청탁 내용을 풀이하고 있다. “역사적으로 볼 때 정치 권력은 음악을 자기의 정치적 선전 도구로 사용해온 경우가 많이 있읍니다. 이와는 반대로 특정의 정치 권력, 특히 독재자의 경우에 대항하기 위한 수단으로 음악이 활용된 경우도 있으리라고 생각됩니다. 여기에서 ① 음악과 정치의 본질은 각각 무엇인가, ② 그 본질에서 본 양자의 관계는 어떤 것인가, ③ 역사적으로 이 양자의 관계는 어떠했으며, 그 바람직한 관계 설정은 어떤 것이어야 하는가 등의 문제가 야기되는데, 이 문제에 관해 집필해 주셨으면 합니다.”

　2백자 원고지 40~50 장의 분량에다 과연 이만한 내용을 어떻게 실을 수 있을까를 여러가지로 궁리해 보았으나 묘책이 쉽게 떠오르지 않았다. 가장 원천적인 사례를 들자면 그리스의 플라톤이 되겠기에 그에 대한 글을 적어 보고자 했으나, 피상적인 수준을 넘지 않고는 그의 음악 사상과 정치 사상의 연계를 쉽게 설명하기 어렵고, 이러한 수준을 조금만 넘어서면 미학 내지 철학의 근본 문제로 들어서게 되는데 일반적인 이해에는 거침돌이 되기 쉽다.

　그밖에도 여러가지 접근 방식을 생각하다가 리하르트 슈트라우스의 경우를 적어 보기로 하였다. 히틀러로 대표되는 민족 사회주의 세력과 슈트라우스의 관계는 한두 마디로 단정하기 어렵다. 또 그렇기 때문에 음악과 정치가 갖는 상관 관계를 흑백 논리 식으로 쉽게 규정하지 않으면서 양자의 관계를 생각해보려는 입장을 위해서는 시사하는 바 적지 않으리라고 생각되었기 때문이다.

현대에 이르러 전개된 플라톤에 관한 논리도 그 상당 부분은 직접 간접으로 민족 사회주의 세력과 같은 권위주의 집단과 예술의 상관 관계를 살피는 패러다임이라는 각도에서 이루어진 만큼, 본격적으로 이에 관계된 사례에 곧장 진입해 보는 것이 오히려 경제적일 듯 싶게 여겨지기도 한다.

권력을 장악한 시기에서 전쟁이 끝날 때까지 민족 사회주의 세력과 슈트라우스와의 관계는 극단적으로 변덕스러운 애증 관계였다고 말할 수 있다. 새로운 정부가 슈트라우스를 받아들인 것이 고가의 상품이었던 처음 몇년 간 민족사회주의 세력은 그에게 온갖 존경을 쏟아 부었다. 그러나 그 이후 얼마 안가서 그들은 자신의 영속성을 확신하고 에른스트 룀 같은 경쟁자들을 제거해 나가면서, 슈트라우스에게 더 이상 관용적인 태도를 보이지 않았다.

슈트라우스가 유태인과 계속해서 관계를 맺고 공식적인 명령들에 자주 불복하자, 그들은 그에게 부여했던 명예직들을 포기하도록 강요했고, 심지어 그의 작품들을 금지시키기도 하였다. 그는 일년이 채 못가서 그들과 타협하고 독일 내에서 다시 활동할 수 있도록 허락받았다. 그러나 전쟁 동안 그의 집을 군인들의 숙소로 개방해달라는 요청을 거절함으로써 그는 민족사회주의 세력과 공공연히 대결하였다. 제3제국이 지속됐던 12년간 슈트라우스는 이처럼 그들과 복잡 미묘한 관계를 맺고 있었다.

민족사회주의 체제가 발족할 무렵 슈트라우스가 그 곁에 있었다는 것 자체가 그러한 정치적 상황을 관용했다는 표시가 된다는 것은 틀림없다. 민족사회주의 세력을 위해서는 그것이 거대한 국제적 특혜의 원천이 되었던 바, 그들은 슈트라우스를 '새로운 독일'의 음악적 대부로 내세움으로써 그의 명성을 약탈하였다.

그러나 슈트라우스의 행동이나 저술중 어느 것에서나 나치의 이상들과 이념적으로 일치하는 걸 찾아내기란 매우 어렵다. 그와는 반대로,

그의 서신, 기억, 그리고 그의 긴 경력 중 마지막 시대에 속하는 활동들은 오히려 反 나치적 동기들의 성향을 드러낸다. 그를 기회주의적이라고 평하는 이들도 있지만, 슈트라우스에게는 분명 반전체주의적인 원리들에 집착하는 일면도 있었던 것이 사실이다.

독일 음악을 보존하고, 음악이 정치의 선전 도구로 정복되는 것으로부터 보호하며, 음악가들을 정치적 경제적으로 보호하고자 한 그의 평생 목표가 그러한 반전체주의적 원리들을 구성하면서, 그로 하여금 '체제 내적 저항'을 시도하게 만들었던 것으로 보인다.

그의 이러한 '체제 내적 저항'은 실상 민족 사회주의 세력의 대두 이전의 정치 권력과의 관계에서도 드러난다. 차라리 권력과의 유화적 관계라고 해야 옳을 이러한 관계는 그가 빌헬름 2세 황제의 궁정 악장이었던 시절에도 드러난다.

당시 그는 저작권의 개선을 위한 자신의 계획들을 옹호하는 동시에 그의 개인적 명성을 보장해야 하는 위치에 있었는데, 그는 황제에게 몇 개의 군대 행진곡들을 증정함으로써 이 문제를 해결했던 것이다. 민족 사회주의 세력에 대한 그의 태도 역시 이러한 유형에서 벗어나지 않는다.

말하자면 음악가로서의 그의 임무들을 충족시켜 준다면 나치 동조자처럼 보이는 것에 대해 별로 괘념하지 않았다고나 할까?

1933년 4월, 슈트라우스는 민족 사회주의 세력에 의해 시달림을 받아 왔던 브루노 발터를 대신하여 직접 지휘봉을 드는 일에 동의하였다. 그런 직후에, 그는 유태인들에 대한 처리에 항거하여 사임한 토스카니니를 대신해서 30년간 나타나지 않았던 바이로이트에서 지휘봉을 잡았다. 그러나 이러한 지위를 수락함으로써 그는 잘츠부르크 축제를 살려낼 수 있었다.

당시 뮌헨의 나치 당국은 이 잘츠부르크 축제를 정치적인 시위를 위한 장치로 보고 있었는데, 슈트라우스는 이 축제가 좌절될 경우 바이로이트를 떠나겠다고 당국을 위협했던 것이다.

자신의 음악적 관심을 보호하기 위하여 그가 구사해본 새로운 체제와의 협력과 이에 의해 획득된 영향력을 슈트라우스는 잠재력의 상징으로 해석했던 것 같다. 당시 음악 활동을 총괄했던 제국 음악 회의소(Reichsmusikkammer)의 회장으로 지명되자, 그는 이로써 어떤 성과가 이루어질 것이라는 희망을 품고 이 직책을 수락하였다. 그러나 이것은 실상, 그의 이른바 '체제 내적 저항'이라는 과제를 위한 첫번째 시도가 되었다. 왜냐하면 그것이 그로 하여금 여러가지 불의들을 원천으로부터 관찰할 수 있게 해주었고, 따라서 합법적인 수단을 통해 그것들을 중지시킬 수도 있도록 해주었기 때문이다.

회장의 직위는 실상 그와의 아무런 사전 협의도 없이 본의 아니게 1933년 11월에 그에게 떨어졌다. 이 제국 음악회의소(RMK)는 선전성의 비호 아래 일제의 예술 및 커뮤니케이션을 중앙집권적으로 관장하던 제국문화회의소(RKK)의 음악 부서였다.

이 제국 음악 회의소는 슈트라우스 이외에도 음악계의 거물들로 구성된 거창한 실행위원회로 인해 음악에 관계된 일들이 전문가들에 의해 운용되고 있다는 인상을 주고 있으면서도, 이 기구의 모든 행정력은 실상 선전성 장관 자체를 위해 유보되어 있었다.

정치적인 이유들로 인해 회장 직책을 수락하도록 종용받자, 슈트라우스는 이를 될 수 있는대로 이용하기로 결심하였다. 스테판 츠바이크에게 보낸 한 편지에서 우리는 다음과 같은 구절을 읽는다.

"제국음악회의소 회장 직책은 내게 많은 곁일을 만들어 주지만, 나는 이 직책을 거절해서는 안된다고 믿고 있읍니다. 왜냐하면 음악과 연극을 진흥시킴에 있어서 새로운 독일 정부의 호의가 진정으로 많은 선을 낳을 수 있었기 때문입니다. 실제로 나는 몇가지 성과 있는 일들을 완성하고 비리를 방지할 수 있었읍니다."(1934년 1월 21일 자)

회장으로서 그가 이룩한 최대의 성과는 독일이 베른 저작권 협약을 존중하리라는 보장이라 하겠는데, 슈트라우스는 그럼에도 불구하고 행정 절차에 실망하고 만다. 그는 제국음악회의소가 괴벨스의 선전성의 한갓 무력한 부속 기관에 불과하다는 것을 실감하게 되는데, 선전성은 유태인 섬멸에 몰두할 뿐 아니라 슈트라우스가 알지 못하는 채 어이없는 법률들을 통과시키고 있었다. 그는 불과 10개월이 채 못되어 다음과 같이 불만을 토로하고 만다.

"나는 아리안 법률이 보다 첨예화되고 〈카르멘〉이 금지될 것이라는 소식을 들었읍니다. 나는 그토록 난처한 대실책들에 끼어들고 싶지 않습니다.… 나의 광범하고 신중한 제안들은 장관에 의해 묵살되었읍니다.…… 아마추어들이 저지르는 그러한 해악에 끼어들기에는 내겐 시간이 너무나 소중합니다."(1934년 10월 4일자, 율리우스 콥쉬 박사에게 보낸 서신)

슈트라우스가 『과묵한 부인』(Die schweigsame Frau)의 리브레토를 쓰고 있었던 스테판 츠바이크와의 공동 작업에 열중한 것을 우리는 이러한 저항과 같은 맥락에서 이해할 수 있을 듯하다. 스테판 츠바이크는 유태인 출신의 오스트리아 작가였던 것이다.

슈트라우스의 이러한 행동은, 즉 유태인과의 협동 작업은 유태인과의 일체의 거래를 금지하는 내용의 실정법을 어긴 것임에도 불구하고 슈트라우스는 히틀러로부터 제국 안에서 그 오페라를 공연하는데 필요한 특별 허가를 얻어내었다. 슈트라우스는 아마도 이러한 허가 취득이 예술의 영역 전체에서 벌어지는 작위적인 제약들의 고삐를 늦추리라고 믿었던 것 같다.

1934년 8월에 그는 잘츠부르크 축제에 참석하지 말라는 특별한 명령을 무시했을 뿐더러 그의 음악을 거부하겠다는 위협에 직면하면서도 유태인이라는 이유로 상연이 금지된 멘델스존 대신에 『한여름 밤의 꿈』을 위해 새로운 음악을 쓰라는 제안을 거절했던 것이다.

그는 또한 게쉬타포(비밀경찰)의 끊임없는 감시 하에 들어있다는 것을 알고 있으면서도 츠바이크와 꺼리낌 없이 교신을 계속하였다. 공동 작업을 계속하자는 그의 독촉은 괴벨스 장관으로부터 "두번째 츠바이크 오페라의 공연이 받아들여질 수 없음을 유감으로 생각한다"는 통지를 받고서도 계속되었다.

슈트라우스는 심지어 츠바이크가 자기 대신 딴 사람(요세프 그레고르)을 추천하자 '유태적 고집'을 질책하며 츠바이크에게 공동 작업의 계속을 촉구하는 편지를 보냈다. 그는 이 편지에서 제국에 대한 어떠한 충성도 거부했고, 예술적인 이유를 근거로 하여 그의 표면적인 親 나치적인 행위들을 일체 벗어버렸으며, 츠바이크를 결코 놓아주지 않겠노라고 다짐하였다.(1935년 7월 17일자 서신)

슈트라우스나 츠바이크에게 알려지지 않은 채 이 편지는 게쉬타포에 의해 가로채어져서 히틀러에게 보내졌다. 히틀러와 괴벨스는 드레스덴의 초연에 나타나지 않았고, 나치스는 비록 성공하지는 못했으나 프로그램에서 츠바이크의 이름을 배제시키려 했다. 이어서 괴벨스는 겨우 수차례의 공연이 이루어진 후『과묵한 부인』을 취소시켰다. 영문을 모르는 채 슈트라우스는 제국음악회의소 회장직을 사임하도록 강요받았고 사임의 이유를 건강 악화와 고령으로 대라는 지시를 받았다.

슈트라우스가 혐의를 받은 그 편지의 사본을 받은 것은 그 후인데, 편지는 온통 붉은 줄 투성이었다. 슈트라우스는 히틀러에게 비위 맞추는 편지를 보내면서 거기에 쓰여진 언명들의 문맥을 설명하였고 그 편지를 썼을 때의 기분을 설명했다. 그러나 히틀러는 면담을 요청하는 그에게 아무런 회답도 보내지 않았다.

『과묵한 부인』은 독일 내에서 금지되었고『장미의 기사』를 제외한 슈트라우스의 모든 작품과 지휘 계약은 일년간 공식적으로 거절되었다.

예술적 자유에 대한 법적 제한들을 약화시키고자 한 이 두번째 시도가 실패로 돌아가자 충격을 받은 슈트라우스는 '황제와 같은 신경질적인 귀족이 아니라 권력의 자리에 오른, 원한을 품은 집단과 거래하고 있음'의 뼈아픔을 깨닫게 된다.

그의 사후에 발견된 한 메모에서 그는 이렇게 쓰고 있다.

"나 정도의 예술가가 장관의 졸개에게 무엇을 작곡하거나 연주해야 할지에 대해 허가를 요청해야 하는 이 시절은 참으로 서글프다."

슈트라우스는 나치 멘탈리티의 잔혹성을 비극적으로 잘못 판단했다고 말할 수밖에 없다. 민족사회주의 세력은 무조건적인 충성을 요구하면서 좀체 양보를 모른다. 결정적인 충격을 받은 후 슈트라우스는 내면적인 후퇴와 스스로 부과한 망명이 결합된 속에서 수개월을 지냈다. 작곡과 여행과 독일 밖에서의 지휘가 그의 생활의 전부였다.

이러한 고립의 시절을 보낸 후, 슈트라우스는 그의 세번째이자 어떤 면에서는 가장 성공적이라고 할 수도 있는 저항의 행위에 착수하기 위하여 체제와의 불화를 조정키로 하였다. 츠바이크의 협조 하에 그레고르가 대본을 쓴 일막 오페라『평화의 날』(Friedenstag)은 나치스에 대항하는 그의 새로운 공격 코스였다고 할 수 있는데, 이제 그 싸움터는 나치스가 유리한 '정치'가 아니라 슈트라우스의 '예술세계'였다.

『평화의 날』의 주제는 평화를 기리고, 전쟁의 공포를 저주하며, 과도한 영웅주의를 비판하는 것이었다. 음악은 고도로 낭만적이고, 바그너적이며, 솔직하게 독일적이다. 그 뿐 아니라 루터의 '내 주는 강한 성이요'를 많이 인용하고 있다. 정치적으로 받아들여질 만한 이러한 미학으로 인해, 그 오페라는 그것이 지니고 있는 평화주의적 함축성에도 불구하고, 히틀러가 전쟁을 불러일으키고 있는 상황 하의 독일에서 초연이 허락되었다.

이 오페라의 제작을 위해 그가 취한 조처들은 그의 의도가 단순히 오페라를 만들기 위한 것 이상임을 암시한다. 그의 명성은 그 작품을 독일 밖에서 제작하는데 아무런 곤란을 야기하지 않았을 것이기 때문이다.

그러나 그는 그것을 독일 안에서 제작하기로 결심했고 나아가 그는 『올림픽 찬가』(Olympische Hymne)를 지휘하기로 동의함으로써 자신을 정치적으로 복권시키기에 이르렀다. 이 곡은 운동 경기에 대한 그의 혐오에도 불구하고 그가 위촉에 따라 1934년 크리스마스에 즈음하여 작곡한 것으로서, 1936년 올림픽 대회에서 연주되었다.

평화주의를 함축하는 작품이 전쟁상황 하의 호전적인 국가 안에서 상연되도록 허락된다는 것은 작품과 작가에 대한 면밀한 분석을 요청한다. 그러나 우리는 지면상 이를 생략할 수 밖에 없음을 유감으로 생각한다. 다만 이 「평화의 날」이 역사적 제약들을 피하기 위하여 특정한 시대와 장소를 밝히지 않았으나 분명히 1648년의 30년 전쟁이 배경이 되고 있다는 사실과 아울러 민족사회주의가 이 작품을 용납한 것은, 이미 지적한 대로, 그 작품이 지닌 바그너적 성격 때문이었으리라는 사실만은 언급해 둘 필요가 있다.

나아가 그것이 마르틴 루터의 '내 주는 강한 성이요'를 자주 인용함으로써 루터주의의 색채를 표방한 것도 독일 청중들에게 그것이 독일적 양심에서 나온 것이라는 '확증'을 갖게 해 주었다는 것을 지적할 수 있을 것이다. 더구나 작품에 등장하는 지휘관이 갖는 성격이 가장 결정적인 호소력을 발휘했을 것이다.

그의 음악적 표현은 장려하고도 군사적이면서 나치의 당 노래들의 정신을 연상시켰다. 그의 연극적 표현은 전쟁 욕구, 완강성, 충성, 무모한 영웅주의와 같은 특질들을 제시함과 동시에 전투적인 열광주의를 위한 나치적인 원형이 지닌 그밖의 유사한 특색들을 드러냈다.

그 결과로 그 작품은 '민족 사회주의 정신의 정수(에토스)로부터 태어난 최초의 오페라'로 받아들여졌다. 당시의 음악 비평가 알렉산더 베르세는 그것을 현대 독일 사회의 거울로서 찬양한 바 있다.

"그것이 지닌 우리 자신들의 불가피한 반영은 작품의 예술적 장점과 인간적 진리의 가장 설득력 있는 증명으로서, 용기와 자기 희생, 공포와 부정이 무엇때문에 존재하는 가를 보여준다."

1938년 7월 24일에 있는 초연을 참관한 선전성 장관 괴벨스와 그를 동반했던 남독 지방 당국자들이 그 오페라를 금지시키리란 최초의 공포는 경감되고, 이 작품은 오히려 그후 2년간 독일과 이탈리아에서 계속 공연되었다. 그러나 전쟁이 진전되자 그것이 지닌 메시지는 의심을 받게 되고, 따라서 약 1백회 정도의 공연이 끝난 다음 그것은 금지되었다.

생존을 위한 유일한 길로서 겸허한 항복을 호소하던 극중의 시장은 어쩌면 슈트라우스 자신일지 모르지만, 그것이 민족 사회주의적 작품

의 가면을 통해 평화의 메시지를 선포하고자 했던 것은 여러가지 증거
로 보아 인정될 만하다. 말하자면 『평화의 날』은 백성들의 사상적 자유
에 가한 나치의 제약들을 나름대로 부서보고자 한 슈트라우스의 절망적
인 시도였다고 볼 수도 있다.

즉 그것은 슈트라우스 개인에게 만큼이나 독일의 음악 생활에 가해진
불의들에 대한 복수라는 의미로 해석할 수도 있다. 그러나 그것이 광범
한 정치적 이미지를 지닌 오페라임은 틀림없다. 슈트라우스의 정치적
복권, 그것의 초연이 독일 안에서 이루어져야 한다는 그의 주장, 그리
고 전쟁 중에 이루어진 오페라의 공연은, 그러나 또한 우연이라고만 볼
수도 없다.

예술 작품이 관중의 사상과 행동에 미친 실제적인 효과는 측정하기
불가능할 뿐더러, 『평화의 날』이 일반의 인식을 반전시켜 저항의 지점
에까지 올려놓을 수 있었던 것 같지는 않다. 왜냐하면 나치의 선전 기
관은 너무나 강력하고 너무나 효과적이었기 때문이다.

그러기에 정치적인 영역에서 나치스를 압도하지 못한 참담한 실패에
의해 크게 손상된 슈트라우스의 의지가 섬세한 예술적 저항의 작품 창
조를 위해 자신을 새롭게 했다는 해석에 얼마만큼 많은 사람들이 동의
할지 역시 미지수다.

『평화의 날』 이후 『일본 축제 음악』(Japanisene Festmusik)을 써달라는
위촉을 수락한 것과 그의 가르미쉬(남독 소재) 저택을 독일 병사들의 숙
소로 제공하라는 명령을 거부한 데서 보듯이 그의 정치적 복권의 진상
을 파악하기란 간단하지 않다.

천년 왕국을 장담했으나 불과 12년만에 조국 독일은 물론 유럽, 아니
전세계를 전대미문의 파괴 속으로 몰아넣은 민족사회주의 세력이 표면
적으로는 일단 종식된 오늘날에도 슈트라우스가 예술의 보존과 발전에
진력한 예술가였는가, 혹은 단순한 기회주의자였는가를 단정하기란 아
직 쉽지 않다. 아니, 그를 보는 시각에 따라 이는 달라질 수밖에 없을
것이다.

'음악과 정치'에 대한 원론적인 질문에 접하여 한 독일 음악가의 사

례를, 그것도 너무나도 단순화시켜 제시한 것은 분명 현문우답에 속한다. 그러나 필자로서는 어떤 정언적인 답변을 제공하는 것보다 이와 같은 갈등적 상황의 제시가 읽는 사람 스스로의 사고와 행동을 검토함에 있어서 어쩌면 더 도움이 되리라고 생각되어 이와 같은 우회로를 택하여 보았다. 다른 곳에서 어느 정도 정식화해 본 필자의 견해에다가 보다 철저한 이론적 세련을 가해 여기에 내어 놓지 못한 것을 스스로 부끄럽게 생각한다. 그러나 이 문제가 필자나름의 평생 과제 중 하나에 속하기 때문에 신중을 기할 수밖에 없노라는 변명을 덧붙이는 것이 너그럽게 이해되기를 바란다.

✱ 월간 『음악동아』 1986년 11월호 게재.

3. 레닌의 톨스토이 비판*

3-1 레닌의 톨스토이 비판 개요

근자에 이르러 우리 주변에서 이른바 민중예술에 대한 논란이 일고 있다는 것은 누구나 다 잘 알고 있는 일이다. 혹자는 그것이 시대의 요청에 부응한 당연한 현상이라고 보는가 하면, 혹자는 그것이 구체적 현실을 외면한 파괴적 행위라고 본다.

이 글은 이러한 논란과 매우 깊은 연관을 가지고 있다. 그러나 오늘의 현실에 대해 직접적으로 언급하는 대신, 이와 관련된 최초의 주장들에로 소급함으로써 문제를 다루는 시야를 넓혀 보려고 한다. 구체적으로 말해서, 금세기 초에 가장 정리된 미학이론 중 하나를 제시한 톨스토이와 이에 대한 레닌의 견해를 비교·검토해 보려는 것이다.

톨스토이의『예술이란 무엇인가』는 당시로서는 가장 뛰어난 미학서적 중 하나였다. 그러나 현대적 독자의 시각에서 보면 그것은 여러 가지 혼란을 야기하고 있다. 예컨대, 예술과 비예술, 예술 일반과 그 말의 완벽한 의미에서의 예술, 그리고 좋은 예술과 나쁜 예술 등의 범주들이 톨스토이의 예술이론 안에서 특수한 기능을 하도록 되어 있는데, 그것이 바로 일반적인 이해와 충돌을 일으키기 쉽도록 설명되고 있기 때문이다.

그러나 이러한 혼란의 가능성에도 불구하고,『예술이란 무엇인가』에서 제공된 예술이론이 이중적 기초 위에 구성되어 있다는 것은 분명하다. 하나의 초석은 톨스토이가 이에 의해 주어진 작품이 도대체 예술작품인가 아닌가를 보여줄 수 있으리라고 희망했던 미학이론이요, 다른 하나의 초석은 톨스토이가 이미 작품으로서 인정된 예술작품들의 질을 평가하기 위해 탐색했던 도덕이론이다. 이 양자가 긴밀하게 연결되어 있음에도 불구하고, 예컨대 이스라엘 넉스는 톨스토이의 예술이론이 복합적인 반면 역시 분리가능하다는 견해를 피력한 바 있고[1], 게리 R. 잰은 이를 더욱 발전시킨 바 있다.[2] 특히 잰은 러시아어 전공으로서 〈감정〉, 〈정서〉, 〈감염〉 등 톨스토이의 미학적 술어에 대한 해명과 확충을 시도한 부분이, 『예술이란 무엇인가』의 미학이론에 깔려 있는 가정들의 개진 부분보다 더욱 돋보인다.

필요에 따라 우리는 이러한 작업의 성과를 참작해야 하겠지만, 여기에서는 일난 이러한 해석들이 내개 톨스토이의 도덕적 기준이 너무나도 비좁고, 배타적이고, 자의적이며, 따라서 널리 인정된 작품들(예컨대 세익스피어의 희곡들)에 대한 부조리한 공격과, 그보다 평판이 좋지 않은 작품들(예컨대 『엉클 톰스 캐빈』)에 대한 부조리한 옹호로 연결되고 있다는 비판을 전제로 하고 있음만을 지적해 두고자 한다.

우리가 살피고자 하는 레닌의 톨스토이의 비판도 이제 우리가 보게 되는대로 기본적으로 윤리적인 색채를 띠고 있으나, 앞서의 비판과는 전혀 다른 색조로 물들여져 있다.

톨스토이에 관한 레닌의 저술은 톨스토이가 생을 마치는 마지막 단계에 이루어졌다. 그의 이러한 저술은 단행본의 형식으로 이루어진 것이 아니기 때문에 물론 단편적일 수 있다. 그렇다고 1908년으로부터 1911년에 이르는 일련의 톨스토이 비평들을 바탕으로 어떤 정리된 견해를 추출해내는 것이 불가능하지는 않다.[3]

---

1) Israel Knox, "Tolstoy's esthetic Definition of Art," *Journal of philosophy*, 27(1930), pp. 65 - 70.

2) Gary R. Jahn, "The Aesthetic Theory of Leo Tolstoy's What Is Art," in *Journal of Aesthetics and Art Criticism*, Fall 1975 Vol. 34. No. 1. pp. 59 - 65.

3) 레닌의 톨스토이에 대한 비판은 길고 짧은 여섯개의 글에 집중되어 있다. 「러시아혁명의 거울로서의 레오 톨스토이」(1908), L. N. 톨스토이(1910), 「레

우선 우리가 주의해야 할 것은 레닌의 글들이 톨스토이 자신에 관해
서라기 보다는 오히려 레닌의 정치적 사고의 일면을 보여 주는 자료라
는 사실이다. 그가 1908년에 집필한 글에서는 톨스토이 작품의 시대적
타당성이 그런대로 강조된 반면, 1911년의 글에서는 이미 톨스토이 시
대는 지나갔다는 주장이 두드러지는 편차도 보이지만, 이 여섯 편의 글
들이 지니는 명백한 공통적 특징은 그것들이 문학적 또는 이론적 작업
이기보다는 정치적 작업의 소산이라는 것이다. 좀더 구체적으로 말한
다면 1905년에 있었던 이른바 농민혁명에 대한 정치적 규명의 일환으로
레닌의 톨스토이비평이 이루어졌던 것이다. 레닌이 톨스토이와 대면했
던 것은 '농민' 혁명의 실패가 갖는 적극적인 의의를 제시하려는 시도
에 따른 것이다. 즉, 그는 이 시기의 맥락 속에서 톨스토이의 저작들이
갖는 역사적 이데올로기적 본성을 보이고자 했다고 말해질 수 있다.

레닌의 비평방법을 기초짓는 일반 원리는 문학작품이란 특정한 역사
적 시기와 연관하여 고찰될 경우에만 의미를 지닌다는 것이다. 레닌의
톨스토이비평의 많은 부분이 실상 이 문제에 관한 나름대로의 원리에
의해 뒷받침되고 있다.

레닌은 톨스토이를 기본적으로 1861년과 1905년 사이의 시기에 속한
예술가, 사상가, 그리고 설교자로 보면서 그의 작품들 속에서는 제1차
러시아혁명 전체의 특수한 역사적 특징들이 놀라울 정도로 대담하게 부
각되었다고 쓰고 있다(「L.N.톨스토이」 및 「레오 톨스토이와 그의 시
대」). 레닌은 1905년 「당조직과 당문학」이라는 글에서 1905년의 혁명을
두고 혁명은 아직 완성되지 않았다고 쓴 바 있는데, 짜리즘은 〈이미〉혁

오 톨스토이와 그의 시대」(1910), L. N. 톨스토이와 근대노동운동」(1910),
「톨스토이와 프로레타리아투쟁」(1910), 그리고 「'유보'의 영웅들」(1910)M
참조 : Pierre Macherey, *A Theory of Literary Production* (London, Routledge
& Kegan Paul, 1978) 부록. 이 책의 제17장은 바로 『레닌—톨스토이비평가』
라는 제목을 달고 있는 바, 톨스토이와 레닌 관계를 이해하는 데 있어서 좋
은 길잡이가 된다.

명을 좌절시킬 수 있을 만큼 강하지 못한 반면, 혁명은 〈아직〉 짜리즘을 좌절시킬 수 있을 만큼 강하지 못하다는 것이 그 핵심적 내용이다. 레닌은 이 〈아직〉과 〈이미〉 간의 운동이 이 시기의 농민구조를 특징적으로 기술한다고 본 것이다. 그는 이와 비슷하게 〈개혁—이후〉이자 〈혁명적 시대 이전〉이라는 표현도 구사하였다. (「L.N. 톨스토이」).

레닌의 이 시기에 대한 이러한 파악은 그 내포가 단순치 않다. 이는 그가 이 시기를 또한 자본주의의 발달에 의한 농촌지역들의 해체시기로 보고 있다는 사실과 직결된다. 다시 말해서, 그는 이를 자본주의 내지 부르조아 체제와 노동계급 내지 노동당이 출현하는 계기로도 파악한다. 아울러 농민혁명은 노동자 혁명 속에 수렴되기 마련이라는 것이다. 즉, 농민혁명 속에 암시적으로든 현시적으로든 나타나 있던 봉건주의 국가와 자본주의 사회에 대항하는 정치적이자 경제적인 투쟁을 위해서는 새로운 조직형식이 요청되는데, 실제로는 공산당을 뜻하지만 명칭으로는 사회민주주의당이라고 불리운 단일전선은 이렇게 해서 정당화된다.

레닌은 바로 이러한 시각에서 톨스토이를 관찰하면서 톨스토이가 특유한 관점을 제공한다고 쓰고 있다. 이는 대강 다음을 의미할 수 있다 : 즉 톨스토이의 개인적인 관점은 그의 사회적 출신에 의해 결정된다;톨스토이공작은 자동적으로 토지소유귀족을 대표한다;그러나 작가로서, 작품과 윤리의 생산자로서, 그는 특정한 사회적 유동성을 향유한다;그는 여행자의 지위를 소유한다;그의 작품에서, 톨스토이는 농부를 바라봄으로써, '자연적으로' 그 자신의 것이 아닌 이데올로기를 몸에 걸침으로써, 그의 시대의 역사와 특이한 관계를 형성한다는 것이다.

레닌이 보기에 미완성적인 톨스토이의 교의는 사회구조와 맺고 있는 이 특수한 관계로부터 유래한다. 레닌이 〈농민적 동양주의〉라고 부른 농민의 사고 습관들과 심정을 지닌 이 공작은 이 시대가 혼란의 시대라는 것은 파악하였지만, 이 모든 무질서의 배후에 있는 원리를 바로 분별하지 못했다는 것이다. 레닌이 보기에 톨스토이공작은 자신과 농민의 존재를 동시에 위협하는 자본주의 발전의 결과를 알고 있었다 할지라도, 부르조아지의 힘에는 맹목이었다는 것이다. 톨스토이의 저작들 중에서 부르조와지는 단지 불분명한 위협에 불과하였고, 이와 병행해서 그는 프롤레타리아의 확립을 파악하지 못했다는 것이다.

요컨대, 한 역사적 시기는 자동적으로 단일한 이데올로기를 산출해내는 것이 아니라 여러 세력들의 전체적인 관계에 의해 결정된 일련의 이데올로기들을 산출해내며 각각의 이데올로기는 그것을 만들어 낸 계급에 가해지는 압력들에 의해 형성된다는 시각에서 레닌은 톨스토이를 보면서, 톨스토이가 천진한 가부장적 농부의 견해를 문화 속에 끌어들였다고 평가한다. 우리는 이제 레닌의 글을 구체적으로 살펴보면서 이러한 평가가 갖는 의미를 음미해보고자 한다.

3-2 레닌의 톨스토이비판 근거

앞에서 우리는 레닌이 톨스토이의 작품과 그것이 '반영'하는 역사과정 사이에 농민의 이데올로기가 존재한다고 지적하고 있음에 언급하였다. 작가는 오로지 그의 작품 속에 함축된 이데올로기의 명목적 저자일 뿐이라는 것이다. 레닌이 톨스토이를 〈러시아 혁명의 거울〉이라고 부른 것은 바로 이런 의미에서였다. 그의 표현을 본문에 충실하게 옮겨본다면 다음과 같다.

"톨스토이의 작품들, 견해들, 교의들 속에, 그의 유파 속에 들어있는 모순들은 참으로 명백하다. 한편으로 우리는 위대한 예술가, 러시아생활을 비교불가능할 정도로 그려냈을 뿐만 아니라 세계문학에 대해 제일급에 속하는 공헌을 한 천재를 본다. 다른 한편, 우리는 그리스도에 사로잡힌 지주를 곁에 두고 있다. 한편에는 사회적 허위와 위선에 대항하는 아주 강력하고 직선적이며 진지한 저항이 있는가 하면 다른 한편에는 러시아지식인들이 부르는대로 신경질적인 코

홀쩍이가 있다. 그는 공개석상에서 그의 가슴을 치며 '나는 사악하고 나약한 사람입니다. 그러나 나는 도덕적 자기 완성을 수련하고 있읍니다. 나는 더 이상 고기를 먹지 않고 쌀로 만든 커트레트를 먹습니다' 라고 외쳐댄다. 한편에는 자본주의적 착취에 대한 무자비한 비판, 정부의 불법행위, 우스꽝스러운 법정과 국가 행정의 폭로, 노동대중들 사이에서 일어나는 빈곤, 타락 그리고 비참의 성장 간에 보이는 심각한 모순들의 폭로가 있는가 하면, 다른 한편에는 굴종, 폭력으로 악에 저항하지 말라는 어처구니 없는 설교가 있다. 한편에는 가장 냉철한 사실주의, 모든 잡다한 가면들의 박탈이 있는가 하면, 다른 한편에는 지구상에 있는 가장 가증스러운 것들 중 하나, 즉 종교의 설교, 공식적으로 임명된 사제들을 도덕적 확신으로부터 봉사하고자 할 사제들로 대체하려는, 다시 말해서, 가장 세련되고, 따라서 특히 혐오스러운 청결주의를 배양하려는 노력이 있다." (「러시아혁명의 거울로서의 레오 톨스토이」)

이러한 모순들 때문에 톨스토이는 필경 노동대중운동과 사회주의를 위한 투쟁에서 그것이 차지하는 역할, 그리고 러시아혁명을 이해하지 못했을 것이라고 레닌은 확신한다. 그리고 톨스토이의 견해들과 교의들에서 나타나는 모순들은 우연이 아니라고 쓰고 있다. 그 이유는, 이미 우리가 살펴본 대로, 그것들이 19세기 말엽 러시아생활의 모순적 조건들을 표현하고 있기 때문이라는 것이다. 톨스토이는 인류의 구원을 위한 새로운 묘약을 발견해낸 예언자로서는 어리석다. 따라서 그의 교의에서 가장 취약한 부분을 도그마로 바꾸어 놓고자 한 외국과 러시아의 톨스토이추종자들은 언급할 가치가 없다는 것이다.

레닌이 보기에 농민계층의 과거 생활 전체가 지주와 공무원을 미워하도록 가르치긴 했지만, 어떤 투쟁에 의해 자유가 획득될 수 있는지, 어떤 지도자들을 이러한 투쟁에서 가질 수 있는지, 부르조와지와 부르조와 인텔리겐챠가 농민혁명이 지니는 관심들에 대해 어떤 태도를 지니고 있는지, 짜르체제의 전복이 지주제도를 철폐하기 위해 왜 요청되는지 하는 질문에 대한 답변들을 어디에서 찾아야 할지를 가르치지도 않았고 가르칠 수도 없었다는 것이다. 농민계층의 대부분은 울고, 기도하고,

도덕화하고, 꿈꾸고, 호소문을 쓰고, 탄원서를 보내고 하는 데 급급하
고 있었다고 보는 레닌은 이를 바로 '레오 톨스토이의 기질'이라고 부
르면서, 한 마디로 〈정치적 관심 내지 이해의 결여〉라고 타매한다.

"톨스토이의 관념들은 우리의 농민저항이 갖는 약점과 부족의 거울이요, 가부
장적 농촌의 무기력과 '진취적 농민'이 지닌 완고한 비겁의 반영이다."(「러시아
혁명의 거울로서의 레오 톨스토이」)

　말을 바꾸면, 톨스토이는 우리 속에 갇혀진 증오, 보다 나은 임금을
위한 성숙한 노력, 과거를 청산하려는 욕구와 아울러 미숙한 꿈, 정치적
인 무경험, 혁명적인 무기력을 반영했다는 것이다. 레닌은 악에 대한
톨스토이적인 무저항이 결국 제1차 혁명운동을 실패로 몰아간 가장 심
각한 원인이었다고 본 것이다. 그러기에 그는 '톨스토의주의의 역사적
죄악'이라는 표현마저 서슴치 않았다.
　톨스토이를 보는 레닌의 시각은 분명 이중적이다. 혁명이전시기의
러시아를 묘사함에 있어서, 톨스토이가 그토록 많은 문제들을 제기하
고, 그토록 고도의 예술적 능력을 발현하는 데 성공함으로써 그의 작품
들이 세계문학에서 가장 위대한 작품들의 반열에 들게 되었다는 것이
그 하나이다. 엥겔스가 의미하는 〈리얼리즘의 승리〉가 어느 정도 인정
되는가 싶지만, 그 대신 같은 작가가 그의 작품들에서 러시아를 위협하
는 위기의 원인을 이해하지 못한 실패를 드러내고 있다는 비난이 더욱
격렬하다. 봉건적 경찰국가에 대한 투쟁이 정치의 거부로 귀결되고 말
았다는 것이 톨스토이에 대한 레닌의 비판에서 핵심을 이룬다. 그는 이
것을 억압받는 대중을 위한 '새로운, 세련된, 섬세한 독약'이라고 표현
한다. 자본주의와 그것이 대중에 미치는 해악들의 폭로가 국제사회주
의 프롤레타리아에 의해 부과된 세계적 규모의 해방을 위한 투쟁에 대
한 완전히 냉담한 태도와 결합되어 있다는 이와 같은 비판은 어디까지
나 레닌 자신이 입각한 정치적 입장에서 비롯된다. 톨스토이와 그의 시
대는 과거로 돌아갔지만, 그가 남겨놓은 유산은 러시아의 프롤레타리

아에 의해 수렴되고 다듬어지고 있다는 주장, 즉 러시아의 프롤레타리아가 착취당하는 대중들에게 톨스토이의 국가, 교회, 토지의 개인소유에 대한 비판의 의미를 "대중들이 자신을 자아완성과 신적인 생활의 추구에 제한하도록 하기 위해서가 아니라, 짜리스트 귀족주의체제와 지주제도에 대항하는 새로운 타격을 날려 보내기 위해 봉기하도록 하기 위해"(「W.T.톨스토이」) 설명할 것이라는 주장은 이렇게 해서 성립된다. 그 뿐 아니라 레닌은 러시아의 프롤레타리아가 대중들에게 톨스토이의 자본주의비판을 설명해 줄 것이라고 쓰고 있다. 이때 그 목적은 역시 그들이 자신을 자본과 돈의 규칙에 대해 저주를 퍼붇도록 하기 위해서가 아니라 "그들의 생활과 투쟁의 각 단계에서 자본주의의 기술적 및 사회적 성취들을 이용하는 것을 배우도록, 자본주의를 극복하고 새로운 사회를 창조할 수백만의 사회주의 전사들의 연합군에 투신하는 것을 배우도록 하기 위해서"인 바, 레닌은 "이 새로운 사회 속에서 사람들은 빈곤을 운명으로 선고받지 않을 것이요, 인간에 의한 착취가 없게 될 것"이라고 확신에 찬 예언을 선포한다.

레닌 자신이 인용한 1900년에 쓰여진 「우리 시대의 노예제도」에   밝혀져 있듯이, 톨스토이는 '보편적인 정신'에 호소하고 있다. 톨스토이는 1857년에 이미 문명을 혜택으로 간주하는 것을 환상적인 개념이라고 보면서, 그것이 인간 본성의 내부에서 본능적인, 가장 축복받은 원초적인 선을 위한 요구를 파괴한다고 주장한 바 있다. '보편적인 정신'이란 바로 이러한 요구를 의미하는데, 레닌은 이것을 아시아적 질서의 이데올로기로 보고 비판한 것이다.

레닌의 톨스토이 비판은 이렇게 해서 자기 정당화로 귀결된다. 다음의 귀절은 이를 특징적으로 드러낸다.

"톨스토이에 대한 올바른 평가는 오로지 이러한 모순들의 첫번째 단원 동안에 보인 스스로의 정치적 역할과 투쟁에 의해 인민들의 자유와 대중의 착취로부터의 해방을 위한 투쟁에서 〈지도자가 되기로 운명지어진 것을 증명해 보인 계급〉의 관점에서만 이루어질 수 있다."(L.N.톨스토이)

　레닌은 이 계급이 민주주의의 근거에 대한 '사심없는' 봉사를 증명했고, (농민을 포함한) 부르조아지 민주주의의 한계들과 모순들에 대항하여 투쟁할 수 있는 능력들을 증명했다고 쓰면서, 결론적으로 "그러한 평가는 오로지 사회—민주주의 프롤레타리아의 견지에서만 가능하다" (같은 책)라고 못박는다. [4] 레닌과 그의 정당이 유일무이한 판단기준이라는 이러한 사고방식이 이후 얼마나 많은 희생을 강요했던가는 역사를 통해 증명된 바이지만, 레닌은 톨스토이를 일단 완전히 과거의 사람으로 단정한다.

　"톨스토이는 죽었다. 그리고 위대한 예술의 철학 속에 표현되고 그의 작품들

---

4) 이른바 〈사심없는〉 봉사가 후일 어떤 양상으로 전개되었는가를 이 인호교수의 다음과 같은 표현은 집약적으로 보여준다. 이 교수는 소련의 사회와 문화의 현대적 양상을 결정하는 요인들은 그 근원으로 볼 때 세가지, 즉 전통적 요소와 혁명 이상 그 자체와 함께 1917년 정치적 혁명의 성공의 결과로 탄생한 세력 그 자체의 기능적 혹은 실존적 욕구로 구분하여 분석할 수 있다는 견해(Alex Inkeles, *Social Change in Soviet Russia*, Cambridge Mass, 1965)를 수용하면서 그 세번째 요인을 다음과 같이 풀이한다 : 물론 이론적으로는 혁명의 이상과 혁명의 주체세력 간에는 괴리가 있을 수 없다. 그러나 이상이 정책화되어 실시되는 과정에서는 실제로 상당한 정도의 변질이 생길 수 있으며, 그 둘 사이의 선택이 불가피할 경우에는 혁명에 의해 등장한 지배세력은 혁명 이상의 보호보다는 자신의 권력 유지를 선행시키지 않을 수 없게 된다. 참조 : 이인호,『러시아지성사연구』(서울, 지식산업사, 1980, pp.210-211), 형식적 구조와 실질적 기능 간에 생기는 차이가 현대 소련에서와 같이 현격하고 사회의 이중적 생리가 거의 제도화되어 있는 경우도 드물 것이라는 견해와 상통하는 이러한 주장은 그 사회의 생성과정 자체가 사회 구성원들 대다수의 자발적 지도와 노력의 결과로 이룩된 것이 아니고 사회적 국민적 타성을 극복하기로 결심한 소수 의식분자의 혁명적 투지에 의거했다는 사실을 근거로 삼는다. 필자는 다른 기회에 특히 마르쿠제의 소론에 입각하여 레닌 내지 그의 추종세력의 사회 정치적 배경을 밝혀 보려고 한다. 이 때 무엇보다도 마르쿠제가 1941년부터 1855년에 이르기까지 쓴 글들 중에서 몇몇 서평논문들과 함께 *Soviet Marxism:Critical Study*, (London, Routledge & Kegan Pauls,1954)이 핵심적 자료로 활용될 것이다.

속에 묘사된 약점과 무능을 지닌 혁명 이전의 러시아는 과거의 것이 되어버렸다”(같은 책).

톨스토이가 남겨놓은 유산은 그러나 과거의 것이 되어버리지 않았고, 오히려 미래에 속한다는 레닌의 언급은 그것이 오로지 그가 대표하는 러시아 프롤레타리아에 의해 수용되고 손질되어야 한다는 자기정당화의 다른 표현일 따름이다. 이제 이러한 새로운 해명을 통해 “고역을 치루고 착취당하는 대중들은 톨스토이가 국가, 교회, 토지의 개인소유에 대해 가한 비판의 의미를 알게 되고, 자아—완성이나 경건한 생활을 위한 동경이 아니라, 1905년에 약간 상처를 받긴 했으나 철저히 파괴되어야 하는 짜리스트 군주정치와 지주제도에 대한 새로운 일격을 가하기 위해 봉기해야 한다”(같은 책)는 것이다. 레닌은 톨스토이가 『안나 카레니나』에서 레닌을 통해 “오늘날 여기에서는 모든 것이 뒤집어졌고 방금 겨우 다시금 꼴을 갖추기 시작했다”고 한 말을 자기 나름대로 해석하여, 톨스토이가 농노제도와 구체제의 전부가 뒤집혀지고 부르조아지체계가 형태를 갖추기 시작했음을 알고 있으면서도 이를 구체적으로 지적하지 않고 “추상적으로 이야기할 뿐으로, 종교의 영원한 진리들, 도덕성의 영원한 원리들이라는 관점만을 인정했다”고 비판한다. (「레오 톨스토이와 그의 시대」) 그의 비판은 이렇게 해서 톨스토이가 “그러한 관점이 (뒤집혀진) 구질서, 봉건적 질서, 동양사람들의 생활방식의 이데올로기적 반영에 불과하다는 것을 깨닫지 못했다”는 것으로 귀착된다. 이런 관점에서 레닌은 1905년을 동양적 정적의 종언이 시작되는 해인 동시에 “톨스토이 주의의 역사적 종언, 톨스토이의 교훈들을 유발할 수 있었던 시대의 종언”으로 특징짓는다.

레닌은 톨스토이의 교의가 사회주의적이 아니었다거나 진보된 계급들의 계몽을 위해 가치있는 재료를 마련할 수 있는 비판적 요소들을 함축하고 있지 않다거나 하기 때문에 그를 비판한 것은 아니다. 그것이 “분명히 유토피아적이고 내용적으로 볼 때 그 말의 가장 정확하고 가장 심원한 의미에서 반동적이다”(같은 책)라는 이유 때문에 레닌은 톨스토이를 비판했던 것이다. 심지어 레닌은 "톨스토이의 교의를 이상화하려고 하고, 그의 '무저항'과'보편적 정신'에의 호소, '도덕적 자아ㅡ완성'을 위한 권고, '양심'과 보편적인 '사랑'의 교의, 금욕과 정적을 가르치는 설교 등을 정당화하거나 완화시키려는 모든 시도에 의해 가장 직접적이고 가장 심원한 해악이 발생한다"(같은 책)라고 까지 극언하고 있다.

요약컨대, 레닌은 톨스토이의 비판이 결코 새로운 것이 못되며 유럽과 러시아에서'근로계층의 친구들에 의해 씌어진 문학에서 이미 이야기된 것들을 그가 반복했을 뿐이라고 본 것이다. 톨스토이의 비판과 그것이 지닌 역사적 의의는 오로지 천재적 예술가들이나 가질 수 있는 능력으로서 이 시대의 러시아, 즉 농촌적인 러시아에 살고 있는 사람들중 가장 광범위한 대중들의 견해를 표현했다는 사실에 놓여 있노라고 하면서도, 레닌은 톨스토이의 견해란 실상 '천진한 가부장적인 농부의 견해'에 지나지 않는다고 비판한다. 이에 따라 정치적 생활로부터의 소외, 신비주의 세계로부터의 일탈, '악에 대한 무저항', 자본주의와 '돈의 힘'에 대한 그들의 무능한 저주 등이 톨스토이의 세계 속에 혼입된다는 것이다. 수백만 농부들의 저항과 자포자기중에서 특히 후자가 경계해야 할 심성으로, 레닌은 자포자기란 "멸망하는 계급들의 전형에 불과한데 반해, 러시아를 포함한 모든 자본주의 사회에서 임금노동자들의 계급은 불가피하게 성장하고 발전하며 강해지고 있다"(「L.N.「톨스토이와 현대노동운동」)고 단정한다. 즉 자포자기란 악의 원인들을 이해하지 못하고, 탈출구를 보지 못하며, 따라서 투쟁할 수 없는 자들의 전형을 이루는 것에 반해서, 현대 산업프롤레타리아는 그러한 계급들의 범주에 속하지 않는다고 하면서 레닌은 계급투쟁을 부추기고 있었던 것이다. 그러기에 톨스토이의 견해는 기껏해야 "계급ㅡ의식적인, 사회주의 프롤레타리아와 구체제의 철저한 옹호자들 '사이'에서나 자신의 위치를 찾게 된다"고 여겨진 것이다. 레닌은 톨스토이를 '보편적인 양심'이니 '생활의 묘사'니 하고 떠받드는 모든 사람들때문에 그가 의미하는 진보, 즉 계급투쟁이 방해를 받는다고 하면서, "톨스토이의 교의가 지닌 반혁명적인 측면을 이용하려는 욕망을 가지고 이를 자의적으로 퍼뜨리고 있는 자유주주자들"의 허위를 싸잡아 공격한다. 다음의 인용은 그의 태도를 분명하게 보여준다.

"러시아 인민들은 그들이 보다 나은 생활을 획득하기 위하여 톨스토이가 아니라 톨스토이가 그 의의를 이해하지 못했던 계급으로부터 배워야 한다는 것을 깨달을 때에야만 자신들의 해방을 보장하게 될 것이다. 이 계급만이 톨스토이가 증오했던 낡은 세계를 파괴할 수 있다. 그 계급은 프롤레타리아이다."(「톨스토이와 프롤레타리아투쟁」)

레닌은 이제 스스로를 톨스토이라는 과거적인 생활의 교사를 내체하는 새로운 교사로서 자처하고, 그의 교훈을 선동과 선전이라는 방법을 통해 확산시켜 나간다. 이른바 〈사회주의적 사실주의〉가 바로 이러한 그의 열망과 밀접한 연관을 가지고 배태되고 강요된 것이다. 그만이 톨스토이가 그의 사회적—정치적 교의에서, 또는 그의 세계관의 철학적 기초들에서 발견할 수 없었던 〈종합〉을 이루어 낼 수 있는 권한을 가지고 있다. 아울러 "시급한 과제는——가장 곤란한 조건들 아래에서도——철을 뽑아내기 위해 광석을 찾아서 땅을 파내려가는 것이다"(「'유보'의 영웅들」)라고 단언한다. 그 철이 다시금 "마르크시스트 세계관이라는 강철, 그리고 이러한 세계관에 상응하는 상부구조라는 강철을 주조해내기 위해"(같은 책)요구된다는 것은 두 말할 여지가 없다. 이러한 강철의 구조 속에서 예술의 운명이 어떠할 수 밖에 없겠는가는 가히 짐작이 가지만, 〈사회주의적 사실주의〉가 구체적으로 형성되어 간 단계를 살펴보는 것이 합당한 순서일 것 같다.

3-3. 사회주의적 사실주의 개념의 발전

1917년의 혁명 이후 이미 1920년대 초에 '혁명적 리얼리즘'이니 '프롤레타리아 리얼리즘'이니 '영웅적 리얼리즘'이니 하는 개념과 실천이 존재했고 이것이 사회주의리얼리즘과 무관하지 않다고 보는 견해도 있으나, 〈사회주의적 사실주의〉라는 용어가 처음 구체적으로 출현한 것은, 1932년 1월 30일부터 2월 4일까지 개최되었던 소련공산당의 제17차 대회 이후였다. 그리고 이때 그 의미는 이미 상당히 폐쇄적인 상태에 빠져 들어 있었다. 이 대회는 제2차 5개년 계획 (1933~1937)기간 동안에 사회주의적 경제 기초와 〈계급없는 사회〉를 건설하기로 결정하고, 지난 15년 동안에 예술을 둘러싸고 이루어졌던 논의의 결과들을 ① 소비엣 현실의 자발적인 인정이 모든 것에 우선해야 한다. ② 문학은 변증법적 유물론에 기초한 계급투쟁의 무기가 되어야 한다. ③ 참여적인 프롤레타리아 저작은 그것이 지닌 미묘한 사회심리학적 허구들을 수단으로 삼아 독자들의 감정과 사상을 〈감염〉시킬 것이다 라는 항목으로 요약될 수 있다고 보는 견해를 수렴한다. 나아가 예술과 문학이 효과적인 선전매체로서 갖는 〈사회학적〉 특징을 강화하는 작업을 기본계획 중의 하나로 포함시켰던 것이다. 이에 따라 1932년 4월 23일 당중앙위는 「문학—예술조직들의 재조직에 관하여」라는 결의안을 통과시키는데, 이는 곧 소비엣체제를 지지할 모든 예술가들을 연합시키고, 사회주의건설에 참여시키려는 조치이다. 나아가 이미 1924년 당중앙위에 의해 내려진 언론정책에서 그 선례를 보인 문화정책에 입각한 이 결의안을 완성시키기 위해 문학 분야에서 소비엣작가동맹의 조직위원회가 구성된다. 『이스베스차』의 편집책임을 맡았던 그론스키가 의장으로, 당중앙위의 문학분과 책임자인 키르포틴이 서기로 임명되었다. 막심 고르키에게는 명예의장이라는 명목상의 지위가 주어졌을 뿐이다. 이는 곧 조직위원회가 충성스러운 관료들에 의해 장악되었음을 뜻하며, 이들의 발언이 사회주의적 사실주의라는 새로운 개념의 구축에 결정적인 영향을 미쳤음을 보여준다. 예컨대 그론스키는 이렇게 말한 바 있다.

"우리가 작가들에게 내거는 기본적인 요구는 진실을 쓰라는 것, 그 자체로서 변증법적인 우리의 현실을 충실히 그려내라는 것이다."

〈사회주의적 사실주의〉라는 용어가 그론스키에 의해서 주조되었는지, 아니면 스탈린에 의해서인지, 또는 그 밖의 당 고위간부에 의해서인지는 분명하게 밝혀질 수 없다. 그러나 적어도 이를 위한 결정이 당중앙위의 공식석상에서 논의되었을 뿐 아니라, 스탈린이 1932년 10월 26일 그론스키의 아파트에서 있은 작가들의 모임에서 사회주의적 사실주의를 비슷한 말들로써 묘사한 것은 틀림없다. 긑은 모임에서 스달린은 예컨대 자동차를 만드는 기술자들에 대한 요구와 작가를 위한 요구 사이에 평행선이 존재한다는 주장을 내세웠다. 키르포틴 역시 같은 맥락에서 대중들은 예술가들이 성실성과 사회주의적 사실주의 충실성을 가지고 무산계급혁명을 묘사하라고 요청한다고 말한 바 있다. 키르포틴은 50여명의 작가들을 초청한 조직의 공개토론 석상에서 역사적으로 궤멸된 유산계층을 지지하는 모든 '반동적' 생각들의 공개적인 확산에서 손을 떼라고 작가들에게 경고하였다. 그는 또한 사실주의적 세부를 제시하면서도 계급투쟁과 보편적인 사회주의 혁명의 발전을 묘사해내는데 실패한 작품에서는 어떠한 진리도 발견될 수 없다고 호언한다. 이런 맥락에서 1906년에 발표된 『어머니』의 작가 고르키가 사회주의적 사실주의의 창시자로 선언되었다. 그의 작품들에서 엿보이는 리얼리즘이 순수하게 사회주의적이자 혁명적이라고 선포된 이유는, 그가 사회주의를 위한 혁명적 투쟁을 묘사했고, 그 안에서 이루어진 당의 지도력을 드러내 주었으며, 착취에 대한 증오를 함양하고 집단주의의 정신을 증진시켰다고 보여졌기 때문이다. 결국 특히 키르포틴에 의해 주도된 이 개념의 두드러진 특성은 다음과 같이 요약된다 : 즉 이에 포함된 온갖 복합성을 유지하면서 이루어지는 계급투쟁의 사실주의적 묘파, 공산주의의 궁극적 승리에 대한 확고한 낙관주의적 신념 ; 시민전쟁과 사회주의건설에서 보인 당의 지도적 내지 조직적 역할에 대한 적절한 강조;제1차 세계대전의 제국주의적 성격 폭로와 새로운 전쟁을 위한 제국주의의 준비 폭로;그리고 심지어 순전히 개인적인 문제들도 생산수단의 개인소유권에 기초한 사회질서의 전복에 의해 해결될 수 있다는 주장의 현시 등.

3-4. 교조화

　이러한 내용을 지니고 출발한 사회주의적 사실주의는, 다른 한편, 이미 우리가 언급했듯이, 적어도 경향적으로나마 이미 이전의 문학 속에 존재했었다고 주장되기도 한다. 그러나 중요한 것은 이제 그러한 경향들 중 어느 것이 사회주의적 사실주의로서 재가되고 진작되어야 하는가를 결정하는 것이 전적으로 당에 달려 있다는 사실이다. 더구나 마르크스, 엥겔스, 레닌 그리고 드디어는 스탈린의 언명들에 의해 보강되면서 사회주의적 사실주의는 하나의 교조로서 자리잡게 되었다. 예컨대 "리얼리즘은, 세부적 진핍 외에, 전형적인 상황들에서의 전형적인 인물들의 재생에서 진리를 함축한다"는 엥겔스의 견해는, 〈전형적 상황들〉이 주어진 시대의 역사적 본질로, 〈전형적 인물들〉은 계급들의 특징적인 대표들로 이해되면서 차용되었다. 또한 사회민주주의운동에 가담하는 사람들은 열망과 꿈을 지녀야 한다는 레닌의 주장은 혁명적 낭만주의 개념을 사회주의적 사실주의의 구성요소로서 실체화하는 데 이용되었다. 이 낭만주의의 기능은 사회주의 건설자들의 영웅성과 미래의 공산주의 환경에 대해 그들이 지닌 꿈을 묘사해내는 것이었다. 더구나 레닌의 반영이론은 현실의 예술적 재현을 위한 철학적 기초를 형성한 셈인데, 이는 인간의 지적 감각적 지각들이 독립적으로 존재하는 물질세계 속에 존재하는 대상들의 반영들이라고 본다. 이로써 예술의 본질은 현실을 반영하는 예술가의 생각과 심상 속에 놓여 있는 것으로 이야기되었던 것이다. 아울러 예술가적 심상들과 객관적인 현실 간의 상응 정도가 마르크시스트 이데올로기로 무장된 작가들의 작품들 속에서 한결 높게 구현된다고 믿어졌다.

스탈린은 그 누구보다도 가장 구체적으로 원용되었다. 그론스키는 작가를 기술자에 비교한 스탈린을 인용하면서 다음과 같이 선언했다. 즉 당이 문학에 대해 결정적인 요구를 제시한다. 작가는 이 요구를 그들이 가진 능력을 최대로 구사하면서 충족시켜줄 것이 기대된다. 문학작품들의 평가는 당에 의해 이루어져야 한다. 작가들은 그밖의 직업에 종사하는 사람들과 똑같이 취급되어야 한다는 것들이다.

당문학정책의 절대적인 수용을 달성하기 위해 그론스키는 1933년 2월 사회주의적 사실주의의 방법이 스탈린에 의해 정식화되고 주창되었다고까지 공언하는 동시에, 스탈린은 혁명적 낭만주의의 공식을 발전시키고 연극을 가장 필수적인 문학매체로 지적해내었다고까지 추켜세워졌다. 1934년 8월 제1차 소비엣작가대회는 문학에서의 개인숭배가 이처럼 전대미문의 정도로 고조되는 중에 개최되었다. 말하자면, 이미 이론적 근거로서 작용한 계급성, 민중성, 당성의 중압 이외에 개인숭배로 물들어진 사회주의적 사실주의로 인해 사회주의 건설의 여러 단계들에서 당에 의해 설정된 구체적인 과제들과 연계되어서만이 예술의 주제문제가 해결될 수 있다는 견해가 횡행하게 되었다.

내용 상에서의 경직성은 형식상에서의 경직성을 동반하여 예컨대 러시아 상징주의는 철학적 내지 미학적 반동의 주도세력이라는 이유로 배척당했다. 키르포틴은 상징을 상상적인 기호이자 신비적인 것, 관념적인 것에로 이르는 관문이라고 하면서 현실세계의 본질적 내용의 집약적인 그림으로서의 형상과 대비시킨다. 비유 역시 정죄되었는데, 그것이 소비엣 체제와 어긋나는 작가가 자신의 생각들을 가장하기 위해 만들어낸 고안이라는 것이다.

이와 대조적으로 소비엣상황들을 이상화하려는 경향은 점증되고 있었다. 그리하여 혁명적 낭만주의가 세력을 갖게 되었는데, 이는 주로 소비엣 영웅의 초상과 직결된다. 그러한 초상은, 예컨대 고르키에서 보듯이, 소비엣사람들로 하여금 자신의 위대성을 느끼도록 조력하리라는 신념에 기초한 것이다. 이리하여 특히 츠다노프와 그의 배후에 서있는 스탈린의 영향 하에 사회주의적 사실주의는 다음과 같이 정의되는데, 여기에는 이미 교조화의 싹이 잠복되어 있다.

"소비엣의 소설과 문학비평의 기본방식이 되는 사회주의적 사회주의는 예술가로부터 혁명적으로 발전해가는 현실의 충실한, 역사적으로 구체적인 묘파를 요구한다. 동시에 현실의 예술적 묘파의 충실성과 역사적 구체성은 이데올로기적으로 볼 때 노동인민들을 사회주의정신으로 재주조하고 교육하는 과제와 결합되어야 한다."(프라우다, 1934년 5월 6일자)

3—5. 1935년 이후의 발전

1935년에 있은 대대적인 정치적 숙청으로부터 1953년의 스탈린사망에 이르는 근 20년에 걸친 기간동안 사회주의적 사실주의는 우선 그의 정책과 개인적 취향들의 산물이었다. 레닌시대만 해도 사회주의적 사실주의 경향은 여러 예술경향들 중 하나였으나 이를 빙자한 요란한 선전의 승리가 츠다노프로 대변되는 이 시대를 대표한다. [5] 1936년과 1948년

---

5) 1934년 당중앙위원회에서 츠다노프는 작가의 사명에 대해서 〈소련인민은 소련작가로부터 진정한 사상적 무기를, 위대한 건설계획의 수행을 도울 수 있는 정신적인 양식을 기대하고 있다〉고 전제하고 소비엣작가에게 당면한 세 가지 테마를 지시했다. 첫째 임무는 파괴된 국토의 재건과 부흥을 위한 애국적인 노력과 그 영웅적인 활약상을 일반화하는 것이고, 둘째 임무는 대조국전쟁 중에 인민이 터득한 경험을 영웅적으로 묘사하는 것이고, 세째 임무는 부르조아문화를 폭로·규탄하는 것이었다. 참조 . 김학수,「소련문학

에 『프라우다』와 당중앙위가 소비엣 작곡가들을 〈퇴폐적〉 형식주의를 이유로 혹평한 것은 이러한 맥락에서이다. 1936년 1월에 보도된 「음악 대신 음향들의 혼돈」이라는 논문의 직접적인 대상은 쇼스타코치의 『므젠스크구역의 맥베스부인』이다. 이는 오로지 국가만이 예술의 관심사가 되어야 했던 당시의 현실을 단적으로 말해준다. 결국 당의 정치노선을 충실하게 반영하는 것만이 중요성을 갖게 되며 사회주의 노동과 그 영웅들, 당과 지도자의 숭배, 서방과 그 숭배자들에 대한 격렬한 비판, 소비엣적인 모든 것과 러시아적인 많은 것에 대한 무한한 칭송이라는 주제들이 예술적 작업의 중심을 차지하도록 되었다.

스탈린의 사후에도 사회주의적 사실주의 이론에 어떤 의미있는 변화늘이 이루어지지 않았다고 보는 견해와, 예컨대 흐루시쵸프 치하에서 이루어진 탈스탈린화 과정에서 사회주의적 사실주의의 틀이 제한된 범위 안에서나마, 즉, 스탈린의 숙청과 강제노동수용소라는 이전에는 금지되었던 주제들을 수용할 만큼 확대되었다는 사실을 들어, 변화가 이루어졌다고 보는 견해가 사회주의적 사실주의 자체의 예술성에 관한 견해들 만큼이나 상충하고 있다. 1958년에 있는 보리스 파스테르나크에 대한 박해에서 보이듯이 공식적인 관용은 여전히 제한된 중에도, 그리고 1964년 이후 스탈린의 부분적인 복권이 이루어지면서 예술에 대한 보다 엄격한 통제가 가해지는 중에도, 특히 1958년 부터 1966년 사이에 이른바 사회중심주의와 자연주의로 불리우는 두 집단사이에서 이루어진 미학적 토의에 대한 소개는 다른 기회로 미루어 둔다.

결론삼아 언급해둘 것은 특히 스탈린의 사후에 이루어진 소련 내·외에서의 긍정적 측면이 운위되기는 하나, 이는 어디까지나 스탈린 시대의 뼈아픈 시련에 대한 반성적 학습의 결과라는 사실이다. 이런 의미에서 모라브스키의 다음과 같은 언명은 인용해 둘 만하다.

의 현황,『대학신문』,1986년 6월 2일자. 여기에는 또한 사회주의적 사실주의의 창작방법이 현실의 실상을 외면하고 현실과 (사회주의적인) 이상을 완전히 일치하게 만듦으로써 도리어 현실을 왜곡한 비현실적인 작품을 양산하는 모순된 결과를 초래하고 말았다는 사실이 지적되고 있다.

"사회주의적 사실주의의 이론은 〈개방적〉 이론이어야 한다. 그것은 새로운 예술적 현실들에 필적해야 한다. 이러한 비교는 어디까지나 비공격성의 원리에 입각해야 한다."

＊이 글의 후반부는 서울대학교의 『대학신문』(1986년 6월 2일자)에 게재된 바 있다.

4. 헬무트 쉬미트와 표현주의*

4-1 런던·필과 협연한 首相

　나는 지금 런던 필하모니 오케스트라와 함께 크리스토프 에쉔바하, 유스투스 프란츠, 그리고 헬무트 쉬미트가 연주하는 모차르트의 「세개의 피아노와 오케스트라를 위한 교향곡」(F장조, 작품번호 K. 242)을 듣고 있다. 에쉔바하는 런던 필을 지휘할 정도로 저명한 음악인이요, 프란츠 역시 알만 한 이들에게는 꽤 알려진 연주가이지만, 쉬미트라는 이름은 전혀 생소하다고 느낄 이들이 많을 것이다. 그도 그럴 것이 그는 정식 연주가가 아니라, 오랫동안 독일연방정부를 이끌어왔던 수상, 바로 그 사람이기 때문이다. 그가 참여해서 연주한 이 곡은 모차르트가 20세 되던 해인 1776년에 안토니아 로트론공작부인이 그녀의 두딸과 함께 연주하기 위해 모차르트에게 작곡을 의뢰함으로써 만들어졌다. 모차르트는 이 때까지 단지 두개의 피아노 콘체르트만을 작곡해 보았기 때문에 아직 이 형식에 익숙하지 못한 탓도 있었겠지만, 주문자를 의식한 탓으로 이 곡은 아주 평이하게 쓰여졌다는 것이 전문가들의 이야기이다. 공작부인은 상당히 유능한 연주가였지만 까다로운 곡은 싫어 했던 편이고, 더구나 막내딸 쥬세피아는 거의 초보자에 가깝기 때문에 그녀가 맡은 부분은 흥미롭기는 하되 힘에 부친 것이 되어서는 안되었다. 쉬미트는 바로 이 쥬세피아를 예상하여 작곡된 부분을 연주하였다. 그러나 곡이 아무리 쉽다 해도 우리나라에도 초청되어 많은 음악애호가들을 열광시킨 세계적인 런던 필하모니 오케스트라가 아무나 협연자로 등단시키지

않았으리라는 것은 의심할 나위가 없다. 내가 듣고 있는 이 판이 취입
되던 1982년까지만 해도 헬무트 쉬미트는 독일연방의 최고정치지도자
였으나, 정치가이기에 앞서 이미 그는 대학시절에 앞서 언급한 프란츠
와 즐겨 이중주를 연주하곤 했던 경력을 가진 아마츄어 피아니스트였
다. 7살에 피아노를 배우기 시작한 이래로 줄곧 음악과 가까이해 온 이
정치가는 음악 뿐만 아니라 미술에도 보통 이상의 조예를 갖추고 있다.
그가 '칸츨러 붕갈로'라고 한 수상관저의 한 방에 특히 키르히너 등의
독일 표현주의 화가들의 작품을 많이 수집·전시하고 있었음은 널리 알
려진 사실이다. 그러나 왜 유독 표현주의 작품들을 선호하는가에 대한
설명에서 그는 단순한 예술애호가만이 아닌, 정치가로서의 풍모를 드
러내 보인다.

4-2 표현주의와 정치현실

17세 되던 해, 그는 현대회화에 관심을 가졌다는 이유로 당시 독일을
장악했던 민족사회주의자들에게 심한 문책을 받았다. 얼핏 듣기에 이
해가 되지 않은 이런 이야기를 제대로 알아 듣자면 우리는 부득불 표현
주의 운동으로 대변되는 현대회화의 지향점이 무엇이었으며, 왜 마르
크에서 놀데, 그리고 콜빛치에서 바를라하에 이르는 수많은 현대화가
들의 작품이 민족사회주의자들에 의해 배척되고, 모욕을 당하고, 급기
야 파괴되고 불태움을 당하지 않으면 안되었던가를 묻지 않으면 안된
다. 우선 표현주의라는 용어의 역사에 비추어 그 의의를 살펴보는 일이
필요할 것 같다.
우리가 당면하는 곤란은 우선 표현주의란 용어가 사용되기 시작한지
가 60년도 더 지났지만 그에 대한 엄격한 정의가 이루어져 본 적이 없다
는 사실이다. 그러나 그 역사를 추적해본다면 1911년 베를린에서 있었

던 『노이에 제체씨온』(Neue Secession 새로운 분리 : 영어식으로 읽는다면 〈누이에 시세션〉이 될 것이다.)전람회가 그 효시로서, 이 때 일단의 화가들이 표현주의자라는 통칭 하에 자신들의 작품을 전시하였다. 그러나 이 때 이들은 파리에 살고 있는 프랑스 화가들로 구성되어 있었는데, 브라크, 드랭, 프리츠, 망껭, 마르케, 피카소, 뛰이, 방 동겡, 그리고 블라맹크 등이 손꼽힌다. 이들이 전시한 작품들은 1907년과 1909년에 제작되었으므로 상당부분이 어떻든지 야수파와 입체파 사이에 속하면서 쎄잔의 영향을 드러냈던 것으로 추정된다. 이들 프랑스 화가들 중 일부에게 붙여진 표현주의자라는 명칭은 다시금 1912년에 헤르베르트 발덴(Herwerth Walden)이 그의 화랑 『데어 쉬투룸』(Der Sturm 폭풍)에서 그들의 작품을 전시했을 때 구사되었다. 같은 해, 쾰른에서 개최된 현대예술 대전시회를 위한 카탈로그의 별책으로 만들어진 해설에서 다시 이 명칭이 나타나는데, 이 때엔 고갱과 세잔, 크로쓰와 시냑, 보나르와 뷜라, 마티스, 피카소와 블라크와 마찬가지로 반 코호, 뭉크와 블라맹크, 헤켈, 키르히너, 쉬미트－로트루프, 코코쉬카 등이 이에 포함되었다. 요약컨대, 이 용어는 어떤 방향으로든지 사실주의와 인상주의를 넘어선 모든 사람들을 총괄하게끔 되었다.

이처럼 광범하게 사용되면, 그 용어는 자연히 모든 의의를 상실한다. 그러므로 그것을 보다 엄격하게 사용할 필요가 제기되는데 이러한 용어를 시각적인 현실의 왜곡에서, 자신의 감정과 생각을 충격적인 방법을 구사하여 외적으로 표현하고자 하는 이들에게만 적용할 때, 그러한 구별은 가능해진다. 즉, 회화적 목적을 위해 왜곡을 사용하는 모든 사람들을 이에 포함시키지는 않는다는 말이 된다. 둘째로, 현대 표현주의자들의 작품을 둘러싼 독특한 분위기가 있다는 사실을 우리는 기억해야 한다. 일반적으로 다소간 열정적인 異常亢進 상태를 재현하면서, 그들은 대부분의 경우 불만, 향수, 불안의 상태를 반영한다. 이러한 상태는 초조, 번민, 신경증적 고통, 그리고 저항과 반항, 폭력적인 부정에서 배출구를 찾는다. 그들의 예술은 보통 음울하고, 고도로 긴장되고, 멜랑콜리하고, 열정적이거나 신랄한 경향을 띤다.

그들의 이러한 일반적 특징은 앞에서 말한대로 야수파나 입체파 뿐만 아니라 미래파와 초현실주의와도 어떤 점에서 상통하는 바 적지 않다. 그럼에도 불구하는 거기에서 발견되는 형식적인 특징을 근거로 대충 두 가지 주류를 지적하는 사람도 있다 : 즉 하나는 즉각적인 표현 (spontaneous expression)을 지지하는 부류요, 다른 하나는 반성과 고통 스러운 작업을 배제하지 않는 부류이다. 그러나 이러한 분류는 그 들의 주된 목표가 형식적인 혁신보다는 현대사회가 주는 압력을 받는 인간에 의해 감내되는 격변들, 그리고 그것이 인간 안에 야기시킬 수 있는 위기들과 불만들을 그려내는 데 있었다는 점에서 그리 중요한 의 미를 부여받지 못한다. 우리가 그 안에서 살고 있는 세계가 우리로 하 여금 종종 우리를 좌절시키고, 거역하고, 억압하고있는 상황들과 직면 케 하므로 표현주의가 현대예술의 주요한 조류들중 하나가 될 때까지 다양한 형식들을 취하면서 발전된 것은 지극히 당연한 일이라고 할 것 이다.

앞에서 잠시 언급한대로, 표현주의는 그 이전의 여러 요소들로부터 영향을 받았다. 그러나 특기할 만한 사실은 그것이 독일에서 더욱 발전 되었다는 것이다. 1914년에 이르기까지 이미 다양한 정도로 표현주의를 대표하고 선전했던 두 개의 집단이 형성되었는데, 하나는『디 브뤼케』 (다리)였고, 다른 하나는『데어 블라우에 라이터』(청기사)였다.

『다리』는 1905년 드레스덴에서 네명의 건축학도, 즉 키르히너, 블라 일, 헤켈 그리고 쉬미트-로트루프에 의해 창설되었다. 여기에 다른 사 람들이 추가되었는데, 그중 중요한 인물들만 예거한다면, 놀데, 페히 쉬타인, 그리고 오토 뮐러가 손꼽힌다.『청기사』는 1911년 뮌헨에서 조 직되었는데, 여기에는 칸딘스키, 마르크, 맥케, 캄펜동크 그리고 클레 가 가담되어 있다. 그중 칸딘스키는 이른바 추상표현주의(abstract expressionism)의 주도자가 된다. 이 밖에도 독일의 로올프스, 마이드너, 오스트리아의 게르스틀, 코코쉬카, 그리고 쉬일레가 두 집단중 어디에 도 속하지 않은 채, 표현주의적 경향의 예술활동에 종사하고 있었다.

『다리』집단은 1913년에 해체되고『청기사』의 회원들은 1914년 전쟁에 의해 흩어졌다. 그러나 이는 표현주의의 종언을 의미하지 않는다. 오히려, 전쟁은 극적 상황들의 증대, 심리적인 긴장들의 환기를 통해 키르히너나 코코쉬카같은 화가들의 표현주의적 경향들을 강화시켰던 바, 앞서 말한 심리적 긴장들은, 외적으로 드러날 때, 불안과 고통으로 물들여진 예술을 낳게 마련이었다. 전쟁은 다른 독일화가들, 예컨대 베크만, 딕스 그리고 그로츠에게서도 그와 비슷한 경향을 강화하거나 환기하게 되었다. 일반적으로 그들의 작품은 전쟁 장면들의 상기를 통해서가 아니라 우수, 당황 또는 반항의 강화를 통해서 전쟁을 반영한다.

물론 우리는 모든 것을 전쟁에 의해 설명하려고 하는 태도를 경계해야 한다. 표현주의의 첫번째 물결이 1914년 이전에, 즉 평화시에 몰려왔듯이 1918년 이후 전 유럽에 걸친 두번째 물결은 자신들의 고유한 천성이나 특별한 생활 조건들에 의해 자신의 경향들이 결정된 다수의 주도적 인물들을 포함한다. 그러나 독일에만 국한해서 보자면, 표현주의는 종종 대도시의 산물로서 나타나는데, 여기에서 대도시는 혼란과 억압과 괴물적인 현실을 대표하는 것으로 파악된다.

1939년에서 1945년에 걸친 전쟁과 무관하지 않은 세번째 물결이 일었다. 1937년의 『게르니카』에서 특징적으로 보이는 피카소의 구성적 표현주의 (figurative expressionism)의 영향을 전혀 못찾을 것도 없지만, 여기에서는 외적인 사건들보다는 어떤 개인적인 드라마나, 순수히 개인적인 성격의 심리적인 교란들의 작용이 더욱 두드러진다. 더구나 구성적 표현주의가 초현실주의나 추상예술의 영향에 굴복하면서 그것은 보다 덜 사실주의적인 것이 되었다.

표현주의를 어떻게 평가하느냐는 관점에 따라 상이할 수밖에 없다. 예컨대 루카치와 블로흐의 논쟁이 이에 대한 평가의 어려움을 대변해준다. 이에 대해 길게 언급할 여유를 갖지 못한 우리로서는 표현주의에 정통해 있었고 이에 대해 우호적이었던 블로흐의 관점을 간단히 추려보는 정도로 머물고자 한다.

블로흐는 루카치를 비판하면서, 루카치가 현장에서의 구체적인 인상이나, 독자들도 따라서 체험할 수 있는 현실성을 지닌 작품 자체가 아니라 간접적인 것, 즉 표현주의에 대한 문서를 대상으로 삼아 개념들에 대한 개념, 여러 논문들에 대한 논문을 작성하면서 표현주의가 추상적 평화주의, '시민성'의 보헤미안적 개념, '도피적' 성격, '도피의 이데올로기' 등의 특성을 가지고 있다고 규정한 것을 못마땅히 여긴다. 즉, 그것이 단순히 '소시민적 무기력과 방향상실'만을 보여주고 있지 않다는 것이다. 블로흐로서는 표현주의에서 '혁명을 위해 생산적인 어떤 요인'을 발견할 수 있었기 때문이다. 그는 결국 루카치의 표현주의 비판이 "처음부터 공산주의적인 것이 아니면 기존 지배계급에 대한 거의 모든 저항을 지배계급의 일부로 간주하는" 교조주의적 태도와 연결된다고 질타한다. 이는 『인민전선』시대(Volksfront : 1935년 이후 파시즘에 맞서기 위해 시민계층의 좌익정당, 사회주의 내지 공산주의 정당이 단결했던 시대)에 있었던 흑백논리로서, 변증법적이라기보다는 기계적이라는 것이다. 그러나 블로흐는 표현주의가 시도한 파괴나 변조, 그리고 근래에 이루어지는 몽타지나 변형들이 그토록 공허한 유희인가를 되묻는다. 블로흐가 보기에 오히려 진정한 현실은 단절상태를 이루고 있는지 모른다. 그러기에 그는 표면적인 연관관계를 파괴함으로써 그 파괴된 빈 자리에서 새로운 것을 찾고자 하는 예술로서의 표현주의 예술을 적어도 낡은 세계로부터 새로운 세계로 넘어가는 과정에 속한다고 보았고, 그것이 적어도 이러한 전환을 위한 투쟁과 관계된 것으로 보았던 것이다. 그런 의미에서 표현주의자들은 파괴의 '선구자들'이었다는 것이다. 이에 따라 표현주의는 '예술적 가치'가 관습이나 아카데미즘으로 타락했을 때 그러한 아카데미즘을 파괴하였고, 따라서 예술적 객체에 대한 영원한 '형식분석' 대신에, 가능한 한 진정한 표현에까지 도달하려는 인간적인 내용과 인간자신에 시선을 돌린 것으로 평가된다. 블로흐는 표현주의가 거의 전적으로 인간적인 것과 이의 무의식을 표현하는 형식만을 다루었다고 보는데, 이때의 형식이란 예컨대 입체파예술에서 사용되는 형식주의의 오류와는 무관하다.

블로흐는 나아가 표현예술의 민중성에 대해 길게 논의하고 있는데, 이는 표현주의에 대한 기본적 이해를 위한 자료의 한계를 넘어서므로 언급하지 않으려 한다.

요약컨대, 우리는 표현주의자로 지칭되는 일군의 화가들이 단순히 회화적인 목적 때문이 아니라, 자신들의 정서와 의식을 여실하게 표현하려는 강렬한 욕구 때문에 가시적인 현실을 충격적으로 왜곡시켰다고 말할 수 있다. 그들의 작품에서 때로 고도의 긴장과 우울증, 불안과 공포, 그리고 저항과 때로 폭력적인 부정이 눈에 뜨이는 것은 모두 그들이 자신을 둘러싼 사회정황에 대해 깊은 우려와 불만, 그리고 보다 더 인간적인 삶을 가능케 해 줄 사회에 대한 짙은 동경을 가지고 있었기 때문이다. 물론 당시의 정황에 대해 상대적으로 낙관적인 반응을 보인 예술가들이 없었던 것은 아니다. 그러나 표현주의 운동과 연관된 예술가들은 승리나 개신보다는 구체적인 인간들이 겪는 고통에 의해 보나 깊은 충격을 받고 있었다. 그들은 당시의 삶 속에 인간을 수시로 위협하고 괴롭히는 사물들이 때로는 눈에 뜨이지 않게, 그러나 엄연히 존재한다는 사실을 사람들에게 일깨워 주었다.

게르만민족의 영광을 드러내는 것을 표면적인 목표로 설정한 민족사회주의자들에 의해 희생된 저들을 위해 무엇인가 할 수 있기를 평생토록 소원했다는 이 정치가 쉬미트가 수상의 자리에 올라 저들이 지닌 정신적 가치를 다시금 인정하고, 비록 이미 고인이 된 저들을 되살려 낼 수는 없을지라도, 자신을 방문하는 손님들, 특히 외국손님들이 던지는 질문을 통해 저들의 작품이 갖는 의의를 반추하려 했다는 것은 예술과 정치의 관계를 생각하는 이들에게 시사하는 바 크다.

4-3 자유와 억압의 변증법

여기에서 문제되는 것은, 궁극적으로 볼 때, 각종의 억압에 대해 맞서는 자유의 창조적 계기이다. 여기에서 말하는 자유가 우선, 예술가들은 방해를 받지 않고 작업에 몰두할 수 있는 여유로운 공간을 필요로 한다는 것을 뜻한다고 이해되어도 좋다. 그러나 창조적인 자유란 결코 어떤 진공상태를 의미하지 않는다. 예술가는 어떤 의미에서든 억압과의 대결을 통해서, 또는 생의 어떤 극적인 계기들을 통해서 그의 창의성을 발전시킨다. 참으로 위대한 예술이란 회의와 좌절, 그리고 연단을 통해 성숙해간다고 해도 과히 틀린 말은 아니다. 그렇다고 위대한 예술작품을 얻기 위해 예술가를 일부러 박해해야 한다는 것은 아니다. 왜냐하면 인간의 한계상황은 제 아무리 그가 유토피아를 지향하더라도 인간으로 하여금 항상 부족한 현실을 낳게 하고야 말기 때문이다. 인간의 발전이란, 이러한 부족과 결함을 인식케 하는 초월적 원리들에 입각해서 이를 고쳐 나가려는 의지를 실현할 때, 비로소 이루어질 수 있다. 현실의 한계를 바로 보게 하는 일과, 그러한 바른 인식을 바탕으로 현실을 끊임없이 변혁시키는 일은 모두 인간의 창조영역에 속한다. 예술이 전자에 속한다면, 정치는 후자에 속한다고 보아도 무방할 것이다. 양자는 얼핏 보기에 전혀 동떨어진 것 같지만, 크게 보아 둘다 모두 인간의 〈반성적 이성〉과 연결되어야 하고, 이른바 〈해방적 관심〉에 그 기초를 두어야 한다는 공통점을 지니고 있다. 그러나 이야기를 너무 단순화시키는 성급함 때문에 생겨나는 천박함을 가능한 한 덜기 위해 다소 분석적인 작업을 시도해 보기로 한다.

4–4 정치적인 합리성을 위한 기초

철이 좀 들기 시작할 무렵부터 필자는 "한국사람은 지나치게 정치에 관심이 많다"는 일종의 비난을 자주 들어왔다. 하기야 不惑의 나이에 들어서면서 비로소 학문세계에 조심스러운 첫 발을 딛는 필자조차도 한때 대정치가를 꿈꾸면서 그야말로 고사리 손 같은 주먹으로 책상을 치며, 박순천여사의 평대로, 인왕산 호랑이 소리는 커녕 고양이소리를 내던 중학시절이 있다보면, 그런 비난도 있음직하다. 그러나 정치란 정말 무엇인가? 문외한인 필자로서는 답변이 궁색하기도 하고 이왕에 서두에 들먹였으니, 다시금 헬무트 쉬미트에게로 되돌아가 보기로 한다.

그는 정치란 실상 국외자들로서는 식별이 좀체 불가능하지만 서로 뚜렷이 구별되는 여러가지 요소들로 구성되어 있다고 하였다. 첫째는 문제를 분석할 수 있는 능력이다. 즉, 당면한 문제의 원인과 그 문제 속에 숨겨져 있는 여러 요인들과 관계사항들을 분석해내는 일이 정치에 있어서 무엇보다도 큰 중요성을 갖는다는 것이다. 둘째로는 이렇게 분석된 문제를 다시금 어떻게 거머쥐느냐는 결정에 이르는 능력이 문제가 된다. 이는 분석석 재능과는 아주 다른 별개의 능력이다. 세째로 특히 민주주의적인 국가 형태 속에서는, 이것이 올바른 분석이요 올바른 해결책임을 다른 사람으로 하여금 신뢰할 수 있도록 만드는 능력이 정치에서 매우 중요한 구성요소로 등장한다. 나아가, 다른 사람들이 이를 옳은 길이 아니라고 할 경우, 다른 의견을 가진 이 사람들과 대화를 통해 어떤 합의점에 도달할 수 있는 능력이다. 네번째의 이 능력을 갖추고 있을 때, 그는 비로소 정치가라고 자처할 수 있다.

만일 정치를 이렇게 이해한다면, 그것은 필자로서도 다소 이해할 수 있는 비판적 합리주의와 상통한다. 왜냐하면 인식에 관한 이론이자 동시에 정치 철학이기도 한 비판적 합리주의는 계속적인 비판적 검증과 경험적 현실에 입각한 이론의 수정이라는 원리에 입각해 있기 때문이다. 이 이론에 따르자면, 인식에 있어서의 진보란, 이론들이 현실에 부딛쳐 파산되고 허위로 드러날 때, 이를 새로운 이론으로 대체하는 것을 통해 성취된다. 이러한 방법은 인간의 이성과 그 인식가능성을 믿는다는 점에서 합리적이며, 그 한계를 안다는 점에서 자아비판적이다. 그렇기 때문에 정치철학으로서의 비판적 합리주의는 정치적인 진리독점에 대해 자신을 세운다. 따라서 그것은 민주주의의 틀 안에서 이루어지는 자유로운 토론을 유일하게 합리적인 형식의 정치적인 대립으로 간주한다. 우리에게도 이미 그의 중요한 저작들이 여러권 소개된 칼 포퍼는 그러기에 합리주의자를 정의하여 "토론, 또는 경우에 따라서는 협상에 의해 결정에 이르고자 하는 사람"이라고 한다. 말을 바꾸면, "폭력에 의해서나, 협박과 공갈, 또는 (거짓된 정보를 바탕으로 한) 선전에 의해 다른 사람을 납득시키려고 하지 않는 사람"을 말한다. 무사려한 행동의 결과로 인류의 미래적 생존이 크게 위협받는 오늘날의 세계에서 〈행동의 합리성〉은 과거 그 어느 때에 못지 않게 필수적이라고 한 쉬미트의 정치적 사고의 배후에는 실상 칼 포퍼가 주도하는 비판적 합리주의가 크게 작용하고 있다. 왜냐하면 그에게 있어서도 크게 중요시되는 〈정치적인 합리성〉이란 결국 사회적 정치적 환경을 기존적인 상태로 고착시키려고 하거나 우연적인 변화에 방임하지 않으려는 의지와 일치하게 마련이기 때문이다.

흔히 〈점진적 사회공학〉을 편드는 사람들은 〈실용주의자〉로서 어떤 윤리적 지반도 가지고 있지 않다는 비난을 받는다. 실상 이러한 사례가 적지 않다. 그러나 예컨대 쉬미트는 도덕적인 정치가란 보편적인 복지를 위한 실용적인 원리들을 도덕적인 규범들과 일치시키기 위해 적용하는 사람을 의미할 뿐이라고 단언한다. 헌법적인 적법성은 도덕적인 정당성의, 중요하되 극히 작은 부분에 지나지 않는다고 한 그의 말은 바로 이와 같은 결의의 표명이라고도 볼 수 있을 것이다. 구체적인 정치가 구체적인 문제의 실제적인 해결과 연관될 때, 이론과 실천은 일단 일치되어야 한다. 그러나 쉬미트는 이러한 일치가 진리성과 합리성이라는 두가지 기본사항에 근거해야 한다고 강조한다. 그가 표현주의 운동에 깊은 공감을 느꼈던 것은, 바로 이에 참여한 예술가들의 작품이 여기에서 말하는 진리성을 우리에게 감지케 해준다고 보았기 때문이 아닐까? 그가 포장예술이라고 지칭되는 크리스토, 또는 색과 면의 단순한 구성으로 이름을 얻은 프랑크 스텔라의 작품은 별로 감동을 주지 않는다고 하거나, 바하 콘체르트를 위해서는 200킬로미터도 머다 않고 자동차를 몰고 가겠지만 리스트를 위해서는 단 15킬로미터도 갈 마음이 없다고 한 것은 모두 이른바 예술작품의 진리성과 연관된 발언으로 보인다.

4-5 예술적 진리

그렇다면 예술가가 예술을 통해 예술작품에서 우리에게 드러내는 진리란 무엇인가? 이러한 질문은 또다시 "진리란 무엇인가"하는 가장 원초적이면서 가장 단순치 않은 철학적 문제에로 우리를 이끈다. 그러나 "진리란 무엇인가"라는 빌라도의 질문에 대해 침묵으로써, 아니 침묵으로 인한 자기희생으로써 대답한 예수처럼 예술, 특히 현대예술은 자신을 통해 구현코자 하는 진리가 무엇인가를 전혀 명시적으로 대답해주지 않는다. 따라서 우리는 예술작품의 그런 거부 속에서 스스로 해답을 찾아내야 한다. 현대미학의 수많은 이론들의 본령이 실은 여기에 속한다. 그러나 예술적 진리가 무엇인가를 묻고 대답하는 그 숱한 탐색들을 우리가 여기에서 일일히 열거할 수 없다. 그렇다고 이러한 질문으로부터 몸을 피하기에는 우리는 너무 깊숙한 지점까지 들어섰다. 어디에선가 우리는 출구를 찾아야 한다. 필자는 우리를 이 당혹에서 벗어나게 해줄 실마리를 다시금 쉬미트를 계기로 도출해본다.

예술애호가이자 정치가로서 그만하면 수상의 직위를 이용하여 자신을 문화예술 분야의 한 모범으로 제시하고, 이에 부응하는 문화예술의 기본방향을 정책화할 만하지 않겠는가 하는 의미를 함축한 질문에 대해 그는 단호한 어투로 대답한다. "나치와 스탈린, 그리고 그의 추종자들, 또는 무쏠리니처럼 예술의 영역에서 영도력을 발휘하고, 이를 정치적으로 개조하려던 시도와 연관된 경험을 기억하는 한, 나는 절대로 어떤 모범상이 되려고 하지 않을 것이며, 더구나 이 분야에서 어떤 영도력을 발휘하려고 하지도 않을 것이다. 그중에서도 베를린과 모스크바가 가장 못된 경우에 속하지만 그같은 현상은 많은 다른 독재자들에게서도 나타난다." 그렇다고 그가 최고의 정치지도자로서 어떤 암시조차 거부한

것은 아니다. 그가 수상관저에 독일 표현주의 작품들을 전시해 놓았었
다는 사실은 이미 앞에서 이야기한 바 있다. 뉴욕에서 독일표현주의 전
시회를 개최하려는 노력에 힘을 보태던 때의 심중을 그는 이렇게 토로
한다. "나는 사람들이 독일에 대해, 텔리비젼의 『호로커스트』 프로그램
이나 독일경제와 독일군의 효율성을 통해 갖는 어떤 일방적인 것이 아
니라, 하나의 올바른 상을 갖게 되기를 희망했다."사람들이 어떻게 해
서 표현주의 작품들을 통해 독일에 대해 올바른 상을 가질 수 있다는
것인가? 쉬미트는 이에 대해 어떤 직접적인 답을 주지 않았다. 그러나
이제까지 우리가 풀어본 문맥에 비추어 볼 때 어느 정도 해답이 가능할
것 같다. 말하자면 그는 이로써 예술적 진리란 어떤 특정한 개인이나
집단의 특정한 정치적 목적을 위해 예술을 수단화하는 것을 통해서는
결코 드러나지 않는다는 사실을 은연 중에 암시하고 있는 것처럼 보인
다. 이러한 사실을 두려움없이 표현했기에 표현주의 작품들은 인류를
위해 불변의 가치를 지니고 있고, 이 작품들을 외국인에게까지 숨김없
이 내보이는 행동 속에 오늘날을 사는 정통적인 독일인의 진정한 위대
성이 존재한다고 그는 말하고 싶었을 것이다. 확대해석을 허용한다면,
인간들이 창조한 세계들 중에서 가장 중요한 '평등, 자유, 그리고 약자
를 돕는 도덕적 요청들'(칼 포퍼)에 참으로 근원적으로, 그리고 참으로
자율적으로 충실함으로써 하나의 예술작품이 우리의 잠든 감성과 의식
을 흔들어 깨울 때, 우리는 비록 아직 몽롱한 중에서나마 분명히 본 예
술적 진리를 못내 아쉬워하게 된다. 그리고 그러한 기억을 간직한 채
자신과 주변을 돌아보고 너무나 낯선 그 익숙한 얼굴들에 소스라친다.
가령 이런 목소리를 들어보라.

나는 의사가 아니다
청진기를 들어본 적도 없다
그런데 웬일일까
요새는 낯모르는 사내가
가슴 속의 시뻘건

허파로 숨쉬는 것이 보이고
지나가는 여자의 몸
속에 들은 내장이 보인다
어떤 사람은 얼굴을
뱃 속에 넣고 다니고
어떤 사람은 튼튼한 아랫배를
얼굴 대신 내놓고 다닌다
얼굴을 옷 밖으로
내놓는 것도 이제는
유행에 뒤떨어진 것일까
몸을 가리기 위해 옷을
입는 것이 아님을
깨닫고 뒤이어
몸에서 힘이 저절로
나오는 것이 아님을
깨닫고 마침내
몸이 얼굴에 달려 있지 않음을
깨닫는다
〈金光圭의 詩 "不惑" 全文〉

4—6 본래적 예술과 삶의 질

그렇다. 본래적 예술작품이란 어쩌면 지극히 미미한 것처럼 보일지
모르나, 우리로 하여금 도저히 자기 현재의 모습에 만족하지 못하게 하
는, 섬찍한 깨달음이다. 더구나 이러한 깨달음이 개인의 차원에서 뿐만
아니라, 우리가 몸담고 사는 조직화되고 정치화된 현대사회의 차원에

서까지 이루어질 때, 우리는 어쩌면 역사를 새롭게 시작할 수도 있을 것이다. 아마도 이러한 예술적 진리를 체감했기에 쉬미트는 다음과 같이 말했는지도 모른다. "자신의 개인적인 취향이나 판단을 보편타당성의 표지로 착각하는 것은 한 국가의 정상에 올라서있는 사람들에게 흔한 유혹이다." 비록 민주주의 체제라 할지라도, 정책결정 내지 수행과정에 모든 국민이 일일이 다 참여할 수 없기에, 그의 발언은 큰 의미를 지닌다. 그러나 어찌 비단 최고의 정치지도자들 뿐이랴? 누구나 예술 자체 안에, 미학적인 형식 자체 내에 깃들어 있는 예술적 진리에 접하여 자신이나 자신이 속한 집단이 진리를 독짐한 듯이 여겼던 칙각에서 깨어나 이웃과 더불어 새로운 삶을 이룩할 때, 우리는 이즈음 유행하는 〈삶의 질〉이 참으로 향상될 수 있으리라 믿는다. 왜냐하면, 마르쿠제의 말대로, "모든 본래적인 예술작품은 고발이요, 저항이요, 희망"이기 때문이다.

말을 바꾸면, 예술이란 낡은 것의 파괴로부터 출현하는 새로운 직접성의 발견과 창조로서, 친숙한 것들로부터의 단절이라는 뜻에서 침묵이라 할 수도 있다. 그러나 우리는 이 침묵을 통해서 우리의 의식과 무의식이 발전하며 우리로 하여금, 마르쿠제의 말대로, "우리가 보지 못하거나 보지 못하도록 금지된 것을 보고, 듣고, 말하지 못하거나 못하도록 금지된 언어를 듣고, 말할 수 있게 한다." 이로써 예술은 부정적인 것을 해방시키는 힘으로서 유효하게 되며, 억압적인 기존권위체제를 굳혀주는 불구화된 무의식과 의식을 자유롭게 만드는 데 협력한다.

4-7 맺음 말

어느 때부터인가 우리는 이분법적인 사고에 사로잡혀 있다. 그런가 하면 우리는 또한 '가슴은 뜨겁게, 머리는 차갑게'라는 말도 듣는다.

우리의 이야기도 얼핏 그 비슷하게 들릴 수 있다. 그것은 여하간에 우리로서는 다만 냉혹한 현실을 타산적으로 다루어 나가는 정치적 계산이 무엇을 기초로 삼아야 하는가를 본래적인 예술작품에 대한 논의를 통해 암시해보고 싶었을 뿐이다. 우리는 이러한 진리성과 합리성 중 어느 하나도 희생시킴 없이 품에 안을 수 있는 사회를 개방사회라고도 하고, 민주사회라고도 한다. 특정한 정치목표에 부합하지 않는 예술가와 예술작품을 그의 이상국가에서 추방하고자 했던 플라톤을 폐쇄사회론자의 효시로 보는 것도 바로 이러한 이유 때문이다. 그렇다고 우리는 우리가 말하는 본래적인 예술과 합리적인 정치가 마치 대도시의 많은 이웃처럼 그렇게 무관한 채, 그러면서도 밀착해 사는 것을 원하지도 않는다. 만일 진정 그토록 무관하게 살아 간다면, 각자는 결코 본래적인 자아를 찾을 수도, 가꾸어 갈 수도 없게 되고 말 것이다.

자칫하면 고답적이고 사변적인 이야기로 흐르기 쉬운 미학적 주제를 현실감있게 다루려다가 엉뚱하니 한 독일 정치가의 주변을 맴돌다 만 것 같아 여간 민망하지 않다. 그것도 경제불황과 핵분쟁의 와중에서, 자신의 말대로 하자면, "적법할저는 모르나 정당하지 못한"전략에 의해 수상직에서 몰려난, 어찌보면 실패한 정치지도자의 이야기고 보니, 그것이 우리에게 얼마나 현실성이 있겠느냐고 누가 질책한다면, 더구나 할 말이 없다. 그러나 때마침 문화예술에 대한 관심이 고조되고 있는 것 같기에 7년 가까이 머물었던 고장의 한 일화를 일러 드리는 것도 아침식탁의 한 화제가 되겠거니 하면서, 읽는 분들의 너그러운 여유를 기대해본다. 입각점이 다른 비판적 합리주의와 비판이론을 잇대어보려고 한 무모성도 다른 기회에 좀더 차분히 해명해 볼 수 있기를 바랄 뿐이다.

추기 : 여기에서 인용한 헬무트 쉬미트의 예술관은 1981년 11월 8일에 발행된 『벨트 암 존탁 Welt am Sonntag』紙에 게재된 후베르트 부르다 박사와 헬무트 쉬미트와의 면담기사를 참조로 하였음을 밝힌다.

＊ 이 글은 월간 『객석』(1985년 4월호)에 게재된 것을, 보완한 것이다.

5. 예술과 역사 : 아도르노의 경우*

일찌기 아리스토텔레스는 "시는 역사보다 더 철학적이고 더 중요하다"[1]고 하는 주장을 피력한 바 있다. 왜냐하면 그는 시가 보다 보편적인 것을 말해주는 반면, 역사는 개별적인 것을 말해준다고 보았기 때문이다. 여기에서 보편적인 것을 말한다는 것은 〈이러저러한 사람은 개연적으로나 필연적으로 이러저러한 말 또는 행동을 할 것이다〉라는 것을 의미한다. 시인의 기능, 시의 목적은, 이렇게 보면, 일어났던 일을 기술하는 것이 아니라, 일어날지도 모르는 종류의 일, 즉 개연적으로나 필연적으로 일어날 가능성이 있는 일을 기술하는 것이라고 말할 수 있을 것이다. 따라서 그는 불가능한 일이라도 그것이 시의 요구이거나, 또는 그것이 더 좋은 것이든가, 또는 세인의 통념인 경우에는 정당화시켜야 하며, 시의 목적을 위해서는, 믿을 수 없는 가능한 일보다, 믿을 수 있는 불가능한 일을 택하는 것이 더 낫다고 보았다.

그러나 예술과 역사가 여러 가지 방법으로 상호침투한다고 보는 사람들도 적지 않다. 예컨대 레이더와 제섭이 그러하다. 그들은 자신들의 공저 『예술과 인간가치들』에서 다음과 같이 그러한 상호관계를 나열하고 있다. "① 예술은 항상 역사자료의 한 부분을 이룬다. ② 예술은 종종 역사를 전달하는 수단이 된다. ③ 예술은 때때로 암시적인 역사이기도 하다 ― 말하자면 그 자신의 시대에 대한 자기반성적인 주해라고도 할 수 있다. ④ 기록된 역사는 때때로 예술작품으로 간주된다. ⑤ 예술과 역사는 양자가 모두 기본적으로 (단순한 사실보다는) 가치를 고려하

---

1) 스톨니츠編著·김문환譯,『美學』(서울, 을유문화사 1973), p. 56.

는 것에 기반을 둔다는 점에서 발생론적으로 흡사하다."[2] 그들은 이러한 관계를 보다 분명하게 밝히기 위해 이를 「역사가로서의 예술가」, 「예술과 문화사」, 「예술가로서의 역사가」 등의 항목으로 나누어 고찰한다. 그들은 고야(Goya)를 예로 들면서 예술가는 높은 심미안을 지녔을 뿐만 아니라 그 시대의 날카로운 비판적 관찰자이며, 진실한 보고자이며, 해설가라고 하였다. 그렇기 때문에 역사가는 미술작품을 보거나 시나 소설을 읽고서, 그것들 속에서 역사적인 방향의 반성점을 찾기도 한다. 요약한다면, "① 예술작품들은 역사적인 사건들이며, 어떤 포괄적인 연대기나 시대 또는 시기의 역사적인 요약에서나 중요하게 여겨져야 한다. ② 예술작품들은 항상 그런 것은 아니지만 종종 사상, 감정, 그리고 한 시대가 자신에 관계하는 태도들의 명시적인, 또는 암시적인 기록들이다. 그리고 그것들은 역사적인 사건들인 동시에 자기반성적인 역사이다. 상당한 정도로 한 시대는 그것이 산출하는 예술 속에서 자신의 역사를 기록 또는 묵시한다."[3]

따라서 주어진 한 시대의 예술을 충분히 이해하기 위해서는 그 시대의 다른 행동들을 이해하는 것이 필요하고, 이러한 행동들을 이해하기 위해서는 그 예술을 알고 이해하는 것이 필요하다고 보면서, 위의 저자들은 "이것이 적어도 이른바 〈문화사〉라고 하는 것의 근본적인 선결조건이다"라고 주장한다. 즉, 예술과 예술사는 비록 예술이 실제 사건들을 문자 그대로 재현하거나 실생활의 정서들을 표현하지 못한다 할지라도, 전체적인 문화사의 의미심장한 부분이 된다는 것이다. 위의 저자들은 예술에 대한 역사의 기여를 고려하면서 또한 역사를 쓰는 기술

---

2) Melvin Rader & Bertram Jessup, *Art & Human Values*, Englewood Cliffs, 1976), pp. 235. 이 책은 최근 우리말로도 번역되었다. 김광명譯, 『예술과 인간가치』(서울, 이론과 실천사, 1987).

3) 같은 책, p.241.

이 잘 만든 예술품을 산출해내는 재능을 요청한다는 것이 명백하다고
함으로써, 은연 중에 "역사적인 재창조의 과정은 그의 상상력이 끊임없
이 사실에 종속되어야만 한다는 것을 제외하고는 시인이나 소설가의 그
것과 본질적으로 다른 것이 아니다"[4]라는 주장을 지지한다. 말하자면,
위의 저자들은 역사란 필연적으로 사실들을 수집하고, 질서를 부여하
고, 또 사실에서부터 일반화된 법칙들을 공식화하는 데 헌신하는 과학
적 기획이라는 것을 완전히 부인하지는 않으나, 인간에게 일어나는 모
든 것들 중에서 단어나 기억 속에 보존되어 있는 것으로서의 〈기록된
역사〉를 만들어내기 위해서는 불가피하게 선택이 필요하다고 봄으로
써, 역사가 일종의 예술이며, 가치적 행위임을 주장한다. 〈중요한 것〉
과 〈흥미있는 것〉은 이미 가치의 범주에 속한다. 그러나 역사가가 소설
가와 마찬가지로 상상력을 활용해야 한다는 것이 사실이라 할지라도,
그의 기능은 실제를 상상하는 것이지 가능한 것을 상상하는 것은 아니
라는 점에서 예술가와 구별된다고 위 두 저자는 글을 맺는다.

버트란드 럿셀도 "역사가 과학인가 아니면 예술인가에 대해서는……
많은 논란이 있어왔다. 나는 역사가 그 양자 모두라는 것이 너무나 분
명해지지 않았나 생각한다"[5]고 말한 바 있지만, 우리는 양자의 관계를
프랑크푸르트 학파의 아도르노(Theodor W. Adorno)를 통해 좀더 물어보
려고 한다.[6]

아도르노의 역사개념은 철학의 영역에서가 아니라 음악연구로부터
유래한다. 음악연구는 그로 하여금 역사적 차원의 의의를 깨닫게 해주
었고, 그의 역사이해는 이 미학적 영역에 크게 힘입고 있다. 말하자면,
종종 예술들 중에서 가장 추상적이라고 불리워왔던 음악이 역사적인 의

---

4) A. L. Rowse, *The Use of History* (London, 1946), p. 112.
5) Bertrand Russell, "Mistery as an Art", in Robert E. Enger and Lester E.
   · Denonn eds. *The Basic Writings of Bertrand Russell* (New York, 1967), p. 533.
6) 참조 Susan Buck-Morss, *The Origin of Negative Dialectics; Theodor W. Adorno,
   Walter Benjamin, and the Frankfurt Institute* (Sussex, 1977), pp. 43-62.

미에서 보면 가장 구체적인 것이 된다. 왜냐하면 다른 어떤 예술도 시간의 차원과 이토록 밀접하게 관련되지 않기 때문이다. "음악은 시간예술로서 바로 그 매체에 의해 연속의 형식에 구속되며, 시간과 마찬가지로 역전이 불가능하다. 일단 시작되면 그것은 앞으로 계속 나아가고, 무엇인가 새로운 것이 되고, 자신을 발전시키게 마련이다."[7] 말하자면, 음악은 그 자체가 역사인 셈이다. 역사는 음악작품에 대해 외재적이 아니라는 아도르노의 이러한 명제는 비단 음악의 시간성이라는 일반적인 의미에서뿐 아니라, 구체적으로 내용에 연관해서도 마찬가지로 해당한다는 것이 버크—모르쓰의 주장이다. 예컨대 쇤베르크의 無調性이라는 역사적 현재를 통해서 볼 때, 전통적인 불협화음은 그 의미를 상실했다는 것이다. 이렇게 보면 불멸성을 보장할 수 있을 작곡상의 영원한 법칙들이란 존재하지 않는다. 음악형식들은 괴멸할 수 밖에 없고, 여기에서도 음악적 진리란 도저히 뗄 수 없을 정도로 그 무상성에 얽매여 있는 것으로 나타났다.

아도르노는 음악적 재생의 행위 속에서 자신을 밝히는 역사가 갖는 문제의 기술적인 의미함축들을 묻고 있었다. 1930년대에 아도르노는 쇤베르크의 처남이자 바이올리니스트인 루돌프 콜리쉬(Rudolph Kolisch)와 함께 음악적인 재생이론을 발전시킬 계획을 세웠으며, 이 연구를 위한 노우트들을 일생 동안 간직하고 있었다.[8] 만일 음악적 형식들이 불멸이 아니라면, 물질적인 자연과 마찬가지로 시간 속에서 소멸한다면, 예컨대 연주에서의 지휘자의 과제는 역사가 말살을 위협하는 작품의 살아있는 의미를 구출해내는 것이었다. 이러한 의미에서, 역사의 차원은 음악적 재생의 문제에서 핵심을 이루었다. 이미 1925년에 아도르노는 "모든

---

7) Theodor W. Adorno, "Stravinsky: Ein dialektisches Bild"(1962), *Quasi una Fantasia:Musikalische Schriften II (Frankfurt am Main, 1963), p. 208* .

8) 이 노우트들은 「재생이론」(Reproduktions theorie)이라는 제목으로 아도르노 전집의 부록으로 발행될 예정이다.

작품들이언제나 해석 가능한가"라는 질문을 제기하기 시작하였다. [9] 그는 지휘자가 한 작품을, 그것이 창작되었을 당시에 연주되었던 것처럼, 그렇게 단순하게 반복할 수는 없다고 주장하였다. 지휘자는 그 작품을 그것 자신의 〈내적 역사〉에 따라 변형시키면서 과거와 현재를 매개하지 않으면 안된다. 재료에 충실하고, 그로부터 의미를 끄집어내기 위해서, 지휘자는 역설적으로 예컨대 템포를 바꿈으로써 그 재료를 변화시키지 않으면 안된다. 음악적 재생이란 따라서 원본을 먹지를 대고 베끼는 것과는 판이하게 다르다. 그것은 과거와 현재, 지휘자와 작품 간의 변증법적인 매개의 결과일 뿐이다.

어떤 의미에서 작곡가의 역할은 그 과정을 뒤집어놓은 것이다. 과거의 음악을 재생하는 것이 현재의 매개를 필요로 하듯이, 새로운 작품들의 창조는 과거와의 매개를 필요로 한다. 라이보 빗츠는 쇤베르크가 과거적 음악으로부터의 혁명적인 결별을 선언했지만, 그것은 그가 음악의 역사적 발전을 잘 알고 있었기 때문에 가능했다고 주장한다. [10] 아도르노는 쇤베르크로부터 역사 안의 무상성의 계기가 일단 인식되면, 역사적 전통을 위한 관심이 문화적 보수주의를 정당화하는 것으로부터 문화적 급진주의로 뒤바꾼다는 것을 익히 배웠다. 쇤베르크는 그가 1911년에 쓴 『화성법』에서 음악을 지배하는 영원한 규칙들이란 존재하지 않으며, 음악의 발전이 〈자연법칙들〉에 의해 결정된 것이 아니라고 주장함으로써 자신의 調性으로부터의 결별을 정당화하였다. 예술은 어떤 초월적인 원리 때문이 아니라 예술작품들을 통해서 발전하는 것이다. 과거의 형식법칙들은 그렇기 때문에 현재의 창조들을 위한 기준이 될 수 없다는 것이다.버크—모르스는이를 우상파괴적인 정신이라고 부르고, 같은 정신이 아도르노를 사로 잡았다고 말한다. 예컨대 그는 쇠퇴

---

9) 참조. Theodor W. Adorno, *Zum Problem der Reproduktion ; Fragmente,* (1925):51-55.

10) 참조. R. Leibowitz著, 최동선譯, 『쇤베르크와 그의 學派』(서울, 세광출판사, 1981).

해가는 바그너의 오페라 형식에 시민계층의 가정생활이라는 〈현대적〉 주제를 채움으로써 마치 헌 부대에 새 술을 담는 것같은 어리석음을 저질렀다고 슈트라우스의 오페라 「인테메쪼(Intermezzo)」를 신랄하게 비판하였다.[11] 그는 쉰베르크의 저항이 "오늘날 이데올로기로서 선언된 모든 음악의 자연법칙들의 가면을 벗겨버렸다"고 확언했는데, 여기에서 말하는 이데올로기란 특히 중산계층의 문화적 특권의식과 연결된다. "계층적 특권으로서의 문화적 이데올로기는 자신의 고귀한 재산이 괴멸될 수 있다는 사실을 도저히 용납하지 않은 것이다."[12] 왜냐하면 영속하리라고 가정된 그 재산은 실상 그 계층 자신의 존재의 영속성을 보장하는 것으로 여겨지기 때문이다.

이러한 관점은 나아가 아도르노가 즐겨 쓰는 "역사는 진리 속에 존재하지만, 진리는 역사 속에 존재하지 않는다"[13]라는 명제로 연결된다. 말하자면 모든 진리는 역사적이고, 비록 시간을 넘어선 진리는 존재하지 않는다 할지라도, 실제의 역사과정은 어떤 형이상학적 또는 존재론적 의미로서나 진리와 동일시될 수 없다는 것이다. 역사란 어떤 〈구조적인 전체〉를 형성하는 것이 아니다. 그것은 무한히 다양한 인간의 실천이라는 개방된 변증법적 과정들 속에서 전개되며, 이런 의미에서 〈불연속적〉이다.[14] 아도르노가 이러한 주장을 내세운 것은 역사를 보다 높은 진리로 추앙하는 것이, 역사 과정이 개인들에게 가져다준 고통이나 그것이 자연적 물리적 존재로서의 인간에게 행한 폭력을 정당화하는 것으로 기능한다고 보았기 때문이다. 그렇기 때문에 그에게 있어서는 시대

---

11)   Theodor W. Adorno, "Opernprobleme: Glossiert nach Frankfurter Auffü hrung," *Musikblätter des Anbrlich* 8 (1926): 205-208.

12) Theodor W. Adorno, "Nachtmusik," (1929), *Moments Musicaus: Neugedruckte Anfsätze, 1928 bis 1962* (Frankfurtam Main, 1964), p. 62.

13) Theodor W. Adorno, "Die Aktualität der Philosoplie," (931) *Gesammelte Schriften*, Vol. 1: *Frühe philosophische schlrifren,* ed. Rolf Tiedemann (Frankfurt am Main, 1973), p. 325.

14) Theodor W.Adorno, "Die Idee der Naturgeschichte,"(1932), 전집 I , p. 362.

정신에 부응하기보다는 이에 맞서는 대결의식이 더 값진 것으로 여겨졌고, 제2차대전 발발 이후로 진보로서의 역사라는 관념을 배척하는 것이 더욱 지배적인 경향으로 등장하게 되었다. 그것은 결국 現狀(status quo)을 숙명론적으로, 수동적으로 받아들이는 것을 거부하는 태도와 상통한다. 이는 다른 말로 해서 사고와 현실 간의 비판적인 긴장을 심화시키는 것을 뜻한다. 말을 바꾸면 인간의 행동과 무관하게 합리적인, 이른바 '계급없는 사회'를 향한 진보를 보장해주는 역사법칙이란 존재하지 않는다는 것이다. 역사는 인간과 물질적인 현실 간의 변증법에 따르는 것으로, 이러한 과정이 주어진 사회적 조건들의 재생산에 머물 것이냐, 아니면 무엇인가 질적으로 새로운 것을 산출해낼 것이냐 하는 것은 물질적 현실과 인간의 비판적 의식 양자 모두에 달려 있다. 하버마스가 후에 윤리의식이 역사발전에 있어서 결정적인 구실을 한다고 한 것 역시 이러한 문맥을 이어 받은 것이다. 아도르노는 그렇기 때문에 참다운 사상가나 예술가는 물화된 현실을 거부할 수 밖에 없다고 주장한다. "(음악에서의) 진보란 (오늘날이라는) 역사적 변증법의 가장 발전된 수준에서 재료를 지속적으로 손에 거머쥐는 것 이외 다른 아무것도 뜻하지 않는다."15) 버크—모르쓰가 잘 지적했듯이, 여기에서 말한 〈역사적 변증법〉이란 어떤 초월적인 발전원리를 말하는 것이 아니라, 경험적인 역사 속에서 발전된 것으로서의 작곡기법의 혁신이라는 변증법적 과정을 말하는 것이다. 예술작품들이란 결국 변증법적 실천의 산물이며, 현재의 재료가 가지고 있는 잠재력들로부터 새로운 것을 추출해내는 예술가의 능력의 소산이다. 이 말을 좀더 확대한다면, 진리의 개념이 그 구체적인 의미를 발견하는 것은 바로 현재이며, 어떤 초월적인 절대적인 이념이 아니라 〈진리의 객관적인 현재상황〉이 아도르노에게 있어서는 비

---

15) Theodor W. Adorno, "Reaktion und Fortschritt,"(1930), *Moments Musicaux*, pp. 153-154. '오늘날'이라는 귀절은 가장 진보된 수준이란 시민계급이 몰락하는 가장 최근의 시대를 의미한다고 본 버크—모르쓰의 해석에 따라 필자가 삽입한 것이다.

판적인 탐구의 목표가 된다. 이 말은 결국 진정한 사상가나 예술가는 그 시대의 욕구들에 급급할 것이 아니라, 이를 비판적으로 파악하여 진정한 요구를 창출해내는 태도를 지녀야 한다는 것과 통한다. 앞에서 언급했듯이 그의 이러한 사고는 쇤베르크를 비롯해서, 베르크와 베베른, 그리고 거슬러 올라가서는 베토벤같은 작곡가들의 세계로부터 출발되었다. 그의 다음과 같은 고백은 그대로 그의 역사이해에도 적용된다.

"내가 만일 無調性을 오늘날 유일하게 가능한 종류의 작곡기법이라고 간주한다면, 그것은 내가 그것을 몰역사적으로 '보다 낫다'고, 調性보다는 보다 간편한 체계같은 것이라고 생각하기 때문이 아니다. 나는 그보다 調性이 해체되었다는 것, 모든 調的 和聲이 더 이상 우리가 파악할 수 없는 의미를 지니고 있나는 것, 우리가 일단 調的 재료의 '자연적인 소여성'으로부터 벗어나자, 우리는 더 이상 그 재료로 되돌아갈 수 없다는 것을 믿는다."[16]

그러므로 우리 앞에는 오로지 두 가지 중 하나를 선택해야 하는 과제가 놓여 있을 뿐이라고 아도르노는 말하고 싶은 것이다. 〈주어진〉세계를 즉각적으로 진리로서 받아들임으로써 현재의 신화들을 영속시킬 것인가, 아니면 그것을 非神話化하고 그 마력을 풀어버리기 위해 그것을 비진리로 선언하는 비판적인 부정을 시도할 것인가? 이러한 문제들을 보다 깊이있게 이해하기 위해서는 우리는 특히 그의 대표적 저작인『계몽의 변증법(Dialektik der Aufklärung)』이나 『부정적 변증법(Negative Dialektik)』을 천착해야 한다.

그 중 프리드리히 폴록의 50회 생일에 맞춰 완성하여 그에게 헌정하려고 했던『계몽의 변증법』에서 호르크하이머와 아도르노는 「인류가 왜 진정으로 인간적인 상황에 발을 들여놓는 대신에 새로운 형태의 야만에 빨려들 수밖에 없게 되었는가」를 밝혀보려고 하였다. 여기에서 말

---

16) Theodor W. Adorno and Ernst Krenek, *Briefwechsel,* ed., Wolfgang Rogge (Frankfurt am Main, 1974), p. 112.

하는 야만이란 히틀러의 이른바 민족사회주의가 저질러놓은 갖가지 횡포는 물론 멀리는 이를 가능케 한, 또는 이를 기화로 한 실증주의적 사고방식을 지칭한다. '다시 말해서 계몽의 이상을 자유, 정의, 박애라고 할 때, 이러한 이상들이 사회적 실천이 되기 이전에 이미 계몽은 그것들을 숙청하기 시작하였고, 전체주의 운동을 위한 바탕이 마련되었다는 것이「계몽의 변증법」이라는 표제가 의미하는 내용인 것이다. 아도르노의 영향 아래 호르크하이머는 심리분석을 문화와 사회의 병리학으로 전환시키는 것을 비판이론의 한부분으로 생각했을 뿐 아니라, 이후부터 비판이론을 신화 속에 휩싸인 채 전체주의적으로 되어버린 계몽의 명령하에 서 있는 역사와 사회에 대한 철학으로 이해하였다. 이렇게 해서 선이 아니라 악이 이론의 대상이 되었다. 그것의 요소는 자유이지만, 그 주제는 바로 억압이다.「이제 진리를 위해 오직 한 가지 표현만이 존재할 뿐이다. 그것은 곧 불의를 부정하는 사상이다.」사상이 불가피하게 상품이 되어버리고, 언어가 그 상품을 촉진하는 수단이 되는 상태에까지 여론이 이르렀다면, 그러한 타락의 과정을 추적하려는 시도는 당시를 횡행하는 언어적 관념적 인습들과의 어떤 유대도 거부하지 않으면 안된다. 그렇지 않으면 그것들의 세계 역사적 결과들이 그러한 시도를 완전히 무효화할 것이라고 호르크하이머와 아도르노는 단언한다. 그들은 이론적인 상상력의 철폐가 정치적인 공포와 광기를 위한 길을 준비했다고 보면서, 사람들이 아직 이러한 광기에 완전히 빠져들지 않은 때라도, 그들은 내적으로 또 외적으로 작용하는 검열의 메카니즘들을 통해 저항의 수단을 잃어버리고 만다고 본 것이다.

그들은 물론 사회적 자유가 계몽사상과 분리될 수 없다는 것을 믿고 있다. 그러나 그들은 바로 이러한 사고방식이 그와 밀접하게 짜여진 구체적인 역사적 형식들, 사회기구들 못지않게, 이미 오늘날 보편적으로 분명해진 그 반대의 씨앗을 내포하고 있었다는 사실을 또한 분명히 인식했다고 믿고 있다. 만일 계몽이 이러한 퇴행적인 계기에 대한 반성을 자기 속에 수용하지 못한다면, 그것은 자신의 운명을 스스로 낙인찍게 될 것이라는 그들의 판단은 불행히도 적중하고 말았다. 말하자면 진보의 파괴적인 국면에 대한 고려가 그 적들의 손에 맡겨질 때, 맹목적으로 실용화된 사고는 그의 초월적인 특질과 아울러 진리에 대한 관계를 상실한다는 것이다. 호르크하이머는, 아도르노와 함께, 기술적으로 길들여진 대중에게서 보이는 온갖 종류의 독재적 명령에 순응하는, 수수께끼같은 용의성에서, 대중적 편집광(Paranoia)에 쏠리는 자기파괴적인 속성에서, 모든 불가피한 부조리에서, 현대의 이론적 능력의 취약성이 분명히 드러난다고 본다. 물론 경제적 생산성의 성장이 보다더 정의로운 세계를 위한 조건들을 마련한다는 것을 부인할 수는 없다. 그러나 다른 한편 그것은 기술적 장치와 그것을 관리하는 사회적 집단에게 그 사회의 여타 구성원에 비해 너무나도 엄청난 특혜를 허용하게 된다. 개인은, 이제까시는 상상노 하지 못할 성도로 자연에 대해 사회적 통제를 가하는, 경제력과의 연관하에서 평가절하된다. 불의한 생활상태 속에서, 대중들의 무기력과 순응성이 그들에게 허용된 상품들의 질적인 증가와 더불어 성장한다. 정신의 참된 관심은 物神崇拜의 부정이어야 하거늘, 상세한 정보의 홍수가 인간을 재치있게 만드는 동시에 바보로 만드는 것이 오늘의 실정이 아니냐는 것이 호르크하이머와 아도르노의 지적이다.

이러한 전제하에서 『계몽의 변증법』의 첫장, 즉 「계몽의 개념」은 합리성과 사회적 현실과의 교직상태 및 그로부터 떼어낼 수 없는 자연과 자연정복과의 교직상태를 보다 분명하게 밝히려는 의도를 가지면서 그들의 이론적 기초를 마련한다. 이에 수반하는 계몽에 대한 비판은 맹목적인 지배욕에 휩쓸려들지 않도록 해줄, 계몽에 대한 긍정적인 개념을 마련해줄 것으로 기대된다. 신화가 이미 계몽이고, 계몽이 신화 속으로 뒷걸음질친다는 그의 명제는 물론 설명이 필요한데, 여기에서는 그런 여유가 없음을 유감으로 생각한다. 호르크하이머는 서구 부르조아문명의 가장 이른 증언의하나라하여 『오딧세이』에함축된 신화와 계몽의 변증법을 추적하기도 하고, 계몽의 완성자로서 칸트, 사드, 그리고 니체를 다루기도 한다. 이어서 그는 계몽의 이데올로기에로의 전락을 보여주는 문화산업을 다루는데, 이는 영화와 라디오에서 특히 그 전형적인 표현을 발견한다. 유독 이 부분은 우리말로도 소개되었다고 하지만, 그 내용에 따라 이데올로기가 주어진 존재와 기술을 지배하는 힘의 우상화 속에서 자신을 확장해 간다는 이 문화산업의 기본명제를 현재의 변화된 상황에 비추어 점검해보는 일이 필요하리라 본다.

 마지막으로 다루어진 반유태주의의 요소는 계몽의 한계라는 부제가 말해주는 대로 개화된 문명의 야만에로의 전락을 사회조사연구소에 의해 수행된 경험적 조사와 직접적으로 연관시키고 있다. 자신들이 유태인이라는 사실도 감안해야겠지만, 그러나 이들의 신랄한 군국주의 비판은 이에 국한되지 않는다. 요컨대 역사란 말은 하나의 비판적인 인식적 개념으로서, 사회—역사적인 현상들을 비신화화하고 그것들이 의식과 행동에 미치는 마력을 풀어버리기 위한 이론적 도구로서 이해되고 있고, 결국은 "희망이 없기 때문에 우리에게 희망이 주어진다"는 역설과 연결되어 있다. 말하자면 역동적 역사와 정태적 신화의 대국을 통해 현재에 대해 비판적인 의미를 부여하려고 노력했다는 점에서 이 책은 이 글에서 짧게밖에는 다루지 못한 문제들을 심화시키고 있다.

 예술과 역사라는 제목을 보고 예술사의 문제를 다룰 것으로 기대했던 이들에게는 어쩌면 실망을 주었을지 모르나, 그러나 이 글이 예술의 본령이 〈역사의 새로운 시작을 위한 충격〉[17]에 있다는 생각의 재료를 마련해주었다면 이로써 기쁨으로 삼겠다.

---

17) 참조, 말틴 하이데거, 吳昞南・閔炳源共譯, 『藝術의 哲學的 解明—言語, 藝術, 哲學』 중「 예술작품의 근원에 대하여 」(서울, 경문사, 1979).

＊ 이 글은 聖心女子大學의 『성심학보』(1983.10.31)에 게재된 바 있는데, 『문학사상』 1984년 9월호에 게재된 필자의 글 『저항과 동경 : 호르크하이머의 경우』중 일부를 추가한 것이다.

제3부

예술의 가치

1. 예술적 가치 : 분석미학적 관점*

1

이 글은 미학을 전공하지 않은 사람들에게 미학을 소개하려는 의도를
가지고 이루어지는 필자의 일련작업 중 하나에 속한다. 그렇기 때문에
가장 보편적인 이해를 목표로 하여 집필된 사전적 설명을 우선적으로
참조하고 있다. 이 글은 일단 미국에서 발간된 『철학사전』의 미학항목
중에서 예술적 가치와 연관된 부분을 주관적으로 인용 내지 소개하는
것으로 시작한다[1]

2

우선 예술적 가치와 밀접한 연관이 있는 예술작품들의 국면들을 알아
보도록 하자. 우리가 예술작품들에 주목할 수 있는 뚜렷한 방법들이 여
럿 존재한다. 달리 말하자면, 예술이 우리에게 제공해야 할 가치들이
여러 종류 존재한다고 보겠는데, 이러한 가치들은 미학적 분석에서 구

---

1) *The Encyclopedia of Philosophy*, (Macmillan, Inc., 1965, Reprinted Edition,
   1972). 이 사전의 「미학」 항목은 〈미학의 역사〉와 〈미학의 문제들〉로 나뉘어
   져 있다. 〈미학의 역사〉 부분을 집필한 Monroe Beardsley 못지 않게 저명한
   〈미학의 문제들〉의 필자 John Hospers는 철학과 문학 두 부문에서 박사학위
   를 소지하고 있으며, 특히 *Meaning and Truth in the Arts* (1946) 라는 저술
   로 유명하다. 최근에서 *Understanding Arts* (Englewood Cliffs, Prentice Hall
   Inc, 1982)를 출판한 바 있다. 이 책에는 여기에서 소개하는 내용이 확대되
   어 있다.

별해 볼만 하다.

우선 우리는 〈감각적 가치들〉을 들 수 있다. 예술작품(또는 자연)속에 있는 감각적 가치들은 관조자가 현상적 대상의 순수히 감각적 특징등을 향유하거나 거기에서 만족을 취할 때 그에 의해 파악된다.[2] 그러한 가치들의 감상에서, 예술작품들 속에 내재하는 복합적인 형식관계들이 주목의 대상이 되지 않는 것과 마찬가지로, 예술작품이 구현하고 있을 상념들이나 정서들도 주목의 대상이 되지 않는다. 예컨대 결(texture), 색채(color), 그리고 음조(tone)에서 기쁨을 느낄 때, 우리는 예술작품에서 감각적 가치들을 발견하는 셈이다.   비취의 광채, 거칠게 베어놓은 나무의 특질, 하늘의 깊고 푸른 색, 상아 또는 대리석의 시각적 내지 촉각적 득실들, 바이올린의 음색(timbre)등도 그러한 예들에 속한다. 물론 이것들은 우리를 즐겁게 하는 물리적 대상 자체는 아니다. 그것은 감각적 표상일 뿐이다. 그것은 말하자면, 물리적 대상이라기보다는 현상적 대상이다.

다음으로 우리는 〈형식적 가치들〉을 손꼽을 수 있다. 감각적 가치들의 감상은 곧장 형식적 가치들의 감상에로 포괄된다. 우리는 오랫동안 단순한 색조 또는 색채들의 특질에 의해 황홀해지는 상태에 머물지 않고, 이내 이러한 요소들의 관계들에 유의한다. 하나의 가락은 음정관계들로 구성되어 있고, 음정관계들의 체계 속에서 어떠한 음이 아주 미세하게나마 변화를 일으킨다 할 때, 그 순간에 그 가락은 급격하게 달라진다. 반면에, 각각의 음들이 본래의 음정과는 모두 달라진다 해도 똑같은 음정관계들의 연속으로 인식될 수 있다면, 그 가락은 그 모든 변화들에도 불구하고 같은 가락으로서 살아 남는다. 이른바 轉調를 연상하면 이해가 빠를 것이다.

여기에서 사용되는 '형식'(form)'이라는 단어는 예술작품들과 연결되면 비미적 맥락들에서 그것이 갖는 의미와 다른 의미를 갖는다. 형식

---

2) 여기에서 〈감각적〉(sensuous)이라고 명명된 가치들은 〈관능적〉(sensual) 가치들과 구별되어야 한다.

은, 심지어 조형예술들에서조차 '형태'(shape)와 똑같은 것을 의미하지 않는다. 형식은 부분등의 전체적인 내재관계들(inter-relations)과 관계가 있다. 형태들이란 조형예술 안에서조차 그 한 국면에 불과하다. 말하자면, 형식은 작품의 총괄적 조직(the over-all organization of work)이라고말할 수 있다. 만일 한 그림에서의 형식이 그 형태로서 정의되거나, 심지어 그 속에 들어있는 형태들의 총체로서 정의된다면, 이러한 정의는 형태들을 윤곽지우는 색채들은 고려에 넣지 않게 될 터인데, 실상 색채들은 회화의 형식적 조직에서 형태들 못지 않게 중요하다. 그런데 주의해야 할 것은 이 때의 형식은, 논리학과 수학에서 그렇듯이, 구조적 형식을 가리키지 않는다는 사실이다. 논리학이나 수학에서 우리는 같은 형식 속에서 서로 다른 주장들 또는 다른 공식들을 이야기하는데, 예술적 형식은 그렇지 않다. 많은 예술작품들이 특정한 구조적 성질들을 공통으로 가지고 있다는 것은 사실이고, 이같은 의미에서 우리는 소나타형식의 작곡과 같은 '예술형식들'을 이야기한다. 그러나 우리가 개별적인 예술작품의 특수한 형식을 말할 때, 우리는 그것이 지니는 고유한 독창적인 조직양태를 말하는 것이지, 그것이 다른 예술작품들과 공유하는 조직유형을 말하는 것은 아니다.

이와 연관해서, '대규모형식(form-in-the-large)'과 '소규모형식(form-in-the-small)'을 구별하는 것이 유용하다. '대규모형식'은 '구조(structure)'라고도 할 수 있겠는데, 우리가 예술작품의 구조를 말할 때, 그것은 그것을 구성하는 기초적 요소들의 내재관계로부터 결과하는 총괄적 조직을 뜻한다. 이렇게 보면, 가락은 교향악의 구조 속에서 하나의 항목에 불과함에 반해, 가락은 그것대로 관계된 부분들로 구성되면서 '소규모형식'을 구성한다. 하나의 노래가락 또는 시 한줄이 분석되듯이 전체는 그것대로 분해되고 분석될 수 있다.

상대적일 수밖에 없는 '대규모형식'과 '소규모형식' 간의 관계에 대한 논의가 보다 자세히 다루어져야 할 필요성을 느끼면서도 우리는 그보다 더 의미심장한 문제 때문에 그리로 옮겨갈 수 밖에 없다. 그것은 곧 비평가나 미학자들이 미적 형식을 분석함에 있어서 채택해온 기준에 대한 논의없이는 예술에서의 형식이 갖는 중요한 개념을 파악할 수 없다는 사실이다. 이때 우리는 예술작품이 적어도 그것이 지닌 형식적 측면에서 그에 의해 판단될 수밖에 없는 형식원리들이란 무엇인가 하는 문제에 직면하게 된다. 많은 저술가들이 이 문제에 관해 다양한 의견을 제공해왔지만, 가장 보편적으로 인정된 중심적 기준은 통일성이다. 이는 때로 유기적 통일성이라는 말로도 불리우는데, 결국에는 혼란, 혼돈, 불화의 반대개념이 된다. 즉 하나의 대상이 통일되어 있다면, 군더더기가 하나 없이 한덩어리가 되어 있다고 말해질 수 있다. 그러나 이런 조건은 보다 특수화되어야 한다. 비어있는 흰 벽이나 구름 한 점 없이 푸른 하늘은 그것을 방해할 아무 것도 거기에 존재하지 않는다는 의미에서 통일성을 갖는다. 그러나 이는 예술작품들 안에서 바람직한 것은 결코 아니다. 예술작품들은 항용 대단한 형식적 복잡성을 가지고 있기 때문이다. 그렇기 때문에 보통의 공식은 〈통일성 속의 다양성〉이다. 통일된 대상은 그 자체 속에 수많은 다양한 요소들을 포함해야 하며, 그 요소들 각각은 어떤 방법으로든지 통일된 전체의 총체적 통합에 공헌한다. 이렇게 해서 대상 속에 들어있는 서로 다른 요소들에도 불구하고 혼란이 존재하지 않는다. 통일된 대상 속에는 필요한 모든 것이 존재하는 대신, 불필요한 것은 전혀 존재하지 않는다.

보통 〈유기적〉이라는 형용사가 〈통일성〉이라는 명사 앞에 붙게 마련인데, 예술작품은 유기체(organism)가 아닌 까닭에, 이 말은 분명히 비유적이다. 비유가 그에 기초하는 사실은 살아있는 유기체 속에서 다양한 부분들의 상호작용은 독립적이지 않고 상호의존적이라는 것이다. 어떤 부분들도 부분적으로 기능하지 않는다. 즉, 각각의 부분 또는 요소는 그것들 중 하나에서 이루어지는 변화가 모두에게 변화를 일으키는 방식으로 모든 다른 부분과 상호작용한다. 다른 말로 하면, 부분들은 외부적으로가 아니라 내부적으로 된다. 胃의 기능은 심장, 간, 그리고 그밖의 신체 기관들에 의존하며, 이들 중 하나의 기능 마비는 다른 것들의 기능마비를 가져온다. 적어도 전통적인 예술작품들에서는 각 부분들의 관계가 이와 비슷하다.

그러나 어떤 유기체도 완벽한 유기적 통일을 이루고 있지 않다는 것은 너무도 분명하다. 어떤 부분들은 분명히 다른 부분들보다 좀더 중요하다. 예술작품들에서도 마찬가지이다. 예컨대 『일리아드』에서 나오는 배들의 목록같은 詩行들은 다른 시행들보다 덜 중요하며, 그것들의 변경 혹은 삭제가 그 시의 미적 효과를 크게 파괴하지 않을 것이며, 심지어 어떤 경우에는 전혀 손상하지도 않을 것이다. 예술작품들 안에는 고지대가 있는가 하면 저지대가 있고, 보다 통합된 부분들이 있는가 하면 보다 덜 통합된 부분들이 있다. 그러나 이것은 오로지 예술작품들이, 유기체들과 마찬가지로, 완벽한 유기적 통일체의 예들이 아니라는 것을 말해줄 뿐이다. 예술작품들이 그러해야 하는가 하는 것은 논란의 여지가 있는 질문이다.[3] 아마도 이상적인 통일은 불가능할 뿐더러 바람직하지도 않다. 어떤 작품들은 이상에 매우 근접해 있는 것같아 보이지만, 대부분의 작품들은 어떤 정도로든지, 완벽한 유기적 통일에 미치지 못하는 어떤 것에 의지해서 자신을 유지해간다.

그러면서도, 통일성은 예술작품들이 갖는 중요한 형식적 성질이다. 하나의 작품은 그것이 통일되어 있지 않거나 비조직적이라는 이유 때문만으로 상찬되지 않는다. 만일 덜 통일된 작품이 보다 통일된 작품보다 낮게 고려된다면, 그것은 전자가 통일성을 결여했기 때문에가 아니라 〈그럼에도 불구하고〉 이다. 통일성 이외의 요소들의 현존이 전자의 경우 안에 내재하는 통일성의 보다 낮은 정도를 묵인하도록 만든 셈이다. 전위예술에서 보이는 이른바 유기적 통일성의 결여 내지 무시도 이와 같은 관점에서 이야기될 수 있을 것이다.

비록 통일성이 형식적인 기준으로서 중요하긴 하지만, 그것은 비평가가 예술작품들을 사정함에 있어서 구사하는 유일한 기준은 아니다. 다른 사람들에게와 마찬가지로, 비평가들 자신 사이에도 만장일치는 존재하지 않는다. 파커는 유기적 통일성이라는 하나의 주요원리에 보

---

3) 참조. Catherine Lord, "Organic Unity Reconsidered", *Journal of Aesthetics and Art Criticism*, Vol. 22, 1964 PP.263-268.

조적인 그밖의 원리들이 존재한다고 주장한다.[4] 즉 ① 주제—주제 또
는 예술작품 안에서 눈에 띄는 주도적인 동기(motif), ② 주제적 변
주—참신성을 끌어들이는 동시에 통일성을 유지하기 위해 주제에 근거
해야 하는 변형으로서 단순한 반복과 구별된다. ③ 균형—미적인 기쁨
을 주는 질서 속에 다양한 부분들을 배열하는 것을 뜻하는바, 예컨대
흥미로운 사물들을 그림 속의 한 쪽에만 온통 몰아놓지 않는다, ④ 발
전 또는 진보—시간예술작품의 모든 부분은 후속하는 부분들에 필연
적인 바, 그렇게 해서 만일 선행하는 부분이 변경 내지 삭제될 경우, 모
든 뒷부분이 결과적으로 변경되어야 한다는 것등이다. 앞에서 일어난
모든 것은 뒤에 일어나는 것을 위해 필수불가결한 전제조건이다.

　형식적 조건들에 관한 토의는 페퍼에 의해서도 이루어졌다.[5] 그는 심
리학적 접근을 구사하면서 미적 경험의 敵은 단조와 혼란이라고 주장한
다. 단조를 피하는 방법은 다양이고 혼란을 피하는 방법은 통일이다.
이 두 가지 특질들 간에 미묘한 균형이 이루어져야 한다. 단순한 반복
으로는 흥미가 유지될 수 없으며, 이런 이유로 인해 주제적 재료는 다
양화되어야 한다. 그러나 변주는 주제에 통합적으로 관계되어야 한다.
왜냐하면 작품이 바람에 날려 사방으로 흩어지게 하지 않으려면 통일성
이라는 닻이 내려져야 한다. 페퍼는 네개의 주요원리를 환기한다. 단조
와 혼란을 방지하기 위해서, 예술가는 ① 부분들간의 대조와 ② 기본적
통일 안에서 변화를 가져오는 하나의 감각특질로부터 다른 감각특질에
로의 전이(예컨대 한 그림 안에서 붉은 색으로부터 분홍 색으로 바뀌는 전이),
한 마디로 해서 차등(gradation)을 구사해야 한다. 아울러 예술가는 ③ 주
제와 변주를 채용해야 하는데, 주제는 통일된 기초를 확보하기 위해서,
그리고 변주는 단조를 방지하기 위해서 기여한다. 마지막으로 억제, 곧
흥미제공에서의 경제성을 채택해야 한다. 그래야 이는 예술작품의 전
체 지속과 범위에 걸쳐 적절히 배분될 것이고 감상자의 〈흥미재고

---

4) 참조. Dewitt Parker, *The Analysis of Art*, (New Haven, 1926).
5) Stephen Pepper, *Principles of Art Appreciation*, (New York, 1949).

〈store)〉가 너무나 빨리 탕진되지 않을 것이다.

예술에서의 형식에 관해 더욱 많은 것이 이야기될 수 있을 것이나, 가치적 측면에서 한가지 더 거론되어야 할 사항이 남아 있어 논의를 그 방항으로 옮겨 가기로 한다. 그것은 곧 〈생활가치들〉이다.

감각적 및 형식적 가치들은 둘다 매체적(mediumistic)이다. 그것들은 예술작품이 바로 그 매체 속에 함축하고 있는 것과 관계한다 — 말하자면, 색채와 형태, 음과 휴지, 시에서의 단어들과 그것들의 배열등을 들 수 있다. 그러나 예술 밖의 생활로부터 유입된 다른 가치들도 존재한다. 이것들은 매체 안에 포함되어 있지는 않으나 매체를 통해 담지된다. 예컨대, 십자가처형의 그림같이 재현적인 예술작품은 우리가 예술 밖의 생활에 관한 어떤 정도의 지식을 갖추고 있지 않으면 완전히 감상될 수 없다. 마찬가지로 특히 문학작품들 속에는 개념들과 관념들이 제시될 수 있다. 나아가, 예술들은 감정들을 함축할 수도 있다. 예컨대 음악은 슬프거나, 기쁘거나, 우울하거나, 쾌활하거나, 명랑할 수 있다. 이 모든 가치들에 관련하여, 일정한 정도로 예술 밖의 생활과 친숙해질 필요가 있으므로, 여기에서 운위된 가치들은 생활가치들이라고 불리운다. 때로 그것들은 연상적 가치(associational value)라고 불리우기도 한다. 왜냐하면 그것들은 매체 속에 직접 담지되기보다는 매체 속에 있는 항목들과 함께 감상자의 마음 속에 환기된다고 말해지기도 하기 때문이다. 그러나 그러한 단어는 다소간 들어맞지 않는다. 왜냐하면 그 단어는 그것들이 연상의 과정을 통해 환기되는가 하는 질문, 예컨대 슬픔이 어떤 의미로든 음악 속에 담지 내지 구현되기보다는 음악과 함께 연상되는가 하는 질문을 앞질러 판정하기 때문이다.

3

이상에서 우리는 예술적 가치를 예술작품들을 구성하는 요소들과 연관하여 설명하여 보았다. 이를 보다 자세하게 논의하기 위해서는 특히 내용과 연관하여 그것이 소재와 어떻게 구별되는가를 이야기해야 할 것이다.

　광의의 소재는 예술가가 작품을 제작하는 경우에 원료가 되는 일체의 자연적 소여, 즉 미적 가치원리에 의해서 통일적으로 형성된 예술작품에 대립상태에 있는, 아직 예술적 형성을 거치지 않은 채로의 재료를 뜻한다. 이런 의미에 광의의 소재는 다음의 두가지를 포괄한다.

　① 표현수단으로서의 소재. 이는 매체 또는 媒材(medium)라고도 불리운다. 모든 예술은 무엇인가로 형성되어야 할 물질적 감각적 재료를 필요로 하는데, 이런 의미에서의 형성소재(Gestaltungsstoff)가 여기에서는 문제가 된다. 예컨대 조각을 위한 목재, 대리석, 청동 등이 그것이다. 이 소재는 미적 대상으로서의 예술작품의 감각적 실제적 前景을 형성하는 것으로서, 예술의 형식에 의해 규정됨과 동시에 크든 작든 형식을 규정하기도 한다. 재료기능을 충분히 발휘시키기 위해서 소재를 적절히 사용하고, 그것의 특수한 성질을　존중하는 것을　재료적 적응성(Material-gerechtigkeit)이라고 한다. 나아가 이 표현수단으로서의 소재를 다시 양분하여 물질적 고유성을 담지하는 구체적인 매재(또는 매체)와 그것이 지니는 보다 추상적 감각적 요소를 별개로 생각할 수도 있다. 예컨대 악기와 그것이 만들어내는 소리 간의 차이를 연상해보라. 전자는 工人의 관심이지만, 후자는 예술가의 관심사가 된다.[6]

　② 표현대상으로서의 소재. 이는 題材(Subject)라고도 불리운다. 재현적 예술에서 재현되는 일정한 사물로서의 대상, 즉 표현소재를 지칭하는데, 작품에서 그려지는 인물이나 행위, 사건등이 그것이다. 그런 의미에서의 소재는 때로 내용이라고 불리어져 양자가 혼동되고 있지만, 그것이 묘사대상 자체로서 아직 예술적 형성을 거치지 않은 외적 소여인 한, 내용과는 구별되어야 한다. 음악, 서정시등의 예술은 흔히 여기에서 뜻하는 제재를 가지고 있지 않은 것으로 이야기되지만, 사람에 따라서는 작곡가나 시인의 감정, 기분같은 내적 체험도 예술적 형성을 기다리는 원료로서 주어지는 한, 소재라고 불리워야 한다고 주장한다.

---

6) 참조. 올드리치著/김문환譯,『예술철학』(서울, 현암사, 1975)제2 장.

이와 연관하여 내용에 대해서도 언급해본다. 내용이라는 개념에 관해서 미학은 대체로 다음 세가지 용법을 구분한다.

① 미적 대상의 감각적 현상으로서의 형식에 대하여 거기에 표출되는 모든 내적인 실질을 의미하는 경우. 이런 의미에서의 내용은 예술작품에 포함된 것 내지 그 안에 가로놓인 것이라고 설명되거나, 현상의 배후에 있으면서 우리들의 미적 태도에 의해 비로소 내면적으로 파악된다는 의미에서 〈대상이 지니는 체험적 의미〉라고 풀이되기도 한다.

② 재현적 예술에서 나타난 대상적 세계를 의미하는 경우. 보통 표현내용이라든가 대상적 내용이라고도 불리운다. 이런 의미에서의 내용은 종종 소재와 혼동되어 그것과 같은 의미로도 쓰여진다. 그러나 이미 언급했듯이 엄밀하게 말해 내용은 예술적 형성을 거쳐서 비로소 성립되는 것으로서 미형성의 소재와는 구별되지 않으면 안된다.

③ 미적 대상이 인식대상이나 일반적 의식대상과는 달리 특별히 〈미적〉이라고 불리우는 까닭으로서의 가치내용을 말하는 경우. 이런 의미에서의 내용은 독일미학에서 특히 〈내포〉(Gehalt)로 불리우기도 한다. 이는 그러한 미적 가치내용이 감각적 형식과 거기에 표출되는 의미에서의 내용과의 혼연한 불가분적 통일에서 성립되는만큼 형식과 대립하는 의미에서의 내용과는 분명히 구별되어야 한다는 요청을 반영한다. 각기 달리 설명되고 있으나 우리로서는 내용이란 소재, 또는 주제와는 달리 형식과 혼연일치되어 미적 대상으로서의 예술작품을 구성하는 필수적인 요소로서 작용한다는 이해를 분명히 했으면 족하다.

이상의 의견과 유사한 설명을 시도한 올드리치의 도식이 이해에 도움이 되리라 보아 옮겨본다.

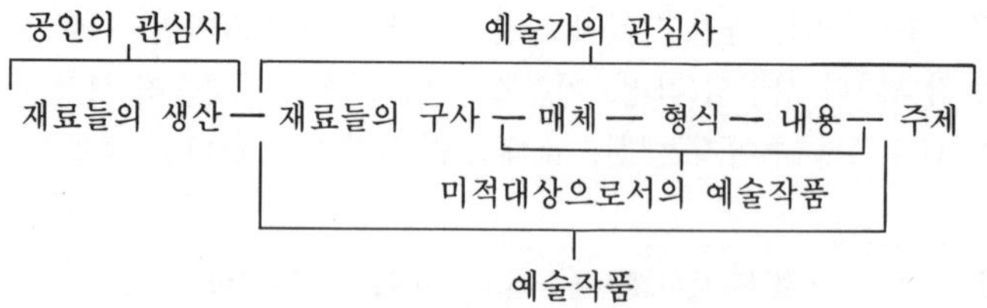

좌우에 있는 재료와 주제는 넓은 의미의 소재에 속하는 형성소재와 표현소재로 제한될 경우 예술작품으로 형성된 내용과 구별된다.

앞절의 논의와 연관시켜 본다면, 감각적 가치, 형식적 가치, 생활가치는 각각 매체, 형식, 내용과 긴밀하게 연결된다 하겠다.

4

이상의 논의와 직접 연관되지는 않으나 예술작품의 특수한 현상관계에 관한 이론이 예술적 가치의 이해에 또다른 기여를 어느 정도 하고 있다고 보아 잠시 이에 언급해본다.

니골라이 하르트만은 그의 「가치 선반의 왕국에서 미적 가치가 차지하는 위치에 관하여」(1926)라는 논문에서, 18,19세기의 미학이 대상분석이 아니라 행위분석에 치우쳐 있기 때문에 미적 대상들의 연구가 아직도 뒤떨어졌다고 말한 바 있다. 그에 따르자면 미적 대상의 구조분석 또는 그것이 지닌 특수한 존재양식의 조사만이 미적 가치의 특징을 밝혀줄 것이다. 왜냐하면 미적 가치란 항상 그러한 개개의 미적 대상이 지닌 가치이기 때문이다. 후에 그는 그의 책 『미학』에서 미적인 대상의 성층구조를 자세히 설명한다. [7]

우선 미적 대상에는 여러 층들이 존재한다는 것이 설명되어야 한다. 최초의 층, 즉 전경(Vordergrund)은 감각적으로 주어지는 반면에, 후경(Hintergrund)은 다시금 나뉘어진다. 줄여 말해서 그것은 세개의 층들로 구성된다 : 생명—영혼—정신세계. 여기서 초상화를 예로 들면 첫째 묘사된 인물의 외면적 물적인 층(단순히 2차원적인 전경에서 나타나는 3차원적인것), 둘째, 물적인 층에서 나타나는 생명의 층, 세째, 생명의 층을 통해서 나타나는 심적 층, 그리고 마지막으로 다시 심적 층이라는 토대에서 나타나는 보다 큰 정신적 연관의 층이 그것이다. 이 세개의 층들 역시또다시 나뉘어질 뿐 아니라 여러 예술들 안에서 서로 다르게

---

7) Nicolai Hart-mann *Asthetik* (Berin, Walter de Guyter, 1966).

나뉘어진다.

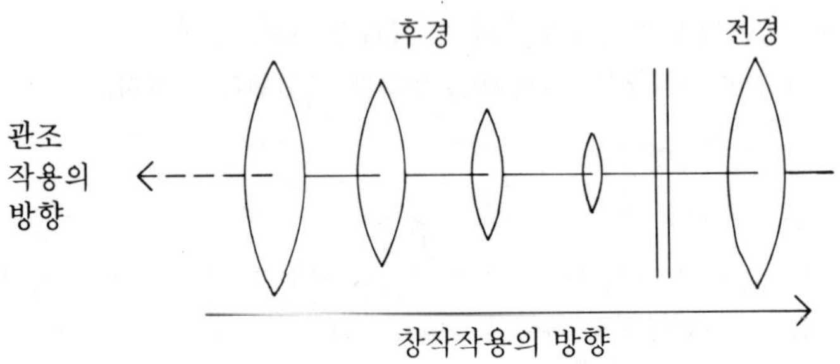

 일반적으로 말해서 회화의 경우 존재적으로 가장 낮은 층이 이미 여 럿으로 나뉜다. ① 색채반점들의 이차원적인 그림표면, ② 현상하는 공 간과 현상하는 광선과 더불은 삼차원적 공간 깊이, ③ 현상하는 인물들 의 움직임. 네번째 층과 더불어서 비로소 현상하는 생동성이 개입한다. 그래서 그림에서는 외층들이 가장 중요하다. 이에 반하여 시예술(희 곡, 서사시, 소설)은 아주 다르다. 물론 여기에도 존재자의 근본적인 층 서는 똑같으나, 구획이 다르고, 중심이 다르게 놓여있다. 1. 사물 적 —감각적 층은 언어 이외에 아무것에 의해서도 대표되지 않는다. 그 것의 재료는 언어적 재료이다. 오직 언어만이 전형적이다. 2. 생동적 층은 그림과 조각에서는 감각적으로 매개된 가시성에 상응한다. 연극 의 경우에 있어 그것은 가시성과 가청성 속에 옮겨진다. 그것은 육체 운동, 정지, 몸짓, 발언, 짧게 말해서, 외적으로 지각가능한 모든 것의 영역이다. 3. 뒤에 있는 층은 우선 오로지 행동, 외적인 태도, 동작과 반응동작 등의 층이다. ④ 네번째 층은 영적 형성의 층이라고 표시될 수 있는데, 인간의 에토스를 우리에게 열어 보인다. 일반적으로 외층들 은 전부 다양하고 예술들 안에서 서로 서로 편차를 나타낸다 — 이는 마 치 예술이 그 안에서 작업하는 재료가 서로 다른 것과 상응한다. 외층 들은 이 재료들에 의해 결정된다. 우리는 돌로써 흙과 똑같은 형식을 만들어 낼 수 없고, 언어는 색채와 똑같은 형식을 만들어 낼 수 없다.

이에 반해 이념적인 것의 마지막 내층들은 아주 가까운 인척관계에 있고 많은 경우 아주 동일하다. 왜냐하면 인간적인 보편성이란, 하르트만에 따르자면, 일단 공통적이기 때문이다. 다시 말해서, 마지막 내층들은 모든 예술영역들에 걸쳐 비교적 동일하거나 높은 정도로 수렴된다. 왜냐하면 거기에서는 오로지 인간이 가장 중요하기 때문이다. 인간존재의 후경 안에는 항상 동일한 도덕적—형이상학적인 무엇이 놓여 있다. 하르트만에 따르자면 위대한 예술은 그것이 마지막 깊이에까지 이르고 그나름의 방식으로 형성될 수 있는 한, 수렴되는 방향을 취할 수밖에 없다.

그러나 우리는 도덕 내지 윤리의식 안에도 최소한 세개의 서로 다른 수준들이 존재한다고 보는데 반하여,[8] 하르드민은 오로지 가정 내면직인 것은 개인적인 이념과 보편적으로 인간적인 것의 이념에서 성립한다고만 말하였다.

우리는 여기에서 하르트만의 이론을 보다 자세히 살펴볼 겨를이 없고 또 그럴 필요도 별로 느끼지 않는다. 우리로서는 다만 현상학적으로 볼 때 대상이 갖는 미의 정도와 구체적인 내적 풍부의 정도가 층의 숫자와 더불어 증가된다고 그의 주장이 은연중에 앞에서 우리가 살펴볼 감각—형식—생활가치의 연쇄와 비슷한 구조를 가지면서 어떤 의미에서는 그 선구적인 역할을 하고 있음을 주목해볼 뿐이다. 예술가의 작품은 말하자면 재료, 진정한 전경의 형성으로써 자신을 우리에게 보여줄 뿐이다. 그것은 실제적인 현실화의 의미를 전혀 가지고 있지 않다. 그러나 그는 실제의 전경에서 실상 미적 대상의 현상을 가능케 하는 조건들을 창조하고 있는 것이다.

5

예술적 가치를 보다 본격적으로 논의하자면 우리는 그것의 상위개념

---

8) 참조. 김문환 (편저),『현대미학의 향방』(서울, 열화당, 1985). pp. 197—224.

이라고 할 수도 있는 미적 가치 전반에 대한 이해를 가지고 있어야 한다. 이는 다시금 '진·선·미'라고 하는 궁극적 가치와 연관되어 아주 복잡다단한 설명을 필요로 한다.

우선 '진·선·미'가 철학이 전통적으로 다루기로 상정되었던 개념들의 주요한 삼위일체를 구성한다는 사실로부터 출발해보자. 나아가 적어도 비록 미학이 마련해줄 것으로 상정된 것이 미에 관한 진리였기 때문에 진 역시 미학 이론의 영역이었다 할지라도, 진보다는 미가 미학이론의 고유영역으로 전통적으로 인정되어 왔다. 그러나 '미'라는 말이 오늘날 사용되는 의미에서 "미란 무엇인가?"라는 질문을 제기하는 것은 너무나 협착한 질문을 제기하는 것이 될 듯하다. 왜냐하면 우리는 모든 미적 경험의 대상들을 고려한 가치를 질문하고자 하기 때문이다. '미'라는 단어는 그 말과 함께 눈 또는 귀에 즐거움을 주는 어떤 것이라는 의미내포를 담지하는 경향이 있다. 그리고 문학작품들은 감각적 예술들 이라기보다는 관념 - 감각적(ideo-sensory)이기 때문에, 그러한 분류에 쉽게 맞아떨어지지 않는다. 말하자면 〈아름다운 소설〉보다는 〈아름다운 그림〉이라는 표현이 훨씬 자연스럽게 들린다. 시각 내지 청각 예술에서도 우리가 미적 가치를 인정하고자 하는 모든 작품들이 아름답다고 생각되지 않는다. 예컨대 우리는 피카소의 『게르니카』를 위대한 미적 가치를 가진 작품이라고 생각할 수 있겠는데, 그것을 경탄하는 사람들 중 일부는 그것이 눈을 즐겁게 해주지 않는다는 것을 알게 될 것이고, '아름답다'라는 단어는 이를 위해 너무도 창백하다. 예술작품들은 우리를 깊이 감동시킬 수 있고, 우리의 시각(vision) 또는 감정의 방향을 조정하거나 충격을 줄 수도 있다. 그렇다고 우리가 그것들이 즐거움을 준다고 할 필요는 없다. 우리가 어떤 것을 '아름답다'라고 부를 때, 이러한 쾌락적 특질이 함의되는 것이 보통이다. 그러나 앞으로의 논의에서 우리가 '아름답다'라는 말을 사용할 경우, 그것은 즐거움을 준다는 특질과 연합된 좁은 의미에서가 아니라 '미적 가치'의 동의어로 사용하게 될 것이다. '미적 가치'라는 말은 보다 일반적인 개념을 지시하며, 이에 따라 우리의 질문은 결국 "미적 가치란 무엇인가?"하는 것이다. 어떤 대상에다 미적 가치를 귀속시킬 때 무엇이 포함되는가? 어떤 근거들 위에? 그리고 어떤 것이 미적 가치를 지니고 있다는 주장은 어떻게 옹호될 수 있는가?

　미적 가치의 이론들을 주관주의적 이론과 객관주의적 이론으로 나누는 전통적 분류는 자연스러운 것이다. 미적 가치를 구성하는 속성들, 또는 대상을 미학적으로 가치있게 만드는 속성들이 아주 곧이 곧대로의 의미에서 미적 대상 자체의 속성들이라고 주장하는 이론이 있다면, 그러한 미적 가치 이론은 객관주의적이다. 만일 어떤 것을 미학적으로 가치있게 만드는 무엇이 그것의 고유한 속성들이 아니라, 그것을 좋아한다든지, 그것을 향유한다든지, 그것에 반응하여 미적 경험들을 갖는다든지 등에서처럼 미적 소비자들과의 연판이라고 주장하는 이론이 있나면 그것은 주관주의적이다.

　스테판 모라브스키는 이에서 한걸음 더 나아가 가치론적 미학의 입장에서 전통적인 미학이론들을 미적 가치화의 기준, 즉 예술을 예술 아닌 것으로부터 구별하는 기준들에 주목하여 주관주의, 객관주의, 관계주의, 그리고 사회학주의(sociologism)이라는 네가지 유형으로 파악하여 이를 도식화했는데, 우리의 논의를 위해 유용하다고 보아 이를 소개해본다.

주관주의적 기준들

　주관주의(subjectivism)안에는 주관적인 또는 〈허무주의적인〉 주관주의와, 이보다는 덜한 온건한 주관주의가 있다. 전자는 미적 가치가 개개인의 경험의 문제일 뿐 결정불가능한 것이기 때문에, 어떤 경험을 미적 경험으로, 어떤 대상을 미적 대상 내지 예술대상으로 용인하는 미적 가치화를 위해서는, 가변적이기는 하나, 개인의 정서와 의지만이 그 기초가 될 수 있다고 주장한다. 이에 반해 후자는 미적 가치를 존재론적으로 혹은 인식론적으로 검증하는 것은 불가능하지만, 그것의 상호주관적인(intersubjective) 성질에 대한 검증은 가능하다고 본다. 이와 더불어,

미적 경험을 위한 보편적인 기초를 인정하는 경향을 띠면서, 심리학적
으로 방향이 정해진 관계주의와 접경하는 주관주의도 존재한다. 예컨
대 형태주의(gestaltism)는 심리주의 이론의 문턱을 넘어서 관계주의로 분
류될 수 있다. 미적 경험을 일차적으로 계획된 대상(글로 쓰여진 본문, 색
이 칠해진 표면)과의 관계로 구성된 것으로 보는 현상학자 잉가르덴
(Roman Ingarden)은 오히려 객관주의적 기준을 더욱 강조했다고 보아야
한다. "심적 거리" 이론을 주장한 영국의 미학자 벌러프(Edward
Bullough) 역시 이러한 맥락에서 다뤄질 수 있다.

　주관주의적 기준들과 연관해서 언급해 둘 것은 심리학자에게는 예술
가의 내적 경험이 중대한 관심사가 될지 모르나, 미적　가치론자
(aesthetic axiologist)에게는 그러한 창조적 과정의 소산인 예술작품이 관심
의 대상이 되어야 한다는 사실이다. 미적 경험에 대한 심리학적인 주관
주의는 미적 경험이 그에 짝하는 객관적, 기능적 가치를 가지고 있다는
사실을 망각하고 있다.

객관주의적 기준들

　주관주의와 정반대되는 객관주의는 또한 존재론적인 입장이라 불리
울 수도 있겠지만, 여기에는 최소한 세가지 변형들이 존재한다. 형이상
학적 객관주의는 미적 가치를 위한 특별한, 또는 특권적인 존재질서를
요청한다. 이러한 존재질서의 특질들은 정의될 수도 있고, 그렇지 못할
수도 있다. 이러한 주장은 달리 말해서, 미적인 가치관, 그 선험적인
법칙들이 직관에 의해 발견될 수 있는 어떤 종류의 특별한 실체와 관계
된다고 여겨지는 대상들(속성들)에 의존한다고 본다. 이에 반해 의무론
적(deontological) 태도로 존재한다. 이 이론에 따르면 미적 가치는 〈당위
적(sollen)〉적 태도에 근거한다. 그럼에도 불구하고, 이러한 당위가 존재
론적 언명에 기초를 두지 않는다는 점에서 이 이론은 특색을 보인다.
즉, 가치란, 예컨대 『가치의 구조』를 쓴 로버트 하르트만(Robert
Hartman)에서처럼, 그에 부과된 정의를 완벽하게 충족시키는 대상으로

부터 출현한다. 이밖에도 미적 가치를 특정한 경험적 특질들에 근거한
것으로 보는 견해도 있는데, 이 때의 특질들은 그러나 사회적인 그리고
역사적인 변형(variation)에 종속하지 않는 것으로 간주된다. 미적 가치
에 대한 객관주의적 정향(orientation)은 요컨대 다음과 같이 요약될 수
있다 : 1. 특정한 객관적 **속성들**이 존재하는 바, 이것들이 예술적 가치
들을 위한 유일한 기초를 마련한다. 2. 이러한 **속성들은** 독특한 미적
경험을 불러 일으킨다. 3. 이것들만이 미적 판단의 기초를 마련한다.
객관적인 경험주의를 주장하는 이들 중에는 미의 객관적인 산출을 위한
수학공식을 주장하는 이들도 있다. 예컨대 비르코프(George Birkhoff)는
$M=o/c$ 라는 공식을 1933년에 그의 책『미적 측정』에서 내세웠다. M이
런 미적 가치의 정도이고, O는 질서의 정도, C는 주어진 득징들의 제
계 속에서의 복잡성의 정도를 뜻한다. 따라서 가장 미적으로 가치있는
작품들이란 최소의 복잡성을 갖춘 최대의 질서라고 정의된다. (여기에서
말하는 최소의 복잡성이란 그러나 최소한의 요소들을 뜻하지는 않는다.) "다양
의 통일"이라는 전통적 이론, 특히 영국의 허치슨을 연상케 하는 이러
한 이론가들 중에는 $M=R/H$ 라는 보다 복잡한 공식을 내세운 독일의
군젠호이저와 크로이츠도 있으나, 상론은 피한다. (여기에서 R은 주관적
인 풍부성을 H는 Claude E. Shannon의 모델에 입각한 통계적 정보를 뜻한다.)
  교조주의적인, 보다 교조주의적인, 그리고 가장 덜 교조주의적인 객
관주의로 구분할 수는 있지만, 미적 가치화의 객관주의적 기준들을 종
합해 볼 때, 여기에는 대상들의 객관적인 **속성들을** 미적 가치화의 유일
한 기준으로 환원시키고자 한다는 한계가 도사리고 있다. 따라서 어떤
상황 하에서 그리고 누구에게 특정한 성질들이 미적 가치의 서로 다른
구성요소들이 되는가를 숙고하지 않으면 안된다는 관계주의적 기준들
이 이보다는 나은 설득력을 갖는다.

관계주의적 기준들

  여기에도 두가지 변형들이 있다. 논리적 도식적 관계주의는 "가능

태"라는 추상성에 근거한다. 또 다른 유형은 일명 경험적인 관계주의라고 할 수 있는데, 예컨대 형태주의(Gestaltism)가 이에 속한다. 형태주의는 여러 양식의 형식을 지각할 수 있는 주관의 심리, 생리학적 특성들을 강조하면서, 주관적인 반응성과 객관적인 소여의 결합으로부터 발생되는 제3의 성질(ternary quality)이 분명히 존재한다는 것을 논의의 기초로 삼는다. 이러한 관계주의적 기준들은 주관주의 및 객관주의 입장에 대해 비판적인 성격을 함축하면서, 미적 가치가 주관과 객관의 상호의존적인 관계 속에서 발생된다고 주장하는 공통성을 그 기반으로 삼는다. 발하자면, 미는 미적 대상과 미적 경험이 상호의존적인 관계를 형성하고 있다는 일종의 상호귀환적인 역학이론으로 전개된다.

이러한 입장에 선 이론들은 그러나 주관적인 반응과 객관적인 대상 양자를 둘러싸고 있는 사회문화적 맥락에 대한 고려를 결여하고 있다는 한계를 지니고 있다. 예컨대 아른하임(Rudolf Arnheim)은 어떠한 사회역사적 문맥 속에서 주어진 패턴들이 미적 가치로서 지각되며, 이러한 정형 – 반응(pattern-response)의 차원이 어떻게 해석될 수 있는가 하는 문제에 관여하지 못한다. 이러한 지적은 우리의 지각이, 과거로부터 알고 있는 것을 광범하게 선택하는 여과과정에 의한다는 인식을 바탕으로 한다. 즉, 관심의 대상이 되어야 하는 것은 지각과 관계된 보다 불투명하고 불확실한 주관의 문제가 아니라, 지각된 사회문화적 정형화(patterning)라는 말이다. 말하자면, 스스로의 한계를 벗어나기 위해 관계주의는 사회역사적 정황에도 관심을 기울어야 한다. 그렇다고 리드(Herbert Read)의 "원형적 신화들"(archetypal myths) 경우처럼, 사회사가 이른바 인류의 생래적인 신화들이 투영되는 거대한 스크린에 불과한 것이 되어서는 안된다. 역사의 객관적인 자료들이 바로 다양한 신화들, 원형들의 "관계적인 기술"(relational description)을 발전시키기 위해 사용되어야 할 근원적인 자료가 되어야 한다는 주장이 이러한 비판에 내재해 있다.

사회학적인 기준들

여기에는 사회학적 상대주의와 사회역사적 관계주의자가 있다. 사회학적 상대주의는 또 다시 그 안에 두가지 기본적인 변형들을 포괄한다. 극단적인 특수주의적 입장은 주어진 역사적 문맥들 속에서 여기저기 나타나는, 서로·다른 환경적인 집단적 취향 내지 편애(predilection)만을 인지한다. 이에 반해 사회학적 상대주의의 도구주의적 경향은 주어진 단기간의 전통과 사회적 집단 내에서 "아름다움"이라는 말로 지칭되는 보다 지속직인 특징들을 추적한나. 이 경우 개체의 취향늘보다 집합적인 취향들이 탐구될 만한 가치가 있는 것으로 이야기된다.

사회적 맥락에 따라서 미적 가치가 변화될 수 있다고 인정하는 사회학적 기준들은 한 시대의 사회적 환경, 혹은 그 사회의 문화가 우리의 가치론적인, 그리고 미적인 동기들에 결정적인 영향을 미치고 있다는 사실로부터 미적 가치의 본질을 해명해야 한다고 주장함으로써, 특유의 설득력을 갖는다. 그러나 이 이론들은, 하나의 대상이 가지고 있는 상이한 국면들이 각기 객관적으로 정당화될 수 있는, 보다 넓은 시야를 확보하지 못하고 있다. 말하자면, 사회문화적 환경들을 초월해서 역사적으로 보편화된 미적 가치의 유사성에 관한 보다 넓은 시야가 부족하다. 따라서 이는 예술작품이라고 불리우는 일군의 대상 내지 현상들 속에 내재해 있는, 이른바 미적으로 가치있는 성질들이, 계속적으로 변화하는 사회적 정황 또는 시대나 계층의 상이에도 불구하고, 어떻게 계속해서 가치있는 것들로서 용인되고 있느냐 하는 문제를 해결하지 못한다. 마르크스의 문제의식과도 상통하는 이와 같은 의문을 통해 모라브스키는 역사주의적 관계주의의 시야를 확보케 해주는 이론을 기대하였다. 그 자신의 이론도 이 범주에 속한다. 그의 입장을 설명하기에 앞서 이상에서 언급된 여러 이론들을 다시 한번 간추리고 도식화한다면 다음과 같이 될 것이다.

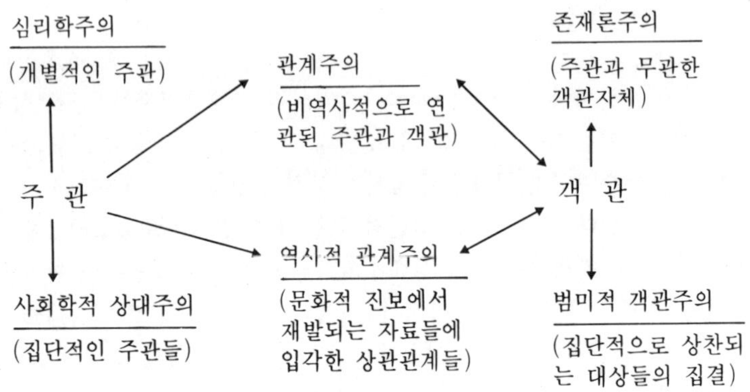

6

　모든 예술 현상들에 적용시킬 수 있는 설득력 있는 규칙이나 규범을 전제할 수 없기 때문에, 모든 예술에 공통되는 단일한 속성(single property)의 존재에 기초한 전통적 미학이론들은 본질적으로 실수를 저지르고 있다고 함으로써 예술의 개념을 정의한다는 것이 불가능하다는 주장이 대두되는 중에, 모라브스키는 예술적 가치의 본질을 해명함으로써 예술의 본질 해명이 가능한 것으로 보는 일군의 미학에 속한다. 여기에서 예술적 가치를 미적 가치(aesthetic value)라는 말로 대치해서 좋을 듯하지만, 예술가에 의해 구성되는 예술적 가치는 모든 미적 가치에 대해 주요한 모델이 된다는 의미를 지닌다. 나아가 예술적이라는 말은 다분히 객관적인 성격을 가짐에 반해, 미적이라는 표현은 흔히 주관적인 양상을 띤다. 이러한 객관성의 추구로 인해 "예술적 가치란 무엇인가"하는 문제를 "예술작품이란 무엇인가"하는 문제로 전환시키기도 하는 일군의 가치론적 미학이론들은, 예술이 단순히 존재하고 있는 記述的 所與(descriptive data)로서의 "엄격한 의미에서의 사실(Facts sensu stricto)이 아니

라, 우리의 판단을 위한 소여가 되는 가치사실 (Value Facts)이라는 전제
로부터 그 논리적 기초를 모색해 가는 가운데, 예술의 본질을 해명하기
위한 보다 유효한 기반을 마련해 주고 있다. 그중에서도 특히 미적 판
단은 규범적일 수 밖에 없고, 미학의 가치론적 규범이란 여러 문화체계
의 서로 다른 시대 속에 되풀이해서 받아들여져 왔던 "질적 체계"(a set
of quality)에 적절히 근거해 있다고 하는 주장은 우리에게 평가적 규범들
이 相互主觀的 記述(intersubjective description)을 성취할 수 있는 가능성을
시사해준다. 이제 미학 또는 예술철학은, 과학적으로 정향된 처방들
(scientifically oriented prescriptions)에 의존하는 태도로부터 벗어나면서도 경
험적인 방법들을 포괄하는 가치론적 방법들에의 접근을 시도하는 가운
데 전통적인 미학의 근본문제들을 보다 광범하고 발전적인 사회문화적
시야 속에서 다루어가기 시작한다.

  추려 말한다면, 가치론적 미학은 미적 가치, 혹은 예술적 가치의 본
질을 해명하는 문제를 미학의 중심과제로 설정하고 있다. 이 이론을 개
척한 사람들은 미적 가치의 해명이 예술의 본질을 해명할 수 있는, 보
다 근본적이고도 중심적인 방안을 마련해 준다는 것을 논의의 출발점으
로 삼는다. 여러 이론가들 중에 특히, 예술 자체를 삶의 제 가치가 통합
된 마당(coherent field)으로 간주하는 모라브스키가 있다. 그는 우리가 예
술작품이라고 부르는 일군의 대상들 속에 잠복해 있는 미적 가치의 특
별하고도 원초적인 유형으로서의 예술적 가치들의 공통적인 특성들을
해명할 수 있는 미적 가치화(aesthetic valuation)의 기준을 올바르게 취할
수만 있다고 한다면, 예술의 본질해명은 보다 쉽지 않겠느냐고 묻는다.
즉, 그는 예술의 본질을 해명하고, 예술을 정의할 수 있는 가능성을 확
보하기 위해서 우선 미적 가치화라는 개념을 출발점으로 삼아 전통적인
미학이론들 내지 예술론들의 기초를 드러낸다. 이어서 그는 이러한 이
론들의 한계 내지 상호보완적인 측면을 밝히는 작업을 통해서 현대미학
사상을 논의함에 있어서 결코 빼놓을 수 없는 그 자신의 이론을 전개한
다. 우리가 스테판 모라브스키의 이론을 별도의 고찰을 통해 알아보려
는 것은 그의 이론이 가지고 있는 이러한 종합적 성격 때문이다.

---

* 이 글은 서울예술전문대학의 『예전학보』(제 75호, 1986년 9월 17일자)에 게
재되었던 내용을 손질한 것이다.

2. 역사주의적 예술정의*

2-1 모라브스키의 생애와 학문적 경향

미학 방면에서 세계적인 명저 한 권을 소개해달라는 청탁을 받고 선뜻 대답을 못한 것은 명저에 해당하는 책들이 없어서가 아니라 그중에서 어느 책을 어떤 기준에 의해 선택하느냐가 쉽지 않았기 때문이다. 이러한 고심 끝에 필자는, 예술이라는 인간활동에 대한 성찰의 오랜 역사적 맥락을 이을 수 있어야 하고 동서 진영으로 나뉘어 제나름대로 이론을 발전시켜온 최근의 세계 정황 속에서 어느 한쪽에 지나치게 기울지 않는 균형을 갖춘 것이어야 한다는 조건을 스스로 내세워 스테판 모라브스키의 『미학의 근본문제에 대한 탐구』[1]를 대상으로 선정하였다.

모라브스키(Stefan Tadeusz Morawski)는 1921년 폴란드의 크라코프에서 태어났고, 나치시대에 대학생활을 하면서 자유에 대한 그의 기본신념을 익혔다. 1955년 바르샤바대학에 미학교수로 임명되고, 1960년에는 미학과 과장직을 맡게 되었다. 1968년 그는 봄에 있었던 학생시위에 특별한 책임이 있다 하여 다른 네 명의 교수와 함께 견책을 받고 학교에서 해직되었다. 1970년 그는 폴란드 학술원의 예술연구소에서 연구교수로 일한 바도 있다. 그의 학문적 업적은 그러나 해외에서도 크게 인정받아 미국을 비롯한 서방세계의 여러 나라들에게서 초청을 받아 전세계

---

1) Stefan Morawski, *Inquiries into the Fundamentals of Aesthetics* (Cambridge/London: The MIT Press, 1978).

의 유수한 대학들에서 객원교수로서 강의를 맡아왔다. 필자는 프랑
크푸르트대학에서 그와 인연을 맺게 되었는데, 그 당시 모라브스키 교
수는 우리가 다루고자 하는 그의 저서를 중심으로 한 강의와 마르크스
주의 미학을 다룬 세미나, 그리고 아나키즘과 관계된 또 하나의 세미나
를 주관하고 있었다. 이『미학의 근본문제에 대한 탐구』와 박샌달(Lee
Baxandall)과 공편한『마르크스·엥겔스의 예술사상』[2]으로 세계적인 명
성을 얻은 외에 앙드레 말로에 관한 저서를 비롯하여 다수의 저술이 있
으나, 대부분이 그의 모국어로 씌어져 있어 필자로서는 접근이 불가능
하다.「헤겔미학과 '예술시대의 종언'」[3]이라는 독일어 논문을 입수하
였으나, 이것은 지나치게 전문적인 데다가 그의 주된 관심은 여전히
『미학의 근본문제에 대한 탐구』에 담겨 있기에 우리의 관심을 이 책에
집중키로 한다.

　이 책을 직접 대하게 되면 누구나 알게 되지만, 그의 독서범위는 참
으로 넓다. 그는 러시아, 미국, 영국, 프랑스, 이탈리아, 그리고 독일
의 미학자들의 저작을 두루 섭렵했을 뿐더러 회화, 문학, 그리고 심지어
는 영화에 관한 고전적 내지 현대적 작품들에 대해서도 풍부한 경험을
가지고 있다. 1970년 이후에는 반예술들에 대한 관심을 이전보다 훨씬
높여가고 있다. 그뿐 아니라 그는 폴란드 분석철학의 강한 전통을 이어
받은 동시에 세계적인 명성을 가진 로만 잉가르덴(Roman Ingarden)의 현

---

2) Lee Baxandall & Stefan Morawski, ed., *Marx & Engels on Literature & Art: A
Selection of Writings* (St. Louis, Telos Press, 1973). 이 작은 책자는 마르크스와
엥겔스가 문학과 예술에 관해 언급한 여러 단락들을 체계적으로 편집한 것
으로서, 그 체계는 대체로 Morawski가 별도로 마련했던 논문에 기초한 것
으로 보인다. 이 논문은 입문(Introduction)으로 이 책에 재록되어 있다.

3) Stefan Morawski, "Hegels Ästhetik und 'das Ende der Kunst-periode'," *Hegel-
Jahrbuch*, 1964. 이 논문은 ① 헤겔로 하여금 '예술의 소멸'이라는 명제를 제
시하게끔 만든 근거들이 무엇이었던가? ② 이후의 문화적 진전은 헤겔의
예언을 추인하였던가? ③ 만일 이 예언이 옳은 것으로 판명된다면, 그것은
헤겔에 의해 강조된 이유와 같은 이유 때문인가? 하는 문제를 다루고 있
다.

상학적 영향도 동화시키고 있다. 물론 그는 이른바 마르크시스트 학자이다. 그러나 그는 마르크스주의라는 광범한 사상운동 안에 존재하는 다양한 가락들을 익숙히 알고 있을 뿐더러 그의 손 안에서는 마르크스주의가 새로운 문제들과 새로운 해결들에까지 뻗어가는 살아 있는 체계로 형성된다는 평가를 받는다.[4] 이는 곧 모라브스키가 루카치나 피셔, 그리고 르페브르 등과 같은 독창적인 마르크주의 사상가들과 기본적인 정향에서는 동일하지만, 어떤 지점에서는 그들을 훨씬 능가하고 있다는 평가로 직결된다. 모라브스키 자신은 서언에서 어떠한 독점주의적이고 교조적인 해석도 풍부한 마르크스주의적 유산을 정당하게 다루지 못한다고 못박는다. 그의 이러한 태도가 그의 사상적 위치를 독특하게 만들고 있다.

2-2 구성과 개요

엄격하게 말해서 이 책은 논문집이다. 여기에는 멀게는 1957년에 씌어진 논문으로부터 가깝게는 1970년에 씌어진 논문에 이르는 열한 편이 모아져 있다. 그러나 시간적인 간격에도 불구하고 그의 기본사고에는 수미일관한 통일성이 존재하고, 아울러 출판에 즈음하여 모든 원고를 조금씩 손질했던 까닭에 마치 체계적으로 서술된 한 권의 저서 같은 인상을 준다.

모두 3부로 구성된 이책의 중심 내용에 들어서기 전에 먼저 전반적인 개요를 알아보는 것이 좋을 것이다.

---

4) 이 평가는 미국의 저명한 미학자 Monroe C. Beardsley에 의한 것으로서,
주 1)책에 서문으로 수록되어 있다. 이 서문은 Morawski의 사상체계에 대한 소개를 겸하고 있는데, 퍽 요령있게 집필되어 있어 필자는 이 요약을 위해서 서문을 크게 활용한다.

그 자신이 설명하는대로, 제1부는 직접적으로 마르크스주의적인 가치론적 미학의 기초들을 다루고 있는데, 제2부와 제3부는 제1부에서의 분석과 긴밀하게 연결되어 있다. 제2부에서는 마르크스주의적 관점의 효능을 비롯한 특수한 관심들에 초점을 맞추면서, 예술적인 기본 범주들을 다루고 있고, 제3부는 '가치화'와 '가치평가'의 기능적 국면들에 초점을 모으고 있다. ('가치화'와 '가치평가'라는 다소 생소한 개념들의 의미는 후에 설명될 것이다.)

이 책의 제1부는 '가치론적 기본문제들'이라는 소제목 하에 「미적 가치화의 기준들」, 「예술작품이란 무엇이냐?」, 「미적 가치평가의 기준들」, 그리고 「미적 판단의 객관성」이라는 논문들을 수록하고 있다.

제2부는 '예술의 인식적 가치'라는 소제목 하에 「표현」, 「미메시스와 리얼리즘」, 「소시얼리스트 리얼리즘의 변천 : 망각되어서는 안되는 작은 역사적 교훈」을 담고 있다.

제1부는 이후에 살피게 되겠거니와, '표현', '미메시스', '소시얼리스트 리얼리즘'등의 중심개념을 둘러싸고 전개되는 제2부는 예컨대 '모방적'(mimetic) 예술작품들과 '사실주의적' (realistic) 또는 '재현적' (representational) 예술작품들의 구별을 시도하고 있다. 그에 따른다면 모방적 예술은 사물들의 외적인 특징들을 재생하는 반면, 사실주의적 예술은 그것들의 "전형적인 계기들" 또는 "현실의 본질적인 국면들"을 포착한다. 그에게 사실주의는 상당히 광범한 관념으로서 이해되는데, 예컨대 카프카의 단편소설이나 펠리니의 영화도 그안에서 제 위치를 찾을 수 있을 뿐더러 고도한 예술적 정당화를 부여받는다. 물론 후에서 보듯 그는 이른바 존재론적 본질에의 관여를 거부하면서 본질적인 것은 "역사적으로 구체적이며 가변적이다"라는 입장에 서서, "인간본성에 진실하다"라는 관념을 통해 문학의 인식적 지위를 획득하고자 하는 시도들에 대해 희의를 표시한다. 그에게는 항상 변화되는 과정 속에 놓여 있는 사회적 관계들의 기능이야말로 언제나 진실로 인간적인 특징을 이룬다는 주장이 근본적인 역사적 진리로 파악되기 때문이다. 그렇다고 그것이 특정한 문학작품들로 하여금 역사적 과정의 특수한 단계

의 중요한 특징들을 파악하고 조명하지 못하도록 방해하거나 (그가 의미하는 본래적인 소시얼리스트 리얼리즘에서처럼) "그 사회의 이상들 뒤에서 꾸물대고 있는 모든 것, 역사과정 속에 내재하는 모든 냉담하고 무기력한 것들에 대해 비판적인 태도를 취함으로써 성취되는 특정한 현실의 증언"이 되지 못하도록 방해하지는 않는다.

이러한 입장에서 그가 이른바 소시얼리스트 리얼리즘의 변천과정을 설명한 제2부의 한 논문도 읽음직하다. 예술과 예술이론의 상관관계를 검토하는 원론적인 검토를 서두로 잡으면서 그는 근대 미학사에 언제나 두가지 경향이 있어왔음을 확인한다. 즉, 예술이론은 예술에 대한 합리적인 점검을 통해 그 결과들을 수정·확충하면서 발전해왔는데, 구체적인 정황들을 계속해서 반영하면서 예술이론은 서로서로 연결된 과학적, 미학적, 그리고 사회적 성격을 갖는 발견들과 예술에서의 새로운 발견들을 강조한다는 것이다. 그러나 잠시 후 이론은 교조(doctrine)로 응고해버리고 만다는 사실을 그는 경계한다. 즉, 그 원리들이 교리문답식의 딱딱한 껍질을 뒤집어쓴다는 것이다. 그렇게 해서 그것은 예술을 인도하는 대신 명령을 내린다. 이론은 이러한 교조적 化肉을 통해 이론과는 반대되는, 그리고 예술과 과학을 혼동하는 '미화하고'(aestheticizing) 도덕화하는(moralizing)관념들을 닮아간다. 발터 벤야민의 술어인 '정치의 미화'(Ästhetisierung der Politik)와 '예술의 정치화'(Politisierung der Kunst)를 연상시키기도 하는 바로 이러한 경향이 이른바 소시얼리스트 리얼리즘에서도 일어났다는 것이 모라브스키의 기본시각이다.

제3부는 '예술적 가치들의 기원과 기능'이라는 소제목 하에 「예술과 사회」, 「소외의 맥락에서 본 예술의 핵심기능과 주변기능」, 「예술에서의 인용」, 그리고 「예술과 외설」이라는 논문들을 엮어넣었다.

앞에서 잠깐 살펴본 대로 제2부와 제3부는 그 나름대로 중요한 의의를 가지고 있고 또 읽어볼 만한 부분이지만, 학문으로서의 미학의 본격적인 토의로서는 다소 부수적인 인상을 준다. 모라브스키의 말대로 이 책은 전통적 의미에서 미학적 '체계'를 모두 포괄하고 있지 않다 치더

라도, 역사주의적 관점에서 택해진 재료를 체계적으로 다루는데 기본
적인 관심을 두면서, 예술적(미적) 가치들의 발생, 구조 및 기능, 그리
고 그러한 가치들의 결정과 관계되는 기준들의 문제들이 그의 일반적인
방법론적 전략의 틀을 형성하고 있기 때문에 이 글에서의 요약·소개도
그 틀에 비교적 충실하고자 한다.

2-3 사회역사적 관계주의의 기초개념

모라브스키는 미적 가치화의 궁극적인 기준들이 작용하는 문맥들을
다음의 다섯가지로 나누면서, 그 자신의 견해, 즉 역사주의적 관계주의
의 입장을 천명한다. ① 미적 경험의 특징들, ② 미적 대상의 특징들,
③ 미적 주관과 객관의 상호연관적인 국면들, ④ 사회적－미적 환경
(setting)의 특징들(대상에 대한 집단적인 의견들), ⑤ 역사적으로 재발
되는 것으로 보이는 미적 주관과 객관의 특성들. 그는 미적 가치화의
역사주의적 기준과 위에 열거한 미적 기준의 개념적 틀에 의한 예술적
가치의 본질에 관한 해명을 방법론적 기초로 삼아, 예술에 대한 통역사
적 정의(transhistorical definition)를 시도한다. 다시 말해서 그의 미적 기준
론(aesthetic criteriology)은 미적 가치가 실제적 마술적인 관계로부터 독립
되어 자율적인 것으로 발전되어 온 역사적 과정과, 그 사회적 여건의
제반 변동들에도 불구하고 변함없이 존속해 온 미적 가치들의 항존적이
고 불변적인 요소들에 대해 관심을 집중한다. 이는 곧, 모든 시대에 걸
쳐 가치론적 문제가 고정되어 있다고 가정하지 않으면서도, 가치의 항
존적 재발적 요소들을 거듭 거듭 가치화하려는 자세를 말한다. 말하자
면, 사회적 조건과 개인적인 선호가 끝없이 변화함에도 불구하고,
"왜", 그리고 "어떻게" 어떤 미적 가치들은 항존할 수 있는가를 설명하
려는 것이 그의 의도이다. 이를 위해서 그는 그러한 미적 가치들이 출

현하게 되는 과정을 재구성하며, 문화적 파동에 대하면서 그 과정의 가장 시원적인 역사를 설명한다. 이러한 재구성을 시도함에 있어서 그는 다음과 같은 방법론적 기초를 견지한다. 즉, 한 구조의 원초적 요소들은 반드시 수정되게 마련이다;많은 부속적이고 또는 보완적인 특징들이 첨가될 것이다;어떤 경우에는 원초적 요소들이 시야에서 사라질지도 모른다. 반대로, 변형의 과정이 산만할 경우에조차도 변형의 발생은 설명할 수 없을 정도로 파괴되지 않는다;한번 나타났던 요소들에서의 변화는 설명이 가능하다. 그러한 변화들은 그것들의 점증하는 영향, 그리고 발전적인 역할에 대한 귀환반응(feedback-response), 그리고 현상과 그 내용의 전체적 성숙에 기인한다. 여기에서 발생적이고도 구조적인 분식의 필요성이 생겨난나. 우리는 이들을 복합적으로 상호관련시킴으로써 현상의 발생과정에 대한 정확한 이해를 얻음과 동시에, 현상의 근본적 특성을 설명할 수 있다. 왜냐하면 어떤 구조도 완전한 우연에 의한 것일 수 없기 때문이다. 그것은 반드시 어떤 과정의 구성요소로서 일어난다. 따라서 우리는 현상을 규정하는 특성들이, 그것에 다른 많은 요소가 통합됨으로써, 그리고 그것이 어떤 형체를 이루는데 도움을 주는 그런 맥락 속에서, 비로소 형성된다고 가정할 수 있다. 지난 두 세기는 인간의•발생에 대해 훨씬 더 복합적이고 정확한 기술을 제공해 주었다. 발생적 해석에서 좀더 흥미로운 국면은, 이로써 자연적 힘과 문화적 힘의 상호 작용을 관찰할 수 있는 그러한 기회가 마련되었다는 점이다. 그 좋은 예가 바로 미적 가치 출현에 있어서의 동물적인 요소들과 문명적인 요소들의 관계이다. 요약컨대, 사회역사적 관계주의의 기본 입장은 다음과 같다. 즉 ① 어떤 주어진 구조든지, 그것은 특성과 기능을 조명해내기 위해서는, 구조형성 사상의 발전적 과정이 검토되어야 한다. 모라브스키가 동조하는 관계주의적—역사주의적 입장이란 결국, 통문화적인 입장에서 미적인 상호작용에 대한 축적된 지식을 그 시원에서부터 현재에 이르기까지 탐구한 결과, 이런 과정 가운데 미적 가치화의 궁극적인 근본문제들이 정초된다는 의견으로 모아진다. 따라서 그는 일시적인 미적 모범이나 혹은 불변적인 것 모두가 탐구의 대상이 되어야 한다고 주장한다. 이렇게 해서 그는 현재라는 순간에도 적용될 수 있는 역사적인 자료를 제외하고는 어떤 불변적인 것도 정당화될 수 없다는 사실을 끊임없이 환기시키고자 한다.

여기에서 우리는 모라브스키의 구체적인 방법론을 자세히 논할 수 없다. 우리로서는 다만 그가 어떤 사회적 현상에 대해서건, 이를 두가지 차원에서 해석해야 한다고 주장하는 요점만을 덧붙여 소개하고자 한다. 두 가지 차원이란 곧, 발전하는 현상의 내적 요소들의 전체성을 밝히는 자아발생적 차원과, 한 주어진 과정에 작용하는 외적 요소들의 전체성을 포괄하는 타자발생적 차원을 말한다. 이에 입각해서 모라브스키는 마술과 노동을 예술적 가치의 타자발생적 분석에서 가장 큰 중요성을 갖는 원형적 전형으로 보았다. 그의 견해를 따르자면, 많은 인류학자들이 문명의 발생에 대해 필수적인 것으로 합의하고 있는, 도구제작적인 요인과 주술적·제의적 요인이 예술발생에 있어서도 필요불가결하다. 모라브스키는 서로 관련있는 여러가지 연구들로부터 얻은 정보들을 근거로, 자율적인 예술의 기원에 대해 다음과 같은 가설을 내세운다.

1. 예술적 감수성은 미적 감수성보다 더 이른 시기에 발달했을 것이다. 즉, 인류는 예술을 "감상"하기 이전에 예술을 "실천"했다는 것이다. 다시 말해서, "예술"을 의식적으로 제도화되고 미적 경험과 태도를 등장시킬 수 있는 정도로 제작적, 마술적 행위를 세련시키기 위해 인류는 수많은 세월을 소요했을 것이다.

2. 마술적 상징주의와 실용적 기능의 흔적을 여전히 보유하면서 예술적 행위에 영향을 미친 외적 자극은 생산 그 자체 내부에로 온건히 흡수되었고, "내면화"되었다.

3. 신석기시대 이후 이제까지 점진적이던 자기목적성에로의 추이가 급속히 이루어진다. 모라브스키는 신석기시대가 기술 및 물질적 생산에서 이룩한 혁명을 주목했던 바, 그는 이것이 인류에게 준 충격이 이른바 산업혁명의 그것을 압도했으리라고 본다. 말하자면, 이런 혁명에 수반하여 우리가 바구니, 담요, 항아리 등의 장식에서 볼 수 있듯이, 내

적으로 통제된 질서를 통한, 제작자와 사용자의 기쁨의 환기가 하나의
목적으로까지 간주되었다는 것이다.

4. 이로 인해, 생활조건에 대한 환상적 이해나 환상적 지배를 뜻하는
物神的 기능이 점차적으로 쇠퇴한다.

5. 이제 최면적이고 마술적인 상징체계로부터 세계에 대한 서사적
설화에로의 추이과정이 눈에 뜨이게 된다.

6. 결국 이러한 가설은, 예술 인류에게 선험적으로 주어진 것이 아니
라, 서서히 형성된 것임을 주장하기 위해서 내세워진 것이다. 만일 우
리가 고대 이집트나 그리이스의 작품들을 예술로서 인정한다면, 우리
가 그로 인해 경탄하는 그런 특성들이 이미 석기시대 초기에 발전된 기
초 속에서 이미 자신을 드러내고 있음도 부인힐 수 없지 잃느냐 하는
것이 모라브스키가 내세운 가설의 자연스러운 귀결 중 하나이다. 그렇
다고 해서 전 역사를 통해 예술적 가치가 실용적 가치나 물신적 가치에
의 종속으로부터 벗어나게 되는 명백한 경계가, 18세기 내지 19세기에
이르러서야 비로소 설정되었다는 사실을 부정하는 것은 아니다. 그러
면서도, 미적 경험이란 어디까지나 원초적인 예술행위에 부속하는 것
임을 강조하는 것이 그의 기본입장이다. 즉, 후에 문명이라는 맥락 속
에서 복합적인 미적 분야가 수립되고, 미적 경험이 여러 의미에서 상대
적인 자율성을 갖게 되었다 할지라도, 그것은 오직 예술대상에 대한 의
존과 귀속이라는 점에서만 그러한 위치를 점유할 수 있었다는 것이다.
비유적으로 표현해서, 그는 미학자들은 어둠이 내릴 때까지는 결코 움
직이지 않는 이른바 〈미네르바의 부엉이〉(헤겔)로부터 많은 것을 배워
야 한다고 말한다. 왜냐하면 미학은 어디까지나 예술적 발전을 뒤따르
는 것일 뿐, 이에 앞서 가려고 해서는 안되기 때문이다.

모라브스키의 기본 입장은, 결국, 주어진 구조가 어떻게 해서 예술외
적 분야로부터 출현했던가를 묻는 것이다. 물론 이러한 발생구조적 탐
구는 주어진 구조 전체에서 출발해야 한다. 즉, 그것은 재구성되고 자
세히 조사되어야 할 역사과정의 마지막 결과로부터 시작해야 한다. 후
기 현상은 전기를, 심지어는 그것을 유래시킨 원형까지를 설명하고 이

해할 수 있는 그 어떤 것이다. 그러므로, 모라브스키에 따른다면, 우리
는 예술의 현재 상황을 목도하면서 그것이 어떻게 해서 그토록 긴 역사
를 통해서 내적으로나 외적으로나 이런 결과를 만들어 냈는가를 탐구해
야 한다. 그는 이 물음을 자아발생적 발전은 그것과 상호작용하는 타자
발생적 차원에 대한 설명없이는 이해될 수 없다는, 특유의 술어로써
표현하였다. 이렇게 해서 그는, 모든 우연적인 수렴과 전형(pattern)의
파괴를 넘어서서, 절대적인 정체성으로서가 아니라, 오히려 연속 속에
서 다양하게 표명되는 것으로서의 어떤 근본적인 가치적 특성들이 오늘
날 우리에게 남게 되지 않을까 하는 자신의 가정을 점검한다. 그의 역
사주의적 입장은 이렇게 해서 우리로 하여금 새로운 경향들을 동시대의
널리 공인된 예술적 업적들과 비교할 수 있게 하려고 한다. 이러한 업
적들이란 실상 활동적인 예술가가 자신의 새로운 미학적 전략을 정초함
에 있어 밀접하게 참고하는 것들이다. 나아가 우리는 이 새로운 경향을
보다 먼 과거의 걸작들이나 그보다 좀 못한 작품들과 비교할 수도 있
다. 과거의 유산은 지금껏 지속되어온 규칙들의 어떤 실제적인 원리의
색인(indices)을 마련해 주겠기 때문이다. 말을 바꾸면, 그의 발생론적
해석은 기존의 예술 뿐 아니라 이른바 반예술까지도 포괄하면서 근본적
이고도 보편적인 예술적 가치들을 추적코자 한다. 앞에서 잠시 언급했
듯이 그는 예술의 정의가 항상 예술의 실천을 넘어설 수 없다는 견해를
대변함으로써 예술적 실험과 예술적 자유를 옹호한다. 그렇다고 해서
그가 어떤 대상 혹은 현상이 예술로서 불리울 수 있으려면 고대로부터
예술로 불리워 온 일군의 대상물들 내지 현상들의 특징적이고도 공통적
인 성질을 드러내보일 수 있는 종족 중심적인(ethrocentric)내지는 통역사
적인(transhistorical) 미적 가치화의 역사주의적 기준이 제대로 마련되어
야 한다는 주장을 저버린 것은 아니다. 말하자면, 그는 우리의 구체적
인 삶에 기초해서 모든 예술현상들과 그들의 사회문화적 전체 맥락을
동시에 조명해냄으로써 예술은 근본적으로 역사적인 것이며, 더구나
예술의 초월적 성질들은 우리 삶으로부터 도출되고 있음과 동시에 우리
의 삶을 형성하는데 크게 기여하고 있다고 보아, 삶과 예술의 괴리를

극복해내기 위한 이른바 "삶과 예술의 개념적 통합"을 위한 유효한 지평을 제공해주려 하고 있다. 그는 이렇게 해서 예술의 무수한 변형태들을 포함시키고, 예술적 활동의 어떤 영역도 배제하지 않는 동시에 예술이 지닌 어떤 문화사적 국면도 배제하지 않는, 보다 완전한 정의를 개발하려고 한다.

2—4 예술의 정의와 가치평가기준

앞에서 우리는 모라브스키가 동조하는 사회역사적 관계주의의 개념적 기초를 점검해 봄으로써 그가 무엇보다도 다양한 예술현상들을 반복해서 예술로서 용인케 해 온 그 기반(substratum)을 추출하는 것을 통해서 예술의 정의 문제를 해결할 수 있는 소지를 찾고자 했음을 알아보았다. 그는 예술사를 문화사적인 시야에서 조명해 보는 중에 예술의 개념적 바탕은 현재까지 불변적으로 존재해 왔으며, 인간성 속에 내재하고 있는 항존적인 요소들 내지 문화적 경험들의 축적효과가 바로 그러한 바탕을 불변적으로 존속케 해 온 것들이라는 점을 분명하게 밝힌다. 이렇게 해서 모라브스키는 예술의 본질을 해명하기 위한 필요충분 조건들을 모색한다. 즉, ① 감각적으로 주어진 성질들의 구조(a structure of sensuously given quality), ② 구조의 상대적 자율성·(relative autonomy of structure), ③ 솜씨있는 인공품(artifect of skill or virtuosity), 그리고 ④ 개성적 표현(individual expression)이 곧 그것이다. 이 네가지 항목은 그대로 예술에 대한 정의가 될 수 있다는 것이 모라브스키의 입장이다. 누차 반복하거니와, 그는 다양한 문화 속에서도 예술에 대한 공통적인 감정과 사상이 예술 발생초기부터 존재해 왔고, 예술창조의 역사 속에서 그 기본적인 개념의 기초가 현재에 이르기까지 존속되어 왔다고 믿는다. 이 놀라운 상황이 아마도 부분적으로는 인류의 본성 속에 잠재해 있는 "불

변하는” 어떤것에 의할 수도 있겠지만, 원초적으로는 문화적 경험으로
축적된 영향력에 기인한다고 할 수 있다는 것이 그의 의견이다. 말하자
면 그는 다양하게 변화하는 과정에도 불구하고 어떤 궁극적인 규칙성,
또는 불변성이 존재한다는 가능성을 배제하지 않으면서, 앞의 네 항목
을 나열했던 것이다. 그는 만일 예술의 개념이 인간과 사회에 따라 주
어진 시대 속에서 “전면적인” 변화를 겪어야 한다면, 우리가 예술사라
는 것에 대해 논의하는 것이 무슨 소용이 있으며, 어떻게 감히 예술의
본질적인 발전에 대해 거론하겠느냐고 반문한다. 이제 우리는 궁극적
인 규칙성에 관계하면서도 동시에 국부적인 운동에 나타난 예술의 특성
을 부정하지도 않고자 한 모라브스키의 예술정의를 항목별로 좀 자세히
살펴보기로 한다.[5]

감각적으로 주어진 성질들의 구조

우선 그는 모든 예술이 본질상 우리의 감각에 상응하는 제반 감각적
요소들의 통일된 전체(coherent whole)로서 하나의 구조를 드러내고 있음
을 지적한다. 그가 뜻하는 구조란 보다 자세히 살펴보면 다음과 같은
의미를 지니고 있다.

---

5) 참조, 모라브스키, 「예술작품이란 무엇인가?」 정경임편역, 『예술의 새로
   운 시각』(기린문화사, 1982), pp. 145-185. 이 논문은 1964년에 폴랜드어로 집
   필되었으며, 1969년에 “Zeitschrift für Asthetik und allgemeine Kustwissenschaft”
   vol. 14, No. 2에 독일어로 발표되었다. 1972년에 다시 발티모어에서
   발행된 “Radical Perspectives in the Arts” (Lee Baxandall ed.)에 영문으로 번
   역·수록되었다가 주 1)의 저서에 다소의 수정을 거처 재록되었다. 우리말
   번역은 L. Baxandall편의 것을 대본으로 삼은 듯하며 아주 충실한 번역이라
   고 보기엔 미흡하다. 참조. 최유찬외 옮김, 『리얼리즘과 문학』(知文社,
   1985), pp. 313-78. 여기에는 모라브스키의 주저 제6장 「모방과 리얼리즘」이
   번역되어 있다.

1. 그것은 열거될 수 있고(결국 양으로 환원될 수 있는) 개별적 요소들의 체계가 아니라, 명백히 하나의 질적인 체계이다.

2. 그럼에도 불구하고 그것은 전체에 대한 직관적인 파악에 의해서만 포착될 수 있는 것이 아니라, 분석적인 방식의 절차에 의해 접근될 수 있다. 위의 항목과 연관시켜 본다면, 그는 모든 예술적 구조가 어떤 의미를 지닌다는 것과, 그러한 의미가 그 구조가 관계하는 근본적인 기호체계로부터 유래한다는 것을 부인하지는 않는다. 단지 예술적 구조들은, 그것이 갖는 개별적인 특성과 역사적 상황에의 의존성에 입각해 볼 때, 고정된 수학적 이론의 분류에서처럼 명백하게 표시될 수 없다.

3. 구조란 관념적인 동질적 전체가 아니다. 하나의 구조를 형성하는 상세한 제 요소들은 이른바 그 대립(opposition)들 속에서 좀더 분명하게 천명된다. 즉, 요소적인 성질들이 어떤 근본적인 주요원칙에 따라 조직되는 것은 사실이지만, 구조란 꼭 조화로울 필요가 없다. 왜냐하면 부조화하고 동적인 구조 역시 미적인 가치를 지니며, 필연적이기 때문이다. "감각적으로 주어진 성질들"의 구조에 대해 말할 때, 우리는 형식, 색채, 음조, 그래픽 싸인, 무용적 동작 등을 생각하는데, 이것들은 큰 총체성 안에서 보다 낮은 정도의 총체성을 구성한다. 그러한 단일요소들이 통합된 결과로서 하나의 구조는 그 스스로의 표현력과 의미를 드러낸다. 예술은 이러한 단일요소들로 짜여진 하나의 구조를 본질적으로 함유하며, 이러한 요소들이 감각적으로 표현되고 있기 때문에 다른 구조와는 구분된다. 나아가 예술적 구조는 비교적 자기 충족적인 것으로서 주변세계와 구별된다. 여기에서 형식과 내용의 문제도 이야기될 수 있을 것이다. 모라브스키는 우리가 형식이라는 말에 의해 직접적으로, 감각적으로 주어진 것들을 의미한다면, 내용을 이루는 소재들은 원칙적으로 의미론적 특질들의 근본적 구조의 구성요소가 되어야 한다고 설명한다. 그러면서 그는 만일 내용기준에 대한 집중적인 관심이 형식과 표현에 대한 경시와 더불어 오는 것이라면, 실제로 선호되는 것은 비예술적인 기준이 되는 셈이라고 경고한다.

4. 구조는 단지 하부구조와 상부구조 같은 보다 큰 체제의 맥락 속에서만 이해될 수 있을 뿐, 단순히 그 자체만을 통해서는 충분히 이해될 수 없다.

5. 주어진 구조들의 특성이 보다 포괄적인 체제, 즉 상부구조로 정의될 경우, 이 체제는 공시적일 뿐만 아니라, 통시적이기도 하다. 이로써 양식적 전환이 입증된다.

6. 구조는 논리적인 구성이 아니라, 경험적으로 주어진다. 말하자면, 우리는 그것을 구조화하는 작업이 역사적으로 결정된다고 추정할 수 있다. 따라서 그것은 그 공시적이고 통시적인 국면들 속에서 주어진 문화체계와 일치한다.

구조의 상대적 자율성

이는 예술작품을 소우주로 보는 견해와 연관된다. 이 소우주는 발생론적으로 반드시 대우주에 의존하는 것은 아니지만, 그 대우주를 반영, 또는 보다 신중하게 말한다면, 표현할 수 있다. 그러나 대우주의 반영이라는 모방적 의미에서만이 아니라, 무엇보다도, 보다 큰 총체성 속에서 예술적 통일을 촉발하는 것과 연관하여, 우리가 이러한 통일의 결정인자들을 찾을 수 있는 수단을 발견한다는 의미에서, 예술작품은 대우주를 재현(represent)한다. 이러한 예술적 통일들은 어떻게든 본래적인 현실과 연관되지만, 그것들은 마치 우리가 그것들을 현실로부터 벗어나게 한 것처럼 기능한다. 예컨대, 물질적인 바탕에서나 사용가치에서나 우리들의 세계의 일부이긴 할지라도 그것들은 동시에 이 세계와 맞서고 있다. 그것들은, 다른 가능한 기능들, 예컨대 정보제공적, 도덕적, 실제적 기능들로부터 어느 정도 분리된 채 즉각적으로 감각적이든 아니면 간접적이고 의미론적이든, 이러한 성질들의 주어진 체계들이 자체로 존속하는 영역을 마련한다. 모라브스키는 이러한 문제를 현대예술, 예컨대 팝아트와 연관시켜 설명하기도 한다.

예술의 이러한 속성, 즉 예술이 외부세계로부터 비교적 독립해서 작

용하는 자기목적적인 성질을 가지고 있다는 사실은 앞에서 말한 첫번째
속성을 보완하면서, 공간문제와 관련된다. 즉, 모든 예술작품은 공간,
시간, 또는 공·시간적인(spatiotemporal)지배적 요소들에 의해 환기된 내
적인 리듬, 특별히 두드러진 구조를 통해서만 그 자신의 고유한 공간을
성취한다. 예술적인 실험에서 공통적인 의식적인 강조는 공간을 획득
하는 또 하나의 방법이다. 예컨대 아이젠쉬타인, 마이어홀트, 피스카
토르처럼 이른바 제4의 벽을 허물었던 현대 연극예술가들조차 이러한
의미에서의 공간없이 자신의 작업을 수행할 수 없었다. 배우가 객석 쪽
으로 걸어들어오거나 브레히트의 연극에서처럼 관객에게 직접 말을 건
네는 경우에도, 이는 오로지 공간을 수정한 것에 지나지 않는다.

솜씨있는 인공품

모라브스키는 우선, 유럽뿐만은 아니지만 특히 유럽에서, 예술이 특
수한 적성을 타고난 사람만이 할 수 있는 독특한 형식의 활동으로 정의
되어 왔음을 지적한 후, 기술이 급격하게 발전한 현대문명 속에서도 우
리가 여전히 그러한 정의를 고집해 나갈 수 있는가를 반문한다. 여기에
서 그는 모든 인공품을 고려에 넣고자 한다. 즉 도구나 일정한 기술의
사용을 통한 인간적인 개입을 요구하는 직접적인 인공품과, 프로그램
처리된 기계들의 도움을 받거나, 아니면 자연대상물들의 인공적인 조
직에 의해 성취되는 매개된 인공품을 모두 일단 고려대상으로 생각한
다. 말하자면, 그는 전통적인 의미에서의 예술적 재능을 부인하지 않으
면서, 그러나 그러한 솜씨의 범위 안에 예컨대 인공두뇌학적 기계 속에
예술적 과제들을 입력해 넣을 수 있는 능력도 포함시키고자 한다. 요컨
대 예술가는 그가 예술작품을 만들려 할 때 이에 필요한 숙달된 기술과
능력, 처리수단들을 갖추어야 한다고 어찌보면 지극히 평범한 주장을
통해 실은 현금의 예술실천에 상응하는 보다 확대된 정의를 마련코자
한 것이다. 그러나 그는 기술적인 완전성이 예술적 기준의 전부가 될
수 없다고 보아, 네번째의 속성, 곧 개성적 표현을 추가한다.

개성적 표현

그는 이 요소가 다른 것들에 비해 가장 유동이 심한 것으로 보았다. 왜냐하면 민속예술이나 산업예술, 그리고 획일화된 대중문화 속에서 그러한 개성적 표현을 설정하는 것은, 항상은 아닐지라도, 종종 불가능하기 때문이다. 개성적 표현은 보통 예술작품을 구성하는 표현적 구조 속에 묻혀 있다. 한 작품이 아니라 비교적 장기적인 표본추출을 통해서 확인되는 이러한 개성적 표현을 가치평가에서 고려되는 기준, 즉 독창성(uniqueness)과 참신성(novelty)과도 연관된다. 이 두개념에 대한 설명은 후에 다시 시도되겠거니와, 여기에서는 우선 다음의 사실, 즉 본래적인 예술가들을 연구해 보면, 우리는 모든 사람이 예술작품에다 자신을 독특하게 대표하는 속성들을 침투시키고 있음을 알게 된다는 사실에 주목하고자 한다. 말하자면 이런 의미의 개성이란 차이성이라고 해도 좋을 것이다. 모라브스키는 그러나 이러한 개성적 표현과 가치평가를 위한 기준으로서 작용하는 독창성을 구별해서 사용할 것을 권한다. 개성적 표현이란 보통 부차적인 개인적인 편차들(pesonal modifications)에 영향을 미치면서, 예술적 태도, 정서, 사고, 그리고 언어의 공통기반에 의존함에 반해, 독창성은 예술 속에서의 보다 단일한 현상을 의미하는 것으로 이해될 수 있다고 보기 때문이다. 우리는 이 말을 어쩌면 종전의 "천재"라는 개념과 연결시켜 볼 수도 있을 것이다. 왜냐하면 독창성의 근거는 세계를 바라보는 특징적 방식에 있는데, 천재의 작품들 속에서는 세계가 유일하게 보여지기 때문이다. 그렇지 못한 작품들에서는 세계를 보는 전수된 방식이 약간 변형된 정도에서 머물고 있고, 약간의 양식적인 고안들이 재활용되며, 이러저러한 주제가 산발적으로 다뤄질 뿐이다. 모라브스키가 뜻하는 개성은 상당히 진폭이 넓다. 그는 예컨대 쉬르레알리즘의 자동기술법조차, 우연에 의해 예술가의 억압받지 않은 개성, 또는 보다 정확히 말해서, 즉각적인 창조과정이 발휘될 수 있도록 허용하는 것으로 받아들인다. 말하자면 이 개성적 표현이라는 속성은 모라브스키 자신도 인정했듯이 매우 가변적이어서 우연에 의존하는 비율이 큰 다다와 쉬르레알리즘의 활동이라든가, 구성주의 또는 미니멀 아트에서의 기계적인 작업에 대해 적용하는 데에는 한계가 있어 보이지만, 개성적인 표현이란 예술작품을 구성하는 표현적인 구조 속에 묻혀 있다고 한 모라브스키의 견해는 결국 결과로서 나타난 개성적인 성격을 강조한 것이므로, 현대예술가들의 견해와 크게 모순되지 않는다. 왜냐하면 우연성에 의한, 전혀 기대하지 않는 것들의 출현을 통해 그들의 억압된 자아를 해방시킬 수 있다고 본 쉬르레알리스트조차 개성적으로 보여지는 예술작품에, 그들 자신이 인정하든 않든 간에 그들의 독특한 개성이 수반되어 있다는 것을 부인하지는 않을 것이기 때문이다.

모라브스키가 예술을 비예술과 구분하는 미적 가치화의 기준으로서 설정한 "개성적 표현"과, 후에 설명되는 미적 가치평가에 있어서의 "부가적인 잉여적 미적 기준들"로 강조한 참신성과 독창성을 분명하게 아는 것은 그의 이론을 이해하는데 있어서 퍽 긴요한 일이지만, 그리 쉬운 일은 아니다. 여기에서는 그 자신의 설명에 따라 이를 좀더 살펴보는 것으로 만족하고자 한다.

모라브스키는 앞에서도 잠시 언급했거니와, 가치화의 한 항목으로서 예술에 있어서의 영속적 특징인 "개성적 표현"과 가치평가를 위한 부가적 기준인 독창성은 서로 다른 것으로 생각한다. 즉, 독창성이란 좀더 특별하며, 공통적이 아닌 표현성으로 한정되어야만 한다는 것이다. 왜냐하면 개성적 표현은 작품 속에 자체적으로 전제될 수 있으며, 또 사실상 전제되어 있는 반면에, 독창성의 가치는 "문맥"속에서만 판정될 수 있기 때문이라는 것이다. 이 독창성이라는 가치를 추출해 내기 위해서는, 우리는 물론 우리의 직접적인 파악에 의해 식별할 수 있는, 예술 대상의 개성결정단계를 거쳐야 한다. 그러나 그것이 참으로 독창적인 것이냐를 알기 위해서는 이중적인 관계를 갖는 비교가 이루어져야 한다. 즉, 첫째로, 그 작가의 단일한 작품 내에 나타나는 구체적인 특성을 충분히 파악할 수 있기 위해, 우리는 한 작가의 여러 작품들을 위해서는 다른 작가들의 작품들과 비교해야 한다. 이런 뜻에서 독창성은 수평적 윤곽 속에서, 즉, 한정된 문화체계의 관계 내에서 관찰되는 것으로 말할 수 있을 것이다. 그러나 이와 자주 혼동되는 참신성이란, 독창성과도 마찬가지로 관계적 가치이나, 오로지 역사적 배경과의 대조에 의해서만 발견될 수 있으며, 이전의 것의 파괴, 그것과의 결별이라는 뜻을 함축한다. 말하자면 참신성은 수직적인 관계 속에서, 역사적으로 판별된다. 그것은 친숙성, 대중성과 비교되는 개념이다. 우리들은 그것을 내용적―형식적 변혁, 또는 예술적으로 새롭게 수용된 질료들(합성물, 화학물질, 전자적 재료)에 대해 사용할 수 있을 것이다.

이렇게 본다면 독창성은 결코 복사될 수 없지만, 새로운 현상은, 비록 그것의 모방이 참신성을 상실케 하더라도, 복사될 수 있다는 차이를 지닌다. 이 두가지 개념은 따라서 상호교환적으로 사용될 수 없다. 양자간의 관계를 모라브스키는 이렇게 정리한다 : ① 참신성은 독창성을 결하고 있는 것으로도 증명될 수 있다. ② 그러나 참신성과 독창성은 일치 또는 조화될 수도 있다. ③ 나아가 독창적 작품이 참신성을 결할 수도 있다. 이러한 미묘한 상호관계에 얽힌 논의를 우리는 길게 늘어놓을 수 없다. 단지 우리는 참신성을 전위라는 개념과 연결시켜 볼 필요가 있음을 적기해 둔다. 예컨대 클레(Paul Klee)는 자신의 작품을 통해 우리로 하여금 인간의 상상력과 감정들의 원형에 접근토록 하고, 환상적이고, 서정적이며, 말로서는 표현불가능한 매혹적인 세계를 펼쳐 보이지만, 레이(Man Ray)와 같은 식의 전위파 예술가는 결코 아니었다.

요약컨대, 참신성이나 독창성은 어디까지나 미적 가치평가를 위해 참조될 수 있는 부가적이고 잉여적인 기준으로서, 예술작품을 다른 사물들과 구별하는데 필수적인 것은 아니라고 보는 것이 모라브스키의 견해이다. 그에게 있어서 미적 가치화의 기준에 속하는 속성은 어디까지나 일반적인 의미에서의 "개성적인 표현"일 뿐이다.

이상의 네가지 속성들 중 어느 하나가 아니라, 그 증후군(syndrome)이 우리로 하여금 주어진 대상을 예술작품이라고 기술토록 허락한다. 비록 많은 대상물들이 즉각적으로 이 모든 속성들을 분명히 하지 않는다 할지라도, 이러한 포괄적 정의를 거절할 이유가 없다는 것이 모라브스키의 주장이다. 그러나 그는 이상의 네가지 특징들이 그 나름대로 규정한 가치론적 미학의 기본적인 기준이기는 하나, 모든 예술적 가치들을 총망라한 것은 아니라는 점을 시인한다. 즉, 예술의 어떤 영역과 그 종류, 그리고 분야에만 관련된 가치들이 존재할 수도 있다는 암시이다. 음악 작품의 가치는 문학작품들의 가치와 비교될 수 없다. 즉, 예술의 종류들은 그 종류 내의 각 분야가 또한 그렇듯이, 각각에 고유한 독립적인 기준들, 특정한 예술적 가치, 구체적인 가치화의 특성들의 집합을 포함한다. 아울러서 그는 이러한 정의가 하나의 "열려진 개념"임을 인정한다. 말하자면, 앞으로의 진전에 따라 어떤 속성들은 버려질 수도 있고, 또 새로운 속성들이 생겨날 수도 있다는 것이다. 예술적 실천을 통해 항상 새로운 성질들이 서로 얽혀지고 다시 변화를 겪는다. 미학은 무엇보다도 기꺼이 이 새로운 가치—성질들을 기본적으로 인식된 이전의 가치영역에 통합해야 한다고 그는 주장한다. 그는 자신이 내린 정의가 임시적(provisional)특성을 지니고 있음을 1967년에 쓴 자신의 후기를 다음과 같이 마감함으로써 분명히 한다. "예술이여, 어디로 가는가 ? 이것은 아무도 모른다"(Quo vadis, ars? This nobody knows.)

우리는 이 글에서 모라브스키의 예술정의가 지금까지 있어온 그 어떤 정의보다도 예술적 실천의 기본 성격을 보다 명료하게 제시해 주고 있고, 나아가 예술을 정의하고자 하는 그러한 노력들의 본래적인 의미나 자세를 매우 설득력있게 제시해 주고 있다는 여러 미학자들의 견해에 일단 동의하기 때문에 이를 비교적 자세하게 소개하였다. 6) 필자로서는 특히 그의 그러한 미적 가치화에 관계된 이론이 미적 평가에 연결된다는 점에서 이를 값지게 본다. 예컨대 흄이나 칸트가 우선적으로 미적

---

6) 정순복, 예술적 가치의 본질과 예술의 정의에 관한 연구(서울대학교, 1983),논문 p. 76. 이 논문의 필자는 M. C. Beardsley, M. W. Wartafsky, C. Norris 및 E. Sankowski의 서평을 근거로 이러한 정보를 제공해주고 있다.

가치들을 수립하는데 관심을 두었으며, 그것들의 분류·등급화에는 관심을 덜 가졌던 것에 비해, 모라브스키는 미적 대상들을 등급화함에 있어 비미적(extraaesthetic) 근거들의 역할도 고려하면서 그러나 미적 가치들의 형성에서 이미 예비적 등급화가 인식되고 있다고 주장함으로써 미적 가치화의 문제와 미적 가치평가를 연결하고 있다. 쉽게 말해서 "좋은 예술작품"을 판정해내기 위해서는 일단 그것이 앞에서 말한 네가지 기준들을 충족시킨 "예술작품"이 되어 있어야 하지 않느냐는 것이다. 그렇지만 가치화와는 달리 가치평가는 이미 마련된 가치론의 기준과 더불어 시작한다는 점을 그는 강조한다. 따라서 그는 예술대상들을 비교·분류함에 있어서 최초의 중대작업은 이미 형성되어 있는 기본적 예술가치들의 "量化"라고 분명히 밝힌다. 즉, 예술의 기초적 특성들을 성공적으로, 그리고 더욱 크고 강렬하게 갖추도록 구체화시킨 창작물이 일단 더 훌륭한 예술작품으로 평가된다.

　모라브스키는 이 量化의 문제를 특히 그가 모든 종류의 예술에 공통된 예술적 가치의 유일한 기본영역이라고 본 "형식"과 "표현"과 연관시켜 검토한다. 통합적 구조의 짜임새와 표현성이라는 두가지 영역이 상호관계 속에서 겪을 수도 있을 모순을 염두에 두면서 모라브스키는 잠정적으로 다음과 같은 견해를 피력한다. 즉, 위대한 예술가들이 개별적이고 서로 비교될 수 없는 능력들을 전개한다는 것은 틀림없는 사실이지만, 그들은 대략 비교가능한 미적 수준치 내에서 활동하고 있다. 그들이 구체화시키고 있는 가치들의 크기와 강도는 작품마다 다를 수 있으나, 표현상 미흡한 부분은 고조된 형식상의 구조화에 의해, 또는 그역에 의해 보충된다. 이렇게 해서, 量化的 가치평가는 우리로 하여금 특정지역 시대, 유파, 양식 내에서 위대한 작가들을 그보다 못한 예술가들로부터 구별할 수 있게 해준다.

　그러나 여기에서 우리는 엄청나게 다른 가치들을 구현하고 있는 작품들에 대한 평가를 비교한다는 것은 무익하다는 그의 주장에 귀를 기울여야 한다. 다시 말해서 양화되는 집합들은 지나치게 상이해서는 안된다는 것이다. 그는 다음과 같이 비교될 수 있는 예술작품들을 위한 기

준을 내세운다 : ① 그것들은 동시대, 동일공간에 속해야 한다. ② 그것들은 동일한 일반적 경향을 대표해야 한다. ③ 그것들은 동일 예술 영역, 그리고 어떤 경우에는, 동일 분야에 속해야 한다. ④ 그것들은 공통의 가치화적 특성을 지녀야 한다. 왜냐하면 주어진 예술가치들을 실현하는 다양한 방식이 있기 때문이다. 모라브스키가 뛰어난 예술적 개성이란 그것이 공통적인 특성들을 공유하는 일정한 유파와 관련을 갖는다고 한 것은 바로 이런 맥락에서 이해되어야 할 것이다. 즉, 예술적 천재성은 일반적으로 그것이 속한 유파의 특성을 더할 나위 없이 분명하게 드러내보이는 데서 알려진다.

量化와 관계된 사항으로 우리는 이 量化가 字句的으로 사용되고 있지 않음을 지적해야 할 것이다. 예술적으로 "더 좋은"것을 판단하는데 기여할 구성적 가치들의 크기를 측정할 수 있는 판독기나 계산자, 또는 그 강도를 해독해낼 수 있는 전자탐지기 내지 콤퓨터—계산자 따위란 존재하지 않는다는 것이다. 즉 표현성 혹은 형식적 완전성의 정도는 직접적 파악(a direct apprehension)에 의해서만 알 수 있는데, 모라브스키는 우리가 이 직접적 파악을 이론적으로 해명되지 않는 까닭에 애매하고 신뢰할 수 없는 직관과 혼동하지 말아야 한다고 경고한다. 그것은 어디까지나 경험적이다. 그러기에 우리는 공통적인 형식, 표현, 모방의 특성을 지니는 다른 시대, 다른 장소 내의 예술가들을 비교·평가할 수 있는 것이다. 그러나 미적 판단의 객관성의 문제는 보다 세분화된 검토를 요구하기에 여기에서는 생략하기로 한다. 그보다 우리는 앞에서 미적 가치평가와 관련된 量化의 문제와 연관된 사항들을 일단 정리해보는 단계를 필요로 한다. 그것은 곧 ① 구성적 가치들의 크기와 강도, ② 그것들의 참신성, ③ 그것들의 독창성간의 상호관계 문제이다. 이에 대해 모라브스키는 일단 모든 주어진 작품들이 기준 ① 을 충족시키고 있고, 그 작품들 중의 하나가 독창성 혹은 참신성, 또는 두가지 특성 모두를 소유하고 있다면, 우리는 그것들의 서열적인 위치에 대해 생각해 볼 수 있을 것이라고 한다. 왜냐하면 ① 의 경우, 양화된 가치들(그리고 가치화의 성질들)은 예술대상을 구성한 것이며, 이 각각 서로 다른 정도의 강

도를 지닌 것으로 관찰된 동일한 가치들은 가치평가의 기준을 제공한다
고 보아야 하기 때문이다.

이상으로 우리는 미적 가치평가에 있어서 가장 중요한 부분에 대해
살펴 보았다. 그러나 이러한 미적인 기준 이외에 종교성, 정치성, 도덕
성이라는 비미적인 요소들이 가치평가에서 무시못할 비중을 차지하고
있음을 유의해야 한다. 모라브스키는 예술대상들에 대한 비예술적 해
석들이 갖는 정당성을 어떻게 부인할 수 있겠느냐고 반문한다. 왜냐하
면 예술은 문화적 현상이고 따라서 여러 면에서 사회적 삶의 기능적인
한 부분이기 때문이다. 그러나 그가 이로써 예술작품의 성질들, 내적
구조와 함께 그 특수한 가치들을 무시하는 이데올로기적 비평가들을 옹
호한다고 생각한다면, 이는 그릇된 것이다. 그의 기본입장은 예술에 대
한 우리의 평가·판단들이 철학적 입장에 의존해 있음을 일단 인정하
되, 기준에 대한 추구는, 구체적으로 파악되는 예술적 가치의 구성성질
들로 말할 수 있는 것들 중에서가 아니라 일반적인 가치론에 대한 접근
내에서 이루어져야 한다는 것이다. 따라서, 미학의 문제 역시 특정의
궁극적인 철학적 판단·선택들과 관계하지 않고서는 해결될 수 없다는
전제 속에서 그는 소외와 소외의 제거를 지향하는 예술적 추세들을 심
각하게 다루었다. 그러면서도 그는 "가치론적 계산"(axiological calculus)이
전적으로 일순적인 개인적인 선호나 사회적인 관습에 의해 정형화된다
고 간주하고 따라서 예술작품이란 오직 순간적이고 임의적인 인간의 사
고와 행동의 투사에 지나지 않는다고 가정함으로써 예술에만 고유한 특
성들이 무시되어, 결과적으로 예술에 대해 가해지는 어떤 도덕적, 정치
적 강령이나 금기들에 맞서 대항할 기초를 잃게 될 것을 두려워한다.

이상에서 본대로 모라브스키 예술이론에서 핵심을 이루는 주장을 우
리는 특히 제1부에서 설명된 역사주의적인 정향에서 찾을 수 있겠는데,
이는 우선 가치론적 사항은 항구적으로 고정되지 않는다는 것을 인정하
면서도 지속적이고 재발적인 가치요소들을 평가 내지 재평가하려는 의
도를 가지고 문화 속에서 일어나는 파도들을 꾸준하게 응시하는 태도를
반영한다. 그는 여기에서 미학을 굳건히 세울 확고한 기초를 발견했던

것이다. 이러한 관점이 인간의 문화 속에서 예술이 어떻게 시작되었는가에 대한 조사, 인간생활 속에서 예술이 갖는 기능들에 대한 점검, 오랜 역사를 통해서도 지속적으로 살아남은 예술대상들에 포함된 여러 국면들과 요소들의 발견을 필요로 한다는 것은 두말할 여지가 없다. 그는 객관적으로 옹호할 수 있는 예술작품들의 판단을 위한 경험적인 기초를 마련하는 동시에, 특별히 인식적인 가치들을 포함한 예술들의 가치들에 대한 복수주의적 개방성과 예술가의 창조적인 능력을 해방시킬 수 있도록 하고 사회적 소외와 함께 그 자신의 소외를 종식시킬 수 있도록 도와줄 기초, 즉 예술가의 사회적 역할에 대한 보다 분명한 이해를 가능케 할 경험적 기초를 마련하는 것을 목표로 삼고 있다.

모라브스키는 영미미학에서 최근 가장 골치아픈 문제거리였던 '예술' 또는 '예술작품'의 정의 가능성에 깊숙이 관여한다. 모라브스키는 예술작품의 내적인 국면들과 그 사회적 관계들에 대해 적절한 대답을 제공해보려고 하는 동시에 그러한 대답이 미래의 예술적 발전들에 대해 폐쇄적이지 않게 되기를 희망한다. 즉, 그는 시각예술, 시, 음악, 무용, 연극, 그리고 영화에서 일어나는 실천과 정의와 관계된 최근의 위기에도 불구하고 관철될 수 있는 예술관념을 발전시키는 것을 목표로 삼는다. 그러기에 그는 단일한 필요조건들도 포함하지 않으면서 예술이란 오직 '가족유사성'관념일 뿐이라는 네오비트겐슈타인적 견해에도 반대한다. 더구나, 그는 정의가 반드시 작위적이거나 상대적이라는 견해를 인정하지 않는다. 그 대신 그는 '예술작품'을 위한 정의를 구성하는 네 가지 기준들로 구성된 하나의 체계를 발전시킨다. 이때 내세우는 입장이 이른바 '역사주의'이다. 이 기준들은 모든 차이에도 불구하고 예술작품으로서 간주되어온 대상들 사이에 존재하는 "역사적으로 추적된 항수(invariants)"에 기초하고 있다. 앞에서 본대로 조심스럽게 옹호된 네 가지 기준들은 다음과 같다.

1. 감각적으로 주어지거나 의미론적으로 지시된 "성질들의 구조"일 것.

2. "구조의 상대적 자율성"을 가질 것.

3. 적어도 넓은 의미에서의 "인공품"일 것.

4. "개성적인 표현"일 것.

모라브스키는 예술작품으로서 간주될 것을 요청하는 어떤 대상 속에도 이 네 가지가 어느 정도로든 내보인다고 주장한다. 그러나 그는 앞에 있는 두 가지에 비해 나머지 두 가지는 "빈약한"조건들이라고 말한다. 즉, 그는 모든 인공품, 다시 말해서 천재의 걸작뿐 아니라 도구나 일정한 기술의 사용을 통한 인간적인 개입을 요구하는 직접적인 인공품 모두와, 프로그램으로 처리된 기계들의 도움을 받거나, 아니면 자연대상들의 인공적 조작에 의해 성취되는 매개된 인공품 모두를 일단 고려 대상으로 삼는다. 그러면서도 그는, 비록 현대로 올수록 그것이 희박해지고 유동적으로 되지만, 개성적 표현을 예술정의의 한 조건으로 내세우는데, 이는 천재개념과 상통하는 독창성(originality, uniqueness)과는 달리 단순히 차이성을 의미할 뿐이다. 모라브스키에게 있어서 독창성은 참신성(novelty, freshness)과 함께 가치평가(evaluation)를 위한 기준에 속하면서, 예술작품을 예술작품으로 간주하게 하는 가치화(valuation)의 기준인 "개성적 표현"(individual expression)과 구별된다.

이러한 기준들을 손꼽으면서도 모라브스키는 그의 예술관념이 충분한 쓰임새를 가질 수 있을 만큼 결정적이기는 하되 전위예술들을 수용할 수 있을 만한 개방성과 유연성을 지닐 수 있게 되기를 희망한다.

그의 이론이 갖는 독특성은 그가 "예술이란 무엇인가?"하는 정의의 문제와 "좋은 예술이란 무엇인가?"하는 평가의 문제를 동일시 내지 연계하고 있다는 점이다. 다시 말해, 모라브스키에게 있어서는 예술을 정의한다는 것이 곧 하나의 예술적 가치의 이론을 제안하는 것이다. 앞에서도 잠깐 언급했듯이, 하나의 대상을 예술적으로 가치화한다는 것은 그 안에 "예술적 가치들"이 들어 있다는 것을 보고하는 것인데, 이 가치들은 대상에게 예술작품의 지위를 부여하는 동시에 그것에게 예술로서의 값어치를 매겨주는 그러한 성질들이다. 이에 반해 평가한다는 것은 넓은 의미에서 등급을 헤아리는 것이다. X가 Y보다 더 좋은 예술(또는 예컨대 더 좋은 그림)이라고 말하거나 그것이 걸작품 축에 든다고 말한다면, 우리는 그것을 평가하는 것이다. 모라브스키는 量化(quantification)라는 개념을 통해 양자를 매개하고 있다. 요약해서 말한다면, 예술의 기초적 속성을 성공적으로, 그리고 더욱 크고 강렬하게 갖추도록 구체화시킨 창작물이 일단 더 훌륭한 예술작품으로 평가된다. 물론 가치평가에서는 앞에서 말한 네 가지 기준의 존재(presence)와 강도(intensity)를 넘어서는 또 다른 기준들이 작용하게 마련인데, 참신성과 독창성이라는 이른바 '예술적' 기준들과 작품의 사회적 윤리적 정치적 국면들을 포함하는 그밖의 '비예술적' 기준들이 그것들이다. 그러나 그는 마르크스주의자로서는 놀랍게도 일반적인 통념과는 달리 '비예술적' 기준들이 '예술적' 기준들보다 우선하는 것에 반대하며, 한 걸음 더 나아가 그것이 마르크스와 엥겔스에 의해 제안된 이른바 마르크스주의 미학의 정통에 속한다고 주장한다. 그러나 그 역시 예술을 사회의식의 도구로서 고려한다. 말하자면 여러 세기를 거치면서 그래왔듯이, 예술은 빈곤, 혼란, 굶주림, 그리고 불의의 질곡으로부터 인류를 해방시키고자 하는 꿈과 혼합되어 있다. 예술은 그 모든 국면에서의 소외의 종언을 예언한다는 것이다. 그는 탈소외라는 추제가 어떤 의미에서 가장 절실한 것이며, 그런 의미에서 오로지 이러한 철학적, 아니 역사적인 동시에 철학적인 성격의 지향점을 배경으로 해서만 사회학적인 안목은 깊이를 얻게 되고 의미있게 된다고까지 단언한다. 비록 현대의 전위예술에 대한 견해에서는 편견을 나타냈다고 보지만, 모라브스키가 루카치, 특히 그의『미적인 것의 특성』(Die Eigenart des Asthetischen)이 아직도 지배적인 소외와 사회주의적인 탈소외의 예상을 배경으로 예술의 기원, 발전, 그리고 전망을 거장답게(masterfully) 묘사하고 있다고 격찬한 것도 바로 그의 저러한 역사주의적 안목 때문이다.

2—5 예술과 사회의 상관관계

'예술적 가치'를 정의하는 문제에 대한 역사적 조망(historical perspective)을 중시하는 그의 기본자세는 특히 제1부의 마지막 논문인 「미적 판단의 객관성」에서 자세히 설명되지만, 그곳뿐 아니라 그의 책 전체를 관통하고 있다. 그는 미적 판단에다 객관성을 부여하기 위해서는 예술의 발생(genesis)과 발전과정, 즉 예술이 다른 문화적 관계들(cultural concerns)과의 착종들로부터 분리되어 그 나름대로 독특한 기능을 가진 특수화된 활동형식으로 출현하는 과정이 연구되어야 하는 동시에, 역사 속에서 착용하는 요소들이 이해되어야 한다고 주장한다. 이 요소들은 두 가지로 구성되어 있는데, 하나는 정치적 내지 기술적 세력들처럼 외부로부터 예술의 발전에 영향을 미치고, 다른 하나는 양식적 규범(stylistic imperatives)처럼 내부적으로 작용한다. 다시 말해서 우리는 예술적 행위에서 중심이 되면 그 안에서 독특한 가치를 지니는 어떤 무엇을 발견해내기 위해 예술감상 내지 창조에 내재하는 '항수'와 '변수'를 찾아야 한다는 것이다. 요약컨대, 미적 판단들의 객관성에 관해 무슨 말을 할 수 있으려면 요구되는 하나의 필요조건은 바로 특정한 자연적, 사회적, 그리고 문화적 규칙들인데, 이 규칙들은 특별하게 응결된 구조들로서 파악되는 미적 대상들을 선택하고, 예술작품들이라고 불리우는 대상들을 산출하는, 어떤 생물학적으로나 문화적으로나 안정된 방법들을 고정하기 위해 결합된다는 것이다.

이는 넓은 의미에서 "예술과 사회"와 관계된 문제이기도 하기에 우리는 그 윤곽을 예술에 대한 사회학적 정향이라는 문맥에서 그려볼 수 있을 것이다. 모라브스키 자신은 이를 네가지 유형을 나눠놓고 있다.[7] 첫째로 오로지 예술작품들과 연관된 행동패턴들과 제도들에만 정향된 조사가 있을 수 있다. 예컨대, 공중에 대한 예술의 분배, 그러한 공중 속에 들어있는 개인들의 정체성과 관심, 예술가들의 사회적 배경과 직업적인 특혜, 예술가들과 청중들 양자에 대한 행정당국의 태도, 예술의 주제선택과 상호소통성에 미치는 공중의 영향. 요컨대 이런 유형의 사

---

7) S. Morawski,"*Art and Society*,"앞의 책 p. 295-308.

회적 조사는 절차적으로 볼 때 이혼이나 육류 소비에 대한 연구나 별 차이없다. 둘째로, 만일 우리가 예술사회학을 예술의 기능과 발생을 연구하는 수단을 마련하는 학문으로 정의한다면, 특히 우리가 이런 정의로 하여금 서로 다른 시대를 통해 주어진 예술작품에 대한 반응이 어떠했던가를 밝힐 수 있는 여지를 갖도록 허용한다면, 연구는 새로운 국면을 갖게 된다. 여기에서는 보통 주어진 작품이 형식보다는 내용의 측면에서 기본적인 참고자료를 제공한다. 그러나 예술작품 자체가 아니라, 복합적인 사회조건들에 관계되는 창작과정이라든가, 동시대 또는 이후의 세대에 의해 천명된 수용과정이 관심의 대상이 된다. 세째로, 우리가 주어진 예술작품을 "그 시대의 기록"으로 보려고 할 때 사회학적 조사는 또다시 변화된다. 그렇게 되면 예술작품의 내용에 너욱 초섬이 모아질 것이다. 물론 사회적 현실과 연관된 것으로서 형식 역시 응분의 고려를 받게 되겠지만, 주된 관심은 어떻게 한 예술작품이 그 시대의 문맥 속에서 사회학적으로 해석되어야 하는가에 쏠리게 된다. 이는 미메시스의 범주, 또는 표현의 범주와 연관되어서 행해지게 될 것이다. 그래서 현실의 어느 측면들이 예술작품의 어느 특징들과 상응하여 결합될 것이냐가 문제가 된다. 그것은 크게 보아 우리의 기본적인 태도 또는 철학에 달려 있다. 다루어질 현실의 국면들로는 다음과 같은 것들이 포함될 수 있다. 사회환경(관습, 분위기, 選好性, 시간과 공간의 특징), 특수한 도덕적, 종교적, 미적, 그리고 철학적 이념들, 갈등을 일으키는 정치적 태도들과 신념들, 기술과 자연정복의 단계. 마지막으로, 예술에 대한 사회학적 정향은 사회적으로 조건지워진 동일구조들에 대한 조사로서 정의될 수 있다. 말하자면, 이는 동일한 시간과 공간의 문맥 속에서의 다양한 기호체계(semiotic systems)에 대한 연구를 의미한다. 여기에서는 역점이 특정한 미적 규칙들과 관습들에 의해 집합된 기호론적 자료로서 간주된 예술작품에로 옮겨진다. 내용과 형식은 원리상 분리가 불가능한 것으로 취급된다. 특정한 작품은 쏘쉬르의 표현을 빌린다면, "랑그"와의 관련 하에서 "파롤"로 다뤄질 것이다. 사회학적 관심을 가진 연구가라면 특히 "랑그"의 국면을 들여다보면서 그것이 다른 기호체계들과 어떻게 비교되는가를 묻게 될 것이다.

모라브스키는 이 중 첫째만을 엄격한 의미에서의 예술사회학으로 보고, 나머지는 "사회학적 입력에 반응하는 미학"(aesthetics responsive to a sociological input)이라고 규정한다. 그중 둘째를 특히 "사회학적 미학"이라고 명명하면서, 이를 예술적 가치에 관심을 두지 않는 "예술사회학"과 구분하고자 한다. 말하자면, 사회학적 미학은 예술적 가치의 발생과 기능에 관심을 두면서, 미학 자체에 속한다고 할 수 있는 다른 접근 방식과도 스스로를 구분한다. 이 후자적 입장은, 비록 예술적 가치가 서로 다른 방식에 의해 해석될지언정, 직접적으로 예술적 가치들에 관심을 둔다.

예술과 사회에 대한 포괄적인 연구를 위해서는 일견 배타적인 것처럼 보이는 이상의 접근방식들을 보완적으로 응용하는 것이 필요하다. 그 출발점은 예술적인 상호소통 자체와 그 의미론적 연관을 고려하는 방식이 될 수 있다. 쏘쉬르로부터 야콥슨을 거쳐 레비―스트로스에 이르는 일련의 연구와 이른바 러시아형식주의가 이에 해당되는 예이다. 매개적인 연계는 전체로서의 예술작품과 주어진 역사적 현실 간의 상징적, 모방적, 그리고 표현적 관계에 대한 조사로 이루어질 수 있을 것이다. 이 단계는 특수한 기호체계로 환산될 수 없다. 오히려 그러한 체계가 예술적 구조의 "내용"과 "형식"이라고 불리우는 것과 꼭 들어맞는 것으로 보여져야 한다. 그 내용은 지배적인 세계관과 개인적인 창조적 개성 양자에 의해 매개된다. 마지막 단계는 주어진 사회문화적 지역에 입각하여 주어진 작품의 발생과 기능을 조사하는 연구가 될 것이다.

모라브스키 자신은 다음과 같은 내용을 "예술과 사회"에 대한 그의 주장의 핵심으로 삼는다.

1. 예술은 어떤 단일한 요인이 아니라 개체발생적 내지 집단발생적인 여러 요소들에 의존한다. 그 중에서도 현대의 역사적 상황이 가장 절박한 요인으로 손꼽힌다. 현대는 이념적인 극단화들과도 연결될 수 있는 수많은 종류의 갈등들에 의해 특징화된다.

2. 이러한 의존관계들에 대한 연구는 이른바 내용의 요소들만이 아니라, 어떤 경우에라도 역동적인 예술과정 전체로부터 분리된 현상체제가 될 수 없는 '형식'의 요소들도 포함할 것이다.

3. 예술이 사회에 의해 영향을 받을 뿐 아니라, 예술은 사회의식을 형성하는 데 적극적인 역할을 담당한다.

4. 예술과 사회 사이의 이러한 상호관계는 어떤 비개성적인 유행(fashion) 속에서 일어나는 것이 아니라 무엇보다도 창조적 개성에 의해 매개된다. 여기에는 물론 심리학적으로 역사적으로 결정된 특수한 청중에 의한 매개도 고려되어야 한다.

이러한 관계설정을 통해 우리는 예술의 기능에 대한 문제를 탐색할 통로를 발견하게 되는데, 모라브스키는 이 문제를 「소외의 문맥에서 본 예술의 핵심기능과 주변기능」에서 천착한다.

그의 기본입장은 예술의 구조나 발생에 대한 어떠한 토의도 예술의 기능에 대한 철저한 분석 없이는 이루어질 수 없다는 것이다. 그러기에 그는 이러한 분석이 미학적 분석의 주요한 요청들 중 하나임에 틀림없다고 본다. 그는 우선 예술이 가지고 있는 예술적 기능과 비예술적 기능의 분리에 찬성하지 않는다. 그러나 그것이 예술적이든 비예술적이든 예술의 기능을 정의하는 일은 결코 용이하지 않다. 사회학적 정의와 심리학적 정의가 일치하지 않고 교육자의 발언은 철학자의 발언만큼이나 존중되어야 하기 때문이다.

2-6 예술의 핵심적 기능들

여러 가지 고려 끝에 모라브스키는 자신의 예술철학에 입각하여 다섯 가지의 예술기능들을 추출한다.

그중에서도 무엇보다 먼저 정보제공적(informative) 기능이 문제가 된다. 분명히 모든 예술은 그것을 감상하는 사람들에게 적어도 언어, 음향, 색채 등등의 배열이 이러저러하다는 것을 일러준다. 순수예술이든, 오락적 예술이든, 모든 예술은 우선 소통적(communicative)이어야 한다는 것은 기능에 있어서 전제조건이 된다는 것이다. 이런 의미에서 모라브스키는 근본적인 예술적 기능은 기호학적(semiological)이라고 본다. 예술작품들은 기호들이고, 기호들 사이에서 이루어지는 구별들이 그것들이 갖는 기능적 편차를 규정한다. 모라브스키는 이 문제를 굿맨(Nelson Goodman)의 『예술의 언어들』(*The Languages of Art*, Indianapolis, 1968)을 언급하면서 다루고 있다. 즉, 굿맨의 집요한 분석으로부터 우리는 미적 현상과 비미적 현상들은 예시(exemplification)와 표시(denotation)간의 차이를 지적함으로써 구별될 수 있다는 결론에 이르게 되는데, 이는 또한 구문론적 밀도(synatactic density), 의미론적 밀도(semantic density), 그리고 구문론적 충만(repleteness) 등의 관념들을 통해 설명된다. 그러나 이러한 어휘들은 실상 논리적 분석의 입장으로부터 설명될 뿐 미적 현상들에만 고유한 특질들에 관한 한 별다른 진전을 보이지 않고 있다는 것이 모라브스키의 지적이다. 말하자면 굿맨의 '밀도'는 애매성(ambiguity), 비정밀성(imprecision), 잉여(redundance) 등의 "시대적으로 한물간" 예술의 특질들과 반복해서 연결된다는 것이다. 우리가 예술적 인식의 특수성에 좀더 가까이 갈 수 있다면 특별한 유형의 상징화(symbolization)를 수단으로 해서 미적인 것의 본성을 설명하려는 노력에서 참으로 가치있는 것이 찾아질 터인데, 굿맨의 작업에서는 이것이 이루어지지 않았다는 것이다. 예술작품이라고 불리우는 감각자료들의 패턴들에 대한 어떤 관찰도 제공하지 않았고 예술의 인식적 지위의 문제에 대한 어떤 정식화도 제공하지 않았다는 것이 모라브스키가 굿맨에게 가한 비판의 핵심이다. 물론 그로서도 굿맨이 미학의 언어들을 분석철학의 기술적 언어와 대결시킴으로써 많은 결실이 얻어질 것임을 증명해주었다는 사실을 부정하지 않는다. 그러나 모라브스키는 오래 된 난제들이 단순히 막연한 전통적 어휘들로부터 논리학자들의 어휘로 바뀌었다고 해서 해소되지 않는다는 주장을 굽히지 않는다. 즉, 언어의 정화가 그 자체로서는 어떤 중요한 철학적 문제들도 해결하지 못해왔다는 것이다. 모라브스키는, 기호론이란 예술이 다른 문화범주들과 공통적으로 가지고 있는 것이 무엇인가를 설명하는 데에는 아주 도움이 되지만, 미적인 관심의 핵심문제들에 접근할 때 그 힘을 상실한다고 본 것이다. 그가 말하는 기호론은 굿맨뿐 아니라 카시러(Cassirer)가 인간을 상징적 동물(animal symbolic)로 정의한 이후에 온갖 발전된 상징이론들을 포괄한다.

모라브스키는 미적 경험이 우리가 세계와 맺고 있는 친숙함을 보존한다는 것을 부정하지 않는다. 그러나 그로서는 미적 경험이 동시에 생소한 인상을 남긴다는 것을 아울러 강조한다. 그것이 우리의 심적 습관들을 말소하지 않는다 할지라도, 그것들이 침윤되지 않도록 작용한다. 말하자면 그것은 타성, 즉 생녕의 리듬, 본래적으로 존재하는 인간들과 사물들에 대해 우리를 무감각하게 만드는 기계적인 반응양태에 대립한다. 모라브스키는 미적 반응의 효과는 세계와 우리와의 대면을 청신하게 하고 생기있게 만든다고 보면서, 이러한 효과가 두 가지 기본적 양식들 중 하나로서 이루어진다고 말한다. 그것은 곧 집중(intensifying)과 일상현실들을 습관적인 맥락들로부터 벗어나게 만드는 듯한 일탈(disengaging)이다. 그렇게 해서 다다, 팝예술, 해프닝에서뿐만 아니라 어느 정도로는 브레히트의 소격효과에서도 보게 되는 충격가치(shock value)가 정당화되기도 하고, 알려지지 않은 것, 환상적인 것, 믿지 못할 것 등을 일상의 맥락 속에 삽입하는 일이 옹호되기도 한다. 그러한 충격은 결국 우리의 현실이 갖는 한계들을 확장시킬 수 있다는 것이다. 바로크적 내지 낭만주의적 유산이 그러하고, 초현실주의가 또한 이러한 효과를 정교하게 극대화한다고 볼 수 있다. 요컨대, 모라브스키에 있어서, 미적 경험은 긴장의 하나로서, 예술은 우리의 생활태도들에 대항하여 경계침입을 감행하고, 예술적 수단들은 우리로 하여금 예컨대 과학, 철학 또는 공학의 방법들과는 아주 다른 특별한 방법으로 반응하도록 만든다.

이처럼 모라브스키는 예술적 과정과 미적 경험이 우리가 소유하고 있는 지식에 근접해 있고 그러면서 이 지식을 복잡하게 변형하여 우리의 세계이해를 정당하게 그리고 불가피하게 풍부하게 만든다는 주장을 펴게 된다. 가장 평범한 예술가들을 포함해서 모든 예술가는 우리에게 그 자신에 관해 무엇인가를 말해주고, 가장 둔한 사람을 포함해서 모든 향수자들은 예술과의 만남에서 무엇인가를 얻는다는 것이다. 이런 의미에서 예술은 최소한도 언제나 일정량의 지식의 전달매체라 할 수 있다. 심한 경우 그러한 지식은 이미 수용자에게 익숙한 태도들의 재확인을 벗어나지 못할 수도 있다.

우리는 예술과 인식(cognition)의 상관관계에 관한 모라브스키의 주장을 그 자신에 따라 다음과 같이 정식화할 수 있다.

모든 예술의 소통적 기능은, ① 비예술적(정보제공적) 인식으로 채워진 예술, ② 특별히 예술적인 인식(프로메테우스적인 예술기능과 필로크테테스적인 예술기능), ③ 비인식적 내지 비정보제공적 예술(오르페우스적 기능)을 포함한다.

그리스신화의 세 인물을 등장시키는 그의 설명방식을 이해하자면 우리는 자연히 그가 말하는 다섯 가지 예술기능, 즉 예술의 세 가지 핵심기능들과 두 가지 주변기능들을 알아보아야 한다. 그러나 그의 주장의 비중이 세 가지 핵심기능쪽에 놓여 있으므로 우리 역시 그 의미를 읽어보아야 하거니와, 그전에 그가 말하는 예술의 핵심기능과 주변기능을 도식화하면 다음과 같다.

정보제공적←프로메테우스적←오르페우스적→필로크테테스적→생활조직적

우선 주요기능들을 알아보고, 이를 중핵으로 삼는 경계설정적 기능, 즉 주변기능들에 대해 간단하게 언급해보기로 한다.

모라브스키는 예술의 세 가지 핵심기능들이 그리스신화로부터 빌어온 세 인물의 성격, 즉 오르페우스, 프로메테우스, 그리고 필로크테테스를 언급함으로써 잘 예시될 수 있다고 생각한다.

오르페우스의 신화는 음악과 시의 원기를 회복시키는 유기적인 생명

력을 표현한다. 오르페우스는 인간에게 내적 균형과 주변세계와의 조화를 불어넣음으로써 인간의 감정을 완전하게 만든다.

프로메테우스의 신화는 우리로 하여금 잠자는 양심의 괴로우면서도 생기를 찾게 하는 환기와 대면케 한다. 프로메테우스는 인류의 운명을 위한 고투를 선택하고 이를 전형화한다. 그리고 비록 그 모험이 비극적으로 몰려갈지라도, 프로메테우스는 세계와 그 자신에 대항하는 노력을 계속하고 있다. 그는 갈기갈기 찢겨지나 아직도 세계 속에서의 그의 몫을 개선하기 위해 애쓰고 있다.

필로크테테스의 신화는 인생이란 예술의 현존 속에서만 지탱할 만하다는 생각과 아울러, 한걸음 더 나아가, 예술은 의미있는 사회적 역할을 수행할 수 있다는 생각을 대표한다. 예술이 부재할 경우 인간은 완성을 손에 넣지 못하고 그의 승리를 위해 필요한 기술들(skills and devices)을 빼앗긴다.

필로크테테스는 헤라클레스로부터 과녁을 틀림없이 찾아가는 활을 물려받은 혜안의 사나이로서, 이 활이 그리스인들의 트로이에서의 승리를 보장하도록 되어 있다. 트로이를 향해가던 중, 필로크테테스는 뱀에 물리고, 그의 상처의 악취가 그의 동료들에게 참을 수 없이 되자, 그는 렘노스섬의 해안에 남겨지게 된다. 필로크테테스는 몇십 년 동안 완전히 고립된 채 섬에서 살아간다. 트로이전쟁이 아무런 결말도 보지 못한 채 오래 끌게 되자, 드디어 그리스인들은 무적의 활에 생각이 미친다. 실천이성을 대표하는 오디세우스가 동의한 후, 사람들은 렘노스로 달려간다. 오디세우스는 활만을 가져오도록 동의한다. 필로크테테스는 필요가 없다. 그러나 아킬레스의 젊은 아들, 네오프톨레무스는 그의 동료들에게 필로크테테스는 회복되어야 하고 따라서 선상으로 옮겨져야 한다고 설득한다. 그러자 상처가 치료되었다. 필로크테테스의 활 덕분으로 그리스인들은 전쟁을 유리하게 수행하게 된다.

오르페우스적 동기는 두말할 것 없이 특별하게 예술적인 가치들에 일차적으로 그리고 거의 독점적으로 그 근거를 두고 있는바, 종종 미적 조화는 인류의 최고목표라는 것을 주장하는 암묵적인 세계관을 지니고 있다. 프로메테우스적 동기는 도덕적, 철학적, 인식적, 그리고 특별히 예술적인 가치들의 종합과 연합된다. 필로크테테스적 동기는 사회정치적, 인식적, 그리고 특별히 예술적인 가치들에 상응한다. 나중의 두 개는 광범한 의미에서의 이데올로기에 관계되지만, 서로 다소간 다른 강조점을 갖는다. 하나는 도덕적 및 철학적 주장들(tenets)을 함축하는 반면, 다른 하나는 사회정치적 주장들을 함축한다. 오르페우스적인 동기는 이데올로기와 오로지 간접적인 방법으로만 연결될 수 있다.

　이 세 가지 기능들이 서로 어떤 연관을 맺어야 하는가에 대해 모라브스키는 많은 지면을 할애하고 있다. 그러나 우리로서는 위의 도식에서 보듯이 그에게 있어서 오르페우스적 동기가 핵심기능에서 중앙의 위치에 있는 것을 회상해보는 동시에, 그 어느 것 하나만으로는 예술의 기능이 충분히 설명되지 못한다는 주장에 주목해보는 것으로 만족코자 한다. 즉, 이 세 가지 기능들 중 그 어느 하나에만 경도되어 있을 때, 예술은 그 기능을 제대로 발휘하지 못한다는 것이다. 그는 오르페우스적인 동기에의 경도를 경계하는 만큼이나, 그밖의 두 가지 동기들에의 독점적인 경도 역시 경계한다. 예컨대 랭보(Rimbaud), 말라르메(Mallarmé), 와일드(Wilde), 그리고 그들의 추종자들은 오르페우스적인 주제에만 배타적으로 탐닉함으로써 시대의 양심과 조화를 이루지 못했다는 것이다. 모라브스키는 전면 전쟁, 신들의 몰락, 절대의 이름으로 이루어지는 공격들, 한마디로 해서 예술적 공동체를 교란시켰던 모든 현상들이 상아탑에로의 도피를 촉진한다 할지라도, 오히려 그렇기 때문에 "놀이하는 인간"(homo ludens)의 무조건적인 찬양이 정당화될 수 없다고 본다. 마찬가지로 톨스토이에서 보이는 단순한 도덕주의 역시 배격된다. 톨스토이는 진정한 기독교의 이름으로 셰익스피어와 베토벤, 그리고 그 자신의 초기작품들의 가치를 의문시하고 있는데, 이러한 도덕주의는 예술이 그 자체의 고유한 가치에 의해 지탱된다는 것을 간과한다는 것이다. 마찬가지 의미로 그는 교훈주의(didacticism)와 허무주의(nihilism)를 배격하는데, 후자는 세계란 결국 파국을 향해 달려가고 있으며 개인이 해야 할 만한 가치 있는 행동이란 존재하지 않는다는 관념을 말한다. 이는 결국 필로크테테스적 동기의 완전한 포기를 의미하는 동시에 세기말적 경향에서 보이듯 유미주의와 상통한다. 그렇다고 해서 모라보스키가 필로크테테스적 요소만을 강조하는 예술이론을 옹호하는 것은 아니다. 즉, 그는 행동주의적 태도로부터의 퇴각행위는 극적으로 고양된 예술이 갖는 필로크테테스적 기능을 배제하지 않으나, 이른바 '선동─선전'(agit-prop) 이념을 필로크테테스적 기능 즉 사회정치적 기능의 왜곡으로 간주하는 평가를 서슴지 않는다. 사회주의국가들 안에서 몇 해 전까지만 해도 예술의 '선동─선전'기능이 예술이 갖는 위대한 문명적 기능에 상응하는 것으로 공인되어왔으나, 그것이 말로 다할 수 없는 비참한 결과만을 낳았다는 것을 예컨대 중공의 문화혁명을 들어 비판하고 있다.

모라브스키는 이러한 핵심기능들이 예술기능의 전체 윤곽 속에서 갖는 위치에도 관심을 보인다. 즉, 핵심기능들은 '정보제공적' (informational) 기능을 한쪽의 극단으로 삼는 한편, '생활─조직적'(life-organizational) 기능을 다른 한쪽의 극단으로 삼는 광역 속에 자리잡고 있다는 것이다. 이 두 가지 기능들을 그는 주변기능들(marginal functions)이라고 부르고 있는데, 이것들은 예술과 비예술을 가르는 두 경계선을 마련한다. 이 두 경계선 사이에 예술의 핵심기능들이 자리잡고 있을 뿐 아니라 초현실주의 예술로부터 건축이나 디자인 예술에 이르는 갖가지 예술들 또한 제 자리를 찾을 수 있다고 본다.

이러한 여러 기능들이 갖는 합당한 위계질서가 어떤 것이어야 하느냐는 질문에 대해 모라브스키는 어떤 확답을 내놓지 않고 있다. 「소외의 문맥에서 본 예술의 핵심기능들과 주변기능들」이라는 글의 결론은 다음과 같이 맺어져 있다. 첫째로, 탈소외적 세계를 준비함에 있어서는 필로크테테스적 동기가 기본적이며, 우리에게 미지일 수밖에 없는 새로운 환경들 속에서 그것은 생동적인 상태로 남아 있게 될 것이다. 둘째로, 프로메테우스적 주제는 분명히 소외된 세계에 대항하여 던져진

도전에서 중추를 이루며, 인간의 역사가 '존재'와 대비를 이루는 '당위'를 끊임없이 추구해나가는 한 결코 쇠잔할 수 없다. 세째로, 미적 가치들이 인간의 유산을 배경으로 이해될 때, 오르페우스적 기능은, 특히 그 통합적 구조들에 의해 그것이 소외적 현상들에 대항하여 내세우는 사례들을 통해, 사회생활의 보다 완전한 인간화의 성취를 위해 크게 기여하게 될 것이다. 그의 이러한 결론을 보다 충실하게 이해하기 위해서는 우리는 그가 뜻하는 소외와 탈소외를 보다 분명하게 밝혀야 할 것이다. 이는 그가 특히 청년 마르크스의 철학체계에 의거해서 내리는 독특한 해석에 대한 폭넓은 해석을 창조하지 않으면 안되는데, 이에 대한 자세한 검토는 이 글보다는 보다 확장된 형태의 지면을 요청하기 때문에 유보해두기로 한다.

2—7 모라브스키 미학의 의의와 한계

이 글의 기본성격이 소개이기 때문에 우리는 이제까지 모라브스키의 저서 중 핵심적인 내용이라고 생각되는 부분을 연결해보는 방식을 택해왔다. 그러나 서두에서 밝힌 대로 이 책은 제각기 다른 시기에 씌어진 논문들을 모아놓은 것이다. 따라서 기본적인 맥락은 이어져 있으나, 강조의 차이에 따라 서로 충돌을 일으키는 부분이 전혀 없지 않다. 예술의 정의와 관계되는 가치화와 그에 대한 가치평가, 그리고 마지막 부분에서 논의된 기능의 문제를 일괄해서 살펴본다면, 가치화와 가치평가의 부분은 비교적 잘 연결이 되어 있는 반면에, 가치평가와 기능의 부분은 다소간 문제가 있어 보인다. 왜냐하면 가치평가에서는 예술적 내지 미적 기준에 우선순위가 주어진 반면, 기능을 논의함에 있어서는 특별히 예술적인 가치와 긴밀히 연결되어 있다고 보이는 오르페우스적인 기능이 다른 두 가지 기능, 즉 정보제공과 연관된 도덕적인 기능을 하는것으로 설명된 프로메테우스적 기능과 정치적인 기능을 대표하는 것으로 보이는 필로크테테스적 기능이 병렬되는 듯한 인상이 강하기 때문이다. 그리고 필로크테테스적 기능이 예술의 핵심기능으로 간주되어야 한다는 그의 주장도 예술적 실천과 정치적 실천의 상관관계에 대한 보다 침착한 논구를 필요로 한다. 그의 앞선 논의에 충실하자면 미적 내지 예술적 기준과 비예술적 내지 비미적 기준은 서로 연결되어 있되, 미학적인 견지에서는 전자가 우선 되어야 한다는 주장이 가능할 듯싶다. 그렇지 않은 경우 그 자신의 말대로 예술작품은 설 곳을 잃게 되기 때문이다. 그러나 그는 도덕적인 판단들에서의 불일치는 사회적으로 위험한 반면, 미학적 논쟁들은 무해하게 생각된다고 함으로써, 그리고 '완전한 인간화'라는 이상을 '정의'와 '자유', '창조성'과 '조화'라는 네 가지 목표들로써 설명하여 소외의 문맥에서 예술적 내지 미적 가치가 수행할 수 있는 기여를 요약 함으로써, 크게 보아 예술 역시 인간의 부분행위로서 인간행동의 기초가 되는 윤리적 요청에 종속되어야 하는 것으로 인정하는 경향을 보인다. 아울러 예술작품이 상대적인 자율성을 갖는다고 하는 그의 예술정의에 이미 그러한 갈등에 대한 고려가 내포되어 있는 것이라는 해석도 가능케 한다. 이 문제는 적어도 현대미학에 있어서 가장 중대한 문제의 하나이므로 단순한 결론이란 어떤 의미에서나 유보되어야 한다. 그 자신이 언급했듯이 비록 서로 다른 방법을 통해서나마 미국의 실용주의 철학자 존 듀이의 미학 내지 예술 관념 내지 예술의 사회적 기능에 대한 견해와 상통하는 일면을 가진 모라브스키의 입장을, 긍정적 유토피아 예술이론이라고 통칭될 수 있는 루카치와 블로호를 다루는 다른 글을 통해서 간접적이나마 비판적으로 다루어 볼 것을 기약하면서 이 글은 일단 여기에서 매듭을 짓기로 한다. 모라브스키의 이론을 언어행동이론(Speech Acts Theory)이나 의사소통능력이론(Universalpragmatik 또는 Theorie der kommunikativen kompetenz)에서 추출될 만한 예술이론과 비교해 보는 것이 가능하고 또 필요하다고 보지만, 이 문제도 일단 그 자체만을 거론한 상태로 남겨두기로 한다. 이 글 다음에 수록된 논문들에서

부분적으로나마 소개될 이러한 이론들 역시 소외로 집약되는 현대사회에서 예술이 탈소외를 위해 어떻게 기능할 수 있느냐 하는 문제와 연결되기 때문이다. 그리고 이 모든 문제들이 결국 "예술의 상대적 자율성"이라는 개념을 둘러싸고 전개되고 있기 때문에 종국적으로는 이에 대한 검토가 이루어져야 한다. 이에 대한 관심은 앞에서 본 그의 예술 정의가 역사주의를 표방하면서도 자칫 그 속에 함몰될 위험성을 가진 몰역사성으로부터 그 자신을 보호해 줄 수도 있을 것이다.

＊ 이 글은 서울예술전문대학의 『예술교육과 창조』제5집(1986)에 수록된「역사주의적 예술정의」와 계간『오늘의 책』제9호,(1986년 봄)에 수록된「명저의 세계 : 美學의 근본문제에 대한 탐구」를 종합한 것이다.

3. 비판이론의 예술이해(1) *

1

이 글의 원제인 '문학사회학의 비판을 위하여'를 접하면 많은 독자들이 적지 않은 의아심을 가지리라 생각한다. 문학 사회학의 비판? 그것은 문학 사회학의 영역 속에 함축되어 있는 비판이란 어떤 것인가를 묻는 질문인가? 아니면, 문학 사회학에 대한 비판인가? 또 어느 경우에나, 문학 사회학은 구체적으로 어떤 것을 가리키는 것인가 등등. 필자역시 그와 비슷한 당혹감을 가지고 있다. 따라서 주어진 제목을 필자나름대로 풀이하면서 이 글의 범위를 스스로 한정해본다.

오늘날 문학 사회학이라는 통칭 하에 다양한 방법론이 전개되고 있다는 것은 이미 잘 알려진 사실이다. 그러나 만일 우리가 쉬킹(Levin L. Schücking)이 1923년에 발표한 『문학적 취미의 사회학』이나 만하임(Karl Mannheim)의 지식 사회학 (참조. Kurt H. Wolff가 편집한 선집, 1964)같은 다소간 지나간 이론들의 입장을 취하지 않는다면, [1] 60년대의 주도적인 문학 사회학 경향은 다음과 같은 세 가지가 될 것이다. ① 퓌겐(Norbert Fügen)의 여러 저술로 대변되는, 실증주의적으로 정향된 경험주의적 입장들, ② 누구보다도 아도르노에 의해 대표되는, 이른바 프랑크푸르트 학파의 네오마르크시스트적인 비판 이론, 그리고 ③ 다소간 교조주의적인 여러가지 마르크시스트적 입장들.

---

1) 문학 사회학의 역사를 알기 위해서는 다음의 책을 참조할 것. Jürgen Scharf-Schwerdt, *Grundprobleme der Literatursoziologie. : Ein Wissenschafts-geschichtlicher Überblick* (Stuttgart 1977, Urban Taschenbücher 217).

이렇게 볼 때, 한마디로 문학 사회학이라고 하기에는 그 내포가 너무나도 다양하다. 다시 말해서 우리가 설혹 '문학사회학의 비판'이라는 제목을 '문학 사회학에 대한 비판'이라고 읽는다 할지라도, 그 구체적인 대상에 대한 구체적인 지적이 없는 한, 이 제목은 여전히 막연한 상태로 남게 된다.

이에 필자는 위에서 쓴 ①과 ③의 경향들, 즉 한편으로는 실증주의적 입장과 다른 한편으로는 교조주의적 입장을 동시에 비판하는 ②의 입장, 즉 프랑크푸르트 학파의 위치를 설명하는 것이 주어진 제목에 가장 알맞는 응답이 아닐까 생각해 본다.

프랑크푸르트 학파의 이러한 태도는, 뒤에 살펴보게 되는 대로, 그 중심 인물인 호르크하이머와 아도르노가 유럽으로 되돌아 온 이후에 가졌던 이론적 관심을 결정한 사회·역사적 사건들과도 긴밀히 연관되어 있다. 첫째로는, 이른바 사회주의적 혁명을 더 이상 가능하지 못하게 만든, 모든 선진 자본주의 사회들에서의 발전이다. 즉, 지속적인 안정과 점증적인 풍요로 인해 인간은 차츰 초월적 차원을 망각하게 되었다는 것이다. 둘째로는, 엄격한 관료주의와 테러에 의해 진행된 스탈린 체제의 숙청 작업이다. 마르크스와 엥겔스는 예컨대 소비에트 연방에서처럼 '혁명이 성공했던 곳에서조차 혁명이 실패하면서 분명해진 것들을 예견할 수 없었다.'[2] 프랑크푸르트 학파가 소비에트 연방에 대해 가지고있던 태도는 일정치 않았으나, 적색 전체주의를 나치류의 갈색 전체주의와 동일시하는 시각은 도처에서 발견되며, 특히 호르크하이머의 이에 대한 적개심은 특출났다. '아우슈비츠 이후에는 시(詩)란 불가능해졌다'[3] 고 한 아도르노의 갈파를 되새긴다면, 우리는 저러한 동일시가 무엇을 의미하는지 짐작할 수 있을 것이다.

---

2) Theodor W. Adorno. *Negative* Dialektik (Frankfurt am Mai-n, 1966), P. 314.

3) 아우슈비츠는 유태인 수용소들 중의 하나로, 규모가 그중 컸고 잔인했다. 여기에서는 일단 나치의 속성을 상징하지만, 아도르노는 이로써 현대 문명의 속성을 지칭하기도 한다.

　　이렇게 한정해 놓고 보아도 곤란은 여전히 남는다. 왜냐하면 같은 프
랑크푸르트 학파에 속한다 할지라도 그 중심 인물들 사이에는 이러저러
한 편차가 엄연히 존재하고, 또 한 사람에게서라도 시대적인 변화가 눈
에 뜨이는 만큼, 어느 인물의 어느 시기를 중심에 놓느냐에 따라 적지
않은 차이점이 드러나게 마련이기 때문이다. 따라서 필자는 이 글에서
는 직접적으로 문학 사회학에 대해 거론하지 않고 주로 아도르노의 사
회학 개념에 주목함으로써 과연 그가 어떤 근거에서 실증주의적 경향과
교조주의적인 경향을 동시에 비판할 수 밖에 없었던가를 살펴보고자 한
다. 특히 프랑크푸르트 학파의 방법론이 실증주의와의 대결 속에서 형
성되었다고 보기 때문에 이 글은 주로 이 점에 주목하고자 한다. 이미
아도르노에 대해서는 번역뿐 아니라 석사 논문도 발표되고, 또 이곳저
곳에서 그에 대한 해설이 이루어졌기 때문에, 아직까지로는 그에 대해
무슨 획기적인 연구를 발표할 게재가 못되는 필자로서는 이 글의 내용
이 종전의 다른 분들의 글 내용과 상당부분이 중복될 것을 예상할 수밖
에 없다. 손에 잡히는 기존의 연구 서적들을 참고로 하면서 필자 자신
을 위한 정리를 시도해보고자 하는 것을 글을 읽는 분들이 양해해 줄
것을 기대할 뿐이다.[5]

---

4) 참고 : 졸고, 「예술 사회학의 과제——예술의 사회적 기능과 연관하여」,
　『세계의문학』, 1983년 겨울호. 이 글은 이책의 본문 마지막 장으로 수록되어
　있다.

5) 아도르노의 예술 사회학적 입장을 가장 잘 설명해 주는 책자로는 그 자신
　의 『Noten zur Literatur』와 『Einleitung in die Musiksoziologie. Zwölf theoretische
　Vorlesungen』이 있다. 그러나 이 글에서는 그의 보다 사회학적 내지는 철
　학적인 논저들을 참고하고자 한다. 아울러 이 글의 정리를 위해 다음과 같
　은 연구 서적들을 참고하였다.

Zoltán Tar, *The Frankfurt School:The Critical Theories of Max Horkheimer &*
　Theodor W. Adorno. (NY, 1977).

Harry Hoefnagels, *Frankfurter Soziologie.* (Essen, 1972).

Hartmut Apel, *Die Gesellschafts theorie Frankfurter Schule. Materialien zur Kritischen*
　Theorie von Adorno, Horkheimer und Marause (Frankfurt am Main, 1980).

2

널리 알려진대로 이른바 프랑크푸르트 학파의 역사는 마르틴 제이의 책 제목에서 보이듯이 1923년부터 시작된다. 그러나 이 글에서 우리가 살피고자 하는 부분은 세계 제2차 대전이 끝난 이후의 시기에 성숙된 사회 이론이다. 이 시기를 기하여 호르크하이머와 아도르노는, 최근의 전쟁 마당에서 패한 새로운 야만이 당당하게 다시 출현하게 될지도 모른다는 의구심을 가지고, 이를 이론적으로 봉쇄하는 것을 새로운 과제로 부각시켰다. 1949년에 독일로 돌아오면서 그들은 다른 어느 곳에서보다 바로 그 곳에서 그들이 이론과 실천상 더 많은 일을 할 수 있으리라는 확신을 가지고 있었다. 사회 조사 연구소는 재건되어, 1951년 프랑크푸르트에서 다시 문을 열었다. 이 해에 호르크하이머는 프랑크푸르트 대학교의 총장에 취임한다.

당시 독일 사회학의 일반적인 정황을 감안한다면, 우리는 그들이 왜 자신들의 작업에 그토록 기대를 걸었는가를 좀 더 쉽게 이해할 수 있을 것 같다. 당시 사회학은 1945년을 기점으로 재출발할 수 밖에 없었다. 왜냐하면 사회적인 신화들의 가면을 벗길 수 있는 힘을 가진 과학으로서의 사회학에 대해 나치는 극도의 증오심과 공포심을 가지고 있었기 때문이다. 따라서 1933년을 기해 독일 사회학자들은 망명의 길을 떠나든지[6] 아니면 나치적 세계관의 일부가 되든지 하는 기로에 서게 되었

Michael Theunissen, *Kritische Theorie der Gesellschaft; Zwei Studien* (Berlin/NY, 1981).

George Friedman, *The Political Philosophy of the Frankfurt School* (Ithaca/London, 1981).

6) Karl Mannheim은 영국으로, Theodor Geiger는 덴마크로, René König는 스위스로, 그리고 프랑크푸르트 학파 사람들은 프랑스, 영국 등지를 거쳐 미국으로 각각 망명의 길을 떠났다.

다.[7] 아도르노의 표현을 빌자면 나치들은 '다양한 이익과 권력 관계들'이라는, 사회를 결정하는 진정한 힘을 드러낼 수 있는 지식에 대해 공포심을 가지고 있었다. 따라서 모든 경험적인 작업은 배제되었고, 독일에 잔류한 사회학자들의 대다수가 나치 이데올로기를 받아들이고 말았다. 이러한 정황과 무관하지 않게 민속학이 강한 이데올로기적 정향과 함께 사회학을 대체하였다.

이러한 배경 속에서 재출발할 수 밖에 없었던 독일 사회학은 여러가지 장애에 부딪치지 않을 수 없었다. 우리는 그 장애들을 네가지 항목으로 나누어 살펴볼 수 있을 것이다.[8]

첫째, 기본적인 생활에 필요한 자료들을 마련하는 일이 더 시급했기 때문에, 전후 얼마간은 지적인 노력들을 위한 여유가 거의 없었다.

둘째, 12년간에 걸친 나치 지배는 학문생활에 하나의 진공 상태를 만들어 놓았다. 특히 국제적인 발전으로부터의 소외는 치명적인 손실로서, 이의 극복은 단시일 내에 이루어지기 힘들었다. 세째, 경험적인 전통의 결핍과 학문 생활에서 사회학이 차지하는 애매한 위치가 새로운 시작을 어렵게 만들었다. 호르크하이머에 따른다면, 독일의 경우는 미국이나 프랑스에서와는 달리, '사회학은 학문적인 서열 체계에서 한번도 확고한 위치를 가져본 적이 없다.'[9]말하자면, 그것은 독일에서는 전

---

7) 독일에 잔류하여 국가사회주의에 동조한 사람들로는 Hans Freyer, Günther Ipsen, Andreas Walther, Karl Heinz Pfeffer 등이 손꼽힌다.

참조 : René König,"Die Situation der emigrierten deutschen Soziologen in Europa," *Kölner Zeitschrift für Soziologie und Sozialpsychologie*, xi, 1(1959), pp. 113-131; Heinz"Maus, Bericht über die Soziologie in Deutschland 1933 bis 1945," 같은 책, pp. 72-92.

8) Zoltán Tar, 주 5)의 책, pp. 134 136.

9) Max Horkheimer, *Survey of the Social Sciences in Western Germany* (Washington, D.C., 1952), p. vii

통적으로 정치학과 경제학을 포함한 사회 과학들 속에 위치하고 있기 때문에, 미국에서 일반적으로 사회학이라고 알려진 것과는 일치하지 않는다는 것이다. 네째, 일반적으로 보아 사회학을 다른 학문 분야들과 맞먹는 정도의 과목으로 받아들이는 것을 매우 주저하는 태도가 뚜렷하였다. 후일 공개적으로 비판적 합리주의의 지지자임을 이야기한 전 서독수상 헬무트 쉬미트만 해도 학생 운동이 한참이던 1968년 10월에 '우리는 오늘날의 우리 대학들이 만들어내는 만큼의 그 많은 사회학자들과 정치학자들을 필요로 하지 않는다'고 갈파하였다. 그대신 보다 더 실천적이고, 보다 더 충실한 사명감을 가진 전문가들이 필요하다는 것이다. 이 말은 물론 사회학 자체보다는 학문과 현실의 괴리를 우려한 일반적인 견해를 대변한 것이기는 하지만, 달리 보면, 바로 사회학이란 것이 그처럼 바람직하지 못한 방향을 지니고 있다는 반응으로도 읽혀질 수 있다.

　호르크하이머와 아도르노는 이러한 정황 속에서 1940년대 초에 시도된 그들의 공동 작업을 계속하면서 사회학과 철학에 관한 몇권의 책들을 공편하였다.[10]　이러한 공동 작업을 통해 저들은 사회학에 관한 발언을 차츰 체계화하기에 이르렀다. 그 중에서도 아도르노의 역할이 더 컸다고 할 수 있으니, 호르크하이머는 총장직을 맡았던 것 이외에도 1954년부터 1959년까지는 시카고 대학의 초빙 교수가 되었다가 1960년에는 명예 교수가 되었기 때문이다. 아도르노의 저서 『부정적 변증법』은 특히 실증주의적이고 경험적인 사회학에 대한 비판과 '사회 이론'[11] 의 체계적인 구축에 있어서 결정적인 구실을 한다. 프랑크푸르트 학파의

---

10) Institut für Sozialforschung, *Soziologische Exkurse* (Frankfurt am Main, 1956); Max Horkheimer/Theodor W. Adorno, *Sociologica* II (Frankfurt am Main, 1962).

11) 1950년대 이후 호르크하이머와 아도르노는 그들의 사회 이론을 표시하기 위해 다음과 같이 여러 가지 어휘를 사용하였다. 비판 이론, 비판적 사회 이론, 변증법적 사회 이론, 사회과학, 본질에 관심을 둔 사회학, 변증법적인 사회 윤리, 또는 단순하게 사회 이론.

사회학 내지 사회 철학을 운위할 때 아도르노에게 관심이 집중되는 것
은 바로 이런 이유 때문이다.

3

앞에서 우리는 아도르노가 프랑크푸르트 학파의 사회 이론을 체계적
으로 구축함에 있어서 가장 중요한 역할을 했다는 뜻의 말을 하였다. 그
러나 우리는 이와 동시에 호르크하이머와 아도르노가 특히, 짐멜
(Simmel)의 『사회학』이나 베버(Weber)의 『경제와 사회』 같은 전통적인
독일의 학문적 체계를 멀리했다는 사실을 잊지 말아야 한다. 말하자면
저들에게서 보이는 체계란, 만일 그런 것이 있다면, 읽는 사람이 스스
로 노력하면서 만들어가야 하는 것이다. 체계에 대한 기피와도 연관되
지만, 사회학을 '지긋지긋하게 들리는 단어'라고 한 아도르노의 표현
에서 우리는 아도르노를 비롯한 이들에게서 사회학이 어떤 의미를 갖
는가를 눈치채게 된다. 사회학은 이들에게 있어서 고작 그들 자신의
'사회 이론'의 구축을 위한 하나의 보조적인 학문 정도로 밖에는 여겨
지지 않는다. 그들의 이러한 태도는 예컨대 미국식 사회학에 익숙한 사
람들에게 큰 장애가 된다. 말하자면, 프랑크푸르트 학파는 철학과 사회
학의 분리불가성을 거듭거듭 강조하였다. 그들의 '사회 조사'가 처음
부터 여러 학문 분야들 간의 공동 작업을 지향했던 것도 바로 그러한
이유 때문이었다. 마찬가지 이유에서 아도르노는 자신의 『부정적 변증
법』을 특징화하면서, 최근의 미학 논쟁에서 반연극을 이야기하듯이,
『부정적 변증법』은 '반체계'라 불리울 수 있다고 하였다.[12]말하자면 순
수한 철학과 과학적인 영역을 가르는 공공연한 분리를 뛰어넘는 것이
결정적인 동기들 중의 하나였다는 것이다. 이러한 동기가 바로 실증주
의적인 사회학과 경험적인 사회 조사를 비판하는 근거가 된다.
　실증주의적인 사회학에 대한 아도르노의 비판을 보다 자세히 알아

---

12) Adorno, *Negative Dialektik* p.8.

보기 전에, 우리는, 그러나, 아도르노가 한결같이 경험적인 연구를 거부하지는 않았다는 사실을 상기해야 한다. 즉, 그는 (적어도 그의 귀국 직후에는) 경험적인 조사 기술들의 타당성을 옹호하였던 것이다. 이른바 '정신과학적인 사회학'의 극단들을 비판하면서, 아도르노는 사회학을 정신과학이 아니라고 선언하고, 경험적인 조사를 통한 이의 교정이 시급하게 요청된다는 사실에 주목하였다.[13] 비판 이론은 그것이 인접학문들, 즉, 심리학, 역사학, 그리고 경제학등으로부터 분리되어서는 안된다고 주장한다. 왜냐하면 그런 경우 사회학 조건들과 세력들의 총체성의 파악은 이루어지지 않기 때문이다. 그럼에도 불구하고 그가 실증주의적 사회학을 비판한 이유는 무엇일까? 그것은 한마디로 해서, 실증적인 것에 대한 맹종과 더불어 이성이 비이성으로 해체되었다고 보았기 때문이다. 말을 바꾸면, 정확성을 정당성 내지 적합성의 기준으로 내세움으로써 옳고 바른 사회에 대한 이상이 퇴색하고 말았다는 것이다.

실증주의적 방법론은 우선 콩트(Auguste Comte)의 새로운 사회 과학에서 두드러진다. 그의 방법은, '사회 내의 움직임들은 모두 불변적인 자연 법칙들에 종속된다'는 전제 하에 이루어지는, 관찰, 실험, 그리고 비교로 구성되어 있다. 여기에서는 사회의 역동적인 총체성이 실증주의적 방법들에 의해 대체된다. 사회는 객관적인 관찰자에 의한 관찰 대상에 불과하게 된다. 이론과 실천은, 만일 서로 뒤섞이게 된다면 양자에게 모두 해로울 것이므로, 엄격히 구별된다. 그래서 처음부터 체념적 요소가 실증주의적인 사회학 속에 잠복하게 되었다. 다시 말해서 콩트의 사회학은 '몰역사적'이라는 것이다.[14] 콩트에 따른다면, 만일 혁명

---

13) Adorno, *Gesammelte Schriften* Band 8, p. 481.

14) *Soziologische Exkurse* p. 12. 여기에서 우리는 혁명 후의 프랑스 사회의 문제들에 대한 반응이라 할 수 있는 콩트의 사회학이 두 부분으로 나뉘어 있다는 것을 염두에 두어야 한다. 즉 하나는 사회 속의 질서를 다루는 정태학이고, 다른 하나는 진보의 문제들에 집중된 동태학이다. 그러나 그의 주된 관심은 후자에 놓여 있다. 즉, 어떻게 하면 조정되고 연출된 '질서있는 진

과 같은 개입이 있게 되면, 사회는 필연적으로 파괴되고 만다. 왜냐하면 그것은 그러한 사회적 발전들의 내적인 법칙들에 위배되기 때문이다. 이러한 입장은 궁극적으로 현존하는 것의 긍정에로 유도된다. '지배 계층'을 모든 아나키의 침입으로부터 완벽하게 보호함으로써, 새로운 철학은 대중적인 정치를 이끌어 갈 수 있는 유일한 존재가 된다. [15]

　이렇게 해서 '당위가 존재를 변화시킬 수 있을 것이다'라는 열정은 '존재를 당위로 받아들이는 것'에 의해 대체된다.[16]　호르크하이머와 아도르노에 의하면, 콩트로부터 뒤르켕(Durkheim), 베버,그리고 파레토 (Pareto)에 이르는 실증주의적 사회학은 '연속성'에 의해 특징지워진다. 그러나 과연 사회학의 주제인 사회 자체가 이러한 연속성 속에 정식화될 수 있는가? 사회는 오히려 온갖 모순으로 차있는 것이 아닌가? 하는 것이 아도르노가 이러한 실증주의적인 사회학 경향에 대해 던지는 결정적인 질문들 중의 하나이다.

　프랑크푸르트 학파의 실증주의적 사회학에 대한 비판의 대부분은 1960년대에 있었던 이른바 '실증주의 논쟁'속에 잘 표현되어 있다. [17] 이 논쟁에 대한 체계적인 토의는 다른 기회로 미루고, 여기서는 프랑크푸르트 학파에 의한 비판만을 간단히 요약해 보기로 한다. [18]

　1. 사회학은 이론, 방법론,그리고 실제적인 영역들 사이에 분리를 불

　보'가 성취될 수 있는가? 하는 것이다. 이러한 콩트의 사회학은 동시에 철학이기도 하지만, 아도르노는 이를 철학 또는 적어도 성찰적 형이상학에 대한 '적'이라고까지 잘라 말했다. 참조. Theodor W. Adorno, *Vorlesung zur Einleitung in die Soziologie* (Frankfurt am Main, 1973), p. 12.

15) *Soziologisch Exkurse*　P. 13에서 재인용.

16) 위책, p. 14.

17) Theodor W. Adorno et al, *Der Positivismusstreit in der deutschen Soziologie* (Neuwied—Berlin, 1969). 여기에는 아도르노를 비롯하여 Hans Albert, Ralf Dahrendorf, Jürgen Habermas, Harold Pilot, 그리고 Karl R. Popper가 참여하고 있다. 이 책은 *The Positivist Dispute in German Sociology* (London, 1976) 라는 제목으로 영역되어 있다.

18) Zoltán Tar, 앞의책 pp. 138-139.

가피하게 만드는 방향으로 움직여왔다.

2. 제한된 연구 영역들과 보다 작은 문제들에 대한 집중과 선입견은 총체성의 상실을 가져왔다.

3. 정확성과 양화(quantification)를 추구하는 충동 속에서, 사회 내 현상들의 의미가 상실된다.

4. 사회학에서 자연 과학의 모델에만 의존하는 것은 입증 가능한 지식과 윤리를 구별하는 것을 의미한다. 즉, 사회학을 '가치 중립적'학문으로 만듦으로써 시배적인 세력들에게 지배와 조작의 도구를 제공해주는 역할을 했다는 것이다.

5. 학문과 예술의 엄격한 구분은 사회학적 작업을 메마르게 만들었다.

6. 자연 과학적 모델과의 경쟁은 사회 내의 메카니즘들에 대한 통찰을 위해 더할 나위 없이 귀중한 원천인 반성적 성찰을 배제한다.

이러한 실증주의적 사회학의 많은 문제들은 한편으로는 콩트의 '철학'과 다른 한편으로는 점증하는 경험적 연구 기술들의 진보에 그 뿌리를 두고있다. 이로 인해 이론과 방법사이에는 날로 간격이 커져, 오늘날의 사회학에서는 '이론은 단지 필요악으로 간주될 뿐이다.'[19] 그러나 이로 인해 특수한 방법론적 수단이 사회학의 전체 영역에 확장되면서 자율성을 키워가는 위험성이 생겨난다. 즉, 방법이 이론이나 주제보다 우선권을 갖게 되며, 결국 이러한 사회학은 50년 전에 "영혼이 배제된 심리학"이 운위되었듯이 "사회가 배제된 사회학"이라 불리울 수 밖에 없게 된다.[20]

앞에서도 언급했듯이 관찰, 실험, 그리고 비교를 그 유일한 방법으로 삼는 한, 실증주의적 사회학은 분류적인 열거를 넘어설 수 없고, 개별적인 현상(가족, 종교, 직업 등등)의 상호 연관성을 파악할 수 없다. 결국 이러한 방향 정립은 불가피하게 총체성, 사회에 대한 전체적 개념의 상

---

19) T. W. Adorno, *Soziologische Exkurse* p. 108.

20) 같은 책, p. 16.

실을 가져온다.

  이상에서 간단히 살펴본 비판에는 이미 프랑크푸르트 학파의 지향점이 내포되어 있다. 즉, 이들의 변증법적 사회 이론은 사회적인 총체성을 다루면서, 교환 관계 같은 기본적인 구조적 조건들로부터 사회적인 상호 연관들에 대한 통찰을 얻고자 한다. 이런 의미에서 프랑크푸르트 사회학은 총체성, 본질, 그리고 가상 또는 현상과 같은 어휘들과 개념화를 동반한 거시 사회학이라고 일컬어진다. 그 중에서도 총체성이라는 철학적 범주는 이 사회 이론에 있어서 중심적인 것에 속한다. 아도르노는 이러한 총체성이란 결국 학문 이전의 신비적인 범주이고 사회 속의 모든 것은 다른 모든 것과 연결되어 있다는 범속한 생각에 지나지 못한다는 비난에 대해 다음과 같이 응수한다.

  총체성이 모든 특수들을 결정한다. 이 특수들이란 보편이 표현되는 가상들이며, 즉각적인 경험적 사실들일 뿐이다. 보다 자세히 살핀다면, ‘사회적 편차의 모든 특수한 형식들을 넘어서서 교환 가치에 기초를 둔 체제 속에 내재하는 추상은 특수 위에 군림하는 전체의 지배, 개개의 노예적 구성원들 위에 군림하는 사회의 지배를 대표한다’[21]는 것이다.

  즉, 총체적인 상호의존은 모든 사람은, 만일 그가 파멸되지 않고 싶다면, 그가 누구이든지간에, 교환 법칙에 종속된다는 구체적인 형식을 취한다는 것이다. 물론 총체성은 그 특수적인 계기들을 통해서 자신을 생산하고 재생산하지만, 어떤 특수적 요소들도 전체에 대한 통찰없이 단순히 그 개개의 기능으로부터 이해될 수 없다. 이때의 전체란 곧 특수자의 운동에서 그 본질을 나타낸다. 여기에서 문제되는 것은 결국 특수와 보편의 변증법적 매개이다. 다시 정리한다면, 사회 이론의 변증법에서는 보편(사회 또는 대상의 총체성)이 특수보다 우선권을 가지면서 이를 결정한다.

  그러나 프랑크푸르트 학파의 교조주의적 마르크시즘 비판에서 보게

---

21) T. W. Adorno, *Gesammelte Schriften* Bd. 8, p. 294.

되듯이, 이러한 우선성이 자본주의 사회의 경제적 발전이 불가피하게
사회주의로 이어진다는 것을 의미하지는 않는다. 말을 바꾸면, '역사
과정 속에서 생산력이 갖는 우선권이 필연적으로 생산관계를 괴멸시킨
다는 마르크스의 기대는 너무나 낙관적이었다'는 것이다.[22] 이는 다시
금 노동 계급이 사회 속에 통합되어 서구 산업사회에서는 이른바 무산
자 계급 의식이 존재하지 않는다는 인식과도 연관되지만, 상론은 피한
다. 우리로서는 다만 이와 관련하여 아도르노가 부정의 부정이 보다 높
은 차원에 올라선 위치를 결과한다는 식의 변증법이 아우슈비츠 이후
에는 더 이상 가능하지 않다고 한 주장에 주목하고자 한다. 그가 이렇
게 주장하는 까닭은 자본주의 사회 속에서는 모든 사회적 관계들이 물
화되고 '전체는 비진리이다'라고 보았기 대문이다.[23] 이때 아우슈비츠
는 현대 문명의 본질을 나타내주는 으뜸가는 예가 된다. 아도르노는 아
우슈비츠에 대한 반성 없이는 어떠한 사회적 연구도 가능하지 않다고
생각하였다. 이런 맥락에서 아도르노는 실증주의란 맹목적으로 지배하
는 총체성의 경험을 결여하고 있기 때문에 비판될 수 밖에 없다고 한
다. 그것은 새로운 아우슈비츠들을 방지하는데 간여할 수 없다는 것이
다.

이에 반하여 변증법적 사회 이론은 바른 생활에 대한 탐구와 동경을
그 과제로 설정한다. 그러기에 형식 논리학과 전통적인 인식론의 일반
원리들보다 고통의 경험 등의 실존적인 범주들이 이 사회 이론을 위해
서 더욱 유효하다. 여기에서는 논리적인 모순의 제거보다는 사회적으
로 결정된 모순들의 의미를 드러내는 것이 더욱 중요하다. 그러기에 비
판 이론은 사회 생활의 의미를 파악하는 것을 목표로 삼는다. 그 원초
적인 동력은 '자연과 사회의 지배가 아니라 인간에 의해 부과된 의미에
입각해서 사회적 삶을 인식적으로 간파하려는 노력이다.'[24]이런 맥락

---

22) 위책p. 363.

23) Theodor W. Adorno, *Minima Moralia* (Frankfurt am Main) 1969, p.57.

24) Horkheimer/Adorno, *Sociologica* Ⅱ, p. 14.

에서 비판이론은 '조종 가능한 경험적 사실들에만 국한하고 관조적인 사고를 엄격히 배제하는 것은, 사회 생활의 의미를 파악하는 것뿐만 아니라, 사회학의 의미 파악 역시 위협하는 것처럼 보인다'[25]고 주장한다. 사회학에 대한 진정한 위협은 사실들의 단순한 수집과 훗설의 현상적인 방법론에서와 같은 본질 직관에 관한 비실증적인 천명의 양극화이다. 그러나 후자에 대한 비판 이론의 태도에 관해서는 여기에서 말하지 않기로 한다.

그보다는 비판 이론이 주장하는 가치, 이론, 옳고 바른 사회에 대한 요청에 대해 좀더 알아 보기로 한다. 여기에서 우리는 자연을 정복하는 수단으로서의 자연 과학들의 개선 행진을 뒤따라 사회를 지배하기 위한 도구로서의 사회 과학에 내한 요구가 일어났다는 사실에 보나 유의해야 한다. 말하자면, 사회 과학은 그 강조점을 바른 사회라는 이상으로부터 방법적인 정확성을 위한 충동에로 옮김으로써 자연 과학과 경쟁하게 되었다. 현대의 경험적인 사회연구는 비록 부분적이나마 시장 조사에 그 기원을 두고 있으며, 이른바 실용주의와 긴밀하게 연결되어 있다. 그것은 지배의 학문을 목표할 뿐, 교양의 학문에는 아랑곳하지 않는다. 여기에 사회이론가들과 그의 지식의 활용 사이에 틈이 생겨나게 된다.

이에 대한 강력한 비판 내지 대안으로서 아도르노는 프랑크푸르트 사회학을 '사회의 본질에 대한 비판적인 의미에서의 통찰'이라고 정의한다. '그것은, 모순들 속에서 전체적인 사회구조를 변화시킬 수 있는 잠재력과 가능성을 발굴하기 위하여, 가식적인 사회 현실에 대항하면서 그 자체를 측정한다.'[26]말하자면, 비판 이론은, 물리학과 생물학이 그 지체 노릇을 하는 세력들에 관한 성찰을 기대밖으로 배제하는 것에 대해, 즉, 아무런 반성없이 자연의 조작을 목표로 하는 것에 대해 강력히 항의한다. 그리고 이를 모범삼아 사회적 사실들을 기록, 분류, 확인

---

25) *Soziologische Exkurse* p. 107.
26) Adorno, *Vorlesung* p. 16.

하는 사회학에 대항하여 사회적 배열들의 정당성 자체에 대해 의문을 제기한다. 프랑크푸르트 학파에 있어서는 '오로지 비판적 정신만이, 학문을 사고의 수단에 의한 현실의 단순한 복제 이상의 것으로 만들 수 있다.'[27]

비판이론은 자유롭고 바른 사회와 개인의 완전한 발전이라는 전망을 가지고 이러한 복제의 마력을 끊어버리고자 하며, 바로 여기에서 가치, 이론, 그리고 실천의 통일을 이룩하고자 한다. 그것은 바로 인간성 자체와도 깊게 관련되는 바, 인간이란 개인이기 이전에 하나의 사회적 존재이기 때문이다. 아도르노의 말을 빌자면, '사회가 없이는 어떤 개인 의식도 존재하지 않는다는 것은, 그 개개인을 넘어선 사회가 존재하지 않는 것과 마찬가지이다.'[28] 말하자면 '완전히 발전된 개인이란 완전히 발전된 사회의 완성이다. 개인의 해방이란 사회로부터의 해방이 아니라 사회를 원자화로부터 치유하는 것을 뜻한다.'[29] 완전한 발전이 오로지 바르고 인간다운 사회 속에서만 가능하다고 하는 것은 같은 말의 다른 표현에 지나지 않는다. '오로지 바른 사회만이 인류로 하여금 그의 이상을 실현토록 허용한다.'[30] 그런데 오늘날의 개인 —사회 관계는 어떠한가? '인간은 현재의 물화(物化)된 실존의 조건들을 바꾸기 위해서 행동하지 않으면 안된다. 그러나 물화는 사람들에게 그들의 표지를 너무나 깊숙히 남겨 놓았기 때문에, 사람들로부터 그들의 삶과 개성을 너무나 많이 박탈하였다. 그 결과 인간들은 행동에 필요한 자발성을 가질 수 없는 것처럼 보인다.'[31] 그러기에 여기에서는 항구적인 자기 반성이 요청된다. 그렇지 않으면, 역사는 '지옥을 향한 전진'[32]을 계속할

---

27) *Soziologische Exkurse* p. 18.

28) Adorno, *Negative Dialektik* p. 270.

29) Max Horkheimer, *Kritik der instrumentellen Vernunft* (Frankfurt am Main), 1967, p. 130.

30) *Soziologische Exkurse* p. 48.

31) Adorno, *Gesammelte Schriften* Bd. 8. p. 294.

32) Adorno, *Minima Moralia* p. 314.

것이다.

4

아도르노는 31세의 나이에 히틀러의 독일을 떠나 4년간의 영국 체류 끝에 미국에 도착했다. 상업적인 이윤에 봉사하는 무비판적인 경험적 사회학과 새로운 고향에의 적응이 아도르노에게는 자신의 인격적 통일성을 위협하는 것으로 여겨졌다. 죽기 직전에 쓴 자서전적 글에서, 아도르노는 미국전반에 대한, 그리고 특히 미국 사회학에 대한 그의 관계를 나타내는 여러 가지 측면들을 밝혀 놓았다. '서른 넷의 나이에 이르기까지 나의 발전은 온전히 관조적이었다. 나는 사실을 확인하고, 위치를 바꿔놓고, 분류하고, 그것들을 정보로서 활용 가능케 만드는 일이 아니라, 현상들을 해석하는 일이 나의 사명이라고 생각했다. 그것은 나의 철학에 대한 생각뿐 아니라 사회학에 대한 생각에도 그대로 상응한다. 오늘날에 이르기까지 나는 이 두 방면을 결코 엄격하게 분리하지 않았다.'[33]

비단 아도르노뿐 아니라 프랑크푸르트 학파의 이론은 사회학으로서의 철학이자 철학으로서의 사회학이다. 그것은 인간에 대한 철학적 관심을 다음과 같은 통찰과 결합한다. 즉, 사회가 계급 사회라는 이제까지의 성질로부터 자신을 해방시킬 때, 비로소 인간의 주체적인 자기결정이 실현될 수 있다는 것이다. 칸트와는 달리 프랑크푸르트 학파는 사회적인 현실이 지닌 결함들에 대한 책임을 개인의 이기적인 관심들의 탓으로 돌리지 않고, 이러한 행동 방식들을 오히려 사회적인 관계의 형식으로부터 설명하고자 한다고 보아도 무방할 것이다. 그렇기 때문에 비판 이론은 학문적인 진리라는 이념을 바른 사회라는 이념에서 분리하지 않으려 하며, 이른바 '이성에의 당성'(하버마스)을 감추려 하지 않는다. 비판이론의 이해에 따른다면 '사회'라는 개념은 동시에, 경쟁적

---

33) Adorno, "Stichworte," *Kritische Modelle* (Frankfurt am Main, 1969) pp. 113-4.

인 상품 소유자로서가 아니라 자기통일성을 유지하는 존재로서의 자유롭고 자율적인 주체들의 연합이라는 표상을 함축하고 있다. 실증주의와는 반대로 비판 이론은 가치 중립성이나 순수한 이론이라는 가상(Schein)을 정당화하려 하지 않는다.

앞에서 살펴 보았듯이, 실증주의가 사실들을 확정하는 데 만족하는 반면, 비판이론은 이에서 한걸음 더 나아가, 생산력의 수준에 상응하는 그 사회의 진정한 가능성에 입각해서 사실들의 배후를 캐묻는다. 보다 구체적으로 말해서, 비판이론은 시민 사회가 생산력의 눈부신 발전을 근거로 해서 자유, 행복, 그리고 자발성의 실현을 가능케 만들었음에도 불구하고, 현존의 생산 관계들이 그의 실현을 방해한다고 보고 있다. 이를 근거로 우리는 비판 이론이 두 가지 차원을 가지고 있다고 말해도 좋을 것이다. 비판이론은 한편으로는 사회적 현실을 파악하면서, 다른 한편으로는 그것을 초월한다. 말하자면 비판이론은, 가능성과 현실성, 유토피아와 사실성의 구별에 걸맞게, 본질과 현상을 분별한다. 여기에서 본질이란 한 사회의 핵심에 따라 그 사회를 규정하는 것만을 의미하지 않고, 나아가 그 사회 속에서는 실현될 수 없는 것까지도 의미한다. 따라서 여기에는 불가피하게 유토피아적인 차원이 잠복해 있다. 현존하는 것의 현실성이 본질에 비추어, 그리고 이념과 가능성에 비추어 측정된다.

그러나 여기에서 말하는 유토피아란 어떤 '상태'가 아니다. 그것은 오히려 현재를 끊임없이 바람직한 방향으로 바꾸어가기 위한 '기준'으로서의, 해방적 계기를 마련하는 '반성'을 뜻한다. 그러기에 비판 이론은 이론가에게 사실 세계의 현상들의 배후를 꿰뚫고 사회적인 대안들을 생각할 수 있는 능력으로서의 '사회학적 상상력'을 요청한다. 바로 이런 맥락에서 우리는 아도로노가 항상 학문 이전적 영역과 학문적 영역의 불가 분리성과 학문과 예술의 통일에 대한 주장을 이해하게 된다. 말하자면, 억압적인 '문화산업'의 영향 하에 성장한 사회 과학자는 비판적인 태도를 발전시킬 수도 없고, 그런 용의도 갖추고 있지 못하다는 것이다.

아도르노에 따르면, 이때의 '문화 산업'은 앞에서도 잠시 언급했듯이, 무산자들을 체제 속에 편입하는 과정에서 의식과 무의식 양자를 조작하는 도구이자 제2의 자연이 되어왔다. 바꿔 말해서 무비판적인 태도는 기존하는 체제 속에서 사물들을 확인하는 것만을 의도할 뿐, 구조에 대한 비판적인 조사와 체제 자체를 위해 갖는 의의에 대한 조사에까지 이르지는 못하는 연구만을 위해 제공되는 연구비에 의해 촉진되고 강화된다는 것이다.

비판 이론은 예술을 사회에 대한 통찰에 있어서 아주 귀중한 원천으로 간주한다. 아도르노에 의하면, 현 사회의 죄악들에 대해 성찰하는 감수성이 예민한 예술가와, 인류의 미래에 대한 그의 우려는 학문의 규쥰들과 동일시된다. 물론 그의 이러한 주장이 문제점을 지니지 않은 것도 아니다. 왜냐하면 이에 따르자면 사회학은 지적 엘리트라는 선택된 소수를 위한 예술이 되기 때문이다. 그러나 그의 진의는 '현대 사회안에서 억압적인 경향들에 대항하는 저항은 적은 무리만을 위해 보존되어 있다'[34]는 데 있다. 이러한 주장을 이해하려면 프랑크푸르트 학파의 예술 내지 문화관에 대해 정통하지 않으면 안된다. 여기서는 지면상 그 개요만을 적어볼 뿐이다.

잘 알려진대로 프랑크푸르트 학파는 문화의 영역에, 다른 말로 해서, 미적 차원에 대해 다른 부문 못지않은, 아니 가장 집중적인 관심을 기울였다. 결론부터 말한다면, 그들에게 있어서 문화와 미(학)적 감수성은 궁극적인 실존적 차원을 구성한다. 프랑크푸르트 학파에게 있어서 계몽이 가져온 위기의 궁극적인 국면은 미적 취미의 위기이다. '취미란 역사적 경험의 가장 정확한 지진계이다. 다른 모든 능력들과는 달리, 그것은 자신의 행동까지도 수록할 수 있다. 자신에 대해 반응하면서, 그것은 자신의 몰취미를 인식한다.'[35]

취미는 역사적 경험을 표현하는 핵심이다. 그것은 이를 통해 경험이

---

34) Adorno, *Gesammelte Schriften* Bd. 8, p. 327.
35) Adorno, *Minima Moralia* p. 191.

매개되는 형식적 구조이다. 우리가 자신의 삶에 대해 어떻게 반응하는
가가 문화적 구조들과 아울러 우리가 이를 통해 세계를 평가하고 여과
하는 기대들을 통해 결정된다. 말하자면 우리의 취미들이 우리의 세계
경험을 결정한다는 것이다. 따라서 문화, 즉 취미의 영역은 또한 반성
적일 수 있다. 문화란, 단순히 경제적인 사물들과 그것이 갖는 관계에
의해 규정될 뿐 아니라, 그 자신의 고유한 반성성으로부터 유래하기도
하는 그 자신의 변증법적 운동을 소유하고 있다. '문화는 그것이 묵시
적으로 비판적일 때에만 올바르다. …비판은 그 자체로 볼 때 모순적인
문화의 필수불가결한 요소이다.'[36] 불완전하고 왜곡된 문화의 자기 만
족을 분쇄할 문화적 비판의 실패와 짝지어 나타나는 악취미와 공포가
승리를 구가할 때, 바로 프랑크푸르트 학파가 말하는 문화 및 예술의
위기가 우리를 휩쓸게 된다. 프랑크푸르트 학파는 이러한 위기가 취미
의 반성적 계기를 새롭게 창조하는 것을 자신의 과제로 삼는 변증법적
비판에 의해서만 극복될 수 있다고 말한다. 우리는 비판이론이 바로 이
러한 문화 비판을 시도하는 데에서 그 첫째되는 동기를 드러낸다고 말
해도 무방할 것이다. '사회가 점점 더 뻔뻔스럽게 불합리해질수록, 예
술적 세계의 합리성은 보다 커진다.'[37] 왜 그럴까?

　마르쿠제에 의하면, 예술 작품의 과제는 현실 세계의 불완전성에 대
한 위협으로서 존재하는 '가상 속의 세계'를 구축하고 이에 참여하는
데 있다. 문화적 위기의 뿌리는 이 시대의 예술이 비판적인 거리를 유
지하는데 실패했다는 사실에 기인하기도 하지만, 아울러 그러한 과제
를 성공적으로 수행한 본래적인 예술 작품들이 제대로 수용되지 못한
다는 사실도 이와 무관하지 않다. 여기에서 말하는 본래적 예술을 이른
바 '순수' 예술과 동일시한다면, 오해가 발행할 여지가 분명해진다. 왜
냐하면 호르크하이머가 말했듯이 순수하게 미적인 감정이란 개별적이

---

36) Adorno, *Prismen:Kulturkritik und Gesellschaft* (Frankfurt am Main, 1976), p,
　　11—12.

37) Marcuse, *One-Dimensional Man* (Boston, 1964), p. 239.

고 원자적인 주체의 반응이고, 현실 사회적 정황들로부터 추상된 개인의 판단이기 때문이다. 순수 예술이 사회학적으로 무의미한 예술, 즉, 그것을 통해 불만 해소를 위한 무의미한 출구나 안전판을 의미할 수 있는 반면, 본래적인 예술은 자신을 그 사회역사적 맥락으로부터 결코 추상하지 않는다. 그렇다고 이미 존재하는 것을 긍정함으로써 비판적 거리를 상실한 예술이 그 대안일 수도 없다. 그것은 예술을, 우리가 살펴본대로, 프랑크푸르트 학파의 최우선적인 비판 대상인 실증주의로 되돌리는 셈이 된다.

5

주어진 제목, 그리고 필자 나름의 이에 대한 해석에 충실하자고 한다면, 우리는 이 지점에서 프랑크푸르트 학파를 다소간 교조주의적인 마르크시즘과 비교하는 고찰을 시작해야 한다. 그러나 이를 작은 지면에 요약하는 것도 무리가 되겠고 또 이미 이 방면에서 가장 눈여겨 볼 만한 글인 마르쿠제의 『예술의 영구성』이 『미적 차원』이라는 제목으로 여러 출판사에서 번역되어 나와 있기에 이를 참고할 수 있으리라 보아 이 글은 여기에서 마치기로 한다. 필자의 마르쿠제 이해는 별도의 책자로 준비중에 있다.

＊ 이 글은 계간 『학원』 창간호에 게재된 바 있다.

4. 비판이론의 예술이해(2)*

1

유행이란 여자들 머리모양과 의상에만 있는 줄 알지만 실상 사고방식과 학문에도 존재한다. 조금만 관심을 기울이면 우리는 최근 국내에서 발간된 예술과 관계된 학술서적들 중에 유난히 〈사회〉와 연관된 제목이 눈에 뜨인다는 사실에 자못 놀라게 될 것이다. 이 글도 어쩌면 그러한 유행을 탄 것인지 모른다. 그러나 그토록 번잡한 설왕설래에 한몫 끼고 싶다는 생각보다는, 오히려 좀 물러서서 이러한 소용돌이의 원인과 정체를 밝혀 보고, 가능하면 물꼬를 어느 곳으로 터야 하는가를 가늠해 보고 싶은 심정이 훨씬 더 강하다. 그러나 필자 자신의 처지나 역량을 돌아다 볼 때, 이는 너무나 주제넘은 망상에 지나지 않는다. 그러기에 이 글에서 필자는 오로지 자신이 한동안 머물렀던 서독의 경우를 몇몇 손에 잡히는 자료에 힘입어 되살펴 보는 것으로 만족하려고 한다. 굳이 강변하자면, 예술사회학 일반에 있어서 서독의 학문적 성과가 차지하는 비중이 결코 가볍지만은 않다는 것이 이러한 우회로를 택하는 변명이 될 수도 있을 것이다.

미리 첨언해 둘 것은 〈예술사회학〉이란 어휘가 우선 18세기 이후로 체계화된 〈예술〉(die schönen künste) 일반을 상대로 한 사회학적 연구들을 뜻할 수도 있지만, 각각의 예술은 공통성과 함께 특수성 역시 지니고 있는 만큼 논의의 범위를 좁히는 뜻에서 이 글은 가급적 문학사회학에 초점을 압축하고자 한다. 그러나 경우에 따라 필요하다면 서양의 경우 좁은 의미의 예술로도 통용되는 조형예술은 물론, 최근에 이르러 각광을 받는 공연예술, 특히 음악과 연극에 대해서도 간간 언급하게 될

것이다. 아울러 너무나 상식적인 선에서 이야기가 끝나지 않도록 이른
바 비판이론에서의 예술사회학 논의에 대해서 조금 길게 언급해 보려고
한다. 그러나 그것조차 상식선에 머물게 되리라는 예감도 없지 않다.

2

서독에서의 문학사회학에 대한 개괄을 위해서 우리는 우선 호헨달
(Peter U. Hohendahl)의 글을 참고로 삼고자 한다.[1] 비록 1976년부터 연감
형식으로 발행되는 한 잡지를 분석대상으로 한 것이지만, 이 글은 서독
인이 아닌 독자, 특히 미국인을 염두에 두고 집필되었다는 점에서 크게
보아 그 영향권에 있다고 보아도 무방한 우리들에게 역시 도움이 되리
라고 생각된다. 또 한편으로는 너무 피상적이긴 하지만 이 글이 독일에
서의 문학사회학에 대한 일종의 객관적인 조감도를 마련해주고 있다고
보여지기에 이를 서두로 삼는다.

그는 우선 독일에서 문학사회학은 불과 1960년대에 이르러서야 비로

---

1) Peter U. Hohendahl, "Literary Sociology in West Germany: **"Observations on
the Internationales Archiv für Sozialgeschichte der deutschen Liter atur"** *New
German Critique*, Spring 1979, No. 7, pp. 130~5. 여기에서 〈사회사〉
(*Sozialgeschichte*)란 이 잡지가 특정한 방법론과 연결되는 것을 회피하기 위
해 선택된 어휘로 보인다. 그 배후에는 1966년 Bonn에서 출판된 Hans
Norbert Fügen 의〈문학사회학의 주류들〉(*Die Hauptrichtungen der
Literatursoziologie*) 이래 서독에서는 〈문학사회학〉이라는 용어가 은연중에
(같은 용어로써 마르크시즘을 연상하는 미국과는 달리) 실증주의와의 연관
속에서 이해되고 있다는 사정이 작용된다. 객관성을 유지하고자 하는 노력
에도 불구하고, 그러나 이 잡지가 독일역사주의의 전통에 서 있다는 한계점
을 지니고 있음을 호헨달은 지적하고 있다. 따라서 그는 야우스 Jauss 로 대
표 되는 콘스탄츠학파나 마르크시스트 계열의 학자들 이름이 이 잡지에서 별
로 눈에 뜨이지 않는 것은 단순한 우연의 일치라고 하기에 어렵다고 본다. 말
하자면 이 잡지의 기고가들은 역사적인, 때로 분명히 경험적인 방법론에 기
초한 문학사회학에 관심을 보인다는 공통분모를 가지고 있다는 것이다.

소 진지한 연구대상이 되었다고 하여, 역사나 사회학에 관해 과도할 정도의 저작이 나오고 있는 것으로 보는 미국계 학자들을 의아하게 만든다. 왜냐하면 미국의 독문학연구에서는〈신비평〉(New Criticism)에 강조점을 둔 전통적인〈독문학〉(Germanistik)강좌가 계속되는 한편, 다른 쪽에서는 특히 젊은 학자들이 중심이 되어 서독의 최근경향들 마르크시즘, 수용이론, 언어학 을 소개했고, 이로써 연구분야를 상당히 바꾸어 놓은 것처럼 보이기 때문이다. 우리나라에서 최근 이 방면의 구라파 저작들이 많이 소개되는 배경에도 이러한 미국의 연구실적이 크게 작용하고 있지 않을까 추측해 본다. 그러나 독일에서는 실상 1960년대에서야 대학 내에서 학문으로서의 문학사회학이 본격화되었다는 것이 호헨달의 주장이다. 이러한 주장의 타당성여부는 좀더 검토해 보아야겠지만, 이러한 연구가 처음부터 마르크시즘 계열과 경험적인 실증주의 계열의 양대진영으로 나뉘어져 적대적인 분위기를 자아내었다는 것은 틀림없는 사실이다. 마르크시스트 진영은 예컨대 루카치(Georg Lukács)의 저작들이나 프랑크푸르트학파의 연구실적이라는 비교적 오랜 학술기관 외적인(extra-academic)전통을 이어받으면서, 부분적으로는 폐기된 그러한 전통을 단계적으로 재구성하고자 하였다. 그 반면에 실증주의적 문학사회학은 독일 내에서는 계속 쌓아올릴 앞선 연구를 별로 찾지 못했다고 일러진다.

마르크시즘과 실증주의가 이론적으로나 방법론적으로나 큰 거리를 가지고 있다는 것은 특히 실증주의에 관한 프랑크푸르트학파와 쾰른학파 간의 논쟁 이후에 더욱 뚜렷해졌다. 문학에 국한해서 말한다면 봐네켄의 퓌겐 비판이 그 좋은 예가 될 것이다.[2] 그러나 이러한 근본적인 대립들을 실제의 연구에서 충실하게 재현한다는 것은 너무나 힘든 일이

---

2) Bernd Jürgen Warneken, **"Zur Kritik positivistischer Literatursoziologie"** *Literaturwissenschaft und Sozialwissenschaften 1. Grundlagen und Modelanalysen* 中, 제2판(Stuttgart, 1972), pp. 81~150. 이 글에서 봐르네켄은 퓌겐의 주 1)에서 언급된 저서, 『문학사회학의 주류들』을 비판하고 있다.

다. 왜냐하면 만일 서독의 문학사회학을 이론적 측면보다 그 주제 subject matter나 문제설정이라는 측면에서 바라본다면, 분명하게 묘사된 양 진영의 이미지는 이내 사라지고, 상당한 중복과 교차가 눈에 뜨이게 될 것이기 때문이다. 예컨대 양 진영 모두 이른바 통속문학 내지 대중문학에 관심을 보이며, 나아가 수용이론과 역사, 장르들의 사회학적 문제들에도 관심을 기울인다. 그들은 모두 고급문학에 의해 규정된 독문학 연구 내에서의 문학개념들의 한계를 극복하려고 노력하는 동시에, 아직도 괴테 시절의 미학에 의해 상당히 구속 내지 제약받고 있는 미학적 내지 역사적 연구로부터 헤어나오려고 노력한다는 점에서 일치한다.[3] 특히 1970년 이래 학문적으로 상당히 활발하게 논의된 수용이론 분야에서는 앞에서 말한 교차가 눈에 뜨이며, 이로써 이러한 경향이 이제 실증적인 경향이나 마르크시스트적 경향과 어깨를 겨룬다. 물론 본

---

3) 1960년대의 문학개념에서 일어난 가장 주목할 만한 변화들 중의 하나로 통속문학 (Trivialliteratur)에 대한 관심이 손꼽힌다. 영어권에서는 이 말을 대중문학(popular literature)로 번역하지만, 이는 19세기 이래 이 독일어 어휘에 부착되어 온 비난섞인 어감을 결여하고 있다. 크게 보아 1960년대에 시작된 이 〈통속문학〉에 대한 심각한 태도변화는 발전된 산업사회 내에서의 도서출판과 수용의 변화된 형식들을 설명해 보려는 독문학자들의 노력을 시발점으로 삼는다. 아직껏 괴테시절의 고전적─낭만적 미학에 의해 측정되면서, 이 문학은 저열한 것이라는 범주로 분류되었다. 앞에서 우리는 각종 문학이론들이 이 〈통속문학〉에 관심을 보였다는 사실을 지적했지만, 이 말은 결코 이들이 이 문학을 적극적으로 평가한다는 것을 뜻하지는 않는다. 구조주의나 수용미학적 경향의 연구가들 역시 고전적─낭만적인 이분법에 의지하면서 이를 다르게 정식화할 뿐이라는 인상이 짙고, 이러한 비판은 루카치나 아도르노 같은 독창적인 마르크시스트미학의 해석자들에게도 쉽게 적용될 수 있다. 구조적─기능주의적 전제들에 의해 특징지워지는 사회학적 이론 역시 문제가 없는 것은 아니다. 이러한 이론은 그것이 1950년대의 도덕적─교육적 조류로부터 벗어나서 논의를 기능적으로 전개하게 되자, 그 비판적인 자세를 포기하는 위험에 빠져들었던 것이다. 그런가 하면 신좌파에 의해 제기된 이데올로기 비판적인 물결은 항상 통속문학을 일방적으로 저주하고 마는 위험에 직면해 있다.

래 수용이론이 목표로 했던 새로운 범례를 만들어 보려던 희망이 모두 충족된 것은 아니다. 그러나 그런 희망이 독문학 연구의 여러 문제, 예컨대 평가, 역사, 실천을 위한 타당성 등의 문제를 해결하는 데 크게 기여한 것은 사실로서, 이러한 이론적인 노력은 문학비평의 주제들이 보다 분명하게 정식화될 수 있도록 도와 주었다. 그렇다고는 해도 연구가 진척되는 과정에서, 수용미학이 창작미학을 폐기할 수는 없다는 것이 분명히 밝혀졌다. 왜냐하면 이 양자의 변증법만이 독립된 제도 (Institution) 로서의 〈문학〉의 역사를 구성하기 때문이다. 우리나라에도 소개가 된 야우스와 이제르(Iser)를 중심으로 한 수용미학의 움직임들이 문학의 사회사를 설득력 있게 발전시키지 못했다는 평을 듣고 있는 반면, 통계학적인 수용조사라는 순수한 경험주의는 흔히 텍스트가 가진 의의를 바로 보지 못하는 결점이 있다고 비판된다.

외국학자들에게는 물론 서독 내의 학자들에게도 큰 장애로 느껴지는 것은 서독의 경우 아직까지 문학사회학의 개념과 이론에 관한 어떤 합일점이 존재하지 않는다는 사실이다. 호헨달은 이를 은연중에 독문학 연구가 1960년대에 겪은 위기와 연관시킨다. 그는 나아가 그러한 위기의 가장 두드러진 원인 중 하나가 곧 각각의 전문분야가 갖는 사회적인 기능에 대한 맹목이라고 지적하면서, 우리의 인식을 방향지우는 관심들에 관한 문제에 집중하는 새로운 도전의 의미를 부각시킨다. 그는 이를 〈신좌파〉의 도전이라고 통칭하고 있으나, 우리로서는 특히 하버마스의 〈인식과 관심〉을 연상하지 않을 수 없다. 왜냐하면 이러한 관점으로부터 마르크시스트 진영의 이데올로기 비판적인 운동들은 물론 현상학 또는 구조주의를 통해 수용이론 안에 새로운 기초를 놓으려는 일련의 노력을 이해할 수 있게 된다 [4]는 호헨달의 언급은 특히 하버마스에게 잘 들어맞는 것으로 보이기 때문이다. 이런 의미에서 우리는 하버마스의 예술 이해에 대해 관심을 가질 수밖에 없다. 그러나 그 자신 본격적인 학문활동을 시작하기 전에 상당기간 연극평론에 종사했음에도 불

---

4) Peter U. Hohendahl, 앞의 책, p.175.

구하고, 이 방면에 관한 그의 학문적 업적은 아직 괄목할 만하지 못하다. 장차 그가 미학적 주제에 관해 상당한 분량의 저작을 내놓으리라는 예감을 가져 보지만, 그것은 아직 실현여부가 불확실한 기대에 지나지 않는다. 하기야 그의 이제까지의 저작들 중에서 미학 내지 예술사회학과 연관될 만한 부분을 가려 내어 그것을 중심으로 제법 체계가 갖춰진 하나의 이론을 구성해 낼 수도 있을 것이다. 그러나 우리는 그러한 경로를 택하기에 앞서 우선 역사적인 견지에서, 하버마스가 정밀하게 이론화하고자 하는 프랑크푸르트학파의 선배그룹에 속하는 레오 뢰벤탈(Leo Löwenthal)의 문학사회학 개념을 살펴보고, 이어서 아도르노의 예술이론으로 건너뛴 후, 여유가 닿는 대로 이를 하버마스와 연관시켜 보도록 하겠다.

3

1948년에 발표한 후 1961년에 자신의 저서 『문학·대중문화·사회』에 재수록한 「문학과 사회」라는 글에서 뢰벤탈은 그 당시까지의 문학사회학적 연구작업들의 성과를 정리해 보면서 이의 새로운 과제를 제시하였다.[5] 당시만 해도 문학에 대한 사회학적인 해석은, 그것이 예술문학을

---

5) Leo Lowenthal, "Literature and Society," *Literature, Popular Culture, and Society* (Palo Alto, Pacific Books, 1961), pp. 141~161. 이 글은 원래 문학사회학(The Sociology of Literature)이라는 제목으로 다음의 책 속에 수록되었다. *Communications in Modern Society,* ed., Wilbur Schramm(Urbana, Ill: University of Illinois Press, 1948). 저자의 이름은 본래 Löwenthal이나, 미국으로 건너간 후 영문으로 된 논문이나 저작에는 Lowenthal로 표기한다. 뢰벤탈은 여기에서 자신의 문학사회학에 대한 사고가 프랑크푸르트학파의 창시자라고도 할 수 있는 Max Horkheimer의 논문 「예술과 대중문화」(*Studies in Philosophy and Social Science,* vol. IX, 1941에 수록)에 여러가지로 힘입고 있음을 고백하고 있다.

대상으로 하든, 아니면 대중 또는 통속문학을 대상으로 하든, 조직화된 사회과학에서는 별로 〈인기가 없는 아들〉임을 밝히는 동시에, 그나마의 연구분야들이 의식적으로 대중문학(mass literature), 베스트 셀러, 대중잡지, 만화 등등에 사로잡혀 있다고 함으로써, 문학사회학의 과제를 새롭게 제시하려는 자신의 의도를 간접적으로 시사한다. 말하자면 그는 문학사회학이 〈활자 속에 묻힌 상상력의 보다 심층적인 깊이〉[6]를 불손하게 외면하지 말아야 한다는 의견을 내세운다. 뢰벤탈 자신은 후에 16세기 스페인의 작가들로부터 시작해서 니치스 등장시대의 독일작가 크누트 함준(Knut Hamsun, 1860~1952)에 이르기까지의 예술 문학작품들을 분석하면서, 서구의 정신적 변천의 주된 흐름을 훌륭하게 그려 내었다.[7] 이러한 전제 하에 뢰벤탈은 하나의 프로그램으로서 문학사회학이 다뤄야 할 여러 연구 영역과 과제들을 제시한다.

그는 우선 〈문학과 사회체제〉 문제를 꼽는데, 여기에는 두 가지 방향이 있을 수 있다.

첫째는 문학이, 각 사회 내지 그 사회의 다양한 성층과 연관해서 볼 때, 어떤 기능적 위치를 차지하고 있는가 하는 문제이다. 특정한 원시적 사회에서는 물론 이른바 문명이 발전된 사회에서도, 문학은 다른 사회적인 표현(manifestation)속 에 통합되어 있는 경우가 많다. 말하자면 그것은 제사와 종교적인 의식들로부터 독립된 실체로서 분명하게 구분되어 있지 않다. 우리는 그 예를 부족의 집단가무, 초기 그리이스의 비극, 또는 중세의 수난극 등에서 찾아볼 수 있다. 이와는 아주 대조적으로, 시민사회의 중산층 세계에서 있어서 문학은 다른 문화적 활동과 확

---

6) 같은 책, p. 141.

7) Leo Lowenthal, *Literature and the Image of Man; Sociological Studies of the European Drama and Novel, 1600-1900* (New York, Books for Libraries Press, 1957, Reprinted 1970 by arrangement with Beacon Press). 우리말 번역 : 柳宗鎬역, 文學과 人間像(서울, 이화여자대학교 출판부, 1984).

연히 구별되는 존재양식을 갖는다. 그것은 초기 낭만파에서처럼 정치적으로 좌절된 사람들이나, 오락적인 대중문학의 최근 현상에서처럼 대규모의 사회적 좌절을 수용할 도피주의적인 피난처가 될 수도 있다. 나아가 문학은 절대주의 시대의 스페인과 프랑스의 극작가들의 경우처럼, 특정한 지배체제를 찬양하고 그 교육적 목표들에 기여하는, 문자 그대로, 이데올로기적 도구로서 기능할 수도 있다. 그는 프로파간다 문제를 다룬 자신의 다른 연구를 통해 나치정권 하에서, 그리고 교조주의적인 공산체제(특히 레닌과 스탈린체제)하에서 예술이 겪은 운명은 다름 아니라 바로 단순한 정치선전의 도구화였음을 잘 지적해 주고 있다.

둘째로 그는, 연구재료의 측면에서는 덜 풍부한지 모르나 사회적인 관점에서는 오히려 더 보람있을, 〈문학형식들의 연구〉를 꼽는다. 즉, 서사시와 서정시, 연극과 소설은 각각 그 나름대로 특정한 사회적 운명과 어떤 연관성을 지닌다는 것이다. 뢰벤탈은 루카치의 〈소설의 이론〉을 그 대표적인 예로 들고 있다. [8]

뢰벤탈은 문학사회학적 연구를 위해 그 나름대로 다음과 같은 과제들을 더 들고 있다.

그는 우선 사회 속에서의 작가의 위치에 대한 연구가 필요하다고 본다. 지성인으로서의 창조적인 작가에게 있어서 객관적인 재료들이란 비유컨대 단지 그가 자신의 독자적인 미적 목표에 따라 활용할 수 있는 참고물들을 아무렇게나 쌓아 놓은 창고에 불과하다고 말할 수 있다. 이렇게 해서 뢰벤탈은 작가를 지적인 행동의 원형을 대표하는 존재로 보며, 지식인의 역할에 관한 사회학자들 간의 활발한 토의는, 만일 그것이 지적인 직업인들 가운데 가장 오래된 집단의 하나인 작가의 특수한 기능과 사회적인 연관 속에 묘사된 그들의 자화상을 역사적인 기록에 입각하여 분석한 자료를 갖추게 될 때, 보다 구체적인 단계로 확장될

---

8) 참조, Georg Lukács, *Die Theorie des Romans*(Berlin: Cassirer, 1920).
　우리말 번역 : 潘星完역, 『小說의 理論』, (서울, 심설당, 1985).

수 있을 것이라고 주장한다. 사회 속에서의 예술가의 위치에 대한 이러한 연구는 다시금 강조점에 따라 주관적인 측면과 객관적인 측면으로 나뉠 수 있을 것이다. 주관적인 차원에서는 예언자적 사명과 오락성, 숙련도, 정치의식과 직업관념 등의 항목이 세분될 수 있을 것이며, 객관적인 차원에서는 작가의 수입원, 사회적인 통제를 제도화한 조직체들의 보이는 혹은 보이지 않는 압력, 기술발전과 시장구조의 영향 등이 조사되어야 할 것이다. 이 밖에 예술적 저작의 진흥과 보급, 그리고 다양한 역사적 단계들에서 예술가를 둘러싼 사회적, 경제적, 그리고 문화적 상황도 조사되어야 할 것이다. 뢰벤탈은 아울러 궁정들, 학술기관들과 살롱들, 독서클럽들과 영화산업이 문학인들과 갖는 관계가 체계적인 토의를 위해 적절한 주제가 될 것이라고 예시하였다. 그는 이 밖에도 주관과 객관이 혼재된 문제, 예컨대 현대의 도서 및 잡지 출판의 조건들에 비추어 볼 때 작가가 아직도 독립적인 흥행사(entrepreneur)인가, 아니면 사실상 그의 출판사나 광고사의 고용인인가 하는 문제도 거론하고 있다. 기술발전이 예술 및 예술가에게 미친 영향에 관한 연구로써 뢰벤탈은 아도르노의 「경음악에 대하여」(*Studies in philosophy and social science,* Vol. IX 수록)라는 논문과 벤야민의 「기술복제시대의 예술작품」(*Zeitschrift für Sozialforschung,* Vol. V. 수록)이라는 논문을 대표격으로 손꼽는다.

사회 속에서 작가가 점유하는 위치와 아울러 문학사회학은 문학적 소재로서 채용된 사회적 문제들에 관한 연구도 역시 자신의 과제로 삼을 수 있다. 여기에서 뢰벤탈은 우리가 문학에 관한 사회학적 연구의 전통적 영역에 들어서게 된다고 말한다. 그러나 그는 많은 이 방면의 연구 실적들이 대부분 문학을 역사적 내지 사회학적 분석을 위한 제2차적인 원료 정도로 취급하고 있음을 못마땅하게 보고 있다. 이들은 사회적 의의가 있다고 인정되는 재료들에만 관심을 보이는 경우가 대부분이다. 그러나 문학적인 관심과 아울러 순수문학(belles-lettres)의 분야에서 분석적인 조사를 해본 경험을 가진 사회학자는 단순히 개념정의에 따라 사회학적이라고 규정된 문학적 재료들로 만족해서는 안된다. 말하자면

문학사회학자는 일반적으로 사회학 연구에 적용되는 사항들과는 거리
가 먼 문학적 주제나 동기들의 사회적인 의미를 연구하는 것도 자신의
과제로 삼아야 한다는 것이다. 예컨대 창조적인 작가가 자연이나 애정,
또는 고독을 다루는 특수한 처리방법은 사회학적인 풍토가 어떤 정도로
개개인의 가장 개인적이고 은밀한 생활영역에까지 침투해 들어가 있는
가를 알아보기 위해 가장 기본적인 원천이 되는 현상들이다. 뢰벤탈은
이러한 개인적 영역에 대한 관심이 나아가 지난날의 주인공들을 오늘의
남녀들에 비춰서 이해하는 그릇된 방향을 시정해 줄 것으로 기대하는
것 같다. 왜냐하면 마담 보바리, 안나 카레리나, 파우스트의 그레트헨
등이 창조된 시대의 사회적인 자료들과 그러한 인물들 자신의 사회적
분석은 그로 인해 예술삭품의 의미와 기능이 제대로 이해될 수 있는 바
로 그러한 재료이기 때문이다. 다시 말해서 그들은 단순한 유비관계에
의해 해석될 수도 없고 또 그래서도 안 된다는 것이다. 그러기에 뢰벤
탈은 상상적인 인물들을 그들이 배태된 특수한 역사적 풍토와 연관시키
고, 문학적 해석학을 지식사회학의 일부로 만드는 것이 문학사회학자
의 과제에 속한다고 주장한다. 그는 저명한 연극학자 벤틀리의 저서
『사상가로서의 극작가』를 개인적인 장면을 사회적인 장면으로 번역해
내는 데 성공한 드문 예로써 격찬한다.[9] 그러나 뢰벤탈 자신도 언급했
듯이, 그가 1937년에 프랑크푸르트학파의 기관지였던 《사회조사잡지》
(Zeitschrift für Sozialforschung) 제7권에 발표한 후 그의 저서 『문학과 인간
상』에 수록한 독일작가 크누트 함준의 자연이해에 대한 해석이 이러한
연구의 귀감이 된다.[10] 뢰벤탈은 여기에서 개인은 그의 삶의 의미를
〈피와 땅〉(Blut und Boden)과 같은 〈자연적〉인 요소들에서 찾아야 한다고
가르치는 권위주의적 국가철학의 원형을 읽어 낸다. 즉, 함준이 예시하
고 용납하는 자연과의 범신론적인 靈交(infatuation)가 개인과 〈자연적〉인

---

9) 참조. Eric Bentley, *The Playwright as Thinker* (New York: Reynal and
   Hitchcock, 1946).

10) 참조. Leo Lowenthal, *Literature and the Image of Man*, pp. 190-220.

힘들 사이의 고압적인 동일시로 이어진다는 것을 뢰벤탈은 날카롭게 지적했던 것이다.

앞에서 열거한 여러 과제들 외에 뢰벤탈은 작가의 〈성공〉을 가늠케 하는 사회적인 결정 요인들에 대한 조사를 예컨대 사회전반적인 정황, 사회적인 통제들의 영향, 그리고 기술발전과 연관하여 수행해 볼 것을 권하기도 한다. 그는 대중매체(mass communication)가 문학과 갖는 연관을 연구하는 것 역시 문학사회학에서 빼놓을 수 없는 과제라고 주장한다. 사실상 그의 많은 연구들이 이 방면에 주력했던 것을 우리는 잘 알고 있다. 그러나 짧은 지면에서 이에 대해 자세하게 언급할 수도 없거니와, 현재의 우리로서는 그러한 필요성도 별로 절감하지 않는다. 우리는 그보다 뢰벤탈의 연구에서 중요한 의의를 차지하면서 특히 함준 연구에서 특징적으로 보인 이데올로기적 억압과 지배로부터 인간을 해방시키기 위해 예술이 갖는 인식적 기능의 문제, 즉, 해방적 관심과의 연관 하에서 볼 때 중요하게 다루어야 할 예술작품의 진리함축(Wahrheitsgehalt)의 문제를 프랑크푸르트학파 내에서도 이를 가장 진지하게 다룬 아도르노의 미학사상에 시선을 돌리려 한다. 아도르노의 미학사상을 불과 얼마 안되는 지면에 요약한다는 것이 필자에게 얼마나 힘에 벅차고 무모한 일인가를 잘 알고 있으나, 일종의 불가피한 작업이기에 피상적이 될 것을 무릅쓰고 이를 잠시 살펴보려고 한다.[11] 이해를 돕는다고 시도한 그와 쉰베르크와의 관계에 대한 언급이 오히려 사족이 되고, 필자의 무식을 스스로 드러내는 만용이 되지 않을까 저어된다.

4

두루 알려진대로 아도르노에게 있어서 예술과 사회는 이중적으로 밀

---

11) 아도르노의 미학에 관한 부분을 이해함에 있어 필자는 독일 내에서도 가
　장 요령 있는 아도르노 연구서로 정평 있는 다음의 저서를 추천한다.
　Karol Sauerland, *Einführung in die Ästhetik Adornos* (Berlin/New York, Walter
　de Gruyter, 1979).

접한 관련을 맺고 있다. 한편으로는 시대의 모든 문제가 예술 속에 개입해 들어오고, 다른 한편으로는 이른바 직접적인 참여없이 사회의 부정적 상태에 대해 비판을 가해 볼 수 있는 것이 예술작품이다. 그러기에 우리는 예술작품 속에 시대의 상처와 함께 그 시대의 진리가 암시되어 있는 것을 본다. 이러한 진리함축은 그러나 어떤 개념 하에서 들어오는 것이 아니라, 해석과 비판을 통해서 그때마다 작품 속에서 증류되어 나와야 한다. 이러한 해석이란 단순히 문자적인 것을 의미하지 않는다. 그것은 오히려 철학적인 해석과 비판을 의미하며, 그러기에 그는 이 진리함축이 〈철학적인 반성을 통해서만 획득된다〉고 하였다.[12] 그리고 〈다름 아니라 바로 이것〉이 미학을 정당화한다(7.193). 여기에서 우리는 이 〈철학적 반성〉이라는 말을 아주 광범위한 뜻으로 이해해야 한다. 왜냐하면 우리가 사회 안에서의 예술의 역할, 예술적 기법의 진보, 작품과 현실의 연관성 등등에 관해서 보다 분명하게 알게 될 때, 다른 말로 하면 철학적 미학뿐만 아니라 예술사와 사회비판에 관한 여러 견해들을 예술작품 또는 예술현상의 의미 속에 집어 넣을 때, 한 예술작품, 또는 한 예술현상의 진리함축은 비로소 그 모습을 드러내기 때문이다. 그렇다고 해서 아도르노가 예술사회학이나 수용미학이 철학적 미학의 반성을 대신할 수 있다고 생각한 것은 절대로 아니다. 아도르노는 경험적 방법으로써는 어떤 비판적인 사고 범주들도 획득되지 않는다고 단언한다. 아도르노는 뢰벤탈이 암시했던 것을 보다 분명히 했다는 점에서 그를 능가한다. 아도르노는 〈예술사회학을 위한 명제들〉이라는 글에서 예술사회학은 물론 부분적으로는 수용미학 역시 〈최상의 예술작품들〉(Kunstwerke obersten Ranges)을 종종 시야에서 놓친다는 사실을 지적한다.[13] 왜냐하면 이런 작품들은 종종 반세기 후에야 비로소 작용을

---

12) Theodor W. Adorno, *Gesammte Schriften 7. Ästhetische Theorie,*(Frankfurt am Main, Suhrkamp Verlag, 1972), S. 173. 앞으로 이 책에서 인용할 경우 7권 번호와 해당 페이지를 본문 중 괄호로 처리한다.

13) 참조. Theodor W. Adorno, *Ohne Leitbild: Parva Aesthetica* (Frankfurt am Main, Suhrkamp Verlag, 5. Auflage, 1973), p.97.

나타내는데, 예술사회학과 수용미학은 자칫 이를 간과하기 쉽다는 것이다. 아도르노에게 있어서는 예술작품에 함축된 진리는 그 작용성보다는 오히려 작용상실성에서 그 모습을 드러낸다. 아도르노는 이런 뜻에서 〈사회적인 수용에 반대하는 저항〉을 통해 그 〈사회적 내용〉을 표현하는 것이 19세기 중엽부터 〈자율적인 창조〉에 있어서 한 〈법칙〉이 되었다고 확언한다.[14]

이렇게 해서 아도르노에 따른다면 예술작품은 항상 사회적으로 해석되어야 한다. 물론 이때 우리는 소재(Stoff)로부터 출발해서는 안 된다. 아도르노는 아주 정언적으로 밝힌다. 〈예술작품들에서 사회성을 결정하는 것은 형식구조들을 바탕으로 이야기되는 내용이다.〉(7. 342).

그러기에 그는 다음과 같이 말한다. "카프카의 작품은 독점자본주의와 관계가 먼 것처럼 보이지만, 그는 관리세계(verwaltete Welt)의 쓰레기를 목도하면서 총체적인 사회적 억압을 통해 인간을 질식케 하는 모든 것들을, 부패한 대기업에 관한 소설로서 편찬한다. 이로써 카프카에게 있어서는 형식이 곧 사회적 내용의 장소라는 것이 분명하게 구체화될 수 있다"(7.342).

이런 맥락에서 아도르노는 예술작품의 본질적 특성이 그것이 갖는 〈수수께끼적인 성격〉(Rätselcharakter)임을 강조한다. "모든 예술작품들, 그리고 예술들은 모두 수수께끼이다 ; 그것이 옛날부터 예술이론을 자극해 왔다"(7.182). 이 수수께끼는 곧 〈알아맞추는 사람은 자유를 얻게 되는〉 그런 질문인 바, 결정적인 대답이 허락되지 않는다는 것이 명백함에도 불구하고, 사람들은 진리함축 일반, 즉, 절대적인 것의 단서를 찾기 위해 예술작품이 던지는 수수께끼를 풀어보려고 항상 되풀이해서 노력할 수 밖에 없게 된다(7.192f). 그 구성형식과 밀접한 연관을 맺으면서 예술작품에 함축된 진리는 그 작품을 수수께끼처럼 보이도록 만든다. 우리는 바로 이런 문맥에서 아도르노의 참여적 예술에 대한 거부를 고찰해야 한다. 우선 그는 진정한 예술작품이란 개념 또는 이른바 구체

---

14) ebd.

적인 발언(Aussage)에 얽매이지 않는다는 점을 재삼 강조한다. "어떤 생각에 자신을 완전히 드러내는 예술작품이란 존재하지 않는다"(7.184). 만일 이른바 참여적 예술이 진리를 직접 말해 버린다면, 그것은 이데올로기로 화하고 말 위험이 크다. 예술작품에 함축되어 있으면서 우리의 해석을 기다리는 진리란 그렇기 때문에 그릇된 사회상태에 대한 반명제로서 오로지 간접적으로만 자신의 존재를 알릴 수 있을 뿐이다. 그것은 오직 그렇게 해서만, "가능한 한 최대로 모든 지배로부터의 자유를 실현하는,"[15] 그러한 사회상태에 대한 동경을 일깨워 줄 수 있을 뿐이다. 말하자면 아도르노는 예술작품의 진리가 작품의 유토피아적인 의도 속에 존재한다는 것은 틀림없지만, 그러한 상태를 예술작품을 통해 분명하게 이름짓거나 그려내려는 시도는 금기에 속한다고 주장한다. 그러나 예술작품이 어떤 특정한 항목 속에 들어맞게끔 분류되지 않는다는 것, 즉 아무것과도 동일시되지 않는다는 것을 통해서, 그것은 모든 것을 손아귀에 넣고 싶어하는 〈관리사회〉에게는 바로 눈 속에 든 가시일 수 밖에 없게된다. 그렇기 때문에 관리세계는 어떻게 해서든지 예술 전체를 자신의 왕국에서 축출해 버리고자 한 플라톤의 오래된 처방에 솔깃하게 마련이다. 그렇기 때문에 진리가 비진리를 통해서만 오로지 간접적으로 자신을 드러낼 수 있다는 이 이율배반에 예술이 충실할 때, 다시 말해서, 예술작품은 그것이 〈또한 자체로서〉 머물러 있을 때에만 사회적으로 올바른 것일 수 있다(7.368). 이런 점에서 이데올로기 비판적인 사고는 예술비평과 미학의 구성요소 중 일부에 지나지 못한다[16]는 자우어란트의 해석은 비록 정곡을 찌른 것이라 할지라도, 조심스럽게 읽혀지지 않으면 안 된다.

앞에서 말한 이유들을 바탕으로 아도르노는 모든 미학적인 질문들은 결국 예술작품들의 진리함축에 대한 질문으로 귀결된다(7.798) 그러

---

15) Friedemann Grenz, *Adornos Philosophie in Grundbegriffen. Auflösung einer Deutungsprobleme* (Frankfurt am Main, Suhrkamp Verlag, 1974), p. 61.

16) Karol Sauerland, 앞 의 책, p.6.

한,   예술작품들 속에 숨어 있는 정신을 규정하는 것이 미학의 지상 과제이다 (7.513)라고도 말한다. 이때의 정신(Geist)이란 문맥상 예술작품을 사회적 현실에 대립하는 하나의 他者(das Andere)로 만드는 그 무엇이다. 이 정신을 통해서 예술작품은 현재의 자신 이상의 것이 된다 (7.134). 그러나 이때의 정신이란 예술작품을 현상(Phänomen)이 되도록 생기를 불어 넣어 주는 입김(Hauch), 또는 精氣(Spiritus)가 아니다. 그것은 오히려 작품들에 내재하는 역동적인 객관화의 능력이다. 즉, 그것은 예술작품의 개개 요소들을 서로 매개하는 내재적인 역동성으로서, 예술로 하여금 철학적 진리를 철학적인 어법에 얽매이지 않으면서도 표현할 수 있게 해주는 힘으로 이해될 수도 있다. 아도르노는 오로지 반성적인 예술수용자(ein reflektierender kunstempfänger)만이 예술에 깃든 이 정신적인 것을 제것으로 만들 수 있다고 말한다. 이러한 사람만이 그의 비판적인 태도와 개념적인 반성(begriffiche Reflexion)을 통해서 예술작품의 현존과 초월(das So-Seiende und Transzendierende des Kunstwerks)을 파악할 수 있다. 이렇게 해서 아도르노는 머물러 있기 때문에 이데올로기의 냄새를 피우는 이른바 절대적인 진리를 확인하거나, 임시로 통용되는 진리를 탐색하려는 태도가 아니라, 비진리의 계속적인 발견을 위해 노력하는 비판적 반성의 중요성을 역설한다. 역설적으로 들리겠지만, 아도르노가 말하는 예술작품의 진리함축은 사회 내의 비진리로 연명한다. 이 비진리가 바로 오로지 이념(Idea)으로서만 존재하기에 도저히 담아지지 않는 진리를 향한 탐구를 결정한다. 오로지 속물만이 예컨대 진·선·미를 직접적으로 표현하려고 한다. 말하자면 예술은 우리로 하여금 끊임없이 진리를 탐구하도록 몰아 대면서도, 단 한 번도 진리 그 자체를 우리 손에 쥐어주지 않는다. 예술이 함축하는 진리는 따라서 〈자신의 파악을 거부하는 댓가로서만〉 자신을 보존한다.[17] 오로지 이런 의미에서 예술은 〈인식의 한 형태〉가 된다(7.383). 만일 예술이 진리와 결

---

17) Rüdiger Bubner, Über einige Bedingungen gegenwärtiger Ästhetik, in: *neue hefte für Philosophie*, H.S. (Göttingen, 1973) p.42.

부된다면, 그것은 또한 인식과도 결부될 수 밖에 없는 바, 오래전부터 진리의 발견은 올바른 인식의 탐구로부터 생겨나는 것으로 인정되어 왔기 때문이다. 그러나 사회적인 영역 안에서 어떤 것을 올바른 것이라고 밝혀 내기란 지극히 어렵고 복잡한 과제에 속한다. 왜냐하면 여기에서는 선동과 허위가 늘상 존재하게 마련이고, 이데올로기들이 사회적인 현실의 해석을 지배하게 마련이기 때문이다. 가장 나은 경우래야 독단에 의해서가 아니라 합의에 의한 것인데, 이 경우에도 흔히 이른바 제3자를 배제한 나눠 먹기가 횡행하기 일쑤이다. 그러기에 아도르노는 사회적인 문제들이 예술작품 속에 반영되는 것을 오로지 아주 매개적이고 조건부적인 방식에서만 인정한다. 아도르노에 따르자면 문학의 영역에서는 누구보다도 카프카와 베케트가 이에 성공하였다. 왜냐하면 두 사람 모두 자기 작품에서 현실을 거울처럼 비추지 않았음에도 불구하고, 현대라는 관리세계의 메카니즘들에 대한 근본적인 인식을 매개하고 있기 때문이다. 요약건대 이런 의미에서 "예술은 사회적 인식이 된다. 왜냐하면 그것은 본질을 파악하기 때문이다; 그것은 속이지 않고, 가장하지 않으며, 어떻게든지 모방하지 않는다"(7.384). 따라서 예술작품은 기존사회에 대한 〈부정적 경향〉을 구체화할 때에만, 즉, 그것이 〈익숙한 의미를 통해 반영되는 것을 파괴〉(7.209)할 때에만, 또 하나의 새로운 세계를 정립하는, 근본적인 사회적 인식을 촉발한다. 예술은 여러가지 형식으로 합리화되어 있는 현실의 지배욕구를 본질적으로 꿰뚫어 본다. 따라서 예술은 바로 현실에 대해 거리를 취하게 하는 비판적인 시각이라고도 표현된다. 오로지 이런 간접적인 경로를 통해서만 예술은 일종의 무개념적 인식(begrifflose Erkenntnis)으로서 부정적인 현실의 변화를 희구하는 해방적 관심과 연결된다. 왜냐하면 세계 안의 부정적인 것의 인식, 세계의 모순들의 인식은 동시에 그것을 극복해야 할 필연성을 감지케 하기 때문이다. 앞에서 언급한대로 아도르노는 이것을 종종 〈他者에의 憧憬〉(die Sehnsucht nach dem Anderen)이라고 부른다. 1932년에 아도르노가 「음악의 사회적 위치에 대하여」라는 논문을 썼을 때 아마도 그는 예술의 이러한 인식적 성격을 염두에 둔 것이 아닐까 추측된다.

"오늘날 자신의 생존권리를 보존하고자 하는 음악은 분명한 인식적 성격을 갖출 것이 요구된다. 이제 음악은 그 자신의 재료를 다룸에 있어서 결코 순수한 자연적 재료가 아니라 사회적으로 역사적으로 생산된 이 재료가 자신에게 던지는 문제들을 순수하게 그려 내야 한다……. 그 안에는 사회적인 요청들이 포함된다."[18] 그러나 여기에서도 그것들이 실천과 갖는 관계는 매우 매개적이고 매우 난해하다고 하는 견해를 분명히 한다. 물론 그것들이 주위 사정과는 아랑곳없이 자신을 실현할 길이란 어떤 경우에도 없다. 그러나 그것들이 과연, 또 어떻게 해서 사회적인 현실 속에 개입해 들어갈 수 있느냐 하는 것은 계속 탐구되지 않으면 안 되는 숙제로 남는다. 후기로 접어들수록 아도르노는 사회의 변화에 대한 그의 믿음을 잃어가지만, 상대적으로 〈현실사회와의 동일시라는 강제로부터 해방된 자기동일성〉(die vom Identitätszwang befreite Sichselbstgleichheit)으로서의 예술 작품의 성격(7.190)은 더욱 강조된다.

우리가 앞에서 음악 이야기를 꺼낸 것은 실상 의도적이었지만, 결코 자의적인 것은 아니다. 왜냐하면 아도르노는 널리 알려진대로 음악, 그 중에서도 특히 그가 한때 작곡을 사사받던 쇤베르크의 음악을 통해 자신의 철학적 사고를 세련시켰기 때문이다.

아도르노는 1931년에 쇤베르크를 「변증법적 작곡가」[19]라고 명명한 논문을 발표하였다. 이 글은 아도르노가 오랫동안 쇤베르크의 작곡과정에서 짐작하고 있었던 철학적 의의를 분명히 하면서 이를 손질해 내었다. 아도르노는 이 글에서 작곡가로서의 쇤베르크를 예술가와 그의 재료 사이의 변증법적 과정에서 적극적인 역할을 한 매개자로서 묘사하고 있으며, 이것이 그의 〈절대적으로 새로운 공헌〉이라고 칭송한다. 그는

---

18) *Zeitschrift für Sozialforschung*, (München, Neudruck, 1970), Bd, I, S. 105f.
19) "Der dialektische Komponist"는 *Arnold Schönberg zum. 60, Geburtstag* (Vienna, September 13, 1934)에 처음 발표된 후 아도르노의 다음 책에 재수록되었다. Theodor W. Adorno, *Impromptus: Zweite Folge neu gedruckter musikalischer Autsätze*, (Frankfurt am Main, Suhrkamp Verlag, 1969), pp. 39 - 44.

이로써 음악의 기술적인 구성의 논리에 대해 언급하고 있다. 음악적 기법은 여기에서 〈음악적 내용들에 관한 결정들의 엄중한 장소〉로서 기능한다. 쉰베르크는 〈맹목적인 기술자〉도 아니고, 〈주관적으로 억제되지 않은 예술가〉도 아니다. 이로써 그는 아도르노가 상찬한 작곡가의 적극적인 역할을 가장 잘 수행한 셈이다. 왜냐하면 아도르노에게 있어서는 〈명상적인 주관성을 작품 속에 침잠시키는 것과 주체가 작품의 객관성을 구성하는데 적극적으로 참여하는 것은 바로 하나〉[20]이기 때문이다. 작곡이란 작곡자의 주관적인 자유와 재료의 객관적인 요구들간의 미해결의 모순으로부터 창출되며, 이를 철학적인 용어로 표현한다면, 〈주관과 객관〉의 모순관계라 할 수 있다. 쉰베르크는 작곡에서 의도와 재료를 충돌시키면서 재료를 변증법적인 역전의 지점까지 발전시킨다. 극단에까지 몰린 調性은 無調性을 결과시키며, 이러한 無調性은 調에 관한 〈법칙들〉이 자연적인 것도 영원한 것도 아니라는 것을 보여줌으로써 음악을 비신화화하였다. 쉰베르크의 유명한 12음기법은 바로 이를 대변한다.[21] 아도르노는 이러한 역전이 음악적 〈생산〉수단을 자의식적으로 다시 소유하는 것을 가능케 했다고 말한다. 나아가 그는 쉰베르크의 부르조아적인 調性의 배격을 음악 내적인 전환일 뿐 아니라, 그와 함께 음악의 외적, 사회적 기능의 역전을 초래케 했다고 주장한다. 즉, 이제 그것은 음악의 사회적 기능을 이데올로기적인 것에서 비판적인 것

---

20) Susan Buck-Morss, *The Origin of Negative Dialectics. Theodor W. Adorno, Walter Benjamin, and the Frankfurt Institute* (Sussex, The Harvester Press, 1977), p.265에서 재인용.

21) 12음기법은 조직적 무조성이라고 일컬어지는데 일정한 법칙에 따라 12개의 반음을 사용하는 것을 악곡구성의 기본으로 삼는다. 그 핵심은 12음을 어떤 질서에 따라 배열한 〈음열〉이다. 이 음열은 일체의 협화적 음정을 피하며, 따라서 예컨대 調的 조직의 기초였던 3도의 연속은 회피되고, 조성의 흔적이 말소된다. 엄밀한 12음 음악의 작품에서는 이렇게 해서 음열의 12음은 그 속의 단 하나의 음이라도 더 한번 들리기까지 전부 개진되지 않으면 안 된다.

으로 뒤바꾸어 놓았다는 것이다. 나아가 그는 쇤베르크가 음악의 사회
적 기능을 이데올로기로부터 비판적 인식에로 바꾸어 놓았을 뿐 아니
라, 그의 작품들의 바로 그 구조가 〈해방된 음악의 이미지〉[22]를 마련했
다고 보았다. 아울러 그는 이 이미지 속에서 사회의 유토피아적 전망을
보게 되었다. 아도르노는 조심스럽게, 그러나 숨김없이 쇤베르크의 음
악이 마르크스가 〈자유로운 인간들의 연합〉이라고 한 어떤 것과 관련이
있지 않느냐는 질문을 제기한다.[23]아도르노는 물론 여기에서 쇤베르크
를 통해 12음들이 주음으로부터 해방된 것을 의미한다. 이러한 해방은
그러나 무정부상태로 연결되지 않고, 각각의 음표들이 음악적인 조성
에서 동일한 의의를 지니면서 독창적인 역할을 수행하는 12음의 음열구
성에로 연결된다. 이로써 아도르노는 이른바 바람직한 〈계급없는 사
회〉안에서의, 동등하지만 획일적이지 않은 개개의 시민들을 연상한 것
같다. 나아가 쇤베르크의 음악적 사고의 발전은 구조적으로 아도르노
의 철학적 사고의 발전과 유사하다는 점이 지적된다.[24] 1940년대에 이

---

22) Theodor W. Adorno, "Reaktion und Fortschritt", In: *Moments Musicaux: Neugedrukte Aufsätze, 1928 bis 1962* (Frankfurt am Main, Suhrkamp Verlag, 1964), p.180.

23) Theodor W. Adorno und Ernst Krenek, *Briefwechsel.* Edited by Wolfgang Rogge, (Frankfurt am Main, Suhrkamp Verlag, 1974), p.46.

24) 참조, Susan Buck-Morss, 앞의책, pp. 43~62. 여기에서 이 저자는 아도르노
의 역사 철학의 기반을 구축한 1932년의 글「자연사의 이념」(Idea der
Naturgeschichte)이 〈역사〉와 〈자연〉의 극단들을 역설적으로 배치시키는 것
으로부터 그 분석을 발전시킨 것을 쇤베르크의 12음기법의 네 기본형태와
유비관계에 놓고 본다. ① 음열의 원형 천명(Grundleihe), 〈모든 역사는 자
연적이다〉(따라서 무상하다); ② 음열의 역행(Krebs);〈모든 자연은 역사적
이다〉(그러므로 사회적으로 생산된다), ③ 음열의 전위(Umkehrung);〈실제
의 역사는 역사적이지 않다〉(단지 제2의 자연의 재생산에 불과하다);그리
고 ④ 역행 겸 전위(Umkehrung des Krebes)〈제2의 자연은 자연적이지 않다〉
(왜냐하면 그것은 자연의 역사적 무상성을 부정하기 때문이다). 아도르노
에 있어서의 역사와 음악의 문제는 이 책에 실린 필자의 다른 논문을 참고
할 것.

르러서 아도르노는 12음기법이 형식화되고 폐쇄적인 〈체계〉가 되었다고 주장하기 시작한다. 즉, 그것이 이데올로기로 전락했다는 것이다. "확실히 12음기법들의 규칙들 가운데는 작곡의 경험으로부터——음악의 자연적 소재의 진보적인 계시로부터 필연적으로 발전되지 않은 것은 하나도 없다. 그러나 이러한 경험은 주관적인 감수성으로 인해 어떤 방어적인 성격을 취했다.……한때 고도로 민감한 귀를 발견했던 것이 날조된 체계로 부서지고 말았다."[25] 그러나 아도르노의 이러한 실망이나 비판이 그와 쇤베르크 간의 유비관계를 부정하지는 못한다. 비단 쇤베르크의 음악뿐 아니라 음악이라는 예술 자체가 아도르노에게는 일종의 모델로 파악되었다고 볼 수 있기 때문이다. 특히 음악이 존재하기 위해서는 비판적인 해석이 필수적이며, 음악의 연주 또는(기계적이지 않은) 재생에서는 창조와 해석의 두 계기가 맞물려 떨어진다는 사실이 아도르노의 철학관념과 본질적인 유비관계를 만들어낸다. 그는 자신의 음악 연주 내지 창작의 경험이 인식적 경험 일반의 원형이 된다고 밝힌 바 있다. 말하자면 그는 음악의 해석과 연주에서 당면하는 문제들이 철학에서 핵심적인 중요성을 갖는 것으로 간주하였다. 그렇다고 그의 철학이 완전히 음악에 의존하고 있다고 본다면 그것은 지나친 말이 말이 될 것이다. 왜냐하면 그는 모델로서의 음악이 갖는 한계성도 잘 알고 있었기 때문이다. 철학의 매체는 언어이고, 그 실천은 〈언어비판〉이다. 언어와 마찬가지로, 음악은 단순한 소리 이상인 뚜렷한 음들의 시간적 연속으로 구성되며, 음의 연속은 논리와 연결되어 있다. 그러나 음악적 〈언어〉는 개념들을 결여하고 있고, 따라서 음악의 해석은 다양해진다. 언어를 해석한다는 것은 언어를 이해한다는 것을 의미한다. 반면에 음악을 해석한다는 것은 음악을 만든다는 것을 의미한다. 그러나 음악이 개념을 결여하고 있기에 그것은 오히려 앞에서 말한 의미에서의 〈他者에의 憧憬〉을 다른 모든 예술에 못지않게, 아니 다른 모든 예술을 능가

---

25) Theodor W. Adorno, *Philosophie der neuen Musik* (Frankfurt am Main, Subrkamp Verlag, 1978), p.69.

하여 가능케 해준다는 점에서 철학, 또는 철학적 미학의 탐구대상이 될 수밖에 없다. 한 가지 덧붙일 것은 그가 예술에 대해 이야기할 때 특별한 단서가 붙지 않은 한, 대개는 현대, 특히 20세기에 들어선 이후의 예술들 중에서 가위 〈현대의 고전〉이라고 할 만한 작품들을 염두에 두고 있다는 사실이다. 카프카의 소설들이 그렇고, 베케트의 희곡들이 그렇고, 피카소의 그림들 〈특히 「게르니카」〉가 그렇다. 그가 음악을 이야기할 때, 역시 그것은 현대음악을 말하며, 그 중에서도 특히 쇤베르크의 작품들을 염두에 두고 있다고 해도 과히 틀린 말은 아닐 것이다. 그러나 그가 집필한 음악논문이나 저작만 해도 대충 헤아려서 70편이나 되며, 그의 23권으로 된 전집에서 12권이라는 분량이 음악관계의 저술인만큼 여기에서 우리가 살펴본 것은 그야말로 코끼리의 발톱 정도를 만져 본 셈도 못 된다. 이 방면에 전문가가 나서서 그의 음악미학을 정리해 줌으로써 우리의 문화·예술 발전에 기여할 수 있게 되기를 기대해 볼 뿐이다.

5

다소 곁길로 들어선 듯하지만 아도르노에 있어서의 예술과 사회, 그리고 예술과 철학 내지 미학의 관계를 살핌에 있어서 〈반성〉 또는 〈비판〉이 핵심적 역할을 한다는 것이 앞부분의 중심이었다. 이제 우리는 이 〈반성〉의 문제를 자신의 철학에서 핵심적 내용으로 삼았던 프랑크푸르트학파의 창조적 계승자인 하버마스를 잠시 살펴보는 것으로 글을 마무리지려고 한다. 자아반성의 본성을 천착함으로써 해방적 과정들의 이해에 기여한 하버마스의 이론은 이미 국내에도 많이 소개되고 또 토의되었기 때문에, 자세한 논의는 생략한다. 여기에서는 그의 이론의 개요를 약술한 후에 자아반성과 예술의 관계를 살펴보는 데 머물고자 한다.

하버마스는 자아반성을 지배로부터의 해방에 대한 관심에 의해 뒷받침되는 것으로 파악한다. 인간은 사회적 존재로서 역사의 주체가 되며,

따라서 그에게 있어서 참여라고 하는 것은 본래적인 삶을 위해 필수불가결한 요소이다. 지배 또는 억압이라고 하는 것은 이러한 참여를 위한 상호소통적 관계라는 점에 입각해 볼 때 인간존재의 기본적 본성을 조직적으로 부정하는 것을 뜻한다. 말을 바꾸면, 그것은 의사소통의 주체들 중 어느 하나가 자신의 의견이나 관심을 마치 객관적인 것처럼 내세우면서 자신은 아무런 제약도 받지 않은 채 다른 이들의 관심을 조직적으로 억압 내지 왜곡하는 허위의식을 의미한다. 해방적 관심이라는 테두리 안에서 해방적 의식을 가능케 하는 자아반성이란 바로 이러한 억압 내지 왜곡을 철폐함으로써 지배·피지배 관계를 극복하는 것을 목표로 삼는다. 우리의 관심은 이러한 자아반성과 예술이 어떤 연관을 갖느냐 하는 것인데, 불행하게도 우리는 하버마스 자신의 글 중에서 이를 명확하게 밝힌 부분을 찾지 못하고 있다. 다행히 많은 하버마스 연구가들 중에 아직까지는 유일하게 이 문제를 다룬 이가 있다. 웨버 (Shierry M. Weber)가 바로 그 사람으로서, 그녀는 「미적 경험과 해방적 과정들 : 비판이론의 두 가지 상호보완적 국면들」이라는 논문에서 비판이론에서의 미학 또는 예술, 해방, 그리고 반성의 상관관계를 명확히 밝혀 내었다.[26] 이제 그녀의 글에서 특히 하버마스와 연관되는 부분을 간단히 소개해 봄으로써 광의의 예술사회학의 과제를 예술의 사회적 기능과 연관해서 살펴보는 이 글을 마감한다.

하버마스의 이론, 특히 그의 의사소통 이론이 미학에 관한 사고를 위해 새로운 기초를 마련해 준다는 것을 인정하면서, 웨버 역시 하버마스 자신이 미학을 위해 필요한 주장들을 충분하게 개진하지 않았음을 지적한다. 이런 입장에서 그는 하버마스에게서 가능한 미학이론을 독자적

---

26) Sierry M. Weber, "Aesthetic Experience and Self-Reflection as emancipatory Processes: Two Complementary Aspects of Critical Theory", in: *On Critical Theory*, John O'Neill(ed), (London, Heinemann Educational Books Ltd, 1977), pp 78-103. 이 논문의 필자는 콜럼비아대학에서 비교문학으로 박사학위를 받은 외에 프랑크푸르트대학에서 철학과 사회학을 공부하였다.

으로 구성해 보는 단계를 택했던 바, 그의 시도는 상당한 타당성을 지니고 있다. 이는 칸트, 쉴러, 그리고 마르쿠제에 의해 개진된, 매개자 내지 화해자로서의 〈미적인 것〉이라는 관념을 하버마스의 자아반성이론과 연관해서 재구성하는 것과 관계된다. 웨버는 나아가 그러한 과정의 결과가 관념론과 유물론 간의 대립을 초월할 변증법의 구성을 위한 기초를 마련해 줄 것이라는 기대마저 가진다. 여기에서는 특히 예술작품을 비롯한 〈미적인 것〉 일반이 변증법적 구조를 갖는다는 사실이 크게 중시된다. 웨버는 만일 우리가 미적인 주체를 다른 미적인 주체들 및 미적인 객체와 연관해서 본다면, 그리고 하버마스의 의사소통이론과 자아반성의 이론에서 이해되는 이성적 존재를 다른 주체들 및 그의 이성의 객체들과 연관해서 본다면, 양자의 경험이 다음과 같은 논리적 구조를 공통으로 가진다는 것을 발견하게 되리라는 중요한 시사를 하고 있다.[27]

1. 경험은 객체에 대한 연관, 자아에 대한 연관, 그리고 다른 주제들에 대한 연관성을 동시적으로 포함한다.

2. 객체의 수준에서나 주체의 수준에서나 똑같이 개별로부터 보편으로 나아가는 움직임이 존재한다.

3. 주체와 객체, 개별과 보편 간의 관계들은 각각의 경우 포섭의 형식을 가진다. 말하자면, 하나는 다른 하나 속에 포섭된다;그러나 이러한 포섭은 동시에 양쪽 방향으로 작용하며, 따라서 여기에는 전반적인 협력관계가 성립한다. 웨버는 이러한 협력적인 종속관계의 구조를 곧 〈상호의존성〉(reciprocity)이라고 파악한다.

4. 전체의 형식은 자아 또는 주체를 그 핵심으로 삼는 수많은 움직임들, 또는 반성들을 기초로 하고 있다. 이렇게 해서 자아는 오로지 그 객체들과 다른 주체들에 대해 그것이 갖는 반성적이고 상호의존적인 관계를 통해서만 자율성을 갖는다.

웨버는 여기에서 허바마스가 모든 의사소통의 전제로서 규정한 이상

---

27) 같은 책, p.99-100.

적인 언어상황을 떠올리고 있다. 이러한 상황에서는 모든 주체들이 그 자신의 경험의 독자성을 경험하는 동시에, 이를 다른 사람에 의해 이해될 수 있는 보편적인 말들로 번역한다. 모든 주체는 또한 그러한 보편적인 말들을 통해서만 스스로를 나타내는 다른 사람들 역시 독자적인 경험주체라는 것을 반성적으로 인정한다. 도움이 된다면 칸트 이래로 보편화된 이른바 미적 판단의 주관적인 보편타당성이라는 명제를 연상해도 좋을 것이나, 하버마스에 충실하자면 우리는 그의 의사소통능력 이론(Universalpragmatik)의 근간을 구성하는 네 가지 기준, 즉 문법적인 정확성, 진리성, 진실성(또는 정직성), 그리고 윤리적인 규범성을 이해해야 한다. 그러나 이에 대한 설명은 우리의 직접적인 관심을 벗어날 것이기도 하거니와, 한두 마디로 해낼 수 있는 것도 아니기에, 여기에서는 단지 그것이 〈조직적으로 왜곡된 의사소통과 일탈적인 사회화 과정을 설명하기 위한 이론적 기초〉가 된다는 것만을 적어 두기로 한다.[28]

미적 경험의 논리적 구조와 자아반성의 논리적 구조에 대한 앞서의 비교고찰은 해방의 두 가지 국면들, 즉 〈무엇이 옳지 못한 것이냐〉와 〈그것을 바로 잡으려면 어떻게 개입해 들어가야 하느냐〉하는 문제를 이해할 수 있게 해준다. 만일 미적 경험과 자아 반성이 자아 또는 주체를 그 핵심으로 하는 수많은 반성적인 계기로 구성되어 있다면, 이러한 과정은 본성 자체가, 즉 반성적인 계기의 봉쇄가 결국 그것들의 왜곡을 가져온다는 것을 설명해 준다. 따라서 그러한 계기의 갱신된 활동 또는 개입을 통해 우리는 그것들을 재구성 또는 회복할 수 있을 것이다. 나아가, 〈자아가 이러한 반성적 계기의 주체인 만큼, 미적인 또는 소통적인 주체로서 이론들 속에 천명된 자아는 항상 왜곡의 암시적인 희생자인 동시에 항상 잠재적인 해방의 주체가 된다.〉[29] 앞서도 말했듯이   자아의 자율성을 파괴하는 반성적 계기의 봉쇄는 다른 말로 해서 지배,

---

28) 참조. Jürgen Habermans, **Was hei β t Universal Pragmatik?** K.-O. Apel （편）, *Sprachpragmatik und Philosophie* (Frankfurt am Main, Suhrkamp Verlag, 1976).

29) Sierry M. Weber, 앞의 책, **p.100.**

허위의식, 이데올로기, 정당치 못한 권위 등에 해당한다. 하버마스는
조직적으로 왜곡된 의사소통, 또는 정당하지 못한 권위의 환상과 가치
중립적인 학문이 자아반성의 봉쇄에 의해 창출된다고 설명한다. 하버
마스가 미적인 것의 해방된 힘에 대해 주장한 내용을 추적해 보면, 그
가 미적인 것이 인간을 이성의 지배로부터 해방할 수 있다는 이념에 접
근해 있음을 알게 된다. 이성은 그것이 특히 개념화하고 문제를 해결하
는 기능으로서만 이해될 때, 즉, 도구적 이성에 머무를 때, 자연의 파
괴자와 지배자로서 보여진다. 이성을 이렇게만 본다면 그것은 이성의
자아반성적인 구조를 무시하는 불의를 저지르는 셈이 된다. 이처럼 미
적인 것에 대한 반성은 비판적인 이론가들로 하여금 자연과 감성의 영
역을, 말하자면, 주체와 이성에 상호의존적으로 관계되는 방식으로 정
의내리도록 만든다.

결론적으로 말해, 미적 경험과 자아반성은 실천의 형식들로서 반성
적인 계기의 개입을 통한 자율성과 상호의존성의 회복을 공통적인 목표
로서 가지고 있다. 이러한 종류의 실천은 물론 전략적인 정치적 행동과
구별된다. 예술의 사회적 기능을 중심으로 예술사회학의 과제를 이야
기한다면, 그것은 단순히 사회 속에서 예술이 어떻게 기능하고 있느냐
에 대한 실증적이고 분석적인 이론 연구에 머물 것이 아니라, 예컨대
아도르노와 하버마스에게 있어서처럼 〈반성〉 또는 〈비판〉을 바탕으로
주체와 다른 주체들, 그리고 객체 간의 이상적인 상호의존적 관계들을
모색함으로써 잠재적인 가능성으로서 완전성과 자율성이 특히 사회적
인 차원에서 현실화되도록 하는 실천에로 연결되어야 할 것이다. 미적
경험과 자아반성은 결국 이상 또는 유토피아에 대한 반성이자 이에 이
르는 길로서, 전략적인 행동의 일방통행을 보완 내지 규제하는 데 있어
언제나 필수적일 수 밖에 없을 것이다. 자아반성과 미적 작업이 실천의
형실들로서 전략적인 정치적 행동을 보완할 수는 있지만 대체할 수는
없다는 견해를 피력하면서, 그 이유를 자아반성과 미적 작업이 〈이상화
된 일시적 틀〉 속에 들어 있기 때문이라고 하였다.[30] 이러한 주장에 대

---

30) 같은 책, p.103.

한 검토는 결국 예술과 유토피아의 관계에 대한 탐구를 필요로 한다.

아도르노에서 하버마스에 이르는 프랑크푸르트학파는 특히 마르쿠제에서 보듯이 사회학을 새롭게 정립했다고 볼 수 있는데, 이를 어떻게 평가하는가 하는 문제는 각자의 입각점에 따라 다를 것이다. 예컨대 콜쉬미트는 이 학파가 부분적으로는 하나의 (이데올로기적으로) 교조적인 학문이 되었고, 부분적으로는 신실증주의적 통계학이 되었다고 하면서, 이로써 그것이 정신사를 다루는 학문분야로서의 본래적인 성격을 상실했다 고 사뭇 비난조로 언급하였다.[31] 즉, 칼 마르크스로부터 그에 기초를 둔 현실비판적인 사회연구(Gesellschaftslehre)에 이르는 경로는 이 새로운 체계적인 사회학을 신학이나 철학 같은 다른 체계적인 분야와 경쟁하도록 만들 수밖에 없었으며, 여기에서 이러한 전통인 체계적 학문들을 〈사회의 현실긍정적인 절대화〉라는 **개념**을 통해 해체시키려는 야망을 분명히 한다는 것이다. 나아가 그는 그러한 목표설정이 이른바 〈입각점의 총체적인 정치화〉와 아울러, 일종의 폭행에 가까운 은어들을 끌어들인다고 보았다. 프랑크푸르트학파, 특히 아도르노의 용어가 난삽하다는 것은 주지의 사실이나, 그것 때문에 사회비판이론의 입각점마저 비난될 이유는 없다고 보는 입장에서 이 글이 씌어지긴 했으나, 앞에서 말한 대로 이에 대한 시시비비는 사회연구를 사회학과 구별해야 하는 기준문제와 함께 이 자리에서 거론할 문제가 못 된다고 본다.

---

* 이 글은 계간 『세계의 문학』(1984년 겨울호)에 게재된 바 있다(원제:『예술사회학의 과제』).

---

31) Werner Kohlschmidt, "Erwägungen zum Verhältnis von Literaturgeschichte und 'Soziologie'" *Zeitschrift für Ästhetik und Allgemeine Kunstwissenschaft*, Band 20, (1975). p. 7—8.

예술분류의 역사

모든 요구를 만족시킬 만한 예술체계란
존재하지 않는 것처럼 보인다.

(M 데쓰와르, 『미학 및 일반예술학』, 1950)

I. 모든 예술들의 구분(고대)

여러 예술들을 분류하는 역사는, 예술이라는 관념이 변화를 겪는 것을 비롯한, 여러 가지 이유들로 인해 자못 혼란스럽다. 고전적인 관념은 적어도 두가지 측면에서 우리들의 관념과 구별되었다. 첫째, 그것은 예술의 산물들에는 별로 관여하지 않고 그것들을 산출해 내는 행위와, 특히 그것들을 산출해 내는 능력에 관심을 두었다. 즉, 그것은 그림보다는 화가의 솜씨(또는 기교; skill)에 더 역점을 두었다. 둘째, 그것은 (오늘날 우리가 의미하는 좁은 의미의) '예술적' 능력 뿐만이 아니라, 사물을 생산할 수 있는 모든 인간 능력을 포괄하였다. 즉, 만일 그러한 능력이 규정적이고 일정한 규칙을 바탕으로 한 것이면, 어떤 것이나 모두 이 범위 속에 넣었던 것이다. 예술이란 곧 규칙적인 제작 또는 행위방식들의 체계였다. 건축가 또는 조각가의 작업은 이 정의에 무리없이 들어맞았지만, 목수 또는 직조공의 작업도 똑같은 척도에 의해 예술의 영역에 속했기 때문에, 그 역시 이런 정의를 만족시켜 주었다. 예술은 곧 합리적이며, 지식을 함축한다고 정의되었다. 즉 예술은 영감, 직관 또는 환상에 의존하지 않았다. 이러한 예술 관념이 그리스와 로마의 학자들의 저작들 속에서 발견된다. 아리스토텔레스는 예술을 "정확한 이치에 따라 생산할 수 있는 지속적인 성향"으로 정의하였고, 수세기 후에 킨틸리아누스(Marcus Fabius Quintilianus;c. 35-100)는 예술을 〈방법과 질서〉(via et ordine)에 기초한 것으로 설명하였다. "예술이란 보편적인 규칙들의 체계이다"(Ars est systema praeceptorum universalium)라고 갈레누스(Galen of Pergamum; 129-199)는 말했다. 플라톤은 예술의 합리성을 강조하면서 "나는 예술을 비합리적인 작업이라고 부르지 않는다"고 하였다. 스토아철학자들은 예술들 속에 내재해 있는 규칙들의 고정적인 체계에 더욱 큰 강조점을 두면서, 예술을 단순히 체계로 정의하였다. 아리스토텔레스는 예술이 의존하는 지식은 보편적인 지식이다 라는 견해를 강조하였다.

예술에 대한 이러한 고대적 관념은 우리에게도 낯설지 않다. 그러나 오늘날 우리는 그것을 다른 이름으로 나타낸다 : 공예(craft), 기교(skill), 또는 기술 (technique)이 바로 그런 이름들이다. 예술에 해당하는 그리이스어 이름은 〈테크네〉 ($\tau\epsilon\chi\gamma\eta$)였다. 오늘날 우리들이 쓰고 있는 〈기술〉(technique)이라는 단어가 〈예술〉(art)이라는 단어보다는 실상 더 고대적인 예술관념에 들어 맞는다. 만일 〈art〉를 〈the fine arts〉, 즉 〈순수예술〉의 준말로 보면, 더욱 그러하다. 그리스인들은, 그들이 이 후자에 해당하는 것들의 특수성을 고려하지 않았기 때문에, 이에 해당하는 이름을 가지고 있지 않았다. 그들은 순수예술들을 공예들과 함께 분류하였다. 그들은 조각가의 본질과 목수의 작업이 모두 동일하게 '기교'에 해당한다고 확신했던 것 같다. 서로 다른 도구들과 서로 다른 매체를 가지고 작업하면서, 서로 다른 기술적 방식들을 적용하는 조각가와 화가는 오로지 한가지 공통점만을 가지고 있다. 그들의 제작은 모두 솜씨 또는 기교에 바탕을 두고 있다. 공예가들도 역시 마찬가지이다 ; 그러므로 순수예술들을 포괄하는 일반적인 개념은 그와 함께 공예들을 포괄하지 않을 수 없다.

그리스인들은 과학과 공예들이 모두 예술의 영역에 속하는 것으로 간주하였다. 기하학과 문법은 실상 지식의 영역들이었고, 행위 또는 제작의 규칙들과 방법들의 합리적인 체계들이었다. 이렇게 해서 그것들은 '예술'이라는 단어의 희랍적 의미에 분명히 드러맞았다. (역자는 앞으로 "art"라는 단어가 오늘날의 예술을 의미하지않는 경우에는 技藝라는 복합적인 의미를 지닌 단어를 보다 즐겨 사용할 것이다.) 키케로는 여러가지 기예들을 분류할 때 사물들을 파악하기만 하는 것들 (animo cernunt)과 사물들을 제작하는것들로 나누었다(Academica Ⅱ 7, 22); 오늘날 우리는 첫번째 범주를 예술이 아니라 과학으로 간주한다.

이처럼 단어의 원래적 의미에서 볼 때 '예술'은 그것이 오늘날 가지고 있는 의미보다 좀 더 많은 것을 포괄하였다. 동시에 그것은 좀더 적은 것을 포괄하기도 하였다. 왜냐하면 그것은 시를 배제했기 때문이다. 시는 기예의 특징을 결여하고 있는 것으로 생각되었다 : 즉, 그것은 규칙들에 의해 다스려지지 않는 것으로 보였다. 반대로, 그것은 영감과 개인적인 독창성에 관계된 일로 보여졌다. 그리스인들은 시와 기예보다는 시와 예언사이에 보다 더 가까운 혈족관계가 있는 것으로 보았다. 조각가가 일종의 技工 (artisan)이었음에 반해, 시인은 일종의 吟咏客 (bard)이었다.

그리스인들은 영감의 영역 안에 시와 함께 음악을 포함시켰다. 첫째, 이 두 예술들 사이에는 심리적인 유사성이 존재한다; 양자는 청각적인 제작들로서 파악되었고, 동시에 '마술적'특징을 지닌 황홀경의 원천으로 간주되었다. 둘째, 시는 불리워지고 음악은 음성에 힘 입는데다가, 둘 다 '기적들' (mysteries)의 기본적인 요소가 되기 때문에, 시와 음악은 함께 연주되곤 하였다.

고대적인 예술관념이 현대적인 관념으로 될 수 있기 위해서는 두가지 일이 그 사이에 일어났어야 했다 : 공예와 과학이 예술로부터 제외되는 반면, 시와 음악이 예술 속에 통합되어야 했다. 첫번째 일은 고대가 끝날 무렵에 이루어졌다. 시와 음악은 실상 그것을 통제하는 규칙들이 발견되자 마자 이내 예술로서 간주될 수 있었다. 이는 음악에 관한한, 아주 일찍 이루어졌다. 피타고라스학파 사람들이 청각적 조화의 수학적 법칙들을 발견한 이래, 음악은 학습의 한 분과이자 기예의 하나로 간주되어 왔다. 시를 기예 속에 포함시키는 것은 좀 더 힘이 들었다. 최초의 발걸음을 뗀 이는 플라톤이다. 그는 두가지 종류의 시가 있다고 주장하였다. 즉, 시적인 광기로부터 솟아나온 시와 문학적인 기교로부터 결과된 시, 즉 '기술적'시가 곧 그것이다. 두번째 것은 기예에 속하지만, 첫번째 것은 그렇지 못하다. 그러나 플라톤은 첫째 것만을 진정한 시로서 간주하였다. 아리스토텔레스는 시에 대해 많은 규칙들을 제공함으로써 한 걸음 더 앞으로 떼어 놓았다. 이 많은 규칙들로 인해 그 자신은 물론 그의 후계자들에게 있어서 시는 의심할 여지 없이 기예의 하나가 되었다. 그것은 모방적 기예에 속했다 : "시인이란 화가나 그밖의 다른 유사성의 제작자들과 마찬가지로 하나의 모방자이다"라고 아리스토텔레스는 말했다(시학, 1460b).

공예와 과학은 고전적 희랍시대에서는 기예가들의 영역으로부터 제외되지 않았다. 헬레니즘 시대에서도, 중세에서도, 그리고 르네쌍스에서도 초기의 고전적인 기예이념은 지속되었으니, 이는 실로 2천년을 넘는 기간이었다. 우리들의 예술이념은 비교적 근대에 이루어진 고안품이다.

고대에서도 기예들을 분류하기 위한 여러가지 시도들이 있었다. 그 모든 것들이 기예들을 그 단어가 가진 가장 광의의 의미로 이해하였다. 어떤 경우에나 이른바 예술만을 고려하지는 않았다. 최초의 분류는 소피스트들에 의해 이루어졌다. 그들의 작업은 플라톤과 아리스토텔레스,그리고 헬레니즘시대와 로마시대의 사상가들에 의해 계승되었다.

1. 소피스트들은 기예들을 두가지 범주로 구별하였다. 즉 유용성 때문에 개발된 것들과, 그것들이 제공하는 쾌락을 위해 개발된 것들이 그것이다. 말을 바꾸면,그들은 기예들을 생활 속에서 필요한 것들과 위락(기분전환)의 원천이 되는 것들로 구분하였다. 이러한 분류는 널리 받아들여졌다. 헬레니즘시대에는 이 분류가 때로 보다 발전된 형식으로 나타났다. 플루타르코스 (Plutarchos ho kaironeia;c. 46 − 125)는 유용한 기예들과 쾌적한 기예들에다 완전성 때문에 개발된 기예들을 덧붙이기도 하였다. 그러나 그는 순수예술들이 아니라 과학들 (예컨대 수학과 천문학)을 완전한 기예들로 간주하였다.

2. 플라톤은 서로 다른 기예들이 실제의 대상들에 대해 서로 다른 관계를 가지고 있다는 사실에 입각하여 그것들을 분류하였다; 건축 등은 사물들을 생산해 내고, 회화 등은 그것들을 모방한다. '생산적인' 기예들과 '모방적인' 기예들 간의 이러한 대립은 고대에서 차츰 유행하게 되고, 근대까지 그렇게 계승되었다. 또 하나의 플라톤식 분류는 기예들을 건축처럼 실제의 사물들을 생산해 내는 것들과, 회화처럼 오로지 이

미지, 즉 현상들을 생산해 내는 것들로 구분하였다. 그러나 플라톤에게 있어서 이러한 분류는 실상 전자와 다름이 없었다. 사물들의 모방이란 그것들의 현상에 불과하기 때문이다.

아리스토텔레스의 기예분류는 플라톤의 분류와 다르다; 그는 모든 기예들을 자연을 보충하는 것들과 자연을 모방하는 것들로 나누었다.

3. 고대에서 가장 일반적으로 수용된 분류는 기예들을 '자유로운' 것들과 '비속한'(vulgar)것들로 나누는 것이었다. 비록 주로 라틴어 술어인 artes liberales와 artes vulgares로서 알려지긴 했지만, 그것은 그리스 사람들의 고안품이었다. 고대의 다른 분류들 이상으로, 그것은 그리스에 존재했던 사회적 조건들에 의존한다. 그것은 특정한 기예들은 신체적인 노고를 필요로 한다는 사실에 기반을 두고 있다. 이 점에서 자유로운 기예들도 존재했던 바, 이러한 차이는 고대의 그리스인들에게 특별히 중요하게 여겨졌다. 이는 귀족사회적인 체제를 반영하는데 그리스인들은 육체노동을 기피하고 정신활동들을 선호했다. 자유로운 또는 이지적인 기예들은 단지 구별될 뿐만 아니라 보다 우월한 것으로 간주되었다. 그리스인들이 기하학과 천문학을 자유로운 기예들로 간주했다는 것을 우리는 기억해야 한다. 오늘날 이들은 물론 과학으로서만 간주된다.

기예들을 자유로운 기예들과 비속한 기예들로 나누는 분류법의 창안자가 누구였을까를 지적해 내는 것이 가능하냐 하는 질문에 대한 답은 극히 회의적이다. 우리는 오로지 그것을 받아들였던 후대의 사상가들의 이름만을 알고 있을 뿐이다. 제2세기의 유명한 물리학자 갈레누스는 그것을 가장 완전하게 발전시킨 사람이었다. 후에 그리이스인들은 자유로운 기예들을, 어원적으로 볼 때 '원을 형성한다'는 뜻을 가지면서 현대어 중 '백과사전적'(encyclopaedic)이라는 단어와 거의 동의어가 되는, '회람적'(encyclic) 기예들이라고도 불렀다. 이는 내용적으로 교양있는 사람을 위한 의무적인 기예들의 원을 지칭한다.

몇몇 고대의 학자들은 자유로운 기예들과 보조적인(ancillary)기예들에다 다른 집단의 기예들을 첨가하였다; 예컨대 세네카는 교육적인

(pueriles)것들과 향락적인(ludicrae) 것들을 덧붙였다. 그렇게 함으로써 그는 실상 두가지 서로 다른 분류를 혼합하였다. 즉, 갈레누스의 것과 소피스트의 것이 이에 혼합되었다. 세네카의 4중적 구분은 보다 완전한 것이긴 하지만, 통일성을 결여하고 있다.

4. 또다른 고대의 분류법은 킨틸리아누스에 의해 알려진다. (아리스토텔레스의 사고에 의해 자극을 받은)제1세기의 로마 수사학자인 그는 기예들을 세가지 집단으로 나누었다. 첫번째 집단 속에 그는 오로지 연구로써만 구성되어 있는 기예들을 배치하였다. 그는, 천문학을 그 예로서 들면서, 이것들을 '이론적인' 기예들이라고 명명하였다. 두번째 집단은 어떤 산물도 남기지 않은 채 순전히 행동 (actus)으로만 구성된 기예들을 포괄한다. 킨틸리아누스는 이것들을 '실행적' (practical)기예들이라고 하고 무용을 그 예로 들었다. 세번째 집단은 기예가의 활동이 정지된 경우에도 계속해서 잔존하는 대상물들을 산출하는 기예들을 포괄한다. 그는 이것들을 그리스어로 '생산적'을 뜻하는 '제작적'(poietic)기예라고 하였다. 회화가 그 예가 된다.

이러한 분류는 몇가지 변종들을 가지고 있었다. 헬레니즘시대의 작가인 디오뉘시우스(Dionysius Thrax)는 '완성된' 또는 '끝까지 수행된' 기예들을 표시하는 '완제적'(apotelestic)기예들을 첨가했으나, 이는 앞서 말한 '제작적'(poietic)기예들을 위한 다른 명칭에 불과하다. 문법학자 타르헤우스(Lucius Tarrhaeus)는 실행적 기예들과 제작적 기예들에다 '도구적'(organic)기예들을 첨가하였다. 이는 피리 연주같이 악기 또는 도구를 사용하는 기예들을 말하는 바, 〈오르가논〉은 희랍어로 도구를 뜻한다. 이렇게 해서 그는 분류법을 보다 풍성하게 만들긴 했지만 통일성을 저해하였다.

5. 키케로는 여러가지 기예분류법들을 구사했는데, 그 대부분이 오랜 희랍적 전통에 기반을 두고 있다. 오로지 한가지 분류만이 비교적 독창적인 것으로 보인다. 다양한 기예들의 중요성을 그의 분류를 위한 기초로 삼으면서, 그는 기예들을 상급기예(artes maximae), 중급기예(mediocres), 그리고 하급기예(minores)로 나누었다. 키케로에 따르자면,

제1의 등급에는 정치술 및 전술과 관계되는 기예들이 속한다; 제2의 등급에는 순수히 이지적인 기예들, 즉 과학들과 시, 그리고 수사학이 속한다; 제3의 등급에는 회화, 조각, 음악, 연기, 체조가 속한다. 이렇게 해서 그는 이른바 순수예술들을 부차적인 것으로 간주하였다.

6. 고대가 끝날 무렵 플로티누스는 다시 한번 기예들을 분류하는 과제를 수행하였다 : (1) 건축처럼 물체들을 산출해 내는 기예들; (2) 의학과 농업처럼 자연을 돕는 기예들; (3) 회화처럼 자연을 모방하는 기예들; (4) 수사학과 정치학처럼 인간의 행위를 개선 또는 수식하는 기예들; 그리고 (5) 기하학과 같이 순수히 시적인 기예들. 분류원칙 (principium divisionis)을 결여하고 있는 것처럼 보일 이러한 분류는 실상, 기예들 속에 깃들여 있는 精神性(Spirituality)의 정도에 그 기초를 두고 있다; 이 분류는(그의 생각대로 하자면) 순수히 물질적인 건축으로부터 시작해서 순수히 정신적인 기하학에서 끝난다.

요약하도록 해보자 : 그리이스와 로마라는 고대는 적어도 여섯가지의 기예분류를 가지고 있는데, 그 대부분이 몇개의 변종들을 가지고 있다 : (1) 소피스트들의 분류들은 기예들의 대상을 기초로 삼고 있다; (2) 플라톤과 아리스토텔레스의 분류들은 —기예들이 현실과 맺고 있는 관계에 기초한다; (3) 갈레누스의 분류는 기예에 의해 요청되는 신체적 노력에 기초한다; (4) 킨틸리아누스의 분류는 기예들의 산물에 기초한다; (5) 키케로의 분류들 중 하나는 기예들의 가치들에 기초한다; 그리고 플로티누스의 분류는 기예들이 가진 정신성의 정도에 기초한다.

이 모든 것들은 가장 광범위한 의미에서 인간의 능력들과 기교들의 분류들이었지, 단순히 순수예술들의 분류가 아니었다. 나아가, 그것들 중 어느 것도 '순수예술'들을 따로 떼어놓지 않았으며, 그 누구도 기예들을 순수예술과 공예로 나누지 않았다. 반대로, 순수예술들은 별도의 집단을 형성하지 않은 채, 너무나도 다른 기예들의 다양한 범주들 속에 분산되어 있었다.

(1) 이렇게 해서, 소피스트들의 분류에서는 회화는 쾌락을 위해 개발된 기예임에 반하여, 건축은 유용한 기예로 간주되었다. (2) 플라톤과 아리스토텔레스는 건축은 산출적인 것으로, 회화는 모방적인 기예로 간주하였다. (3) 자유로운 기예들은 음악과 수사학을 포괄했지만, 건축 또는 회화는 포함하지 않았다. 킨틸리아누스의 분류에서는 무용과 음악은 '실행적'기예이지만, 건축과 회화는 '제작적'(완제적)기예들이다. (5) 자유로운 기예들의 그 어느 것도 키케로에 의해 고급(또는 주요한) 기예들로 간주되지 않았다;반면에 시와 수사학은 중급 기예들이었고, 그밖의 모든 순수예술들은 하급(또는 부차적)이었다. (6) 플로티누스의 분류에서도 순수예술들은 비슷하게 분열되어 있다. 어떤 것들은 첫째 부류에, 다른 것들은 세째 부류에 속해 있다.

결과적으로, 순수예술들이 기예들 중에서 특별히 구별되는 집단으로 형성될 수 있을 가능성은 전혀 고려되지 않았다. 의심할 바 없이 우리의 순수예술 개념과 고대의 자유로운 기예, 위락만을 위한 쾌적한 기예, 모방적 기예, '제작적'기예의 개념들 사이에는 어떤 공통성이 존재한다;그러나 이 모든 고대적 관념들은 순수예술들의 관념보다 훨씬 더 광범위하였고, 동시에, 어떤 점에서는 보다 더 좁아지기도 하였다. 자유로운 기예들의 일부, 쾌적한 기예들의 일부, 그리고 생산적인 기예들의 일부는 우리가 '순수예술들'이라고 부르는 집단에 실제로 속했지만, 그것들 모두가 이에 속한 것은 아니다. 자유도, 쾌적성도, 모방도, 생산성도 근대적인 보다 좁은 의미의 예술이 정의될 수 있는 특성들이 아니다. 역사가는 고대인들이 기예 분류 상의 모든 합리적인 가능성들을 고려했다고 생각하는 경향이 있다——단지 순수예술과 공예의 구분만은 제외되었다.

II. 자유로운 기예들과 기계적인 기예들의 구분(중세)

중세는 고대의 기예사상을 상속받아 이것을 이론적으로나 실천적으로 응용하였다. 기예는 실천이성의 능력(habitus)으로서 간주되었다. 토마스 아퀴나스는 기예를 "이성의 바른 질서 부여"(recta ordinatio rationis)라고 정의하였고, 스코투스(Duns Scotus)는 "산출되어야 할 것의 바른 이념"(ars est recta ratio factibilium, Col. I.n. 19)또는 "진정한 원리들에 입각해서 사물을 산출해 낼 수 있는 능력"(ars est habitus cum vera ratione factivus: Opus Oxoniense, I.d. 38, n.5)이라고 정의하였다. 중세의 기예는 실상 고정된 경전(canon)들에 의해서, 그리고 길드들의 규칙들에 의해 지배되었다. 신학자이자 철학자인 우구치오(Hugh of St. Victor; 1096-1141)는 이렇게 말했다 : "기예란 규칙들과 규정들로 구성된 지식들이라고 말해질 수 있다."(Ars dici potest scientia, quae praeceptis regulisque consistit:Didascalicon, Ⅱ)이러한 중세의 기예사상은 공예와 과학과 순수예술을 모두 포괄한다. 나아가 자유로운 기예들이란 이제 뛰어난 기예, 기예 그 자체로 간주되었다. 형용사가 붙지 않은 '기예'란 곧 '자유로운 기예'(liberalium artium)를 의미하였다. 흔히 자유과목이라고도 불리우는 이 일곱개의 자유로운 기예들은 논리학, 수사학, 법학, 수학, 기하학, 천문학, 그리고 (음향학을 포함한)음악을 말한다. 그러나 이것들은——우리의 이해에 따른다면——과학이지 예술이 아니다.

어쨌든, 중세인들은, 앞서 지적한 경향에도 불구하고, 자유롭지 않은 기예들에 대해서도 관심을 가지고 있었다. 즉 중세인들은 더 이상 그러한 기예들을 '비속한'기예라 칭하지 않았고, 그대신 '기계적인' (mechanical)기예들이라고 불렀다. 12세기 이후, 스콜라철학자들은 이러한 기예들을 분류하고자 시도하였는데, 혹자는 이를 전통적인 자유로운 기예들과 대칭을 이루도록 일곱개로 구분하기도 하였다(참조 : Radulf the Ardent, Speculum Universale). 앞에서 말한 우구치오도 기계적 기예들을 일곱개로 나누었다. 즉 (인간에게 의복을 제공해주는)직조술(lanificium), (인간에게 피신처와 도구를 제공해주는) 무장술(armatura), (인간에게 식량을 제공해주는)농경술(agricultura)과 목축술(venatio), 항해술(navigatio), 의술, 연희술(theatrica) 등이 곧 그것이다. 이러한 분류는 예술들의 분류를 위해 중세가 행한 가장 주요한 공헌에 속한다. 이 일곱가지 기예들 중에 두 가지만이 근대의 '순수' 예술들과 유사하다. 즉, 건축을 포함하는 무장술과, (전형적인 중세적 개념에서 말하는)오락적 기예인 연회술이 곧 그것이다.

음악은 그것이 수학에 기초한다고 본 까닭인지 자유로운 기예 중의 하나로 간주되었다. 시는 철학 또는 예언, 기도 또는 고백의 일종으로 간주되었고, 어떤 경우에도 기예에 속하지는 않았다. 회화와 조각도 기예로 나열되지 않았다. 그러나 그것들은 분명히 규칙들을 구사하는 기교들이다. 그렇다면, 어째서 그것들은 자유로운 기예나 기계적인 기예의 그 어느 쪽에서도 언급되지 않았는가? 그것은 이러한 기예들은 유용할 경우에만 그 가치가 인정되고 기껏 기계적인 기예로서나 분류될 수 있었을 텐데, 회화와 조각의 실제적인 유용성은 별로 중요시되지 않았기 때문이다. 이것은 이제껏 있었던 변화들 중에서 가장 큰 것이었다. 왜냐하면 우리가 오늘날 엄격한 의미에서 예술로 간주하는 기예들이 중세의 기록들에서는 언급조차 되고 있지 않았기 때문이다.

III. 새로운 구분을 위한 탐색(르네쌍스)

A. 르네쌍스도 중세와 마찬가지로 고전적인 기예 개념을 고수하였다. 휘치노(Ficino)는 기예를 제작규칙으로 정의하였다(Ars est efficiendorum operum regula). 사전편찬가인 고클레니우스(Goclenius)나 철학자 라무스 (Ramus)같은 르네쌍스 후기의 저술가들도 앞에서 말한 갈레누스가 만들어 놓은 정의("Ars est systema praeceptorum")를 문자 그대로 반복하였다. 개념과 더불어, 이전의 분류도 의연히 인정되었다.

르네쌍스시대의 다른 어떤 인본주의자나 학자보다 더 진지하게 기예들의 분류에 관심을 가졌던 바르치(Benedetto Varchi)는 그의 논문("Della maggioranza dell'árti", 56)에서, 그리스의 소피스트들이 했던 방식에 따라, 기예들을 유용성에 기여하는 것들과 쾌락에 기여하는 것들로 나누었다. 그러나 그는 또한 기예들을, 갈레누스와 비슷하게, 자유로운 기예들과 비속한 기예들로 나누기도 하였다. 그리고 세네카처럼 3등급 (ludicrae, giocose, puerili)으로 나누기도 했고, 플라톤처럼 자연으로부터 모범을 가져오는 것과 그렇지 않은 것으로 나누기도 하였다. 나아가 키케로와 더욱 흡사하게, 기예들을 주요한 것들(architettoniche)과 부차적인 것들(subalternate)로 나누기도 하였다. 이렇게 해서 모든 고대적 분류들이 실효를 발휘하였다. 그리고, 당분간, 이러한 분류들은 유일한 것으로 잔존하였다.

고전적 구분들의 다원성은 오랫동안 지속되었다. 1607년의 철학사전 (Lexicon philosophicum ; Rudolph Goclenius)은 기예들을 (건축과 같이)'주요한' 것들과 (회화와 같이) '부차적인' 것들로 나누었다. 나아가(조각처럼) '발명적'인 것들과 (도구들처럼)발명적인 기예들에 기여하는 '기구적'(organicae)인 것들로 나누기도 하였다. 이 사전은 또한 기예들을, 비록 다르게 명명하고 기술하긴 했어도, 자유로운 것들과 기계적인 것들로 나누었다. 특별히, 그는 전자를 '순수'(pure), 후자를 '공예'라고 명명하였다. 즉, 첫번째 집단은 진리와 지식을 획득하는 것을 목표로 삼고, 두번째 집단은 유용한 물건들을 생산해내는 것을 목표로 삼는다는 것이다. 이처럼 모든 것이 이전과 같았다. 17세기는 고대의 기예분류들을 온존시켰을 뿐 아니라, 실제로는, 참으로 기괴한(baroque)방식으로, 그것들을 증폭시켰다. 1630년의 백과사전에서 알스테드(Johann Heinrich Alsted)는 모두 합쳐 17개의 기예분류들을 소개하였다. 이러한 분류들은 '정신적'(mentales)과 '수공적'(manuale, 또는 그리이스 어로 chirurgicae)의 구분을 포함한다. 다른 분류는 기예들을 보다 쉬운 것들과 보다 힘든 것들로 나눈다. (약제술같이) 증가적인 (additive)것들과 (목욕술같이) 체감적인(susbstractive) 것들, (목축술처럼)필수적인 것들과 (演技術처럼) 없어도 좋을 것들, (회화같이)정직한 것들과 (매춘알선같이)부정직한 것들의 구분을 비롯하여 많은 분류들이 여기에는 나열되어 있었다. 기예는 여기에서도 대단히 광범하게 받아들여지고 있었다. 이 말이 순수예술들이나 심지어 자유로운 기예들에조차 한정될 수 없었음은 새삼 강조할 필요가 없다. 여기에서 이것들을 거론하는 것은 그것들이 지닌 가치때문이 아니라, 그것이 그 시대의 한 징조가 되기 때문이다.

B. 15세기로부터 17세기에 이르는 르네쌍스와 바로크 시대는, 그러나, 그밖의 다른 일들로 해서 예술 분류의 역사에서 기억될 만하다. 이 때에 여러가지 기예들 중에서 회화, 조각, 시, 그리고 음악이 특별한 위치를 점유하면서 분류에서 격리되어야 한다는 인식이, 느리지만 차츰 분명하게 인식되었기 때문이다. 이러한 세기들은, 그러나, 이러한 인식, 이러한 감정을 어떻게 해야 분명하게 표현할 수 있는가를 알지 못했다. 특수한 기예들을 격리시키려는 시도들은 많았으나, 어느 하나도 만족스럽지 못했다.

오늘날, 순수예술들은 오랫동안 격리되어왔고 심지어는 유일하게 바른 기예들로서 간주되지만, 무엇때문에 그러한 분리의식이 나타나게 되었던가를 설명하려는 시도는 필요치 않은 것처럼 보인다. 그러나, 사회적 성격의 원인들은 인증될 수 있을 것이다. 건축, 회화, 조각, 음악, 그리고 시의 사회적 지위는 이제 변화되었다——너무나 극적으로 변해서 그들을 하나로 솎아내는 것은 아주 자연스러운 일이 되었다.

그것들을 독립된 집단으로 분리시키기 위해서는, 그러나, 그것들을 서로 묶어 주면서 다른 기예들, 과학들, 그리고 공예들로부터 분리시키는 것이 무엇인가를 결정하는 것이 필요했다. 이에 대해서는, 오랫동안, 어떤 합의도 이루어지지 않았다. 여러가지 관념들이 제기되었지만, 그 어느 것도 반응을 일으키지 못했고, 따라서 일반적인 견해가 되지 못했다. 초기의 인문주의자들 중의 하나인 마네티(Manetti)는, 유별난 평판을 즐기되 유용성은 거의 지니고 있지 않은, 특별한 기예들을 구획하고자 시도하였다. 그가 "정교한 기예"(artes ingenuae)라고 이름지은 이것들 중에는 이른바 정신적인 기예들도 포함되어 있었지만, 손에 의한 정교한 기예들도 포함되었다. 그러나 그의 제안은 별로 인기를 끌지 못했다. 발라(L. Valla)와 같은 다른 인문주의자의 생각도 역시 마찬가지였다. 그는 "자유로운 것에 가장 가까운 기예들(그는 여기에서 회화, 조각 그리고 건축을 나열하였다)은 사물들의 우아함을 추구한다"고 말했다.(참조 : Elegantiae linguae Latinae, 1548, praef.). 이러한 예술들이 일상의 기계적인 기예들로부터 '고상함' 때문에 구별된다든지(Giovanni Pietro Capriano), 또는 '기억성' 때문에 구별된다든지(Lodovilo Castelvetro)하는 친케첸토(Cinquecento), 즉 16세기 이태리 저작가들의 제안도 받아들여지지 않았다. 바로크와 마네리즘시대에 이루어진 제안, 즉 이러한 기예들은 '회화적'이기 때문에(Menestrier), 또는 '비유적'이기 때문에(Emanuel Tesauro)다른 기예들과 구분된다는 제안도 받아 들여지지 않았다. 그것들을 '쾌적성'때문에 분리시켰던 초기 계몽시대의 의견(특히 Giambattista Vico)도 역시 어려움을 겪었다. 이러한 기예들의 특수성을 미에서 보았던 분류만이 최종적으로 인정되었다.

17세기가 바뀔 무렵 새롭고, 위대한, 영향력이 큰 분류방식이 대두하였으니, 이는 베이컨(Francis Bacon)의 공로였다. 그는 일단의 기예들이, (과학처럼)이성에 기초하지도 않고, (역사처럼)기억에 기초하지도 않고, 오로지 상상력에 기초해 있다고 특별히 구분해냄으로써 순수예술들의 분리에 매우 근접해 있었다(참조 : De dignitate et augmentis scientiarum, II). 이는 그러한 집단의 기예들을 과학과 공예로부터 분리해 내는 진정한 기초가 되었다. 그러나 베이컨은 상상력의 영역 속에 오로지 詩만을 집어넣었다. 왜냐하면 오로지 그 속에서만 그는 인간적 환상의 창조를 보았기 때문이다. 그에게 있어서 음악과 회화는 아주 다른 무엇이었다. 이 양자는 쾌락에 기여하는 기예(artes voluptuariae)로서, 하나는 귀의 쾌락에, 다른 하나는 눈의 쾌락에 기여한다. 따라서 그는 이것들을 실제적인 기교들로 간주하였고, 의술이나 화장술과 같은 집단 속에 분류하였다(참조 : De dignitate IV.2, Advancement of Learning, 1950ed., p. 109). 우리가, 한 부류의 기예들을 순수 또는 아름다운 예술들이라고 부르고, 그 밖의 것들은 다르게 명명하는 예술분류체계가 확립되기까지에는 실로 많은 시간이 흘러야 했다.

Ⅳ. 순수예술과 기계적 예술의 구분(계몽시대)

이러한 구분은 오로지 계몽시대에서만 이루어졌다. 이 시대는 또한 '순수예술'(fine arts)이라는 어휘가 확립된 시기이기도 했다. 이 어휘는 우연히 다소 이르게 나타났다. 그것은 이미 16세기에 프랑체스코 다 홀란다(Franceso da Hollanda)에 의해 사용되었는데, 포르투갈어로 'boas artes'라고 하였다. 17세기에 이르러서는 그것은 보다 더 보편화되었고, 17세기 말에 이르러서는 시와 시각예술들을 다룬 한 책의 제목이 되었다 : 이 책은 1690년에 나온 페로(Charles Perrault)의『Cabinet des beaux arts』였다. 그러나, 이는 하나의 前兆에 불과하였다. 바뙤(Charles Batteux)가 이러한 예술들의 완벽한 집단을 나열하면서 그것들을 다른 기예들로부터 분명하게 구별했던 것은 18세기 중엽이었다. 그는 예술을 순수예술(beaux arts; fine arts)과 기술(mechanical art)로 나누었다. 그의 책은 1747년에『Les beaux arts reduits à un seul principe(하나의 원리로 통일된 여러 순수예술들)』이라는 제목 하에 출판되었다.

A. 바뙤에 의해 분리된 순수예술들의 집단은 다섯개로 구성되었다. 음악, 시, 회화, 조각 그리고 무용(또는 보다 자세히 말해서, 동작예술; l'art du geste)이 곧 그것들이다. 바뙤는 이러한 예술들의 특징을 그것들이 지닌 공통적인 목적, 즉 쾌락에서 보았다. 아울러 자연의 모방이라는 사실도 그 공통된 특징이 된다. 그렇게 해서 그는 (전통적 이해에 따라)기예들의 영역을 둘로 크게 나누었다. 하나는 그 존재이유가 쾌락을 주는 순수예술들이고, 다른 하나는 유용성이 존재근거인 기술들이다. 그는 여기에다 제3의 것을 첨가했는데, 이는 쾌락성과 유용성 양자 모두에 의해 특징화되는, 매개적인 예술집단이다. 이 집단 속에 그는 두개의

예술, 즉 건축과 수사학을 배치시켰다. 예술들을 분류하는 원리는 새로운 것이 아니었다. 기예들을 쾌락을 촉진하는 것과 유용성에 기여하는 것으로, 또는 모방적인 것과 '발명적인' 것으로 분류하는 방식은 고대 그리이스로까지 소급된다. 그러나 '순수예술들'이라는 어휘에 무엇인가 새로운 것이 도입되었다. 나아가 시각예술들, 언어예술, 그리고 음악과 같이 여러가지 측면에서 다양한 예술들을 단일한 집단으로 결합하는 것에 의해 더욱 많은 것이 도입되었다.

그러나, 이는 비교적 새로운 것이었다. 왜냐하면 회화와 조각의 친족 관계는 오래전부터 알려져온 것 같지만, 양자는 실상 르네쌍스 이래로 비로소 설계예술(arti del disegno)이라는 공통된 명칭으로 포괄되어 왔기 때문이다. 바르치(Varchi)는 심지어 회화와 조각을 '단일예술'(una arte sola)이라고까지 불렀다. 물론 시와 회화의 상호접근은 호라티우스에 의해 도움을 받았다. 그의 '시는 그림같이'(ut pictura poësis)라는 명제는 매우 유명하였다. 비록 고대에서도 음악이 시와 연결되었지만, 이러한 예술들의 음악에로의 접근은 거의 기대하기 힘들었다. 바뙤의 명단에서 수사학이 자리를 차지한 것은 극히 자연스러운 일이다. 당시의 체계는 모든 산문 문학을 그 이름 아래 포섭하였다. 바뙤는 그것들을 하나이자 같은 것으로 간주하여 '산문, 또는 수사학'이라고 하였다.

B. 바뙤의 구분은 급속히 수용되었다. 그의 책이 발간된 지 꼭 2년 후에, (저자의 허락을 받지 않은 자유로운) 번역판이 영문으로 나타났다. 그러나 그 부제는 시, 음악, 회화, 건축, 그리고 수사학 등 다섯개의 "교양예술"(polite arts: polite는 '우아한', '교양있는'등의 의미도 지니고 있다——역자주)을 나열하고 있어 바뙤의 체계와는 다른 면모를 보였다. 프랑스의 대백과사전의 첫권이 출판되던 1751년에도 예술 분류작업은 아직 어느 쪽으로도 결정되지 않았다. 디드로(Diderot)는 그 백과사전의 '예술'(Art)에 관한 항목의 설명에서 기예들을 자유로운 것들과 기계적인 것들로 구분하는 이전의 전통을 고수하였다. 그러나 같은 해에 백과사전의 서문(Discours préliminaire)에서 달랑베르(d'Alembert)는 이 '미순수예

술'(beaux arts)이라는 술어를 사용하면서 회화, 조각, 건축, 음악, 그리고 (다른 장소에서) 시를 꼽았다. 아름다운 기예 또는 순수예술은 프랑스어를 거쳐서 다른 언어들, 즉 이태리어, 독일어, 그리고 폴란드어로 옮겨졌다. (예컨대 독일어에서 예술들을 die schönen Künste, 즉 '아름다운' 예술들이라고 지칭한다──역자주). 영어로는, 그러나, 이러한 기예들은 교양예술(polite arts)이라고 불리웠다가, 해리스(J.Harris)의 제안에 따라 '우아예술'(elegant arts)이라고 불리우기도 하였다(참조 : Three Treatises, 1744) : 이러한 문제는 결국 '순수예술'(fine arts)로 해결되었다. 러시아어로는 '아름다운'이 아니라 '우아한'이라는 쪽으로 결정되었다 (그 형용사는 'izyashchniye'이다.).

(역자보충 : 서양 각국에서 통용되는 이 술어를 문자 그대로 해서 번역하자면 〈美術〉이 될 것이나, 우리의 관용법으로는 조형예술 중에서도 회화에 한정되기 때문에 〈藝術〉이라고 옮기면서 내용적으로 다의적인 美를 목표로 하는 순수예술을 비롯하여 상대적인 자율성을 갖는 여러 가지 인간활동 전반을 지칭코자 한다. 우리가 지금 쓰고 있는 〈藝術〉이라는 술어는 근래에 만들어진 造語이나, 그 文字的 연원은 상당히 먼 데까지 미치기 때문에 이를 소개하기로 한다 : 참조. 白琪洙저, 美學, 서울대학교 출판부, 1978, pp. 152–153. "오늘날 우리가 日常的으로 쓰고 있는 〈藝術〉이란 漢字에서, 〈藝〉란 字에는 본시 〈심는다(種·樹)〉는 뜻이 있으며, 이에 따라 藝는 技能 내지 技術을 의미한다. 그리고 六藝라고 하는 경우, 禮·樂·射·御·書·數 등의 藝는, 農者로 치자면 收穫을 얻기 위해 五穀類를 심듯이, 장차 士大夫가 되려는 인물의 人間的 結實을 얻기 위해서 필요한 基礎敎養의 種子를 뿌리고 人格의 꽃을 피게 하는 수단으로 여긴 것이니, 이러한 뜻에 따라 藝에는 人格陶冶의 의의도 있다고 할 수가 있겠다. 다음에 〈術〉이란 字는 본시 邑中道, 즉 나라안의 길을 의미하며, 이 길(道·途──way, method)은 어떤 곤란한 課題를 능숙하게 해결해낼 수 있는 實行方途로서 技術을 의미하는 것이라고 할 수가 있다." 이상과 같은 意味內容에서 볼 때, 〈藝術〉이란 字에는 본래 技能이란 뜻이 있으며, 첫째로는 實踐的 手段方法인 才能

으로서의 〈技術〉이란 의미와 함께 둘째로는 有德한 人格完成을 위한 教育的 내지 倫理的 〈効用性〉의 意義가 있다고 할 수 있다. 故 金正祿교수는 인격수양적 측면을 존중하여 '藝道'라는 술어를 사용할 것을 제창하기도 하였다.〕

C. 바뙤가 살던 시대의 여론은 그의 견해를 받아들이긴 하였으나 다소의 수정은 불가피하였다. 그가 제안한 제3의 집단은 인정을 받지 못했고, 그 대신 건축과 수사학이 순수예술에 통합되었다. 그러한 변경은 바뙤의 책을 독일어로 번역한 쉴레겔(J.A. Schlegel)에 의해 처음부터 요구되었다. 만일 바뙤 자신이 건축과 수사학을 순수예술들 중에 포함하지 않았다면, 그것은 그가 순수예술이야말로 단순한 아름다움 이상의 그 무엇에 의해 구별된다고 느꼈기 때문이다. 즉 순수예술은 그것들이 가진 모방적 성격이라는 사실에 의해 다른 것과 구별되는데, 건축과 수사학은 이러한 요청을 충족시키지 못한다는 것이다. 바뙤의 후예들은 그러나 그를 염두에 두지 않았다. 즉, 하나의 사상이 그의 저자에 의해 의도되었던 것과는 다른 방식으로 작용한다는 것은 비단 이 경우 뿐만은 아니다. 바뙤에 의해 도출된 예술의 분류는 유럽의 학문이론에 도입되었는데, 이는 보다 간편한 형식으로 이루어졌다. 즉, 삼원적 방식이 아니라 예술과 기술이라는 이원적 방식으로 구분이 이루어졌다. 건축과 수사학의 결합 이후로 모두 일곱가지의 순수예술이 있게 되었으니, 이는 한때 일곱가지 자유로운 기예들과 일곱가지 기계적인 기예들이 존재했던 것을 연상시킨다. 예술이론에서 말하는 예술들의 숫자는 실제의 기록보다는 훨씬 안정된 셈이다. 18세기의 저작들에서는 세가지 시각예술들 —— 건축, 조각, 그리고 회화 —— 과 시와 음악이 끊임없이 반복되었다. 이것들은 순수예술들 중에서도 가장 공적인 구성원들이며, 그밖의 두 자리는 다양하게 채워졌다. 즉 수사학, 연극, 무용, 정원술 등이 그 대표적인 것들이다.
　말하자면 바뙤의 구분은 천재의 소산이 아니다. 그것은 오랜 준비기간을 거쳤다. 여러 가지 비슷한 구분들이 그에 앞서 무수히 존재해왔다. 그것들은 단지 바뙤의 구분에 해당되는 그러한 행운을 누리지 못한 것 뿐이었다. 바뙤의 구분은 뿌리를 가지고 있으면서도, 藝術觀에서 근본개혁적인 변화를 일으켰다. 천재적인 사상의 결실이 아닌 반면에, 그것은 유럽의 예술분류사에서 가장 중요한 사건이 되었다.

D. 이렇게 해서 순수예술들은 이전에 자유로운 기예들(artes liberales : 자유과목)이 누리던 특권적 위치를 여러 기예들 중에서 차지하게 되었다. 순수예술들은 이제 자유로운 기예들이 한때 그랬던 것처럼, 기계적인 기예들에 반대되는 위치를 갖게 되었다. 줄처(Sulzer)는 이제 순수예술들 이외의 것들은 비속한(gemein) 기예들이라고 불렀는데, 이는 우리로 하여금 자유로운 기예들 이외의 것들이 한때 비속한 기예들로 불리우던 일을 연상케 한다. 기계적(또는 비속한) 기예들의 범위는, 그러나, 이제 분명히 변화되었다. 왜냐하면 회화, 조각, 그리고 건축이 더 이상 후자의 영역에 속하지 않기 때문이다.

순수예술들의 분리에 있어서 새로운 단계가 닥쳐왔다 : '순수(fine)'로 격리된 기예들은 유일하게 바른 기예들로서 인정되었고, 이제 '기예'라는 어휘는 오로지 여기에만 적용되기 시작하였다. (역자주 : 이제 우리는 자연스럽게 우리의 현재 관용어인 '예술'이라는 술어를 사용할 수 있게 되었다.) 누구든지 '예술'을 말하는 사람은 마음 속에서(마치 중세에서 이 말이 자유로운 기예를 의미했던 것 같이) 순수예술을 생각하게 되었다. 예술의 세계에서는 이로 인해 아무것도 변화되지 않았으나, 예술언어의 세계에서는 그것이 하나의 돌파구를 마련하였다. '예술'이라는 표현은 의미상으로 협소해졌다. '예술들의 분류'라는 표현의 의미도 마찬가지로 변화하였고, 이제 그것은 오로지 순수예술의 분류만을 뜻하게 되었다. 동시에, 예술적 산물(예술작품)들도 기교들을 분류하던 방식으로 분류되기 시작하였다.

계몽은 진전되었고, 예술들의 구분보다 훨씬 더 일반적인 과제, 즉 모든 인간적 생산성의 구분이라는 과제가 수행되었다. 그리고 그 구분 속에서 예술과 미에는 어렴풋이 이전의 사고에로의 역전이 일어났다 :

여기에서 우리는 아리스토텔레스가 인간의 활동들을 이론적, 실천적, 그리고 제작적(poietic)이라는 세 분야로 나누었던 것을 뜻한다. 이러한 활동들은 인식, 행동, 그리고 제작으로 구분되었다. 다른 말로 하자면 그것은 학문, 윤리, 그리고 예술들이 된다. 영국인들이 일찌기 그러한 분류를 등장시켰고, 독일에서는 칸트가 이를 발전시켜 이의 보급과 보전에 가장 크게 공헌하였다.

E. 계몽시대는 예술을 (순수)예술과 기(계예)술로 양대별했으나, 순수예술의 보다 세부적인 구분에 대해서는 별로 관심을 갖지 않았다. 한 가지 예외가 있다. 비록 일시적이었을 망정 그것은 문학예술을 시각적인 '순수예술'(beax-arts)로부터 '순수문학'(belles-letters)으로서 구분하였다. 분명히 이러한 구분에는 주저가 뒤따랐다 : 순수문학은 (바뙤의 주도에 따라) 광범한 의미에서의 '순수예술들'에 포함되었어야 하고, 아니면 그것은 비—기계적인 예술들의 별개집단으로서 대우받았어야 한다는 것이다. 이렇게 해서 계몽시대는 인간의 창조성이 갖는 심오한 이중성을 인식하였다. 즉 언어들의 생산과 사물들의 생산이 그것이다. 그것은 한 종류의 예술을 다른 종류의 예술의 모범에 따르도록 하려는 구호, "시는 그림같이, 그림은 시같이"에 반대하여 제기되었다. 르네쌍스 시대에 레오나르도, 돌체(Dolce)와 바르치가 한 때 그랬듯이, 이제 샤프츠베리(Shaftesbury), 리차드슨(Richardson), 뒤보스(Dubos), 해리스(Harris), 그리고 디드로(Diderot)가 시예술과 시각예술의 분리를 더욱 단호하게 주장하는 대변인들이 되었다(참조. W. Folkierski, Entre le classicisme et le romanisme, Paris, 1925.). 가장 강력하고 가장 영향력이 큰 발언은 레씽(Lessing)이 1766년에 쓴 "라오콘"(Laokoon)에서 이루어졌다. "회화와 시는 다같이 다양한 상징들을 구사한다 : 회화의 상징들은 공간 속에서의 형태들과 색채들이며, 시의 상징들은 시간 속에서 발음되는 음향들이다. 회화의 상징들은 자연적이고, 시의 상징들은 인위적이다.… 회화는 공간 속에 병렬되어 있는 대상들을 재현할 수 있고, 시는 시간 속에 순차적으로 연속되는 대상들을 재현할 수 있다. 이렇게 해서 "시각예술

과 언어예술 간의 차이는 분명해졌다."(괴테, Dichtung und Wahrheit, Ⅱ. 18). 반면에 멘델스쫀(M. Mendelssohn)은 이들 두 가지 종류의 예술들 사이에는 차이점 못지 않게 공통점이 여전히 존재한다는 확신 속에서 모든 종류의 예술들을 동일하게 취급할 것을 요청했고(참조. Betrachtungen, 1757), 줄처(J.G. Sulzer)는 1771년초에 멘델스쫀의 단언을 구체화하고자 하였다(참조. Allgemeine Theorie der schönen Künste, 1771-74). 괴테는 그 해에 발간된 줄처의 책 서평에서 자기 생각으로는 너무나도 차이가 나는 두 사물을 통일하려는 관념을 조롱하였다. 그러나 우리는 멘델스쫀과 줄처가 예술을 (순수)예술과 문학(예술)로 나누는 구분에 대해 의문을 제기한 것이 아니라, 여러 가지 예술들 사이에 근본적인 차이가 존재하지 않는다고 보았을 뿐임을 덧붙여 말해야 한다. 우리는 여기에서 예술의 분류가 다양하게 해석되어 왔고, 또 해석될 수 있음을 상기하는 것이 좋겠다.

F. 다른 미학적 질문들에서와 마찬가지로, 여기에서도 역시 18세기에서의 최종적 발언은 칸트에 의해서 이루어졌다. 『판단력비판』(1790년)에서 그는 예술의 분류 방식에서 그 세기가 이룩해놓은 것들에 대한 일종의 결산서를 작성해주었다. 여러 기예들 중에서 그는 순수예술들을 구별해내었는데, 그 방식은 매우 복합적이다. 즉, 그는 기예들을 기계적인 것과 미감적인 것(aesthetisch)으로 나누고, 끝으로 미감적인 것을 쾌락적인 것과 순수한 것으로 나누었다. 그는 다시 순수예술을 세분하였는데, 이 역시 단순치 않다. 그는 순수예술을 플라톤 식으로 나누어 진실의 예술과 가상의 예술을 구별하였다. 건축은 전자에 속하고, 회화는 후자에 속한다는 것이다. 그는 또한 자연 속에 존재하는 대상들을 가지고 영위되는 예술과, 예술에 의해 창조된 대상들을 가지고 영위되는 예술을 구분하였다. 그의 구분들 중에서 가장 독창적인 것은 그가 인간이 사상과 감정을 표현하고 담아내는데 유용하게 활용할 수 있는 온갖 방법들에 준해서 그만큼의 예술유형을 구별했다는 점이다. 그는 그 방법이 크게 보아 세 가지가 된다고 믿었다. 즉 언어, 음향, 그리고

동작이 그것이다. 여기에 따라 세가지 종류의 순수예술이 존재하게 된
다. 즉 언어는 시와 수사학에 의해서, 음향은 음악에 의해서, 그리고
동작은 회화, 조각, 그리고 건축에 의해서 구사된다는 것이다.

V. 순수예술들의 구분(19세기 이후)

19세기에는 예술의 분류가 이전처럼 그렇게 의도적으로 추구되지 않
았다. 앞에서 말한대로 예술개념에 있어서의 18세기적 혁명 이후 예술
의 분류란 어디까지나 좁은 의미에서의 순수예술들만을 그 대상으로
삼았다.

A. 19세기 초 이러한 분류들은 특별한 방법에 의해 식별되었다. 19
세기 이전의 분류는 실제로 실천된 예술들을 그 출발점으로 삼았고, 그
방식은 그러한 예술들을 비교하는 것이었다. 그리고 이를 통해 질서의
부여가 의도되었다. 그러나 19세기의 관념론철학의 체계들은 그와는
다른 출발점과 조사방법, 그리고 다른 의도를 가지고 예술의 구분을 시
도하였다. 그들의 출발점은 예술의 개념이었고, 그러한 개념에 대한 면
밀한 조사를 그 방법으로 삼았다. 이로써 그 다양성을 탐사해내는 것이
그것이 지닌 의도였다. 그 진행과정은, 이전의 것이 (일반적으로) 경험
적이었던 것에 반해, 선험적(a priori)이다. 사실상 이전의 모든 분류는
이중적인 기초를 가지고 있다. 즉, 경험적 자료라는 기초와 개념적 고
려라는 기초가 그것이다. 그러나, 이제 무게 중심이 급격하게 옮겨졌
다. 즉, 선험적인 분류들이 칸트의 뒤를 잇는 세대들로부터 나타나기
시작하였다. 쉘링은 조작불가능할 정도로 장대한 방식으로, 예술들을
무한성과의 관계에 따라 분류하였다. 쇼펜하우어는 의지와의 관계에
의해 예술들을 분류하였다. 의지는 그의 형이상학의 기본조직이었다.

폴란드의 학자 리벨트(Libelt)는 그의 책(『미학, 또는 미의 학문』, 1849)에서 이러한 독일적인 예술들의 분류들과 맞먹을 정도가 아니라, 인위성과 작위성이라는 측면에서는 오히려 그것들을 능가했다고 보아도 무방하다. 그는 예술들을 그것들이 추구해마지 않는 이상들에 따라 구분하였다. 그 이상이란 미일 수도, 진일 수도, 선일 수도 있다. 그는 그것들을 또한 이러한 이상들을 담아내는 방식에 따라 구분하기도 하였다. 즉 공간, 시간, 또는 삶이 그것이다. 그의 분류결과는 다음과 같이 요약된다 :

Ⅰ. 형식 또는 시각예술들 {
건축 — 미의 이상을 구축
조각 — 진의 이상을 구축
회화 — 선의 이상을 구축
} 공간 속에서

Ⅱ. 연술 또는 '청각'예술들 {
음악 — 미의 이상을 구축
시 — 진의 이상을 구축
수사학 — 선의 이상을 구축
} 시간 속에서

Ⅲ. 사회예술들 {
자연의 이상화 — 미의 이상을 구축
미적 교육 — 진의 이상을 구축
사회적 이상화 — 선의 이상을 구축
} 삶 속에서

(역자주 : 원저에는 Ⅱ.도 역시 'visual' arts로 되어 있으나, 문맥 상 'audible'의 오식인 것 같아 바로 잡았다.)

이왕 소개한 김에 완전을 기한다면, 리벨트가 '자연의 이상화'라고 부른 항목이 다시 세개로 세분된다는 것이 설명되어야 한다.

원예술, 또는 자연 자체의 수식

의상, 또는 신체의 수식

장식, 또는 생활의 수식

리벨트(그리고 그의 시대의 다른 미학자들)이 행하고 있던 것을 우리는 다음과 같이 특징화할 수 있을 것이다. 즉, 예술들 사이에 존재하는 명백한 차이들을 위해서 그들은 불분명한 정당화를 찾고 있었다.

헤겔 자신은 일찌기 1818년에 행한 그의 『미학강의』에서 그의 유명한 예술들의 구분을 명시하였다. 그는 예술들을 상징적, 고전적, 그리고 낭만적으로 나누었는데, 이러한 구분의 핵심은 특이하다. 왜냐하면 그는 예술의 종류가 아니라 모든 종류들 속에서 연속적으로 나타나는 양식들을 나열하고 있었기 때문이다. 그것은 하나의 씨앗과 같은 관념이었다. 즉, 다음 일세기 반동안 많은 비슷한 역사적 구분들이 고안되었기 때문이다. 그러나 이것은 예술들의 분류가 여러 세기에 걸쳐 수행하려고 기도했던 것과는 다른 과제이다.

B. 19세기 중반쯤해서 거대한 체계들이 보다 경험적인 연구들에게 자리를 내어주면서 소진되었다. 가능성들의 나열에 기초를 둔 분류들이 실제로 행해지는 예술들에 대한 질서부여로 되바뀌었다. 당시 미학의 중심지는 독일이었다. 예술들의 분류 분야에서 독일의 저술가들은 상당한 정교성을 보여 주었다. 칸트의 구분과 피셔(Vischer)의 구분이 하나의 전형을 이룬다. 피셔는 미학에 몰두한 헤겔학자로서, 실제로 전개되고 있는 예술들을 점검하면서, 그것들을 그 안에 내포된 상상력(imagination)의 종류에 따라 분류하였다. 즉, 상상력은 시각예술들에서는 모방적으로, 음악에서는 창안적(inventive)로, 그리고 시에서는 '시적'(poetic)으로 자신을 나타낸다는 것이다.

19세기 하반기에는 예술들이 다양한 방식으로 구분되었다. 우선 눈을 통해 경험되는 것들과 귀를 통해 경험되는 것들의 구분이 있었지만, 이밖에는 많은 구분이 이루어졌다. 예컨대 창안적인 것들과 모방적인 것들, 동적인 예술들과 정적인 예술들, (음악같이) 연주자를 필요로 하는 것들과 (회화같이) 연주자를 필요로 하지 않는 것들, 작업의 모든 부분들을 동시적으로 현시하는 것들, 그리고 음악과 문학처럼 시간에 걸쳐 확장되는 것들과 회화와 언어예술의 경우처럼 결정적인 연상(association)들을 환기시키는 것들과, 음악처럼 결정적이지 않은 연상들을 환기시키는 것들을 들 수 있다. 이후, 새로운 경향들의 출현과 함께, 예술들은 재현적인 것들과 비재현적인 것들로 구분되기 시작하였으니, 이는 또한 구상적인 것들과 추상적인 것들, 의미론적인 것들(the semantic)과 의미론적이지 않은 것들이라고도 불리운다. 특히 널리 통용된 용법에는 순수예술과 응용예술의 구분이 있다. 이것은 전형적인 19세기적 짝짓기로서 어떤 의미로는 과거의 '자유로운' 대 '비속한', '자유로운' 대 '기계적'의 짝짓기의 한 메아리이기도 하다.

이러한 구분들 속에는 다양한 궁극적 구분(fundamenta divisionis)이 구사되었다 : 예술들은 그것들의 호소대상이 되는 감각들에 따라, 기능들에 따라, 작업방식에 따라, 행동양태(mode of action), 효용, 요소들에 따라 구분되었다. 구분들은 빠르게 전파되어 일반적인 익명의 재산이 되었다. 그러다가 결국 이상한 일이 나타났다. 즉, 서로 다른 구분 원칙에도 불구하고 결과들은 비슷해졌다는 것이다. 마치 예술의 구분은 논의할 여지가 없고 단지 그 원칙만이 의문의 대상이 되는 것처럼 되어버렸다. 이는 1906년에 데쓰와르(M. Dessoir)에 의해 작성된 도표에서 가장 분명하게 드러난다(『미학과 일반예술학』 참조).

공간예술들 정적예술들 형상들을 구사하는 예술들	시간예술들 동적예술들 동작과 음향들을 구사하는 예술들	
조각 회화	시 무용	모방적 예술들 재현적 예술들 결정적인 연상들의 예술들
건축	음악	창안적인 예술들 추상적 예술들 결정적인 연상들이 없는 예술들

그러나, 당시 미학에 관계되는 한 가장 권위적인 존재였던 데쓰와르는 분류들에 대한 그의 리뷰를 다음과 같이 비관적으로 끝맺었다. "모든 요청들을 충족시키는 예술들의 체계란 존재하지 않는 것처럼 보인다."

C. 아직도 분류의 시도들은 끝나지 않았다. 1909년에 폴켈트(J. Volkelt)는 실제로 여러 가지 제안을 내놓았는데, 새롭다고는 할 수 없으나 적어도 창의적으로 구성된 것들이다 : 사물적인 내용이 있는 예술들과 그렇지 않은 예술들(Künste mit dinglichem und mit undinglichem Gehalt) ; 형태의 예술들과 동작의 예술들(Künste der Geformheit und der Bewegung) ; 사실로 물체적인 예술들과 그렇게 보이기만 하는 예술들(wirklich-körperliche und schein-körperliche Künste). 같은 해에 폴란드의 미학자 뷔체(K.F. Wize)는 그의 독일어로 된 책에서 예술들을 시각, 청각, 동작 예술로 나누는 제안을 내놓았다. 1910년판 대영백과사전은 전통적 예술들을 모방적(mimetic)인 것들과 비모방적인 것들 ; 자유로운 것들과 보조적인 것들 ; 형태적, 동작적, 언어적 유형들로 구분하였다. 또한 독일의 지도적인 심리학자 퀼페(O.Külpe)는 1907년에 보다 보편적인 구분에로 되돌아갔다 : 시각, 청각, 그리고 시·청각적 예술들. 말하자면, 이는 분류에서 철학적 사색을 부정하였다. 그러나, 시를 연극으로부터 분류하여 음악과 동일한 집단 속에 집어넣은 것은 그토록 단순한 분류가 갖는 부정합성을 나타내준다.

D. 양차 세계대전 이후, 예술들의 분류 문제는 보다 덜 두드러진 위치로 가라앉았다 ; 그러나, 이를 위한 새로운 시도들이 계속해서 나타났고, 새로운 원칙들이 제기되었다. 독일은 이제 더 이상 미학과 예술이론의 중심지가 되지 못한다. 프랑스에서 알랭(Alain)이라는 필명을 쓴 탁월한 사상가가 나타나 1923-39년에 예술을 사회적 예술과 고립적 예술로 나누는 독창적인 방안을 제시하였다 : 그는 고립적인 예술들 속에 회화, 조각, 도자기 예술, 그리고 건축의 일부를 집어 넣었는데, 그는

이러한 예술들에서는 예술가가 오로지 자신에 의해 만들어진 사물과만 관계를 맺고 있는 것으로 이해될 수 있다고 믿었다. 즉, 그는 그를 둘러싼 사회적 관계들을 전혀 고려하지 않는다는 것이다. 1947년 수리오(E. Souriau)는 예술들을 시각적인 것들과 율동적(rhythmic)인 것들로 나누었다(참조. "La correspondance des arts"). 미국에서는 랭거(Susanne Langer)가 1953년에 예술들을 그것들이 마련해주는 가상(illusion)의 종류에 따라 나눌 것을 제안하였다. 먼로(T. Munro)는 예술들을 여러 가지 방식으로 구분했는데, 그 중에서도 예술을 기하학적(geometric)인 것들과 생명적(biometric)인 것들로, 즉 추상적인 형태들을 가지고 성취되는 예술들과 살아있는 형태들을 가지고 성취되는 예술들로 나눈 분류가 눈에 뜨인다. 아들러(L. Adler)는 예술들을(도구가 사용되지 않는) 직접적인 것들과, (도구가 사용되는) 간적접인 것들로 나누었다; 이러한 구분은 단순하고 기념비적이다 — 한 편에는 시각예술들이, 다른 편에는 청각예술들이 존재한다; 한 편에는 '아폴로적인' 것들이, 다른 한편에는 '디오뉘소스적인' 것들이 존재한다; 그러나, 악기들과 서책들을 생략한 채, 음악과 시를 음성예술(vocal art)로 축약시키는 것과 같은 단순성이 추구되었다. 폴란드에서는 마코타(J. Makota)가 1964년에 로만 잉가르덴(Roman Ingarden)의 현상적인 주제들을 발전시키면서, 예술들을 그것들이 구축하는 '층들'(layers)에 따라 구분하였다.

특정한 시도들의 특징은 같은 저자에 의해 많은 분류들이 계속적인 진전을 보았다는 사실이다; 그것은 데쓰와르, 폴켈트, 먼로에 의해서 이루어졌다. 그러나, 그 속에는 새로운 것이 없다; 그것은 이미 플라톤, 플로티누스, 그리고 키케로에 의해 이루어졌던 것이다; 아리스토텔레스는 예술들이 여러 측면에서, 즉 그 제작 방식과 수단(매재)과 목표에서 차이가 난다고 썼던 바 있다. 구분들의 숫자라는 측면에서는, 아무도 알스테드(Alsted)를 능가하지 못한다. 칸트 역시 앞에서 본대로 많은 분류들을 시도하였다.

E. 그러한 복합주의는 예술들의 구분에 의해 제기된 곤란성을 해결

하는 온건한 방법이다. 그러나, 그것은 극단적인, 온건하지 않은 해결들로 쏠리기 쉬운 우리들 시대에만 특유한 방식은 아니다. 물론 우리들 시대는 전부 아니면 전무를 갖고자 한다 ; 한 가지의 결정적인 분류를 갖지 않으면, 분류 자체를 부정한다.

동시대의 예술들의 분류들 중에서는 아주 큰 열망을 지닌 것들이 있다 ; 이들은 그 점에서 19세기의 관념론적 철학가들을 훨씬 앞서 있다. 이들 중 가장 잘 알려진 것은 프랑스의 철학자 E. 수리오의 분류이다(La correspondance des arts). 수리오는 예술들을 각각 선, 괴(volumes; mass), 색, 빛, 동작, 분명히 발해진 음향들, 즉 語音(sons articules)과 그렇지 못한 음향들, 즉 樂音(sons musicaux)을 가지고 성취되는 예술들로 나누었다 ; 이로써 중세 때 선호되던 일곱이라는 숫자가 다시금 등장한다. 그러나 여기에는 그것이 이중적이다 : 매 일곱개의 분야에서 수리오는 두개의 가능성들을 설정하였다 : 추상적 예술과 현실을 모방하는 예술 ; 예컨대, 그는 '순수'회화를 재현적 회화로부터 구별하였고, (일반적 의미에서의) 음악에 덧붙여서 묘사적 음악을 별개의 음악으로 소개하였다. 이러한 열네개의 예술들의 체계는 바퀴 모양의 폐쇄된 형태를 통해 도표적으로 표시될 수 있을 것이며, 그것은 단순히 현재 실현된 예술들 뿐 아니라, 모든 가능한 예술들 전반의 분류가 될 수 있으리라는 주장을 내세운다 ; 그것은 성장적 분류(growth classification)라고 기술할 수도 있을 것이니, 그 뜻은 그것이 모든 가능한 예술을 미래의 예술들과 함께 수용할 수도 있다는 것이다. 그것들을 미리 예견하고자 했다는 것이 수리오의 의도였고, 따라서 그가 1929년에 출판한 자신의 책에 『미학의 장래』(L'avenir de l'esthétique)라는 제목을 부친 것은 근거가 없지 않다. 그러나 이러한 구성이 어떠한 댓가를 치렀던가를 알아보아야 한다 : 그 속에서는 '묘사적인 음악'이 음악으로부터 분리될 뿐만 아니라, 문학에 덧붙여서, 현재 존재하지 않을 뿐더러 아마도 존재하지 않게 될 순수운율(prosody)의 예술이 고안되어 있다.

F. 우리들 시대에 보다 무리없이 받아들여지는 이론은 이와는 정반

※ 역자보충—수리오의 예술 분류도표

참조 : 白琪洙, 美學槪說(서울대학교 출판부, 1972), pp.253—4.

이 책의 제8장은 '예술체계'를 다루면서 발생론적 체계(일원설·다원설), 유형
학적 체계(가치론적 분류, 형식주의적 분류, 내용주의적 분류, 종합적 분류, 감
각주의적 분류, 구조적 분류, 원환론적 분류), 그리고 철학적 체계를 소개하고
있다. E. Souriau의 이론은 이 책에서 원환론적 분류로 다루어졌다. 美學事典
(日本 東京, 弘文堂刊行)의 〈藝術 9 種類〉 항목에 대체로 의존하고 있는 백교수
의 이 글은 같은 저자의 『藝術學槪說』(東民文化社, 1974)에도 수록되어 있다.

대로 대조를 이루는 최소적 견해로서, 그것은 예술들의 분류가 갖는 학
문적 가치, 유용성, 실천가능성 등에 질문을 제기한다. 수리오 자
신의 진용에서도 우리는 예술들의 분류가 "작위성을 모면하기
어렵다"는 판단에 부닥친다 (D. Huisman). 이러한 비관적인 견
해는 여러 세기에 걸친 노력들이 거둔 빈약한 결과들에 의
해서나 분류를 위한 모든 시도들이 당면하는 곤란들에 의해서나
쉽게 지지된다. 이러한 곤란성을 요약한다면 다음의 두 가지가 될 것
이다.

1. 만족할 만한 예술들의 분류를 성취하기란 불가능하다. 왜냐하면 그 영역이 고정되어 있지 않고 무엇이 예술이고 무엇이 예술이 아닌지에 대한 합의가 이루어져 있지 않기 때문이다. 즉, 어떤 인간활동들과 작업들이 예술들 속에 포함되어야 하는가에 대해 많은 이들이 제가끔 다른 의견들을 가지고 있다. 다양한 기준들이 적용되며, 하나의 기준에 의해서는 예술인 것이 다른 기준에 의해서는 부정되고, 이에 따라 예술들의 범위에 관한 여러 가지 주저들이 뒤따르게 마련이다. 만일 인간적 창조를 예술로서 간주하는 것이 오로지 쾌감을 불러 일으키는 것만을 요청한다면, 향수같은 물건들도 예술작품이 된다 ; 그러나 만일 하나의 예술작품이 정신적인 내용을 가져야 한다는 것이 또한 요청된다면, 저것들은 일단 예술작품들이 아니다. 일반적으로, 그 자신의 이름, 그 자신의 기술, 그 자신의 작업자들, 그리고 사회적 지위를 갖추고 있다면, 그런 것들은 일단 예술로서 간주된다 ; 그러나 그러한 과정은 일부의 예술들은 간과되도록 만들 것이다.

2. 무엇이 예술인가를 결정하기가 어려울 뿐더러, 더욱 어려운 것은 하나의 단일한 예술조차 그것이 무엇인가를 확정하는 일이다. 아리스토텔레스에게는 비극과 희극이 두개의 서로 다른 예술들이었다. 피리 연주와 비파(Zither) 연주도 그와 마찬가지로, 그것들은 서로 다른 도구들과 기교들을 요구하기 때문이라는 것이다. 르네쌍스시대에는 조각(carving)이 돌을 쪼아내는 작업, 청동을 부어내는 작업, 또는 왁스로 틀을 잡는 일과는 종류가 다른 예술로 간주되었다 ; 이러한 개개의 예술들이 모두 제나름대로의 이름을 가지고 있었고, 아무런 공통된 이름이 없었다. 서로 다른 기교들을 구사하고 서로 다른 재료들을 사용할 때, 그것들이 어떻게 단일한 예술로서 간주될 수 있겠는가? 알스테드(Alsted)는 돌을 쓰는 작업이나 금속을 쓰는 작업이나 단일한 예술로서 통일했다. 그러나 그는 우리가 오늘날 하나의 '조각'을 보는 곳에서 네개의 예술들을 보았다. 만일 조각의 영역이 때때로 좁게 잡혀져 왔다면, 회화는 때때로 넓게 잡혀져 왔다. 바로크 시대에는 연극적인 재현들마저

회화로 간주되었고, 개선문의 건립, 불꽃놀이 등도 정원으로 간주되기도 하였다. 예술들의 영역과 그것들 사이의 경계들이 하나의 인습적 문제에 속하고, 인습들이 변화한다면, 우리는 어떻게 예술들을 분류할 수 있겠는가?

예술들의 이름들이 그 의미를 바꿀 뿐만 아니라, 예술들 자체가 변화하고 확장된다. 현재로는, 재현적 회화와 병행해서 추상적 회화가 있고, 이는 조각에서도 마찬가지이다. 그리고 회화와 조각은 항상 모방적 예술들을 대표해 왔기 때문에 예술들을 창안적인 것들과 모방적인 것들로 나누는 그 구분 자체가 이제는 문제가 된다.

3. 그러나, 이러한 구분들의 혼란상태 속에서도 그중 몇몇은 구제될 수도 있을 것이다. 무엇보다도 사실적 예술들과 언어적 예술들을 가르는 분류가 그렇다.

오늘날의 예술에서는, 주제의 의도적인 이질성(heterogeneity)에 의해서, 그리고 아폴리네에르(Guillaume Appollinaire)를 인용하자면, 생활에서와 마찬가지로 분명한 연결도 없이 결합된 여러 가지 요소들이 하나의 단일한 작품 안에서 빚어내는 혼교(miscegenation)에 의해서 분류가 더욱 곤란한 상태이다.

> 우리의 삶마냥 뒤엉킨 우리의 예술
> 인연의 매듭 보이지 않는
> 소리 몸짓 빛깔 아우성 소란 음악
> 광대춤 시 그림 합창 행동 온갖 치장들의 어울어짐이여!
>
> (티레시아의 유방 : 신선주 역)

일부의 예술들은 사물들을 제시하는 반면, 다른 예술들은 언어적 상징들의 도움으로 사물들을 단지 암시할 뿐이라는 것에는 아무런 의심의 여지가 없다. 이러한 차이는 오랫동안 주목되어 왔고 여러 시대에 걸쳐서 이에 대한 기록이 남겨져 왔다. 키케로는 침묵의 예술들을 언어의 예술들과 대립시켰다. 성 어거스틴도 그림은 글자들과는 다르게 보여진다고 썼다. (aliter videtur pictura, aliter videntur litterae). 사르비에프스키(Maciej Kazimierz Sarbiewski; 1595-1640)는 오로지 시만이 창조적이고, 그밖의 예술들은 그렇지 않다 라고 두 영역의 예술을 대조시켰다. 두 예술은 베이콘(Francis Bacon)에 의해서도 분리되었다. 실제적 예술들과 언어적 예술들의 이중구조는 앞서도 언급했듯이 18세기에 beaux-arts와 belles-lettres라는 대조에 의해 표현되었다. 괴테는 시각예술들과 문학예술들 사이에 거대한 심연이 가로 놓여 있다고까지 말하였다. 19세기에는 이와 비슷한 생각들이 많이 주장되었다 : 폰 하르트만(von Hartmann)은 1887년에 두 종류의 예술들을 구별하였다 : 지각(perception)의 예술들과 상상(imagination)의 예술들이 그것이다. 먼로도 그가 1951년에 예술들을 전달방식에 따라 대상들을 보여주는 예술들과 단순히 암시만 하는 예술들로 나누었을 때 같은 구분을 염두에 두었다.

예술들을 실제적인 것들과 언어적인 것들로 나누는 이러한 분류는, 예술들의 영역에서 이루어진 오랜 분류 노력들이 맺은 겸허한, 그러나 믿음직한 결실로 간주되어도 좋을 것이다. 그러한 노력들은 그러나 그토록 오래 연장되지는 않았다. 즉, 순수예술들의 격리가 이루어지기까지는 2천년이 걸렸지만, 예술들의 분류는 실상 18세기에 들어와서야 비로소 시작되었던 것이다.

예술비평의 유형과 근거

예술비평의 유형과 근거

I. 비평의 유형

　우리는 예술작품을 완전한 침묵 속에서 감상할 수 있다. 그러나 만일 예술비평에 관계하려면 우리는 무엇인가를 말하지 않으면 안된다. 〈비평〉은 여기에서 그것이 일반적으로 의미하는 것을 뜻하지 않는다. 즉 무엇에 관해서 또는 누구에 관해서 헐뜯는 소리를 한다는 것이 아니다. 예술비평은 예술작품을 기술, 해석, 그리고 평가하는 작업이다. 아울러 비평가가 논의하는 것은 단일한 예술작품 뿐만이 아니라 예컨대 예술작품들의 전체 집단, 특정한 예술가에 의한 모든 작품들, 특정한 양식에 속하는 작품들, 또는 특정한 역사적 시기에 속하는 작품들일 경우도 있다.

　원칙적으로 예술비평은 단순히 목적을 위한 수단이다. 예술작품(또는 양식, 시대 등등)의 증진된 이해 또는 감상이 목적이고, 글로 씌어진 비평작품은 채용된 수단이다. 비평은 예술작품들이 보통 그렇듯이 작품으로서 읽혀진다. 왜냐하면 그것이 즐길만하거나 재미있거나 또는 도발적이기 때문이다. 그러나 보통 그것이 지니는 주요기능은 비평가가 논의하고 있는 예술작품에 어떤 빛을 던져주는 것이다——그 작품을 우리에게 알 수 있게 해주고, 그것을 우리를 위해 조명해 주고, 우리로 하여금 이전에는 보지 못했던 것들을 그 안에서 볼 수 있도록 도와주고, 또는 우리가 보았던 것들을 새로운 전망 속으로 밀어넣어 준다. 아마도 우리는 작품 속에서 새롭게 보게된 많은 특질들과 관계들을 반복된 독서들을 통해 얻게 될 수도 있을지 모르지만, 비평은 감상을 위해 일종의 지름길을 마련해준다. 우리 자신의 힘으로 분별하기에는 우리가 너무 어리석거나 우리의 주목이 너무나 순간적이거나 피상적이어서 보지 못한 많은 것을 예술작품 속에서 짧은 시간 안에 보아낼 수 있다.

물론 비평적인 독서를 요구하지 않는 작품들도 있다. 즉 서술이 아주 간단하고 직선적이며 숨겨진 의미들이나 모호한 상징구사가 존재하지 않는 작품들도 있다. 그 경우 이 작품들을 이해 또는 감상하기 위해서 필요한 어떤 장치도 우리 스스로 쉽게 마련할 수 있다. 그러나 예술작품이 어렵거나 모호하고 〈그 표면에 의미를 나타내지 않을〉 경우, 비평은 가장 도움이 된다.

기술적 비평

어떤 비평작품들은 순전히 기술적(descriptive)이다. 어떤 것은 예술작품의 감상을 위해 필요하거나 도움이 될 수 있는 역사적 배경의 주변들을 기술한다. 어떤 비평작품들은 문화적 배경, 시대적 경향, 특정한 건물들이 왜 지금의 방식대로 건조되었는가를 이해할 수 있도록 하는 데 도움이 되는 건축에서의 기술적 혁신들 또는 음악이해를 위한 악기제조상의 기술적 혁신들을 강조한다. 그런가 하면 다른 비평작품들은 예술작품 자체를 기술한다. 만일 모호한 대목들이 있다면, 또는 우리가 익숙하지 않은 언급들이 있다면, 비평가는 그것들이 지닌 의미들을 해명(explicate)해 준다. 즉 모호하거나 알아볼 수 없는 의미들이 비평가에 의해 〈벗겨진다〉(unpacked). 어떤 그림이 상징을 구사했을 경우, 역사적 비평가는 당시에 다양한 재현대상들이 무엇을 상징했던가를 설명한다.

해석적 비평

그러나 이런 경우 순수한 기술을 해석(interpretation)으로부터 구별해

내기란 쉽지 않다. 어떤 비평가는 가능한 이중적 의미를 지적할 수 있고 다른 이는 이를 부인할 수도 있는데, 이것이 바로 〈해석의 문제〉(a matter of interpretation)이다. 기술과 해석은 그러나 실상 그렇게 명백하게 판가름되지 않는다. 어떤 음악작품이 F장조에 4/4박자로서 네개의 악장을 지니고 있다고 한다면, 그것은 분명한 기술이다. 이는 만일 그가 원한다면 누구든지 눈, 귀, 그리고 합리적인 지성을 가지고 검증할 수 있는 어떤 것이다. 그러나 예술작품에 관해 이를 넘어서서 이야기되는 많은 것들이 있다. 해석은 비평가에 의해 인용된 증거를 바탕으로 〈있음직하게〉(plausible) 또는 〈그럴듯하게〉(reasonable)될 수 있다. 그러나 그것은 여전히 기술이기보다는 해석이다.

우리가 때로 〈해설〉(elucidation)이라고 불리우는 것을 고려할 경우, 기술과 해석을 가르는 선을 긋는 것이 얼마나 어려운가를 가장 잘 알 수 있다. 해설은 〈예술작품 속에서 무엇이 진행 중인가를 우리에게 말해준다.〉 이런 상황에서 보통 이루어지는 것은〈인과적 추리〉(causal inference)이다. 저자는 당신에게 A 가 C 때문에 B 를 행했다고 말하지 않지만, 실제 세계에서 사람들이 종종 C 때문에 B 를 행하기 때문에(예컨대 질투로 인해 복수의 행위에 개입한다), 우리 (독자나 비평가)는 A 역시 그렇게 했다고 추리한다. 여기에서 비평가는 예술작품 속에 실제로는 암묵적인 것을〈폭로〉(lay bare)했다고 주장할 수 있다——〈그것은 실제로 거기 있다〉. 이 때 비평가는 우리에게 예술작품 속에서 이루어지고 있는 것, 또는 우리가 그 작품의 의미를 이해하기 위해서는 그 안에서 진행되고 있다고 결론내리지 않으면 안되는 것을 기술하고 있을 뿐이다.

그러나 이제 문제가 부상하기 시작한다. 저자가 어디에서도 A 가 C 라는 동기 때문에, B 를 행했다고 말하고 있지 않기 때문에 비평가는 이를 추리한 것이다(그는 그것을 본문 자체 속에서 발견하지 않는다). 다른 비평가가 다른 어떤 것을 추리할 수도 있는데, 이 때 우리는 이미 해석상의 차이를 갖게 된다.

『햄릿』의 경우 프로이트적인 비평가가 자신은 단순히 해설이라고 이야기 한다 해도 대부분의 사람들은 분명히 프로이트의 『햄릿』관점을 하나의 해석이라고 부를 것이다. 그는 우리에게 〈연극 속에서 이루어지고 있는 것〉의 〈가장 있음직한 설명〉을 제공하고 있고, 연극 속에 있는 모든 사건들을 설명하는 추리를 제공하고 있다는 것이다. 그러나 그렇다고 할지라도 프로이트와 어네스트 죤스(Ernest Jones)가 기술을 넘어서고 있고, 해석, 그것도 고도로 논쟁적인 해석을 제공하고 있는 것으로 보일 수 있다.

이 차이는 과학에서 말하는 법칙들과 이론 사이의 차이와 비슷한데, 우리는 법칙들을 발견하는 대신 이론들을 창안한다. 그러나 이처럼 간단하지는 않고, 어떤 이들이 법칙들이라고 부르는 것들 중 어느 것(예컨대 원자의 구조)은 다른 사람들에 의해 이론들이라고 불리운다. 기술은 〈기기에 있는 것을 드러내는 것〉이고, 해석은 〈행간을 읽는 것〉(reading into the script)이다. 햄릿의 행동들은 본문 속에 개진되어 있지만, 그의 동기들은 그렇지 않다. 그러나 본문 속에 기술되어 있지 않은 가장 단순하고 명백한 감정들이나 동기들조차, 예컨대 침실 장면에서 햄릿이 그의 어머니에게 화를 낼 때의 감정들이나 동기들도, 그러므로 해석이라고 불리워야 하는가?

이제까지 우리는 오로지 비평가가 우리에게 어떤 예술작품이 어떻게 해석되어야 하는가를 말해주는 해석의 경우들만 시험해 보았다. 그러나 공연예술들에서 공연자(performer)는 우리에게 그것이 어떻게 이루어져야 하는가를 말하지 않고 그것을 행함으로써 예술작품을 해석할 수 있다. 이렇게 해서 햄릿을 공연하는 배우는 프로이트적 해석이 옳은 해석인듯이 주인공 역할을 공연할 수도 있다. 특정한 대사들에 주어진 강조, 비꼼, 그의 어머니를 바라보는 시선 등등. 그리고 두명의 피아니스트가 똑같은 음악작곡을 다른 방법으로 해석할 수 있다. 그러면서 둘 다 악보 속에 적혀 있는 모든 음표들에 충실했다고 할 수 있다(편자——호스퍼스의 이런 이론은 악보나 대본 자체를 완성된 예술작품으로 보고 연주나 연기는 단순히 해석으로 간주하는 경향을 보이면서, 연주나 연기를 포함한 공연 자체를 완성된 예술작품으로 보는 이론과 대립된다).

우리가 작곡, 무용, 그리고 연극적 공연들의 해석들에 관해 이야기할 때, 하나의 해석은 〈옳다〉고 하고 다른 것은 〈그르다〉고 부르기가 곤란하다. 우리는 하나가 다른 하나보다 좀더 호소력이 있다든지, 장기공연에서 보다 호응이 좋다든지라고 말할 수 있다. 그리고 한 청취자가 들을 만하다고 한 해석이 다른 사람들에 의해서도 반드시 그렇게 될 것도 아니다. 그러나 문학작품의 경우에 관해서는 어떠한가? 분명한 문장들이 있는 여기에서는 옳다든지 그르다든지 하는 해석들이 운위될 수 있지 않는가? 이는 다음과 같은 사실에 달려 있다. 그것은 독자가 그와 더불어 그가 읽는 어떤 것에든지 옮겨놓는 이데올로기적 편견을 통해서(말하자면 밖으로부터)한편의 시에 해석이 〈강제〉(imposed)되는가, 아니면 독자가 그것이 어떻게 해석될 수 있는가에 관해 시 안에서 기꺼이 단서를 발견하고 있는가에 달려있다.

다른 한편, 어떤 해석이 〈그럴듯하다〉면, 다른 대안들에 비해 그것이 어떻게 우월하다는 것을 보여주기 위해, 그럴듯한 근거들(reasons)이 제시될 수 있다. 그리고 그것이 옳다고 믿기 위한 근거들이 존재하지 않는 한, 어떻게 그 근거들이 중요성을 지닐 수 있겠는가? 그리고 만일 그것이〈있음직한〉해석이라면, 그것은 또한 옳다고 하는 것이 가능하지 않은가? 〈있음직함〉(plausibility)은 적어도 어떤 합당한 증거들에 기초한 진리의 표상이다. 그리고 있음직한 어떤 언명은 〈원칙적으로 옳다든지 그르다든지 할 것으로 보여질 수 있다〉[1]고 하는 주장이 있는데, 만일 제안된 두가지 해석들이 논리적으로 양립할 수 없다면 그것들 중 적어도 하나는 배척되어야 하지 않는가?[2]

---

1) Monroe C. Beardsley, "The Testability of an Interpretation", *The Possibility of Criticism,* (Detroit:Waye State Univ. Press, 1970); *Philosophy Looks at the Arts* ed. Joseph Margolis, (Philadelphia:Temple Univ. Press, 1978), pp. 370~386에서 재록. 인용귀절은 이 책 p. 373에 수록되어 있음.

2) 이와 대조되는 견해를 참고하고자 할 경우, 다음의 문헌이 적합하다 : Joseph Margolis, *The Language of Art & Art Criticism;Analytic Questions in Aesthetics,* (Detroit;Waye State University Press, 1965). 편저자에 의한 이 책의 요약·소개도 참조할 것. 김문환, 「藝術 批評에 관한 美學的 논의」 『예술평론』 1986년 여름호.

평가적 비평

마지막으로 평가적(evaluative)비평이 존재한다. 이는 예술작품들에 대한 판정(verdicts)으로서, 보통 다른 작품들과 연관해서 이루어진다. 이것은 좋다, 이것은 월등하다, 이것은 졸작이다, 이것은 저것보다 낫다.

이 모든 것을 위해 비평가는 근거들을 가지고 있다. 그것들을 지지해 줄 근거들이 없다면, 그러한 판단들은 이지적인 독자에게 상당한 영향을 미칠 수 없다. 그것들은 단순히 판단을 내린 사람의 뒷받침되지 못한 의견으로서 남게 된다. 실상 어떤 비평가들은 그러한 판단들을 내리는 것을 전적으로 삼가한다. 그들은 당신에게 작품 속에서 무엇이 진행중인가를 이야기하고 그것을 가능한대로 최선을 다해 해설하고, 이러한 언급들에 비추어보면서 그 작품을 어떻게 평가할 것인가는 당신에게 위임한다.

여기에서 우리가 유의해야 할 것은 작품을 좋아하는 것과 그것에다가 예술작품으로서 높은 점수를 주는 것은 같은 일이 아니라는 사실이다. 피카소의 작품들을 좋아하지 않으면서도, 또는 그 작품들중 어느 것도 더 보기를 원치 않으면서도 피카소에게 독창적이고 상상력이 풍부한 화가라는 칭호를 아끼지 않을 수도 있다.

물론 취미에서의 차이들, 또는 개인적인 선호들이 존재한다. 〈나는 이 예술작품을 좋아한다. 왜냐하면……〉하는 것은 이것이 가치있는 예술작품이다라는 판정을 정당화하기 위한 시도가 아니라, 오로지 그 사람이 그것을 왜 좋아하는지 하는 이유(또는 근거)를 제공하는 것이다. 만일 내가 베르디보다 바그너를 좋아하고 당신은 바그너보다 베르디를 좋아한다면, 〈나는 베르디보다 바그너를 좋아한다〉는 언명이나 〈너는 바그너보다 베르디를 좋아한다〉는 언명은 둘다 옳다. 여기에서는 논쟁이란 있을 수 없다. 고작 한 사람이 다른 사람에게 그가 거짓말을 하고 있다고나 해야 논쟁이 생겨날 수 있다. 한사람은 옳다고 생각하고 다른 사람은 그르다고 생각하는 언명이 존재할 때에야 비로소 불일치란 가능하다. 각자가 보통 그가 좋아하는 것에 관한 마지막 권위라는 것이 인정되는 까닭에 당사자들 중 어느 편도 다른 사람의 선호천명에 이의를 제기하지 않는 것이 보통이다.

그러나 우리가 다른 이들의 선호천명에 관해서는 동의하면서도 다른 이들의 가치평가(evaluation)에는 종종 동의하지 않는다. 우리가 베르디와 바그너에 대한 서로 다른 선호들을 표현할 때, 우리는 이로써 서로에게 우리의 취미들을 드러내지만, 어떤 것에 대해 아직 불일치하는 것은 아니다(A 는 B 가 그 작품을 좋아하지 않는다고 의심하지 않는다). 그러나 내가 〈전체적으로 볼 때 바그너의 작품들이 베르디의 작품들보다 더 위대하다(더 낫다, 더 경탄받을 만하다, 보다 큰 성취를 보여준다 등등)〉고 말할 경우, 나는 당신이 동의하지 않을 만한 것에 관계되는 판단을 내리고 있다. 그리고 우리가 동의하지 않을 경우, 우리는 보통 우리의 비교적인 가치평가를 위한〈근거들〉(reasons)을 제시하게 된다.

Ⅱ. 비평의 근거

우리가 예술작품에 대해 알맞는 판단에 도달했는지 아니면 알맞지 않은 판단에 도달했는지는 보통 일군의 요인들에 의존한다. 어떤 예술작품에나 그토록 많은 특색들이 존재하기 때문에 그에 대한 마지막 판단은 〈균형적〉판단이 될 것이다──이는 자동차에 관한 판단과 비슷하다고나 할까? 이 차는 저 차보다 좀더 부드럽고 승차감이 좀더 편안하다; 그러나 반면에 첫번째 것은 등이 좀더 높고 내구력이 좀더 강한 재료들로 구성되어 있다; 그러나 첫번째 것은 좀더 비싸다 등등.

그러나 예술작품을 평가함에 있어서 서로가 서로에 견주어져야 할 요소들은 무엇인가? 언제나 그리고 어디에서나 그것이 나타나 있으면 예술작품을 좋게 만드는 경향이 있는 (그것이 없을 때보다 더 좋게 만드는 경향이 있는)예술작품의 특색들——일반적인 요소들이란 것이 존재하는가? 만일 있다면 그것들은 무엇이고, 그것들이 고려되어야 할 요소들이라는 견해를 우리는 어떻게 옹호하는가? 만일 그런 것이 있다면〈이것은 좋은 예술작품이다. 왜냐하면……〉이라는 문장과〈이것은 저것보다 더 좋은 작품이다. 왜냐하면……〉이라는 문장에서〈왜냐하면……〉이라는 단어에 뒤따르는 〈좋은 근거들〉은 무엇인가?

발생적 근거

이러한 근거들 중에는 (또는 근거들이라고 내세워진 언명들 중에는)우리가 그것들을 일단 분리해 놓으면 애초부터 부적절한 것으로 각하해 버릴 수 있을 그런 종류의 것들이 존재한다. 그것들 중 첫째는 예술작품의 발생과 관련되는 언명들이 있다. 이것들은 종종 발생적 근거들 (genetic reasons)이라고 불리운다. 때로 사람들은 하나의 예술작품의 창작이 부분적으로 어렵기 때문에 또는 그것이 상당한 양의 시간, 노력, 또는 집중을 요했기 때문에 보다 높게 평가한다. 그러나 이것은 용기 또는 끈기라는 특질들을 가지고 있다는 이유로 〈예술가〉를 칭찬하는 근거들인 것으로 보인다. 말하자면, 그것은 예술작품 자체에 높은 점수를 부여할 근거들은 되지 못한다. 더구나 모짜르트가 그의 음악을 믿지 못할 정도의 속도로 창작했고 브람스는 한참 울고 이를 갈고 난 후에야 그의 음악을 창작했다면, 이것이 브람스의 음악을 보다 좋은 것으로 만드는가? 많은 사람들이 애는 무진 썼으면서도 결국 그 노력의 대가를 제대로 보여주지 못한다. 따라서 우리는 작품에 이르는 과정의 본성에 의해 그산물의 질을 판단할 수 없는 것이다.

또는 어떤 예술가가 그의 작품에 관해 특정한 고정된 의도를 가지고 있었고 이를 끝까지 고수했다고 가정해 보자. 자신의 의도를 실현했다고 해서 그를 칭찬할 사람도 있겠지만, 그것이 작품의 질을 판단하기 위한 기초이다 라고 말해질 수 있을까? 또는 그의 작품을 창작함에 있어서 그가 표현해야 할 심오한 정서를 가지고 있었고 그것들을 작품의 창작 속에서 완전히 표현했다고 가정해 보자. 이는 참으로 그의 전기작가나 그의 심리분석가에게는 관심거리가 되겠지만, 작품 자체의 평가에 이르고자 하는 사람에게는 그렇지 않다. 작품 창작에서 보이는 그의 위대한 성취경험은 작품의 어떤 상응하는 특질과도 결합될 수 없다. 누군가가〈그것은 내게 있어서 완전한 실현 경험이었다〉라고 말할 때, 우리는 그에 대해 얼마든지 그럼에도 불구하고 실현할 만한 것이 뭐가 있었는지 의심스럽다고 응수할 수도 있는 것이다.

정감적 근거

둘째로 작품 자체에 관한 것이기보다는 차라리 그것이 수용자에게 어떤 효과를 미치는지에 관한 언명들이 있다. 이것들은 때로〈정감적 근거들〉(affective reason)이라고 불리운다. 그러나 한 수용자에게 미친 효과는 다른 사람에게 미친 효과와 꼭같지 않다. 따라서 그것이 한 사람에게 특정한 방식으로 효과를 미쳤다는 사실이 그 예술작품에게 장점을 귀속시키는 근거로서 계산될 수는 없다. 기껏해야 그것은 그 개인이 그것을 좋다한다든지 싫어한다든지 하는 사실에 대한 원인으로 작용한다. 사실상 똑같은 예술작품도 개인의 기분이나 그때 그때의 정신상태에 따라 다른 시간에 매우 다른 방식으로 똑같은 개인에게 다른 영향을 미칠 수 있다.

예술작품의 평가자들로서 우리가 알고자 하는 것은 그것이 어떻게 특정한 시간에 특정한 사람에게 영향을 미쳤는가가 아니라, 예술작품자체 속에 문제가 되는 효과를 환기할 만한 무엇이 존재했던가 하는 것이다. 수용자들에게 미친 예술작품의 효과들이 문제가 되지 않는다는 것이 아니라, 비평적인 평가는 예술작품자체 속에 근거를 가지고 있어야 한다는 것이다. 과거에 그 예술작품을 때때로 함께 향유했던 어떤 사람을 생각하게 함으로써 그것이 당신을 깊이 감동시킬 수도 있는 것이 아닌가? 그러기에 〈왜〉를 조사하지 않은 채 그 효과가 〈무엇〉이었던가를 묻는 대신에, 우리는 그것으로 하여금 이러한 효과들을 산출할 수 있도록 했던 어떤 특질들을 예술작품이 가지고 있었던가를 조사하지 않으면 안된다. 어떤 예술작품이 실질적으로 모든 수용자들에게 특정한 종류의 효과를 규칙적으로 가지고 있다 할지라도, 우리는 그것에게 이러한 힘을 부여하는 예술작품에 관한 무엇을 알고자 한다. 우리가 평가하고 있는 것이 예술작품의 효과들이 아니라 예술작품이라면, 그러한 평가를 위한 근거들은 수용자의 특질들이 아니라 작품의 특질들 속에 놓여 있어야 하지 않는가?

이렇게 해서 우리는 비평적 평가를 위한 근거로서 〈예술작품 사제〉에 집중하도록 이끌려 왔다. 예술작품을 좋게 또는 나쁘게 만드는 것, 다른 작품보다 더 좋게 또는 더 나쁘게 만드는 것은 〈그것이 지닌〉 특질들이다.

특정한 청취자가 특정한 음악을 즐겨 듣는다는 사실은 〈그〉 청취자에게는 그 곡을 반복해서 듣기 위한 좋은 근거는 될 수 있다. 그러나 그것이 그 예술작품에 대한 판정을 위한 일반적인 근거일 수는 없다. 우리는 이렇게 해서 제3의 집단, 즉 〈객관적 근거들〉(objective reasons)에로 돌아간다.

객관적 근거

그러나 하나의 예술작품은 무수한 특질들로 치장하고 있다. 우리가 설혹 창조적인 예술가들이나 예술수용자들이 아니라 예술작품들의 특질들에만 우리의 주목을 한정한다 해도, 예술작품의 어떤 특질들이 예술작품으로서의 그것에 대해 알맞는, 또는 알맞지 않는 판단에 합당한가? 객관적 근거들 중에서일지라도 어떤 것은 명백히 부적합하지 않은가? 그렇다 할지라도 비평가들 사이에는 이 문제에 관한 보편적인 동

의가 존재하지 않는다. 이에 우리는 흔히 운위되는 객관적 근거들, 즉
〈인식적 근거들〉(cognitive reasons), 〈도덕적 근거들〉(moral reasons), 그리
고 〈미적 근거들〉(aesthetic reasons)을 점검해 볼 필요가 있다.

인식적 근거

예술작품 속에 들어있는 어떤 언명 또는 일군의 언명들은 옳을 수 있
다. 그리고 그럴 경우, 그 작품은 그 정도로 인식적 가치를 갖는다. 또
는 어떤 예술작품이 독자가 옳다거나 그에게 받아들여질 만하다고 보는
생활관 또는 세계관을 함축할 수 있고, 그런 이유로 그 예술작품을 (단
순히 그것을 더욱 좋아하는 것이 아니라)보다 높게 평가하게 할 것이다. 그
러나 대부분의 평론가들은 아마도 그것이 좋은 예술작품이냐 하는 질문
과 그것이 올바른 견해를 함축하고 있느냐 하는 질문은 전혀 별개의 것
이라고 주장하면서, 그러한 인식적 근거들을 타당하지 않은 것으로 거
부할 것이다. 그들은 양자를 혼동하거나 심지어 하나를 다른 하나에 종
속시키는 것은 어리석은 일이라고 주장한다. 예컨대 비어즐리가 그렇
다. 어떤 사람이 『전쟁과 평화』에 담겨 있는 톨스토이의 역사철학과 같
이, 문학작품의 철학에 관심을 가지고 있다고 가정해 보라. 그렇다면
우리는 어떤 구별을 제안하고 싶어질 것이다. 만일 그에게 흥미있는 것
이 그 철학의 진리이거나 그것이 지닌 논리적 일관성, 또는 그것의 역
사적 선례들과 영향이라면, 소설에 대한 그의 흥미는 미적이 아니다.
그러나 그에게 흥미로운 것이 그 철학의 성격(말하자면 그것의 대담한 일
격), 또는 그것이 지닌 소설의 구조 내지 재발적인 주제들과 맺는 유기
적 관계라고 한다면, 그의 관심은 미적이다. (『문학과 철학』, 죠지딕키편,
『미학』p.328). 물론 이에 동조하지 않을 철학자들도 있다. 이들은 예술작품
에 대한 판단에 있어서 과학적인 기준을 채용하는 것이 정당하다고 본다
(편자 — 본문에 있는 예술을 진리, 또는 인식의 수단으로 보는 견해들을 참
고할 것).

도덕적 근거

　똑같은 의견차이가 도덕적 근거들의 평가에서도 발견된다. 예술작품은 세계의 어떤 국면을 드러내는 올바른 그림과 마찬가지로 어떤 도덕적 이상을 제시할 수 있다. 그리고 만일 도덕적 이상들이, 물론 모든 사람이 다 동의하지는 않더라도 옳거나 그르다고 간주된 경우, 도덕적 근거들은 인식적 근거들의 한 유형이 된다. 소설은(우리를 자극할)도덕적 특성들을 제시하거나 특정한 도덕적 정조로 물들여지거나, 도덕적 찬동, 또는 반대라는 관점에서 간주될 인물들 (그리고 그들에 의해 주장된 견해들), 그리고 상황들을 세시할 수노 있다. 다시금 많은 평론가들에게 도덕적인 근거들과 미적 근거들은 별개의 것이라는 사실, 미적인 기초들에 입각해서 작품을 평가하는 것은 도덕적인 기초들에 입각해서 그렇게 하는 것과 매우 다르다는 사실, 그리고 소설 속에 설정된, 또는 함축된 도덕성에 대해 아무리 반감을 갖는다 할지라도, 자신의 도덕적인 반대를 (아마도 호의적인) 미적 판단을 행하는 길목에다 세워놓아서는 안된다는 사실이 자명한 것으로 보일 것이다 (나는 그것이 가치있는 영화라는 것을 인정해야 한다. 그러나 그것이 지닌 도덕성은 냄새가 난다).

　이러한 구별은 산뜻하고 있음직하다. 그러나 많은 사람들이 이를 따르지 않으려고 한다. 예컨대 어떤 이들은 〈도덕적인 성숙성의 결핍〉때문에 어떤 소설을 비판하는 것은 그것을 만족스러운 예술작품으로 거부할 완전히 적합한 이유가 된다고 말한다. 즉 그것이 지닌 도덕적 차원에서 〈보다 성숙되어〉있다면, 그것은 더 좋은 것이 될 것이라고 말한다.

　비평가는 실제로 성숙성의 결핍 자체를 비판하고 있지 않고 도덕적 성질인 성숙성과 미적 성질인 복합성을 혼동하고 있다고 말함으로써, 그리고 비평의 진정한 기초는 (젊고 경험이 없는 제자들에서 종종 발생하듯이) 인물들의 성숙성의 결핍이 결과적으로 밀접하게 연결되는 복합성이라는 중요한 차원이다라고 말함으로써 우회로를 마련할 수도 있다. 그러나 비어즐리는 이렇게 말한다. 「성숙성의 기준을 복합성의 기준에로 환원하는 것은 가능해 보이지 않는다. 보다 중요한 것은 진리의 기준을 ……미적 기준에로 환원시키는 것이 가능해 보이지 않는다는 사실이다. 만일 그렇다고 한다면, 과학적──그리고 이것이 보다 더 단순해 보일 것이지만──도덕적 기준들이 미적 판단들을 내리는데 합당하다는 주장이 경우에 맞는 것처럼 보일 것이다. …… 그리고 미적 판단에 합당한 기준들에 공통되는 어떤 속성을 발견해 낼 희망은 그 가능성을 상실하게 될 것이다」[4]

이러한 난제를 해결하는 하나의 방법으로 특정한 성질 Q의 존재가 어떤 것을 보다 좋은 〈예술작품〉으로 만든다는 것이 Q의 존재가 그에 관한 보다 높은 미적 판단을 보장할 것임을 의미하지 않는다는 설명이 제시될 수 있다. 예술작품들은 미적 성질들이 아닌 많은 성질들을 함축한다. 그리고 하나의 예술작품은 그 성질들이 미적인 성질들이 아님에도 불구하고, 그것들을 소유함으로써 〈예술작품으로서〉 보다 나은 것이 될 수도 있다. 예컨대(꼭 동의어는 아닌 표현들)즉, 어떤 소설이 〈사실처럼 들린다〉든지 〈설득력이 있다〉든지 〈인간본성에 진실하다〉든지 하는 특징화는 그것이 그렇지 않은 경우보다 그것을 좀더 나은 소설로 만들만한, 〈소설로서〉좀더 낫게 만들만한 특색이다. 그러나 인간본성에의 진리가 좀체 미적 성질로는 보이지 않는다. 이러한 특색의 존재가 소설을 미적으로 좀더 좋게 만들지는 않는다(물론, 인간본성에의 진리가 통일성 또는 복합성 또는 그밖의 어떤 미적 성질을 향상시킬 수도 있고 보통 그럴 것이지만, 소설은 미적 성질 때문에 미적으로 좀더 좋은 것이지 진리 자체 때문에 그런 것은 아니다.)

우리가 만일 이러한 구별을 염두에 둔다면 그것은 지겨운 퍼즐을 해결하는 데 도움이 될 것이다.(적어도 대부분의 비평가들이 그렇게 말할 것으로) 제인 오스틴의 소설들은 미적으로 볼 때, 도스토옙스키의 소설들보다 좀더 낫다. 그러나 도스토옙스키의 소설들은 미적 성질들의 체현들로서는 〈아니라〉할지라도 〈소설들로서는〉──그리고 소설들이 그 일부가 되는 전체 예술작품들의 사례들로서──오스틴의 소설들보다 좀더

---

4) 앞의 책; p. 497–498.

낫다. 우리는 소설들을 미적으로 평가하지만 〈오로지〉미적으로만 평가하지 않는다. 어떤 미적 특질들이 카라마조프의 세 형제들의 풍부하고 통찰력있는 특징화를 소설에다 덧붙이는가는 충분히 논쟁의 여지가 있을 수 있다. 그러나 이러한 특징화들이 그 책을 훨씬 더 위대한〈소설〉로 만든다는 것은 논쟁의 여지가 없다. 모든 예술은 음악의 조건을 열망한다는 말도 있지만, 문학작품들은 전반적으로 뚜렷한 미적 성질들을 보다 적게 소유하고 있다 할지라도, 예술들 중에서 둘째 또는 세째 자리를 차지해야 하는 것은 아니다. 왜냐하면 어떤 것을〈예술작품으로서〉상찬하는 근거들은 어떤 것을〈미적으로〉상찬하는 근거들보다 좀더 포괄적이기 때문이다. 우리는 문학작품들의 〈옳은〉특징화를 기대한다. 참으로 이는 우리가 문학에서 구하는 것들 중 하나이다. 그리고 이는 우리가 문학에 대해 갖는 관심이 순전히 미적일 경우에는 그렇지 않을 것이다. 몽드리앙에 대한 우리의 반응은 가장 또는 완전히 미적일것이다. 그러나 문학작품과 관계될 경우 이는 거의 또는 결코 생겨나지 않는다.

미적 근거

마지막으로 〈미적〉이라고 불리우는 근거들의 부류가 존재한다. 우리는 아직 이 술어의 사용에 무엇이 포함되는가를 점검해보지 않았다. 그러나 이에 관계되는 미적 태도와 미적 경험, 그리고 미적 성질들, 미, 그리고 미적 가치에 관한 글을 읽고 난 후에라도 이전보다 더욱 큰 혼란에 빠져들게 될 것이다. 어떤 정도로든 그것들을 부여하는 사람에 의해 〈미적 근거〉라고 불리우는 근거들이 예술작품들의 평가를 위해 항상 존재한다. 그것들중 일부는 인식적 및 도덕적 근거들과 대조하여 이미 지적된 바 있다. 문제는 다시금 발견되어야 할 근거들의 종류와 숫자들에 적용할 만한 한계를 발견해 내는 것이다.

개별적으로 보아 필요하고 연결적으로 보아 충분한 예술작품의 평가를 위한 기준들의 특수한 명단이 좀체 제공되지 않는 중에 예외적으로

먼로 비어즐리가 있다. 그는 그의 책『미학』(1958)과 그후에 나온 논문 「비평적 근거들의 분류」(1968)에서 다음과 같이 술회한다. 「내 생각으로는 합당한 비평적 근거들로 보이는 〈세가지 기본적 기준들〉이 존재한다. 예술작품들의 그밖의 모든 특색들은 이들에 종속되거나 부수될 수 있다. 통일성…… 복합성…… 그리고 국지적 성질(regional quality)의 집중성이 존재한다」

〈통일성〉예술작품은 그것이 〈혼연일체를 이룰 경우〉(hangs together) 통일되어 있다. 통일성의 두 가지 주요한 국면들은 완전성과 응집성이다. 이는 거기에 존재하지 않은 어떤 다른 것도 요청되지 않는다는 기준과 요청되는 모든 것이 거기에 있다는 기준이라고도 설명된다. 그러나 예컨대 「이 그림은 고도로 통일되어 있다」(아니면 그렇지 않다)라는 판단을 정당화하는 것을 우리는 어떻게 아는가? 비어즐리는 이렇게 쓴다. 통일성의 지각은 궁극적으로 〈형태〉지각(gestalt perception)에, 국지적 성질들과 전체의 지배적인 패턴들의 수용에 기초될 수밖에 없다. 그러나 그러한 지각들은 항상 분석에 의해 점검될 수 있다. 분석이라는 단어에 의해 단지 작품의 부분들에 대한 정밀한 시험과 각 부분들이 맺고 있는 관계들이 의미될 뿐이다. 작품이 어느 정도 통일성을 갖추고 있다든지 그렇지 않다든지 하는 첫인상에 따른 기술도 이런 종류의 점검을 보류한 셈으로, 그것은 분석을 통해 유지되어야 한다. 왜냐하면 분석 후에 이루어지는 지각은 먼저의 지각을 수정할 수도 있기 때문이다. 우리가 어떤 부분 또는 어떤 내적 관계들을 간과해 버렸음이 판정될 수도 있는데, 그런 부분 또는 관계들이 지각 속에 고려될 경우, 첫보기보다는 작품을 보다 더 —— 또는 보다 덜 —— 통일되게 만든다」

〈복합성〉 복합성(complexity)과 앞서 말한 통일성은 통일성 중의 다양성 또는 다양성의 통일성 같이 종종 결합된다. 작품이 요소들의 다양성을 결여할 경우, 통일성은 위대한 성취가 아니다. 요소들은 전반적 통일에 의해 〈매달려 있어야〉(be held in suspension)한다. 그리고 작품이 보다 복합적일수록 이는 더욱 성취하기 어려워지는데, 그렇기 때문에 일단 그것이 성취되기만 하면 작품은 좀더 가치있게 된다. 그러나 만일 누군가가 당신에게 어떤 작품이 통일되어 있다는 것을 증명할 수 있음에도 불구하고 그것이 너무나 복잡해서 당신이 그 통일성을 인식할 수 없을 정도라고 한다면, 그러한 (이론적)통일성은 미적 장점이 되지 못할 것이다. 즉 접근 불가능하다면 없는 것이나 마찬가지라 할 것이다. 그렇다면 복합성은 수용자가 통일성의 형태지각을 방해받을 정도로, 그렇게 주체못할 정도로 커서는 안된다. 그러나 때로 예술작품 자체의 어떤 부분, 또는 국면은 그것이 지닌 복합성 때문이 아니라 바로 단순성 때문에 상찬된다. 그러나 비어즐리는 이에 대해 파솔리니가 감독한 영화「마태복음」을 빌미삼아 이렇게 말한다. 「파솔리니의 영화가 갖고 있는 단순성이 적극적인 장점으로 간주되는 한 나는 그것을 복합성의 낮은 정도로시 받아들이지 않고〈과잉된 세부와 과잉 장식〉의 부재로서 받아들인다」. 더구나 예컨대 모짜르트나 헨델의 멜로디들은 전혀 단순하지 않고 그렇게 보일 뿐이라고 하면, 장점으로서의 단순성에 대한 설명은 더욱 미묘해진다. 비어즐리는 통일성에 관한 그의 설명에서와 비슷하게 예술작품(또는 그 일부)가 가치를 지니면서 〈동시에〉 단순할 수도 있지만, 그것이 단순하기 〈때문에〉 가치를 지닐 수는 결코 없다고 쓰고 있다. 단순성은 다른 성질들의 높은 정도에 의해 계산되어야 한다. 「단순성이 바람직한 특색으로서 주장될 때마다 그것은 다음 둘 중 하나이다. 언급되고 있는 것은 (복합성의 반대로서의) 엄격한 단순성이 아니라, 어떤 종류의 통일성이다. 그렇지 않으면 경탄되는 것은 단순성이 아니라 이 경우 공교롭게도 단순성을 받아들임으로써만 획득될 수 있는 어떤 국지적 성질의 집중성이다」

　〈집중성〉 이렇게 해서 우리는 제안된 세가지 기준들중 마지막, 즉 집중성(intensity)에 이른다. 이는 재빨리 파악하기가 좀 더 어려운 기준으로서, 예술작품의 형식적 성질이 아니라 전체로서의 예술작품, 또는 그것의 어느 부분, 또는 국면이 갖는 침투적인〈국지적 성질〉이다.

　집중성에 대해 이야기할 때 우리는 보통 〈경험〉의 집중성을 염두에 둔다. 분명히 예술작품에 위촉된 성질로서의 집중성과 그로부터 줏어 올리는 경험의 집중성 사이에는 연결이 존재한다. 그러나 어떤 경우에나 집중성 속에 포함되는 것은(이름이 붙여졌건 아니건 간에)어떤 구체화된 〈표현적 성질〉의 존재이다. 세익스피어의 희곡『리어왕』에서 리어가 자신의 큰딸 고네릴에게 퍼붓는 저주가 집중성이란 무엇인가 하는 질문에 대한 답을 가장 잘 예시해 줄 수 있다. 그러나 집중성은 격정과는 달리 고요와 체념과도 연결된다.

그러나 모든 작품이 말로 쉽게 기술할 수 있거나 없거나 간에 어떤 성질을 가지고 있는 것은 아니고, 따라서 모든 작품이 집중성을 가지고 있는 것은 아니지 않을까? 그 반대이다. 많은 작품들이 통일성과 마찬가지로 복합성에서 완벽할 수 있으면서도 특정한 국지적 성질들은 전혀 가지고 있지 않다──그것들은 (집중성의 반대를 위해 찾아질 수 있는 좋은 단어로서) 바로 〈희미하다〉(blaβ). 그리고 이것이 왜 어떤 작품들은 (많은 학생 작품들처럼)잘 얽어져 있고 꽤 통일이 되어 있음에도 불구하고 우리에게 범속해 보이고 어떤 정도로든 완전히 기억할만 하지 못한가 하고 묻게 만드는 것이 아닐까? 〈형식적 정확성〉이 주요한 기준이었을 때 루트비히 쉬포르는 거의 베토벤만큼이나 작곡가로서 유명했지만, 오늘날 그는 단순히 기억에서 사라졌을 뿐만 아니라, 그의 작품들이 연주될 경우 우리에게 어떤방식으로든지 기억할 만하지 않다. 그것들은 〈생동성〉(vitality)을 가지고 있지 못하고, 어떤 종류의 강한 정감적 특성들도 구체화하고 있지 못하고, 〈무난하지만 공허하게〉(smooth but inane) 느껴진다. 그것들은 베토벤의 음악의 모든 운율을 실질적으로 특징짓는 활력, 열정, 그리고 자랑(pride)과는 대조를 이룬다.

그렇다면 표현적인 성질의 집중성이라면 어떤 종류이든 다 예술작품에 대한 우호적인 평가를 위해 셈쳐지는가? 히치코크의 영화「사이코」에는 순전한 공포를 주요한 성질로 포함하는 장면들이 있다. 그러나 모든 사람이 예술작품 안에 구체화된 공포를 바람직한 성질로 간주하는 것은 아니다. 어떤 관객들은 구역질을 하고, 다른 사람들은 그들이 그토록 고도하게 표현된 이 성질을 〈참지〉 못하고 극장을 떠난다. 뷔넬의 짧은 영화「앙달루시아의 개」의 첫장면에 대해서도 마찬가지 말을 할 수 있겠는데, 거기에는 인간의 눈이 클로즈업되었다가 그 눈을 면도날로 째는 장면이 비쳐진다. 아무리 집중적이라고 하더라도 예술작품들이 구체화할 수 있는 성질들의 종류에는 아무런 제한도 없는가? 이에 대한 대답은 다음과 같다. 「만일 당신이 그것을 참을 수 없다면 참으려고 애쓸 것 없다. 그러나 당신은 실로 무엇인가를 놓쳐버린 셈이 된다. 나는 당신이 (그것이 특히 당신에게 가해졌다면) 미친 사람에 의해 추적당하는 공포와 같은 어떤 집중적인 국지적 성질들을 왜 동화할 수 없는가를 이해한다. 그러나 아무리 이해할만 할지라도, 감상에 관한 한, 당신은 맹점을 가진다. 맹점은 맹점이다. 그리고 당신은 이 맹점을 갖지 않았다면 바람직하다고 보았을 어떤 것을 놓치고 있지 않은 척 하지 말라」

분명히 이것은 아주 있음직한 반응이다. 그러나 어떤 사람이 단순히 그들 자신의 개인 생활에서 일어나는 사건이라는 이유 때문에서가 아니라 다른 이유로 그에 대해 반대하는 구체화된 성질들이 존재한다. 어떤 관객들은 집단 혼음과 같은 고도의 에로틱한 장면들의 묘사에 반대한다——그러나 이는 미적 근거들 때문이 아니라 도덕적 근거들에서일 수 있다. 다른 사람들은 인간의 해체, 또는 고문을 묘사하는 장면들에 반대한다. 「나는 그런 종류의 일을 보아낼 수 없다」는 이유가 제시된다면, 그것은 아주 명백하게 도덕적인 이유들에 근거한 것이 아닌가? 그것은 미적이라기 보다는 좀 더 도덕적인 격분(revulsion)이 아닌가? 임마누엘 칸트는 (물론 한 사람에게는 그런것이 다른 사람에게는 그렇지 않을 수도 있다는 것을 알면서)〈혐오스러운 것〉을 제외하고는 어떤 종류의 구체화된 성질도 받아들일 만하다고 생각하였다. 만일 어떤 것이 당신을 정떨어지게 한다면, 그것은 그 작품이 다른 면에서는 아무리 가치가 있을 만하더라도 당신이 그것을 향수할 수 없게 하거나 아니면 심지어 (아마도) 그것의 다른 성질들에 대해 합당하게 주목하지 못하도록 하는 그런 방식으로 당신의 급소를 타격한 것이다.

여전히 이에 대해 똑같은 대답이 주어질 수 있다. 「만일 어떤 것이 당신을 넌더리나게 한다면 당신은 그것을 즐길 수 있을 것 같지 않다. 그러나 만일 당신이 그 혐오를 극복해낼 수만 있다면 감상할 수도 있었을 많은 성질들을 그것은 가지고 있을 수 있다. 그리고 나는 당신이 노력해 보아야 한다고 믿는다. 어떤 정도로든, 그러한 작품을 감상하지 못하는 불능은 〈당신의〉 실패이다. 그리고 이러한 성질을 소유한 작품을 〈동화〉(assimilate)하지 못함으로 해서 무엇인가를 놓치고 있는 것은 바로 당신이다. (예컨대)성적으로 노골적인 대부분의 영화들이 조야하고 나쁘게 만들어졌다고(그것들은 예술적인 장점에 관해 상관하지 않는 관객들에게 영합한다고)할지라도 가치있는 성질들을 소유한 약간의 것들도 존재하게 마련이고, 당신이 반대하는 성질을 가진 사물들에 대한 당신의 격분을 극복하지 못하는 불능이 (아무리 이해할만 하더라도) 당신으로 하여금 그 작품이 소유한 다른 성질들을 감상하지 못하도록 방해하는 것은 불행한 일이다. 나는 당신이 목욕물과 함께 아기도 집어던지고 있지 않은가 염려된다. 」

  제안될 만한 그밖의 다른 기준들 —— 다양한 매체들 모두 속에 완성된 예술작품들의 판단을 위한 기준들이 존재하는가? 몇몇을 고려해 보고, 그것이 이미 고려된 세 기준 밑에 포섭될 수 있는지 살펴보자.

매체를 다루는 기술적인 숙달

  예술작품이 매체를 다루는 숙달을 현시할 때, 이는 다른 측면들에서는 작품에 별로 주의하지 않을 경우에라도 보통 경탄을 불러 일으킨다. 기술적인 숙달이 얼마나 다른 기준들의 완성에 공헌하는가는 실로 논쟁거리이다. 그러나 그것이 다른 세 기준의 한 특수한 경우에 불과하다는 것은 의심스러워 보인다.

매체에의 적합성

재료를 예술적 매체로 잘못 적용함으로써 집중성의 손질을 결과할 수 있다는 것은 논란의 여지가 없어 보인다. 이는 만일 (예컨대) 구조적인 세부들 중 일부가 희미해진 경우, 다른 두 요소들이 감소되는 것과 마찬가지이다. 그러나 이것이 매체에의 적합성을 저절로 세 기준들 중 하나 또는 그 이상에〈환원시킬 수 있도록(reducible)〉만들지는 않는다. 재료가 매체에 대해 갖는 〈적성(fitness)〉(쇼팽의 연습곡이나 야상곡이 갖는〈피아노적〉성질, 다른 악기가 아니라 바로 피아노의 적합성)을 감상하는 것은 경탄과 고도한 등급의 원천이며, 세개의 다른 기준들 중 어느것 또는 모두에로 환원 불가능함과 동시에 구별 가능하다고 말하는 것이 그럴듯하지 않은가?

독창성

예술작품들은 종종 독창적인 까닭에 상찬된다. 그러나 독창성은 특별한 종류의 속성이다. 작품을 다른 작품들로부터 고립해서 점검해서는 그것이 독창적인지 아닌지를 말할 수 없다. 독창성은 의도론적이지 않다 — 예술가가 이전에 행해진 그 어느것과도 닮지 않은 어떤 것을 의도했는지의 여부는 알 필요가 없다. 그것은 연관적이다. 이때 그것은 〈문화〉사와 연관되지 않고 〈예술〉사와 연관되어, 특히 예술작품이 그 안에서 존재하는 예술 — 매체와 연관된다. 주어진 작품이 독창적인가 아닌가를 알기 위해서는 같은 장르 안에 있는 역사적으로 선행하는 작품들을 점검해 보아야 한다. 그때 독창성은 예술작품의 본유적 성질이 아니라 하나의 예술작품과 그것에 선행하는 작품들간의 〈관계〉이다.

예술가가 전에는 아무도 그 비슷한 것을 행한 적이 없다는 것을 〈생각〉하면서 창작을 했다면 그 작품은 독창적이다 라고 주장될 수도 있다. 만일 일본의 어느 곳에서 어떤 사람이 세잔의 작품을 본 적도 들은 적도 없으면서 세잔과 아주 비슷한 그림을 그린 바 있다고 한다면, 그의 작품은 세잔의 작품과 마찬가지로 독창적이라고 말해질 수 있다. 즉,

그가 세잔과 아주 무관하게 양식을 창안했기 때문에, 예술사에서는 다소간 후에 창작되었다 할지라도, 그렇다. 다른 사람은 특허국에 제일 먼저 신청한 사람이 새로운 기계의 공식적인 발명자가 되는 것과 마찬가지로, 예술사에서 어떤 일을 한 첫 사람이 독창적인 예술가요, 그 외의 다른 사람은 그가 자신을 그렇게 생각할지라도 독창적이지 않다.

어떤 측면에서나 모든 예술작품은 앞선 모든 작품들과 같지 않으므로 반드시 일정한 정도의 독창성을 지닌다. 그러나 〈고도의 독창적인〉것과 같은 형용사들은 보통 높은 정도의 참신성이나 전통으로부터의 괴리를 드러내는 새로운 장르들, 또는 양식들의 혁신이나 작품들을 위해 유보된다. 그리고 창안자가 반드시 그가 창안해낸 것의 가장 위대한 사용자는 아니다. 그들은 예술이라기보다는 〈역사적으로〉 좀더 중요하다.

독창성은 그 자체로는 반드시 덕성이 아니다. 그것은 당신이 행한 무엇이 독창적이냐에 달려 있다. 만일 내가 그리는 모든 그림의 왼쪽아래 구석에다 노란 초생달을 그려넣는다면, 그러한 특색은 아마도 전에 이런 일을 하지 않았다는 의미에서 독창적일 수 있으나, 그것은 예술적 불멸의 가치가 있는 독창성일 수는 거의 없다. 예술사에서 극단적인 개혁자들은 후대가 창안하고 유지할 만한 가치가 있다고 본 무엇을 창조해내는 데 있어서 독창성을 발휘한 사람들이다. 항상은 아니지만 가장 존경받는 독창성은 예술적 전통 전체를 거쳐 〈결실을 맺는〉(fruitful)또는 생산적인 것이라고 판정된 독창성이게 마련이다. 예술가 자신의 작품과 더불어 끝나는, 단지 죽고 마는 것이 아니라, 그것을 창안을 해낸 최초의 예술가조차 예견하지 못했던 방향들로 미래의 예술적 발전을 위해 잠재능력을 제공했던 어떤 것이다.

독창성은 예술작품의 성질이 아니라 한 예술작품이 그에 선행하는 작품들과 맺는 관계이기 때문에 다른 기준들과 더불어 〈꼭 일치해서〉(on all fours)판단될 수 없다. 우리는 이렇게 알아야 할 지 모르겠다. 작품을 보여라. 그러면 나는 그것이 지닌 성질들과 연관해서 그것에 등급을 매기도록 노력할 것이다. 그렇게 하면서, 나는 이 작품이 어느 정도로 독창적이었는지에 대해 아무런 생각도 가지고 있지 않다. 만일 이제 당신이 이 작품이 얼마나 아주 독창적이었던지를 증명해 줄 다른 작품들을 내게 보여준다면, 나는 내가 작품 속에서 어떤 성질들과 연관하여 그것이 독창적이었는지를 평가하기까지 작품에 대한 판단을 유보해야 한다. 그 지점에서 나는 작품이 그와 연관해서 독창성을 현시하는 성질들이 통일성, 복합성, 그리고 집중성을 포괄하면서 그것들을 보다 좋은 작품으로 만드는 성질들임을 결정할 수 있다. 아니면 다른 한편, 나는 이 세 가지 기준들이 부적합하거나 불완전하다고 믿을 수 있고, 그 경우 나는 예술작품을 다르게 판정할 수 있다. 그러나 그 경우 나는 여전히 〈그것이 지닌〉 성질들과 연관하는 것이지. 선행하는 예술작품들 또한 그러한 성질을 소유했던가의 여부와 연관하지는 않는다. (편자—본문에서 보듯이 독창성과 참신성은 반드시 통일한 것이 아니다.)

특수적 기준

(모든 예술들에 적용할 수 있는) 세 일반적 기준들에 덧붙여 비어즐리는 또한 일부 특수적 기준들 즉, 한 가지 예술에는 적용가능하나 다른 예술들에는 적용가능하지 않은 기준들을 제안한다. 여기에서 제기되는 문제들을 요약한다면 다음과 같다.

1. 사용되어야 할 기준들의 수자에 관한 문제가 있다. 우리가 실제적인 예술작품들에 이르게 될 때 그것들을 상찬, 또는 비난하기 위해 주어진 근거들은 우리가 보다 깊게 입증할 때 증가할 것으로 보인다. 사용될 수 있는 기준들의 수자에 제한을 가한다는 것은 불가능해 보인다——사용될 수 있는 것 뿐 아니라 사용되어야 할 기준을 고려한다면 더욱 그러하다. 언제나 우리는 우리가 그것들을 명확히 정의했다고 생각하는 순간, 우리는 새로운 기준들에 직면한다. 그리고 가능한 기준들의 수자에 적용할 아무런 제한도 있을 수 없다는 번거로운 생각이 제기된다.

2. 얼마나 많은 기준들이 사용될 수 있겠느냐에 관한 문제만이 아니

라, 그것들이 지닌 모호성(vagueness)에 관한 문제가 있다. 예컨대 서로 다른 사람들이 통일성이 기준이라는 것에는 동의할 수 있지만, 특수한 예술작품이 통일되어 있느냐에 대해서는 일치하지 않는다. 그들이 실제로 예술작품을 세부적으로 분석하기 전에 피상적인 차원에서 일치하지 않을 뿐더러 철저한 조사 후에도 여전히 그럴 수 있다.

3. 서로 다른 기준들에 부착될 수 있을 〈무게〉(weight)에 관한 문제도 있다. 어떤 사람은 통일성에다 예술작품들에서의 질로서 큰 무게를 놓을 수 있음에 반하여, 다른 사람은 그것이 상상적, 혹은 표현적 성질들을 함축하고 있는 이상 그것이 고도로 통일되어 있는가의 여부에 대해서는 신경을 쓰지 않을 수도 있다.

결론 ― 맥락 의존성

예술작품들의 평가를 위한 일반적 기준들을 발견하고자 하는 이러한 좌절적인 시도로부터 우리는 어떤 결론을 이끌어내게 될 것인가? 일부 예술철학자들에 의해 이끌어진 하나의 결론은 일반적 기준들이란 도대체 존재하지 않으며 그런 것을 찾는 탐색은 기껏해야 어리석고 최악의 경우 유해하기조차 하다는 것이다. 각각의 예술작품은 독특한 실체이며 우리가 각각의 예술작품을 그것이 갖춘 온갖 독특성과 개별성에서 감상하려고 할 때, 그것들 모두에게 적용할 수 있는 일반적인 기준들을 찾고자 노력함으로써 이러한 시도로부터 멀리 떨어지게 되고 말 것이다. 일반적 기준을 찾는다는 것은 예술작품들을 독특한 것으로 만드는 것이 아니라, 그것들이 공통적으로 가지고 있는 속성들이 무엇인가를 발견해 내고자 노력하는 것이다. 말을 바꾸면 다양한 예술작품들을 똑같은 외투 밑에 덮어버리는 것이며, 이로써 우리를 독특성과 개별성으로부터 반대되는 방향으로 이끈다는 것이다.

예컨대 통일성이라고 하는 예술작품의 성질을 Q라고 해보자. 전통적인 삼단논법에 의하면 다음과 같은 판정이 내려진다. N(Norm, 규범)

: 성질Q를 가진 예술작품은 어느 것이나 (그 정도로) 좋다. R(Reason, 근거) : 이 예술작품은 성질 Q를 가지고 있다.

V(Verdict, 판정) : 그러므로 이 예술작품은 그 정도로 좋다 (그것이 Q를 결여했던 경우보다 좀더 좋다).

그런데 아르놀드 이젠버그는 이 모든것이 틀렸다고 말한다. 오류는 대전제 속에 놓여 있다는 것이다. 단적으로 말해서 예술작품들의 평가를 위한 일반 규범들, 또는 표준들이 존재하지 않는다는 것이다. 예술작품에 대한 우리의 판정을 옹호하도록 요청받을 때, 우리는 그것들을 분류하려는, 즉 그것들을 서너가지로 환원시키려고 하는 생각을 거의 멈칫하게 만드는, 그토록 어리둥절하게 하는 다양한 근거들을 제시한다. 이를 배경으로 이젠버그는 이렇게 빙언한다. 〈R의 진리는 V에 결코 어떤 무게도 더해 주지 않는다. 왜냐하면 R은 우리로 하여금 V에 찬성하도록 설득할 수 있을 어떤 성질 지각도 표시하지 않기 때문이다. 그러나 만일 V를 받아들일 만하게 만드는 것이 R이 아니라면, 또는 그것이 표시하는 것이 아니라면, R은 N의 지지를 아마도 요청할 수 없을 것이다.〉

다른 영역들에서 우리는 이러한 3단논법의 방식으로 주장을 전개할 수 있다. 그러나 예술비평에서는 이 방법은 결실이 없고 빈약하다는 것이다.

그렇다면 예술비평은 초점 없는 노력에 불과한 것인가? 전혀 그렇지 않다. 만일 비평가가 모든 예술을 위한, 또는 심지어 다른 예술유형들을 위한 일반적 기준들을 유도해내려고 시도한다면, 그것은 초점없는 노력이 된다. 왜냐하면 그러한 일반적인 기준은 발견될 수 없기 때문이다. 그러나 비평가의 직무는 다른 곳에 놓여 있다. 이젠버그는 이렇게 설명한다. 예컨대 엘 그레코의 「오르가츠공작의 매장」이라는 작품을 놓고 거기에서 발견되는 물결치는 듯한 윤곽을 우리에 전해주는 외에도 지각을 위한 지침들을 준다. 가능한 시각적 정향들을 좁혀 주고 우리로 하여금 세부들의 구별, 부분들의 조직, 별개의 대상들을 패턴으로 집단

---

5) Arnold Isendberg, *"Critical Communication," Philosophical Review,* p. 58.

화하도록 인도해 주는 여러 가지 아이디어를 우리에게 전해줌으로써 이를 행한다. 이는 마치 우리가 그것이 가치 있는 것이라는 소리를 들었기 때문에 조개껍질을 찾고 있었을 때 굴과 진주 양자를 모두 발견하는 것과 같다. 그것은 가치 있다. 그러나 그것이 조개껍질이기 때문은 아니다.

그가 기술 또는 지적하는 성질 A(상승하는 곡선)는 우리로 하여금 ——종종 즉각적으로는 아니지만——다른 성질 A'를 식별하도록 유도할 수 있다. 그러나 이 A'는 너무 미묘하거나 복잡해서 말로 기술하기 어렵다. 그렇지만 우리가 그것을 일단 식별하면 우리는 가치있는 성질이 A가 아니라 A'라는 것을 본다. 우리에게 A를 보여줌에 있어서 유일한 핵심은 그것이 우리로 하여금 A'를 지각할 수 있도록 방향을 지시하는 역할을 한다는 것이다. A는 그 자체로는 가치가 없는 종류의 곡선이다. 그러나 만일 우리가 그 곡선을 주의깊게 바라보면 우리는 우리가 상당한 가치를 부여할 A'라는 그 그림의 또다른 특색(또는 특색들)을 볼 수 있다. 그런데 이 A'는 A라는 지표 없이는 결코 보여질 수 없다. 이를 비교해 보라.〈그녀의 얼굴에 담긴 표현은 즐겁다.〉〈그에 관해 무엇이 즐겁다고?〉〈당신은 그 미소를 보지 못했는가?〉미소(A)를 그는 지적할 수 있다——(모든 미소들이 그렇지 않으므로)그는 그 스스로를 위해 즐겁도록 만드는 그녀의 입이 이룩한 자세한 구성을 식별해내지 않으면 안 된다. 이젠버그는 말한다. "말하는 사람은 미소들 자체에 관해 즐거운 무엇이 존재한다는 것을 의미하지 않는다." 그러나 미소를 언급함으로써 그는 그 미소의 자세한 성질에 우리의 주의를 집중하게 할 수는 있다——이것이 예술비평이 할 수 있는 전부이다. 우리에게 그렇지 않을 경우 놓쳐 버렸을 예술작품들의 성질들을 보여주는 것이다.

A는 표지이나 A'는 그것이 우리로 하여금 시험토록 이끄는 무엇이다. 때로 표지가 필요없다——듣거나 보는 사람은 도움없이 그 자신을 위해 가치있는 특색들을 식별해 낸다. 그러나 표지를 갖는 것이 우리의 길을 쉽게 만든다면, 그것이 우리를 위해 우리가 그렇지 않은 경우 놓쳐버렸을 성질을 조명한다면, 예술비평은 그 존재를 정당화한 것이다.

그것은 우리로 하여금 그것들을 마음에 새기도록 해주는 예술작품들의 특색들을 인식하도록 만듦으로써 자신의 존재를 정당화하는 것이지, 이 예술작품이 다른 모든 것들과 공유하는 특색들을 지적해냄으로써 이를 행하는 것은 아니다.

그러나 만일 예술작품들의 평가를 위해 아무런 일반적 기준들이 존재하지 않는다면, 우리는 이 작품을 저것보다 선호하기 위한 아무런 근거도 존재하지 않는다는 결론에 이르러야 하는가? 한 예술작품은 실상 다른 것에 비해 크게 선호할 만하다. 그러나 그렇게 말하기 위해 주어질 수 있는 일반적 근거들이란 존재하지 않는다. 우리가 그것들을 제공하기 위해 애쓰는 순간, 우리는 그것의 존재가 다른 작품에서가 아니라 예술작품 안에서 탁월성을 만들어내는 (그렇다고 우리가 믿는) 성질들을 발견한다. 이를 위한 근거는 어떤 사람이 건포도케익으로부터 건포도들을 집어올리듯 성질들(A')을 집어올릴 수 없다는 것이다——그것들은 특수한 맥락(context)속에 너무나 깊게 새겨져 있다. 이 맥락 속에서 그 성질들은 특정한 예술작품을 통하여 발생하는데 누구도 더 이상 그것을 그 맥락으로부터 끄집어 내고서도 여전히 가치있는 사물을 소유할 수 없다. 동물을 해체하고서도 살아 숨쉬는 동물을 가질 수 없는 것 이상으로 그러하다. 한 육체 속의 기관이 유기체의 모든 나머지 부분들의 맥락 속에서 기능해야 하듯이, 한 예술작품 속에 있는 가치있는 성질들(A'들)은 그것들이 그 안에 새겨져 있는 예술작품의 맥락 안에서〈만〉 탁월성의 원천들인 것이다. 탁월성의 원천들은 존재한다. 그러나 그것들은〈맥락의존적〉(context dependent)이다.

기술해내기에 가장 어려운 평가 근거들은 구조들이 아니라 결(texture)과 관계되어 있다——제시된 대부분의 기준들은 결에 관해 침묵한다. 그리고 결에 관한 일반적 기준들이 주어질 수 있는가? 예술작품들은 위대하게 만드는 데 도움이 되는 성질들이 존재하지 않는다는 것은 아니다. 그러나 이러한 성질들은 너무나도 맥락 의존적이기 때문에 맥락으로부터 떼어내질 수도 없고 그 맥락과 무관하게 그것이 발생하는 곳에서는 언제나 위대성을 산출해내는 데 도움이 되는 성질들로서 박탈될 수도 없다. 맥락을 치워 버리면 마술은 사라진다.

세익스피어는 교과서에 들어있는 모든 규칙을 부숴버리고서도 위대한 시를 만들어낼 수 있었다. 그러나 대부분의 다른 시인들은 그럴 수 없다. 만일 그가 〈시를 씀에 있어서 따라야 할 일반규칙들〉의 목록을 따랐다고 한다면, 그는 우리가 그의 붓으로부터 소유하는 시를 가질 수 없었을 것이다. 그의 귀절들의 경우 우리는 그 귀절이 부분적으로나마 이러한 돌연한 변화들 때문에 (분명 변화들에도 불구하고가 아니라) 위대하다고 말하는 데 주저하지 않을 수 있다. 우리는 이러한 사례에 합당할 기준을 천명하고자 하는 일을 끔찍하게 생각할 것이다. 그러나 제안될 어떤 기준이든 그것은 아마도 〈이 맥락에 특수한〉 것일 터이며, 어떤 방식으로든 다른 맥락에도 들어맞도록 일반화될 수 없을 것이다. 이 것이 왜 우리가 예술적 장점의 판단들을 지지하도록 주어질 수 있는 근거들의 다양성에 어떤 제한을 가하기를 주저하게 되는가 하는 이유이다.

이 모든 것에 안심되게 단순한 하한선이 존재한다는 말도 있을 수 있다. 즉, 예술들의 작품들이 갖는 모든 특색들을 개별적인 작품에 그토록 특유하고 특수한 맥락에 그토록 의존적이면서, 보다 큰 〈집중성〉을 불러일으키는 아주 서로 다른 방식들이라는 것이다. 아마도 그럴 수 있다. 그러나 만일 이것이 사실이라면 우리는 적어도 기술된 모든 고안들에 의해 집중성이 성취된 경우라 할지라도 우리는 그것이 성취된 방법(how)에 관심을 갖지 않을 수 없는 동시에 그것이 이룬 성취를 위한 일반적 규칙들은 없다는 사실에 관심을 갖지 않을 수 없다.

한 가지 경우를 넘어선 어떤 것을 우리에게 말해주는 어떤 규칙도 고안될 수 없을 정도로 규칙들은 경우 경우에 따라 너무나 다르다. 그리고 이러한 결론은 만일 그것이 옳다면 분명히 흥미롭다. 상황이 아주 미미하게 변화할 때라도 서로 다른 규칙이 적용 가능하게 될 것이기 때문에 도덕적 규칙들의 무한한 다양성이 존재한다면, 그것은 윤리학에서의 상황들과 비슷할 것이다. 따라서 특정한 규칙이 하나의 특수한 상황 안에서 적용될 수는 있으되 다른 세계의 전체 역사 속에 서는 결코 그럴 수 없다.

□ 著 者 略 歷

김 문 환

- 서울대학교 문리과대학 미학과 졸업(B A)
- 동대학원 미학과 졸업(M A)
- 독일 프랑크푸르트대학 철학과 졸업(Ph. D)
- 현재 서울대학교 인문대학 미학과 조교수
- 저서 및 편저
  『현대미학의 향방』(열화당, 1985)
  『일상과 축제』(한국신학연구소, 1985)
  『교회와 축제』(종로서적출판부, 1985)
  『20세기 기독교와 예술』(기독교서회, 1974)
  『근대미학연구(1)』(서울대학교출판부, 1986)
- 역 시
  『예술철학』(올드리치저. 현암사, 1975)
  『미학』(스톨니츠편저. 을유문화사, 1973)
  『예술과 기술』(멈포드저. 을유문화사, 1975)
  『어둠의 심연에서』(카잔차키스저. 현대사상사, 1976)
  『연극미학』(테오도르생크저. 서광사, 1986)
- 논 문
  『예술과 윤리의식』(독문)외 다수

전예원 학술총서 35
예술을 위한 辯明

저 자／金文煥
발행인／梁桂鳳
편집인／金鎭洪

발행처／도서출판 전예원·주소／서울특별시 서초구 서초
동 1451-72·우편번호／137-070·대체계좌／013086
-31-2635563·은행지로번호／3006234·대표전화／
581-3637·등록／1977.5.7 제16-37호

1987년 10월 25일 초판 발행
1990년 2월 20일 중판 발행

＊잘못된 책은 바꾸어 드립니다.　　　　값 6,000원

검 인